Die extraterritoriale Geltung von Grund- und europäischen Menschenrechten

Kölner Schriften zu Recht und Staat

Herausgegeben von
Prof. Dr. Hartmut Schiedermair und
Prof. Dr. Bernhard Kempen

Band 60

PETER LANG

SARAH FRIEDRICH

Die extraterritoriale Geltung von Grund- und europäischen Menschenrechten

Ein Rechtsprechungsvergleich

PETER LANG

Bibliografische Information der Deutschen Nationalbibliothek
Die Deutsche Nationalbibliothek verzeichnet diese Publikation in der Deutschen Nationalbibliografie; detaillierte bibliografische Daten sind im Internet über http://dnb.d-nb.de abrufbar.

Zugl.: Köln, Univ., Diss., 2019

Abbildung auf dem Umschlag:
Historisches Universitätssiegel
der Universität zu Köln.

Gedruckt auf alterungsbeständigem, säurefreiem Papier.
Druck und Bindung: CPI books GmbH, Leck

D38
ISSN 1433-0253
ISBN 978-3-631-80556-5 (Print)
E-ISBN 978-3-631-81299-0 (E-PDF)
E-ISBN 978-3-631-81300-3 (EPUB)
E-ISBN 978-3-631-81301-0 (MOBI)
DOI 10.3726/b16581

Peter Lang – Berlin · Bern · Bruxelles · New York ·
Oxford · Warszawa · Wien

Diese Publikation wurde begutachtet.

www.peterlang.com

Meinen Eltern und meiner Oma

Vorwort

Die vorliegende Arbeit wurde im Wintersemester 2018/19 von der juristischen Fakultät der Universität zu Köln als Dissertation angenommen. Berücksichtigt wurden Rechtsprechung und Literatur bis einschließlich Dezember 2018. Die auf die hier thematisierten erstinstanzlichen Entscheidungen des VG Köln in Sachen Ramstein sowie Somalia im März 2019 ergangenen Berufungsentscheidungen des OVG Münster (Az. 4 A 1361/15 und 4 A 1072/16) werden an den betreffenden Stellen jeweils in Fußnoten aufgegriffen.

Herzlich danken möchte ich zuerst meinem Doktorvater Professor Dr. Kempen, der mir einen weiten Freiraum in meiner wissenschaftlichen Forschungstätigkeit sowie konstruktiven Input in Gesprächen und Diskussionsrunden gegeben hat. Weiterer Dank gilt Professor Dr. Schöbener für die zügige Erstellung des Zweitgutachtens.

Herrn Professor Dr. Thole und meinen Kollegen am Institut für Verfahrens- und Insolvenzrecht der Universität zu Köln danke ich für das inspirierende und kollegiale Arbeitsumfeld, in dem diese Arbeit reifen konnte.

Besondere Dankbarkeit möchte ich Claudia aussprechen, mit der gemeinsam die Passion für das Völkerrecht durch die Teilnahme am Telders Moot Court 2012 ihren Anfang nahm. Unsere anregenden Diskussionen und insbesondere ihre Korrekturbereitschaft haben diese Arbeit geprägt – ein herzliches Dankeschön für all diese Zeit und Mühen.

Meine Freunde und Familie haben durch ihre Unterstützung und ihr Verständnis diese Arbeit ermöglicht und begleitet. Vielen lieben Dank, vor allem auch meiner Mutter, für eure Hilfestellungen und euren Einsatz.

Inhaltsverzeichnis

Abkürzungsverzeichnis

a.F.	alte Fassung
Abs.	Absatz
Art.	Artikel
Aufl.	Auflage
Bd.	Band
Begr.	Begründer/in
Beschl.	Beschluss
BGB	Bürgerliches Gesetzbuch
BGH	Bundesgerichtshof
BGHZ	Entscheidungen des Bundesgerichtshofes in Zivilsachen
BND	Bundesnachrichtendienst
bspw.	beispielsweise
BVerfG	Bundesverfassungsgericht
BVerfGE	Entscheidungen der amtlichen Sammlung des Bundesverfassungsgerichts
bzgl.	bezüglich
bzw.	beziehungsweise
CCPR	Human Rights Committee (UN-Menschenrechtsausschuss)
CESCR	Committee on Economic, Social and Cultural Rights (UN-Ausschuss für wirtschaftliche, soziale und kulturelle Rechte)
CPA	Coalition Provisional Authority (Koalitions-Übergangsverwaltung im Irak)
ders.	derselbe
dies.	dieselbe
dt.	deutsch
ECHR	European Convention on Human Rights (EMRK)
Ed.	Edition
EG	Europäische Gemeinschaft
EGMR	Europäischer Gerichtshof für Menschenrechte
EKMR	Europäische Kommission für Menschenrechte
EL	Ergänzungslieferung
EMRK	Europäische Menschenrechtskonvention
Entsch.	Entscheidung
EU	Europäische Union
EuGH	Europäischer Gerichtshof
f./ff.	folgend(e)

GASP	Gemeinsame Außen- und Sicherheitspolitik (der EU bzw. EG)
GG	Grundgesetz für die Bundesrepublik Deutschland
ggf.	gegebenenfalls
Hrsg.	Herausgeber/in
ibid.	ibidem (ebenda)
ICCPR	International Covenant on Civil and Political Rights (Internationaler Pakt über bürgerliche und politische Rechte)
ICJ	International Court of Justice (IGH)/International Commission of Jurists
IGH	Internationaler Gerichtshof
ILC	International Law Comission (Völkerrechtskommission)
IPR	Internationales Privatrecht
ISAF	International Security Assistance Force (Afghanistan-Sicherheitstruppe)
iSd/iSe	im Sinne der/des; im Sinne eine/r
iVm	in Verbindung mit
KFOR	Kosovo Force (Kosovo-Truppe)
LG	Landgericht
lit.	littera
MRT	Moldawische Republik Transnistrien
NATO	North Atlantic Treaty Organization (Nordatlantikpakt)
Nr.	Nummer(n)
OLG	Oberlandesgericht
OVG	Oberverwaltungsgericht
PACE	Parliamentary Assembly of the Council of Europe (Parlamentarische Versammlung des Europarates)
ParlBG	Parlamentsbeteiligungsgesetz
PCA	Permanent Court of Arbitration (Ständiger Schiedshof)
PCIJ	Permanent Court of International Justice (StIGH)
PKK	Partiya Karkerên Kurdistan (Arbeiterpartei Kurdistans)
RBHG	Gesetz über die Haftung des Reichs für seine Beamten
RIAA	Reports of International Arbitral Awards
Rn./Rz.	Randnummer/Randziffer
S./s.	Seite/Satz; siehe
SACEUR	Supreme Allied Commander Europe (Oberbefehlshaber der NATO-Truppen)
sog.	sogenannte(r/s)
StGB	Strafgesetzbuch
StIGH	Ständiger Internationaler Gerichtshof

StPO	Strafprozessordnung
TRNC	Turkish Republic of Northern Cyprus (Türkische Republik Nordzypern)
u.a.	und andere
UDHR	Universal Declaration of Human Rights (Allgemeine Erklärung der Menschenrechte)
UdSSR	Union der Sozialistischen Sowjetrepubliken
UN GA	United Nations General Assembly (Generalversammlung der Vereinten Nationen)
UN(O)	United Nations (Organization) (Vereinte Nationen)
UNCLOS	United Nations Convention on the Law of the Sea (Seerechtsübereinkommen der Vereinten Nationen)
UNMIK	United Nations Interim Administration Mission im Kosovo
Urt.	Urteil
USA	United States of America (Vereinigte Staaten von Amerika)
UZwG	Gesetz über den unmittelbaren Zwang bei Ausübung öffentlicher Gewalt durch Vollzugsbeamte des Bundes
v.	von/vom
VCLT	Vienna Convention on the Law of Treaties (Wiener Vertragsrechtskonvention)
VG	Verwaltungsgericht
vgl.	vergleiche
Vol.	Volume
VwGO	Verwaltungsgerichtsordnung
WRV	Weimarer Reichsverfassung
z.B.	zum Beispiel
ZP	Zusatzprotokoll

1. Teil: Einleitung

"Where after all do universal human rights begin?
In small places, close to home – so close and so small that they cannot be seen
on any map of the world. Yet they are the world of the individual person:
The neighborhood he lives in; the school or college he attends;
the factory, farm or office where he works.
Such are the places where every man, woman, and child seeks equal justice,
equal opportunity, equal dignity without discrimination.
Unless these rights have meaning there, they have little meaning anywhere.
Without concerted citizen action to uphold them close to home,
we shall look in vain for progress in the larger world."[1]

Mit diesem Appell blickte Eleanor Roosevelt, Vorsitzende der mit der Erarbeitung der UDHR befassten UN-Menschenrechtskommission, fünf Jahre nach deren Verabschiedung durch die UN-Generalversammlung auf die Entwicklung der internationalen Menschenrechtsstandards. Nur wenn Menschenrechte keine reinen Programmsätze blieben, sondern effektiv jedem einzelnen Individuum tagtäglich in seinem Privat-, Berufs- und Bürgerleben zur Seite stünden, hätten die dahingehenden Selbstverpflichtungen der Staaten eine spürbare Auswirkung. Seit dem Ausspruch dieses Zitats und bereits im unmittelbaren Vorfeld dessen haben Menschenrechte eine beachtliche Entwicklung durchlebt, sind neben der zunächst rechtlich unverbindlichen UDHR in zahlreichen internationalen wie regionalen völkerrechtlichen Konventionen kodifiziert, in Verfassungen überall auf der Welt verankert und mittels Rechtsdurchsetzungsmechanismen für das Individuum greifbar und handhabbar geworden.

Im Zentrum der hiesigen Arbeit stehen mit dem Grundgesetz der Bundesrepublik Deutschland sowie der Europäischen Konvention zum Schutz der Menschenrechte und Grundfreiheiten zwei dieser individualrechtlichen Errungenschaften der Nachkriegszeit, deren Zielsetzung jeweils eine starke Stellung des Individuums in der Gesellschaft verfolgt. Die Absicherung jener ambitionierten Zielsetzungen funktioniert nicht zuletzt durch zwei mit starken Positionen ausgestattete Rechtsprechungsorgane – das Bundesverfassungsgericht der Bundesrepublik Deutschland sowie der Europäische Gerichtshof für Menschenrechte. Aufgrund der Vertragsstaateigenschaft Deutschlands hinsichtlich der EMRK und der Einbindung

1 A. Eleanor Roosevelt vor den Vereinten Nationen am 27.3.1953, abgedruckt bei *Black*, Courage in a Dangerous World, S. 190.

des BVerfG in den zu durchlaufenden innerstaatlichen Instanzenzug vor einer Anrufung des EGMR gem. Art. 35 Abs. 1 EMRK eröffnet sich eine interessante Wechselbeziehung zwischen den beiden zugrundeliegenden Individualrechtssystemen. Die EU-Grundrechte-Charta sowie die dazu einschlägige EuGH-Rechtsprechung bleiben im Rahmen dieser Arbeit hingegen außer Betracht.

Hinsichtlich des Vergleichsmaterials dient die Frage einer extraterritorialen Anwendbarkeit und Reichweite der jeweiligen individualschützenden Rechte als Anknüpfungspunkt der Untersuchung. Während ein grundsätzlicher innerstaatlicher Menschenrechtsstandard inzwischen weithin breite Staatenakzeptanz findet, handelt es sich bei der extraterritorialen Erstreckung individualrechtlicher Bindung um die vielleicht größte Herausforderung des modernen Menschenrechtsschutzes. Denn nur, wenn das Individuum in seiner Sphäre vor Eingriffen durch jedwede und nicht nur seine Heimatstaatsgewalt geschützt wird, haben Menschenrechte Bedeutung und überall spürbares Gewicht. Es stellen sich vermehrt Fragen extraterritorialer Menschenrechtsverantwortung, sei es im Kontext multinationaler militärischer Einsätze, zu kämpferischen oder friedenssichernden bis hin zu humanitären Mandaten; sei es im Zuge der Globalisierung und Digitalisierung verbunden mit standortunabhängigen Überwachungs- und Steuerungsoptionen von Datenverkehr oder Drohnenflügen; sei es hinsichtlich der Probleme der erst jüngst auftretenden Regelung des Zustroms von Geflüchteten mit der Perspektive einer Rückführung in Staaten mit ungewisser Sicherheitslage. Die für diese Arbeit getroffene Rechtsprechungsauswahl deckt einen Großteil der auftretenden und gerichtsbekannt gewordenen Fallkonstellationen ab, erhebt allerdings aufgrund der Vielzahl der in Bezug genommenen Spruchkörper und denkbaren Problemfelder keinen Anspruch auf Vollständigkeit. Betrachtet wurde die möglichst in parallelen Fallgestaltungen gegenübergestellte Spruchpraxis der deutschen Judikatur sowie des EGMR bis einschließlich Dezember 2018. Die genannten Fallgestaltungen der asylbedingten Rückführungen stellen im Rahmen dieser Arbeit explizit keinen Schwerpunkt dar, vielmehr gilt es, die generellen Prinzipien, die eine grund- und menschenrechtliche Betrachtung im Falle der Übergabe von Personen an Drittstaaten erfordert, zu beleuchten.

Ziel dieser Arbeit ist es, neben der Nachzeichnung bisheriger Rechtsprechungslinien diese auf ihre dogmatische Vereinbarkeit mit den zugrunde liegenden Rechtsquellen hin zu untersuchen sowie eine Aussage über die wechselseitige Beeinflussung der Rechtssysteme, insbesondere hinsichtlich einer angemessenen Rezeption der EGMR-Judikatur in die innerstaatliche Rechtsprechung des Konventionsstaates Deutschland, zu treffen. Konsistenz und Rechtssicherheit können in diesem Rahmen dazu beitragen, Grund- und Menschenrechtsschutz effektiv zu gestalten – *so that these rights have meaning everywhere.*

2. Teil: Allgemeines Verhältnis von Grund- und Menschenrechten

A. Historischer Kontext

I. Entwicklung der Grundrechte in Deutschland

Das heutige Grundrechtsverständnis in Deutschland ist gekennzeichnet durch seine besonders weitreichenden und ausdifferenzierten Garantien, da das „Grundgesetz, das keine wertneutrale Ordnung sein will [...], in seinem Grundrechtsabschnitt auch eine objektive Wertordnung aufgerichtet hat“[2]. Mit dieser Herangehensweise ging man beispielsweise weit über den Stellenwert individueller Rechte im angelsächsischen Raum hinaus,[3] wenngleich die Ideen der Staatsmachtbegrenzung dort ihren Ursprung nahmen.[4] Weiterhin besonders ist, dass die deutschen Grundrechte gerade nicht als Bürger- oder Menschenrechte bezeichnet wurden.[5] Sie sind keine Bürgerrechte, weil sie nicht als Gegenleistung für die Unterwerfung unter die Staatsgewalt angesehen wurden;[6] sie gehen über

---

2 BVerfG, Urt. v. 15.1.1958, 1 BvR 400/51, BVerfGE 7, 198, 205 – Lüth-Entscheidung; ähnlich weitreichend auch später noch einmal formuliert in BVerfG, Urt. v. 1.3.1979, 1 BvR 532, 533/77, 419/78, BvL 21/78, BVerfGE 50, 290, 337 – Mitbestimmung: „Nach ihrer Geschichte und ihrem heutigen Inhalt sind [die Grundrechte] in erster Linie individuelle Rechte, Menschenrechte und Bürgerrechte, die den Schutz konkreter, besonders gefährdeter Bereiche menschlicher Freiheit zum Gegenstand haben. Die Funktion der Grundrechte als objektiver Prinzipien besteht in der prinzipiellen Verstärkung ihrer Geltungskraft [...].“

3 So *Feldman*, 19 Legal Stud. (1999), 165, 166 zum erst 1998 eingeführten britischen Human Rights Act, der erstmals innerstaatlich Menschenrechte (nach Vorlage der EMRK-Rechte) justiziabel gemacht hat; *Walter*, ZaöRV 1999, 961, 963.

4 Vgl. Maunz/Dürig/*Herdegen*, GG, 84. EL 2018, Art. 1 Abs. 3 Rn. 4; *Scheuner*, Deutsche Staatslehre des 19. und 20. Jahrhunderts, S. 81, 84; *Kriele*, FS Scupin (1973), 187, 189 f.

5 *Werner*, Grundrechtsbindung der Bundeswehr, S. 232, hingegen meint, dass durch die Existenz von Deutschen-Grundrechten, wie Art. 12 GG, diese Bürgerrechten entsprächen, während alle Jedermann-Grundrechte Menschenrechte seien. Die deutschen Grundrechte seien also nicht von diesen beiden Gruppen zu differenzieren, sondern bildeten deren Oberbegriff.

6 So zwar noch das teilweise Verständnis in der Paulskirchendiskussion, vgl. *Scholler*, Grundrechtsdiskussion Paulskirche, S. 52; Merten/Papier/*Stern*, Hb. d. GR I, 2004, § 1 Rn. 30; Maunz/Dürig/*Herdegen*, GG, 84. EL 2018, Art. 1 Abs. 3 Rn. 6; bzw. früher noch im deutschen Naturrecht, vgl. *Haratsch*, Geschichte der Menschenrechte, S. 38 ff.;

klassische Menschenrechte hinaus, weil ihre Entwicklung einer rein naturrechtlichen Herleitung als existentielle, jedem Menschen *per se* zustehende Rechte nicht gerecht wird.[7] Sie sind vielmehr diejenigen grundlegenden Rechte, ohne die nach der historischen Erfahrung eine funktionierende staatliche Organisation nicht mehr auskommen können sollte.[8]

1. Freiheitliche Ideen im 18. Jahrhundert

Dieses Verständnis haftete ihnen freilich nicht schon von Beginn an, denn anfangs standen vielmehr wirtschaftliche Bedürfnisse als freiheitliche Überzeugungen im Zentrum staatsadressierter Rechte des aufstrebenden Bürgertums.[9] In einer Zeit der politischen Neuordnung,[10] des wirtschaftlichen Wandels vom mittelalterlichen Ständesystem hin zur Bauernbefreiung sowie der Abkehr vom absolutistischen hin zu einem republikanischen Staatsbild, drangen vorsichtig Ideen einer Eigentumsgarantie, Freiheit der Person sowie der Presse, Meinung und Versammlung an die gesellschaftliche Oberfläche.[11]

Wenngleich diese Ideen von den internationalen bzw. nachbarstaatlichen Entwicklungen mit geprägt waren, erreichten die aufkeimenden deutschen Gedanken bei Weitem nicht die Vehemenz der französischen oder amerikanischen Forderungen in der *Déclaration des Droits de l'Homme et du Citoyen* bzw.

Oestreich, Idee der Menschenrechte, S. 35; *Starck*, GS Sasse (1981), 777, 786; *Scheuner*, Entwicklung des Rechtsstaats, S. 185, 195; *Würtenberger*, FS Stern (1997), 127, 134.

7 *Scheuner*, Tragweite der Grundrechte, S. 633, 641 f.; *Uerpmann*, EMRK und deutsche Rechtsprechung, S. 119 f.; *Kriele*, FS Scupin (1973), 187, 188; *Denninger*, JZ 1982, 225.

8 Vgl. *Kröger*, Einführung deutsche Verfassungsgeschichte, S. 32; *Scheuner*, Institutionelle Garantien des GG, S. 665, 669; *Grimmer*, Demokratie und Grundrechte, S. 18; *Starck*, JuS 1981, 237, 245; *Maurer*, JZ 1999, 689, 694.

9 Vgl. *Oestreich*, Idee der Menschenrechte, S. 35.

10 Das auseinanderbrechende Heilige Römische Reich Deutscher Nation ging in dem Zusammenschluss deutscher Staaten im Rhein- bzw. Deutschen Bund auf. Zum in dieser Zeit vorherrschenden staatlichen Souveränitätsstreben, in dem individuelle Freiheiten noch lange keinen Platz fanden, vgl. *Conrad*, GS Peters (1967), 50, 62 ff.; *Kriele*, FS Scupin (1973), 187, 194.

11 *Kröger*, Grundrechtsentwicklung in Deutschland, S. 3, 5 f.; *Laufs*, JuS 1998, 385, 387; zu den Ursprüngen der menschenrechtlichen Idee in Deutschland aus wirtschaftlichen Motiven auch *Klippel*, Theorie der Freiheitsrechte, S. 348, 353 f., 363 f. (Eigentumsrecht als Ausgangspunkt der naturrechtlichen Menschenrechtsidee in Deutschland), S. 366, 372 f. (Abschaffung des Ständesystems als Ursprungsidee zur Stärkung individueller Rechte); ebenso *Scholler*, Grundrechtsdiskussion Paulskirche, S. 13; *Scheuner*, Tragweite der Grundrechte, S. 633, 641.

der *Bill of Rights* (beide 1789).[12] Das Gebilde unumstößlicher und die Staatsmacht endgültig begrenzender Rechte des Einzelnen[13] gedieh auf deutschem gesellschaftlichem Boden zurückhaltender und moderater, zumal die gewaltsame Durchsetzung gerade in Frankreich als eher abschreckendes Beispiel wahrgenommen wurde.[14] Zwar fanden unter dem Eindruck des vor allem in Preußen immer weiter erstarkenden Polizeistaates diverse Ideengespinste individueller Rechte verschiedenster Herleitungen Einzug in die deutsche Rechtsliteratur.[15] Zu einer ersten verfassungsrechtlichen Verankerung wirtschaftlicher,[16] nicht jedoch politischer Rechte führte jedoch erst die napoleonische Besatzungszeit, wobei die deutschen – oktroyierten – Paradebeispiele deutlich hinter dem französischen Vorbild zurück blieben.[17] Immerhin verblieben vereinzelt „staatsbürgerliche Rechte" auch nach den napoleonischen Befreiungskriegen in den Landesverfassungen des Deutschen Bundes, die sich allerdings mehr als undurchsetzbare Versprechungen des jeweiligen Monarchen denn als vom Bürgertum erzwungene menschenrechtliche Garantien entpuppten.[18]

---

12 *Kröger*, Grundrechtsentwicklung in Deutschland, S. 3 f.; *Klippel*, Theorie der Freiheitsrechte, S. 348, 356 ff.

13 In dieser Deutlichkeit schon damals wohl allein Wolff in seiner Abhandlung zu den *iura connata* als naturrechtlich hergeleitete höchstpersönliche Rechte, so *Schneidereit*, JRE 22 (2014), 159, 161.

14 Isensee/Kirchhof/*Wahl*, Hb. d. StaatsR I, 3. Aufl. 2003, § 2 Rn. 8; *Scheuner*, Deutsche Staatslehre des 19. und 20. Jahrhunderts, S. 81, 84 f.; *Maurer*, JZ 1999, 689, 690.

15 Vgl. die Gegenüberstellungen von Naturrecht und Gesellschaftsvertragstheorien bei *Schneidereit*, JRE 22 (2014), 159, 161, 169 f.; hierzu auch *Klippel*, Theorie der Freiheitsrechte, S. 348, 359 ff., 369; *Scheuner*, Deutsche Staatslehre des 19. und 20. Jahrhunderts, S. 81, 93.

16 So z.B. § 7 des ersten Teils der Verfassung des Königreichs Bayern (1808): „Der Staat gewährt allen Staatsbürgern Sicherheit der Person und des Eigenthums – vollkommene Gewissensfreiheit – Preßfreiheit [...]" sowie Art. 10 der Constitution des Königreichs Westfalen (1807): „Das Königreich Westphalen soll nach solchen Grundgesetzen regiert werden, welche die Gleichheit aller Unterthanen vor dem Gesetze, und die freie Ausübung des Gottesdienstes der verschiedenen Religions-Gesellschaften festsetzen."; s. hierzu *Planitz*, Ideengeschichte der Grundrechte, S. 597, 610 f.; *Oestreich*, Idee der Menschenrechte, S. 35 f.; *W. Geiger*, FS Zeidler II (1987), 1401, 1404.

17 *Kröger*, Grundrechtsentwicklung in Deutschland, S. 11; *Klippel*, Theorie der Freiheitsrechte, S. 348, 364, 370 f. sowie Isensee/Kirchhof/*Wahl*, Hb. d. StaatsR I, 3. Aufl. 2003, § 2 Rn. 5.

18 *Haratsch*, Geschichte der Menschenrechte, S. 50 ff.; *Klippel*, Theorie der Freiheitsrechte, S. 348, 354 f.; *Kröger*, Grundrechtsentwicklung in Deutschland, S. 15; *Planitz*,

Die generell in europäischer Schmiede entwickelte Idee untrennbar anhaftender persönlicher Rechte naturrechtlichen Ursprungs[19] wurde in Deutschland wegen der territorialen wie auch gesellschaftlichen Zersplitterung in ihrer Entwicklung und Ausbreitung ausgebremst und nahm nur behäbig an Fahrt auf.[20]

2. Erstlingswerk „Grundrechte" in der Paulskirche

Die Frustration über die nur unzureichenden monarchischen Zusicherungen, gerade in Bezug auf Presse-, Versammlungs- und Parteigründungsfreiheit, entlud sich gemeinsam mit dem lang gehegten nationalen Einigungsstreben in der Deutschen Märzrevolution 1848.[21] Die Paulskirchenverfassung, die als erstes gesamtdeutsches Verfassungsdokument gedacht war, sah erstmals einen umfangreichen Grundrechtskatalog in den §§ 130-189 vor, der bereits 1848 als universell geltendes Bundesgesetz verabschiedet worden war[22] – der einzige je rechtsverbindliche Teil der Paulskirchenverfassung, die nie in Kraft trat.

Ideengeschichte der Grundrechte, S. 597, 608 ff.; *Kriele*, FS Scupin (1973), 187, 194; *Starck*, GS Sasse (1981), 777, 783; *Maurer*, JZ 1999, 689, 690 f.

19 *Klippel*, Theorie der Freiheitsrechte, S. 348, 383 f.; *Uerpmann*, EMRK und deutsche Rechtsprechung, S. 126 f.; *Planitz*, Ideengeschichte der Grundrechte, S. 597, 598; *W. Geiger*, FS Zeidler II (1987), 1401, 1405; *Laufs*, JuS 1998, 385, 390.

20 *Planitz*, Ideengeschichte der Grundrechte, S. 597, 610; ähnlich *Scheuner*, Tragweite der Grundrechte, S. 633, 641, der meint, dass beim Überschwappen der französischen menschenrechtlichen Ideen nach Deutschland hier „nicht auch das westliche Staatsbild übernommen [wurde], sondern die Nachwirkungen der älteren deutschen Überlieferung [wirksam] bleiben […]", wodurch das deutsche System schwächer, inkonsistenter und nicht effektiv durchsetzbar erscheint. Eine mangelnde deutsche Abkehr vom absolutistischen Staatsbild hinderte die Menschenrechtsidee am Wachsen und Gedeihen.

21 *Kröger*, Grundrechtsentwicklung in Deutschland, S. 20 ff.; *Planitz*, Ideengeschichte der Grundrechte, S. 597, 612 f.; *Starck*, GS Sasse (1981), 777, 784; *Oestreich*, Geschichte der Grundfreiheiten, S. 85 f.; *Mommsen*, Grundrechte des deutschen Volkes, S. 34, zu der vorherigen Missachtung bzw. Unterdrückung einer freien Presse.

22 *Maurer*, JZ 1999, 689, 691; zusammenfassend beschrieben von Mommsen in seinem zunächst anonym veröffentlichten Kommentar zu den Grundrechten des deutschen Volkes: „Denn dieses sind die Grundrechte nicht der Sachsen oder der Hessen, nicht der Schwaben oder der Preußen, sondern des *deutschen Volkes*, welches jetzt zum erstenmal vereinigt wird in eine rechtliche und staatliche Gemeinschaft, und zu dem regen Fleiße des Gewerbes, zu der Betriebsamkeit seiner Schiffer und Kaufleute, zu dem Adel der Wissenschaft und dem Schmucke der Kunst jetzt die höchste Ehre und das innigste Band der deutschen Freiheit und Staatsgemeinschaft sich hinzunimmt." (Hervorh. im Original), *Mommsen*, Grundrechte des deutschen Volkes, S. 7.

Der Grundrechtskatalog ging jedoch inhaltlich über die aus der wirtschaftlichen Unzufriedenheit geborenen Forderungen der Bauern- und Handwerkerrevolution hinaus.[23] Neben die Forderungen nach einer Eigentumsgarantie und persönlicher Freiheit traten die idealistischen Ideen des aufstrebenden Bildungsbürgertums, das politische Abwehr- und Mitwirkungsrechte in den Mittelpunkt rückte.[24] Der daraus resultierende erste deutsche 60 Artikel fassende Grundrechtskatalog enthielt somit liberale Freiheits- und Abwehrrechte, nicht jedoch soziale Teilhaberechte[25] – eine Konzeption, die sich bis heute in der deutschen Grundrechtstradition gehalten hat.[26] Denn das deutsche Verfassungskonzept wurde und wird primär als felsenfeste Basis zur Sicherung der Freiheitssphäre des Individuums, als Festlegung eines verbindlichen Wertekataloges, verstanden denn als Gegenleistungssystem für die der Staatsmacht unterworfenen Bürger.[27]

Trotz des historischen Durchbruchs der Paulskirchenverfassung, zumal mit ihrem als Reichsgesetz verabschiedeten und somit doppelt abgesicherten Grundrechtsteil, vermochte sie sich nicht durchzusetzen. Zu divers waren die Interessen der Bevölkerungsgruppen, zu stark agierten die reaktionären, auf Souveränität

---

23 *Mommsen*, Grundrechte des deutschen Volkes, S. 58 ff.; *Planitz*, Ideengeschichte der Grundrechte, S. 597, 610, 620; *Oestreich*, Geschichte der Grundfreiheiten, S. 93; *Vogel*, NJW 1998, 1534, 1535; *Laufs*, JuS 1998, 385, 387.

24 *Kröger*, Grundrechtsentwicklung in Deutschland, S. 20 ff; *Laufs*, JuS 1998, 385, 387.

25 Die als „Professorenparlament" bekannte erste deutsche Nationalversammlung bestand vornehmlich aus Vertretern des (betuchten) Bildungsbürgertums, die vor allem eine staatstheoretische Wende einleiten wollten; die Belange des kleinen Mannes sowie ein Aufkommen des Staates für seine Einwohner lagen ihnen fern, Isensee/Kirchhof/*Pauly*, Hb. d. StaatsR I, 3. Aufl. 2003, § 3 Rn. 17; *Mommsen*, Grundrechte des deutschen Volkes, S. 8; *Scholler*, Grundrechtsdiskussion Paulskirche, S. 23; *Planitz*, Ideengeschichte der Grundrechte, S. 597, 615, 619; *Haratsch*, Geschichte der Menschenrechte, S. 54; *Laufs*, JuS 1998, 385, 391.

26 Isensee/Kirchhof/*Pauly*, Hb. d. StaatsR I, 3. Aufl. 2003, § 3 Rn. 29; *Kröger*, Grundrechtsentwicklung in Deutschland, S. 24, *Planitz*, Ideengeschichte der Grundrechte, S. 597, 616.

27 Isensee/Kirchhof/*Wahl*, Hb. d. StaatsR I, 3. Aufl. 2003, § 2 Rn. 36; *Kröger*, Grundrechtsentwicklung in Deutschland, S. 26 f.; *Planitz*, Ideengeschichte der Grundrechte, S. 597, 613 f.; so auch von *Reichensperger* in der Paulskirchendiskussion zum Ausdruck gebracht, der plädierte, dass „ein Codex der Grundrechte […] in großartiger Einfachheit, wie aus Quadern gefügt, aufzurichten" sei, denn man müsse sich hüten, „zuviel in das Detail einzugehen, […] [einzelne] Gesetze voreilig in die Grundrechte auszunehmen.", abgedruckt bei *Scholler,* Grundrechtsdiskussion Paulskirche, S. 129; ähnlich *Mommsen*, Grundrechte des deutschen Volkes, S. 7 f., 83.

bedachten monarchischen Kräfte der Einzelstaaten,[28] sodass mit der Ablehnung der „Krone der Deutschen" durch König Friedrich Wilhelm IV. von Preußen der deutsche Grundrechtsstaat ein frühes Ende fand.[29]

Das die Paulskirchen-Grundrechte proklamierende Reichsgesetz wurde 1853 schlicht aufgehoben[30] und auch die verbleibenden Landesverfassungen enthielten lediglich vereinzelt und dann nur rein deklaratorische Grundrechtskataloge[31], womit sie immerhin über die kein einziges Grundrecht benennende Reichsverfassung von 1871 hinausgingen[32]. Zwar kannte das Deutsche Reich ab 1871 vereinzelt grundrechtsähnliche Passagen in Reichsgesetzen,[33] ohne dass diesen jedoch der übergesetzliche Charakter eines verfassungsmäßig verankerten Rechtsgrundsatzes zugekommen wäre.[34]

3. *Grundrechtliche Wiedergeburt in der WRV*

Die grundrechtliche Positionierung erhielt 1919 mit der Neuordnung des deutschen Staates nach der Kapitulation im Ersten Weltkrieg eine zweite Chance. Die junge deutsche Demokratie sollte auf fundamentalen Grundwerten aufgebaut sein, sodass die WRV einen umfangreichen Grundrechtskatalog vorsah. Dessen Zweck lag in einer kriegsversöhnenden Sammlung von Grundwerten im neuen staatlichen Zusammenleben, wodurch das Individuum zwar einen rechtlichen Raum erlangte, welcher jedoch vordringlich die individuelle Integration in das

---

28 Isensee/Kirchhof/*Pauly*, Hb. d. StaatsR I, 3. Aufl. 2003, § 3 Rn. 25, 44; *Vogel*, NJW 1998, 1534; *Maurer*, FS Stern (1997), 29, 32, 39; *Laufs*, JuS 1998, 385, 392.

29 Isensee/Kirchhof/*Pauly*, Hb. d. StaatsR I, 3. Aufl. 2003, § 3 Rn. 43.

30 Isensee/Kirchhof/*Pauly*, Hb. d. StaatsR I, 3. Aufl. 2003, § 3 Rn. 45.

31 Isensee/Kirchhof/*Pauly*, Hb. d. StaatsR I, 3. Aufl. 2003, § 3 Rn. 48; *Grimm*, Recht und Staat, S. 300 ff.; *Planitz*, Ideengeschichte der Grundrechte, S. 597, 618; *Starck*, GS Sasse (1981), 777, 785.

32 Isensee/Kirchhof/*Pauly*, Hb. d. StaatsR I, 3. Aufl. 2003, § 3 Rn. 43; *Maurer*, FS Stern (1997), 29, 35 f.

33 Bspw. Freizügigkeit, Religions- und Gewerbefreiheit, die sich jedoch auf einen minimalen abwehrrechtlichen Schutz beschränkten, ein positiver subjektiver Gehalt zur Stärkung der Position des Individuums im Staatsgefüge war ihnen gänzlich fremd, Isensee/Kirchhof/*Pauly*, Hb. d. StaatsR I, 3. Aufl. 2003, § 3 Rn. 51.

34 *Kröger*, Grundrechtsentwicklung in Deutschland, S. 41 ff., *Planitz*, Ideengeschichte der Grundrechte, S. 597, 618 f.; *Haratsch*, Geschichte der Menschenrechte, S. 56. *Jellinek*, Subjektive öffentliche Rechte, S. 69, fasst die grundrechtliche Einstellung im Deutschen Reich wie folgt zusammen: „Die Rechtsordnung hat Bestandteile, die im individuellen Interesse da sind, aber nur insofern als die Förderung des Individualinteresses als ein Gemeininteresse sich darstellt."

Allgemeinwohl der Gesellschaft statt die persönliche Freiheitssphäre in den Blick nahm.[35] Die Grundrechte waren zudem von Anfang an nicht dazu konstruiert, auch die Legislative zu binden.[36] Darüber hinaus sah die WRV keine Justiziabilität von Grundrechtsverletzungen vor,[37] weswegen die Art. 119-165 WRV oftmals als abstrakte, übergesetzliche bloße Programmsätze kritisiert wurden.[38] Hinzu traten Konzepte wie das sich zur Grundrechtseinschränkung eignende Notverordnungsrecht des Reichspräsidenten, Art. 48 Abs. 2 WRV,[39] oder eine mit einfachen Mitteln mögliche Verfassungsänderung, Art. 76 WRV,[40] wodurch der dem äußeren Schein nach rechtskonformen Pervertierung der nicht „wehrhaften Reichsverfassung" durch die Nationalsozialisten Tür und Tor geöffnet wurde.[41]

---

35 *Planitz*, Ideengeschichte der Grundrechte, S. 597, 622; vgl. bspw. das mit dem „Recht auf Arbeit" verknüpfte Gebot des Art. 163 Abs. 1 WRV, seine Leistungsfähigkeit als „sittliche Pflicht" in den Dienst der Gemeinschaft zu stellen; dieses Grundverständnis prägten gleichsam Friedrich Neumanns Grundrechtsideen (1919), auszugsweise abgedruckt bei *Huber*, Deutsche Verfassungsdokumente 1919-1933, S. 90 f.

36 *Kröger*, Grundrechtsentwicklung in Deutschland, S. 57 ff.; *Haratsch*, Geschichte der Menschenrechte, S. 58.

37 *Kröger*, Grundrechtsentwicklung in Deutschland, S. 55 ff.; Maunz/Dürig/*Herdegen*, GG, 84. EL 2018, Art. 1 Abs. 3 Rn. 7; *Starck*, GS Sasse (1981), 777, 788 f.; *W. Geiger*, FS Zeidler II (1987), 1401, 1407; *von Lewinski*, JuS 2009, 505, 507; *Maurer*, JZ 1999, 689, 692.

38 Isensee/Kirchhof/*Pauly*, Hb. d. StaatsR I, 3. Aufl. 2003, § 3 Rn. 52; Maunz/Dürig/*Herdegen*, GG, 84. EL 2018, Art. 1 Abs. 3 Rn. 7; *Grimm*, Recht und Staat, S. 304 f.; *Starck*, GS Sasse (1981), 777, 788.

39 Dadurch kam es zu einer rein exekutiven Einschränkungsmöglichkeit der Grundrechte ohne legislative Einzelgrundlage (heutiger Parlamentsvorbehalt); so auch die Aussage des sog. „Kronjuristen" des Dritten Reichs, *Huber*, AöR 62 (1933), 1, 16, dass „die Mehrzahl von diesen Freiheitsrechten [der WRV] unter dem Diktaturvorbehalt [steht], d.h. sie gehört zu denjenigen Freiheitsrechten, die nach Art. 48 Abs. 2 durch den Reichspräsidenten außer Kraft gesetzt werden können."

40 Nach Art. 76 WRV hatten $^2/_3$ der Reichstagsabgeordneten bei einem verfassungsändernden Gesetzesbeschluss anwesend zu sein und $^2/_3$ der Anwesenden mussten der Verfassungsänderung zustimmen. Im Vergleich bedarf es nach Art. 79 Abs. 2 GG eines Quorums von $^2/_3$ der Bundestagsmitglieder für eine Verfassungsänderung.

41 *Grimm*, Recht und Staat, S. 305; *Haratsch*, Geschichte der Menschenrechte, S. 58 f.; *W. Geiger*, FS Zeidler II (1987), 1401, 1406; *von Lewinski*, JuS 2009, 505, 510 f.; diese Einfallstore ermöglichten faktisch die Außerkraftsetzung der Grundrechte der Weimarer Reichsverfassung, wie bereits mit der Verordnung des Reichspräsidenten Hindenburg zum Schutz von Volk und Staat (28.2.1933) infolge des Reichstagsbrandes (sog. Reichstagsbrandverordnung) größtenteils geschehen, vgl. *Huber*, Deutsche Verfassungsdokumente 1919-1933, S. 662 ff.; s. ebenso die verfassungsfeindliche und rechtsferne

Zwar blieb die WRV *pro forma* während der gesamten nationalsozialistischen Ära ab 1933 in Kraft,[42] doch änderte sich das dahinterstehende Menschenbild grundlegend. Das nationalsozialistische „Rechtssystem" ließ denknotwendig keine Grund- oder Menschenrechte, insbesondere Abwehrrechte gegen die Führergewalt, zu.[43] Schon die Idee der Gleichheit aller Menschen stand der im Dritten Reich herrschenden Ideologie prinzipiell entgegen, sodass lediglich ein faktisch um den Zweiten Hauptteil der Grundrechte amputierter Verfassungsrumpf übrig blieb[44] – die Grundrechte wurden mittels der oben genannten Methoden schlicht suspendiert.

4. *Abschluss der deutschen Grundrechtsentwicklung im GG*

Das 1949 in Kraft getretene Grundgesetz stand vor allem in dem Zeichen, jene Fehler aus Weimar unter keinen Umständen zu wiederholen und jedwede Schutzlücke bestmöglich für die Zukunft zu verhindern.[45] Das GG versuchte somit das Beste aus der deutschen Verfassungstradition miteinander zu vereinen: Einerseits wurde der in Weimar geborene Gedanke der objektiven Werteordnung durch die abstrakt formulierten Grundrechtstatbestände inkorporiert, andererseits wurde die Idee der alle Staatsmacht (explizit: Art. 20 Abs. 3 GG) effektiv begrenzenden und bindenden Freiheitsrechte im Geiste der Paulskirche strikt umgesetzt.[46]

---

nationalsozialistische „Umbiegung" des Zensurverbots in Art. 118 Abs. 2 WRV, „um den heute gegebenen Staatsbedürfnissen zu genügen", *Huber*, AöR 62 (1933), 1, 23.

42 Isensee/Kirchhof/*Schneider*, Hb. d. StaatsR I, 3. Aufl. 2003, § 5 Rn. 85.

43 So ausdrücklich *Huber*, AöR 62 (1933), 1, 16: „[Es] ergibt sich mit Deutlichkeit, daß die Freiheit des Einzelnen den Staatsnotwendigkeiten durchaus hintangeordnet ist und daß der in diesen Freiheitsrechten [der WRV] verbriefte individuelle Wert hinter dem im Staat verkörperten politischen Wert unbedingt zurücktreten muß."; allgemein zur Unverträglichkeit von Diktaturen und Menschenrechten *Klein*, EuGRZ 1999, 109, 113.

44 *Haratsch*, Geschichte der Menschenrechte, S. 59 f.; *von Bogdandy*, ZaöRV 2017, 877, 890; *Maurer*, JZ 1999, 689, 692.

45 Isensee/Kirchhof/*Mußgnug*, Hb. d. StaatsR I, 3. Aufl. 2003, § 8 Rn. 42; *Kröger*, Grundrechtsentwicklung in Deutschland, S. 79; *ders.*, NJW 1989, 1318, 1319; zur starken Werteausprägung des GG s. *Hufen/Ziegler*, LKRZ 2009, 41, 46; *von Lewinski*, JuS 2009, 505, 508; *Vorländer*, JuS 1979, 313, 320; *Kunert*, JuS 1979, 322, 324 f.; *Starck*, JuS 1981, 237, 244.

46 Isensee/Kirchhof/*Pauly*, Hb. d. StaatsR I, 3. Aufl. 2003, § 3 Rn. 54 f.; *Haratsch*, Geschichte der Menschenrechte, S. 65; *Vogel*, NJW 1998, 1534, 1535; *Hufen*, NJW 1999, 1504, 1505; *Kröger*, NJW 1989, 1318, 1321; *Kunert*, JuS 1979, 322, 326; *Laufs*, JuS 1998, 385, 390.

Nach den nationalsozialistischen Gräueltaten traf das Grundgesetz selbst eine klare Positionierung zum staatlichen Selbst- und Menschenbildverständnis: Nicht nur die Menschenwürde bildete den Ausgangspunkt des allem anderen vorangestellten Grundrechtskatalogs, sondern auch die Achtung der weltweit „unverletzlichen und unveräußerlichen Menschenrecht[e]" (Art. 1 Abs. 2 GG) fand besondere Betonung.[47] Dies ist insofern nicht verwunderlich, als dass das GG während der Schaffensperiode der internationalen Menschenrechtskodifikationen aus der Taufe gehoben wurde und sich deutlich den westalliierten Positionen anschließen wollte.[48] Trotz gewisser Mindestvorgaben sowie dem Vorbehalt der Billigung ist das GG jedoch keinesfalls als Diktat der Alliierten zu verstehen, sondern repräsentiert vielmehr genuin deutsche Wertvorstellungen.[49] Spezieller Ausdruck dessen ist die in Art. 1 Abs. 3 GG enthaltene „Großtat"[50] der Grundgesetzväter, die mit der zusätzlich über Art. 79 Abs. 3 GG abgesicherten Bindung jeder Staatsgewalt an die Grund- und Menschenrechte den letzten und hoffentlich unüberwindbaren Schutzwall der Freiheitsrechte bildet.[51]

---

47 *Haratsch*, Geschichte der Menschenrechte, S. 64 ff.; *W. Geiger*, FS Zeidler II (1987), 1401, 1406; *Hufen*, NJW 1999, 1504, 1506; *Starck*, GS Sasse (1981), 777, 789; *ders.*, JuS 1981, 237, 238; *Denninger*, JZ 1982, 225, 227.

48 Hömig/Wolff/*Antoni*, GG, 12. Aufl. 2018, Vor Art. 1 Rn. 2; *Diestelkamp*, Verfassunggebung, S. 650, 670 ff.; *Haratsch*, Geschichte der Menschenrechte, S. 65; *Hufen/Ziegler*, LKRZ 2009, 41, 45 f.; *Kimminich*, FS Scupin (1973), 145, 155; *Kunert*, JuS 1979, 322, 327; *Denninger*, JZ 1982, 225, 226; *Maurer*, JZ 1999, 689, 693; *Walter*, ZaöRV 1999, 961, 973; zum internationalen Einfluss der Alliierten auf die UDHR *Normand/Zaidi*, Human Rights at the UN, S. 84.

49 Isensee/Kirchhof/*Mußgnug*, Hb. d. StaatsR I, 3. Aufl. 2003, § 8 Rn. 55 f., 76; vgl. auch Isensee/Kirchhof/*Stolleis*, Hb. d. StaatsR I, 3. Aufl. 2003, § 7 Rn. 4, der von „Fixierungen von außen" durch die Westalliierten und „Einigkeit […] [i]m Innern" über die Grundrechte spricht.

50 So *Kunert*, JuS 1979, 322, 326.

51 Isensee/Kirchhof/*Wahl*, Hb. d. StaatsR I, 3. Aufl. 2003, § 2 Rn. 64; *W. Geiger*, FS Zeidler II (1987), 1401, 1406; Hömig/Wolff/*Antoni*, GG, 12. Aufl. 2018, Art. 1 Rn. 23; Maunz/Dürig/*Herdegen*, GG, 84. EL 2018, Art. 1 Abs. 3 Rn. 8; *Scheuner*, Institutionelle Garantien des GG, S. 665, 669; *Kunert*, JuS 1979, 322, 326. Damit geht das GG insbesondere wegen der auch legislativen Bindung und in Einklang damit stehenden Überprüfung durch das BVerfG über das Verständnis anderer westeuropäischer Staaten hinaus, *Walter*, ZaöRV 1999, 961, 963.

II. Entstehungsgeschichte der Menschenrechte

Die Idee unveräußerlicher und über jeder Staatsgewalt stehender Menschenrechte setzte sich in der westlichen Welt mit den dahingehenden nationalen Bewegungen im 18. Jahrhundert langsam in den Köpfen der Menschen fest.[52] Während die sich in den Nationalstaaten entwickelnden und in den jeweiligen Verfassungen festgehaltenen Grund- bzw. Bürgerrechte etwas Handfestes, zumeist Verschriftlichtes darstellten, blieb die internationale Idee der naturrechtlichen Menschenrechte eine wabernde Blase in höheren, gar unerreichbaren rechtlichen Sphären.[53] Dieses überrechtliche Ideal auf ebenso einklagbare, reale und handhabbare subjektive Rechte eines jeden Menschen auf der Welt herunter zu brechen, also aus *soft law* anspruchsbegründendes *hard law* zu machen, wurde dem Bewusstsein der Staatengemeinschaft nur langsam gewahr, mündete aber schließlich in den Abschluss verbindlicher multilateraler Konventionen.[54]

1. Dynamik auf internationaler Ebene

Die Notwendigkeit derartiger Kodifikationen wurde international erst nach dem Zweiten Weltkrieg erkannt. Bis dahin blieb es bei einem souveränitätsbasierten Denken der Nationalstaaten, das die Individualinteressen seiner Bürger hintanstellte.[55] Die Vereinbarung eines Mindestschutzes des Einzelnen in zwischenstaatlichen Interessenkonflikten in Form der ersten humanitären Völkerrechtskonventionen, ausgehend von der Haager Friedenskonferenz 1899, bildete den vorherigen Mindestkonsens der Staaten.[56] Damit war aber jedenfalls der Grundstein für die staatliche Achtung von Individualrechten, zumindest in der Extremsituation eines bewaffneten Konflikts, gelegt, sozusagen der

---

52 *Oestreich*, Idee der Menschenrechte, S. 8 f.; *Schäfer*, Menschenrechte und humanitäres Völkerrecht, S. 12; *Kriele*, FS Scupin (1973), 187, 189; *W. Geiger*, FS Zeidler II (1987), 1401, 1403; *Maurer*, JZ 1999, 689.

53 Vgl. *Kriele*, FS Scupin (1973), 187, 188, 192; *Denninger*, JZ 1982, 225, 226; *Lillich*, 25 Ga. J. Int'l & Comp. L. 1 1995, 1, 16.

54 *Kimminich*, FS Scupin (1973), 145, 155, 160; *Denninger*, JZ 1982, 225, 229.

55 Merten/Papier/*Stern*, Hb. d. GR I, 2004, § 1 Rn. 34; *Normand/Zaidi*, Human Rights at the UN, S. 29, 38; *Haratsch*, Geschichte der Menschenrechte, S. 70; *von Bogdandy*, ZaöRV 2017, 877, 891.

56 *Lauterpacht*, Human Rights, S. 77; *Buergenthal*, Human Rights in History, 3, 9; *Espiell*, Humanitarian Law, 345 f.; *Normand/Zaidi*, Human Rights at the UN, S. 35, unter Verweis auf *Kunz*, 50 AJIL 1956, 313, 322.

Ausgangspunkt und absolute Minimalstandard, den es in der Folgezeit auszubauen galt.[57]

Die Gräuel des Ersten Weltkrieges rüttelten dahingehend die internationale Gemengelage jedoch noch nicht genug auf,[58] da die staatlichen Interessen an Kolonialisierung und Stärkung des eigenen Souveränitätsanspruchs nach wie vor dominierten[59]. Unter der Federführung des US-Präsidenten Woodrow Wilson lag die maximale Kompromissbereitschaft in der Errichtung eines losen internationalen Gebildes in Form des Völkerbundes (1920), der aufgrund einstimmig zu fassender (nicht verbindlicher) Beschlüsse kaum handlungsfähig war.[60] Abgesehen davon wurden nur einige wenige Minderheitenrechte anerkannt, die keinerlei Schutz des Einzelnen vor staatlicher Willkür garantierten,[61] und mangels eines effektiven Kotrollorgans hätten selbst eklatante Rechtsverstöße der Mitgliedstaaten weder überprüft noch sanktioniert werden können[62]. Erst aus dem in den Zweiten Weltkrieg mündenden, menschenverachtenden nationalsozialistischen Regime resultierte ein radikales internationales Umdenken, aus dem sich eine starke Staatengemeinschaft herausbildete.[63]

a. Menschenrechtstaufe mit der UN-Gründung

Schon mit dem Kriegseintritt der USA 1941 prägte der damalige US-Präsident Franklin D. Roosevelt den Terminus der „*United Nations*", als die er die Alliierten im Kampf gegen die faschistische Terrorherrschaft bezeichnete[64] und

57 *Shaw*, International Law, 8. Aufl. 2017, S. 213; *Jellinek*, Subjektive öffentliche Rechte, S. 311 ff.; *Espiell*, Humanitarian Law, 345, 353; *Kälin/Künzli*, Universeller Menschenrechtsschutz, S. 9 f.

58 Vgl. *Buergenthal*, Human Rights in History, 3, 5; *Greer*, ECHR, S. 8.

59 *Pedersen*, 112 AHR 2007, 1091, 1099.

60 S. Art. 5, 15 der Völkerbundsatzung; *Pedersen*, 112 AHR 2007, 1091, 1097 ff.

61 Vgl. Art. 22 f. der Völkerbundsatzung; dazu *Alston/Goodman*, International Human Rights, S. 104, 112; *Baderin/Ssenyonjo*, Development of Human Rights Law, 3, 5; *Buergenthal*, Human Rights in History, 3, 6 f.; *Kälin/Künzli*, Universeller Menschenrechtsschutz, S. 8 f.; *Haratsch*, Geschichte der Menschenrechte, S. 68; *Normand/Zaidi*, Human Rights at the UN, S. 43 f.; *Buergenthal*, 100 AJIL 2006, 783; *W. Geiger*, FS Zeidler II (1987), 1401, 1413 f.

62 *Buergenthal*, Human Rights in History, 3, 7; *Pedersen*, 112 AHR 2007, 1091, 1100.

63 *Shaw*, International Law, 8. Aufl. 2017, S. 214; *Buergenthal*, Human Rights in History, 3, 11; *Kälin/Künzli*, Universeller Menschenrechtsschutz, S. 14.

64 *Lauterpacht*, Human Rights, S. 78; *Normand/Zaidi*, Human Rights at the UN, S. 92 f.; *Riedel*, Universeller Menschenrechtsschutz, 105, 107.

die für vier Mindestfreiheiten[65] weltweit eintreten sollten. Die Achtung unveräußerlicher und unerschütterlicher Menschenrechte in einer neuen und stärkeren Weltgemeinschaft, als dies der Völkerbund gewesen war, kristallisierte sich als Idealvorstellung bei der UN-Gründung heraus.[66] In diesem Sinne bekannte sich die UN-Charta[67] zwar an mehreren Stellen (bspw. in der Präambel sowie in Art. 13, 55, 76 UN-Charta) zur Achtung und Verwirklichung internationaler Menschenrechte, dies jedoch in bloß pauschaler Wortwahl[68] und insbesondere ohne selbst einen Katalog an zu garantierenden Rechten aufzustellen. Die Verankerung von Menschenrechten im grundlegendsten völkerrechtlichen Vertrag der Nachkriegszeit scheiterte insbesondere an den Vetos der Siegermächte wie der UdSSR, den USA und dem Vereinigten Königreich.[69] Eine schriftliche

---

65 Vgl. F. D. Roosevelts Rede zur Lage der Nation vor dem US-Kongress am 6.1.1941: „[...] In the future days, which we seek to make secure, we look forward to a world founded upon four essential human freedoms.
The first is freedom of speech and expression – everywhere in the world.
The second is freedom of every person to worship God in his own way – everywhere in the world.
The third is freedom from want – which, translated into world terms, means economic understandings which will secure to every nation a healthy peacetime life for its inhabitants – everywhere in the world.
The fourth is freedom from fear – which, translated into world terms, means a world-wide reduction of armaments to such a point and in such a thorough fashion that no nation will be in a position to commit an act of physical aggression against any neighbor – anywhere in the world. [...]"

66 Merten/Papier/*Stern*, Hb. d. GR I, 2004, § 1 Rn. 35; *Alston/Goodman*, International Human Rights, S. 82; *Normand/Zaidi*, Human Rights at the UN, S. 27; *Moravcsik*, 54 Int'l Organization 2002, 217, 223; *Buergenthal*, 19 Hum. R. Q. 1997, 703, 706; *Haratsch*, Geschichte der Menschenrechte, S. 69; *Simma*, FS Schlochhauer (1981), 635; *Denninger*, JZ 1982, 225, 229 spricht von einem internationalen „allgemeinen Rechtbewusstsein, [...] allgemeinen Konsens über Mindestanforderungen an ‚gerechtes Recht'" nach den Erfahrungen im 2. Weltkrieg; *Maurer*, JZ 1999, 689, 694.

67 Unterzeichnungsdatum 26.6.1945, in Kraft getreten am 24.10.1945.

68 Vgl. nur den Wortlaut des Art. 55 UN-Charta: „[...] the United Nations shall promote: [...] c. universal respect for, and observance of, human rights and fundamental freedoms for all without distinction as to race, sex, language, or religion."; s. ebenso *Kälin/Künzli*, Universeller Menschenrechtsschutz, S. 41; *Fremuth*, NZWehrr 2012, 89, 93.

69 Wohl bedingt durch innerstaatliche menschenrechtliche Verstöße insbesondere im Hinblick auf Rassendiskriminierung, die eine sofortige verbindliche Einigung auf internationaler Ebene zunächst verhinderten, vgl. *Lauterpacht*, Human Rights, S. 145 f.; *Buergenthal*, Human Rights in History, 3, 11; *Alston/Goodman*, International

Zusammenstellung international zu achtender Menschenrechte erfolgte somit erstmals unter der maßgeblichen Initiative Eleanor Roosevelts in Form der *Universal Declaration of Human Rights*, die jedoch „nur" als rechtlich unverbindliche Generalversammlungsresolution[70] verabschiedet wurde. Wenngleich als *soft law* Instrument in die Welt gesetzt, stellte die UDHR einen Meilenstein als erste umfassende Menschenrechtskodifikation dar, die nicht nur als Vorbild für die späteren (rechtlich verbindlichen) UN-Menschenrechtspakte (ICCPR und ICESCR) diente, sondern insgesamt derartige Staatenakzeptanz erfahren hat, dass sie inzwischen in weiten Teilen als Völkergewohnheitsrecht und damit verbindliches *hard law* iSd Art. 38 Abs. 1 lit. b IGH-Statut angesehen wird.[71]

Der Wert der UDHR ist insbesondere deshalb nicht zu unterschätzen, da sich die Suche nach einem gemeinsamen Mindestmaßstab verständlicherweise aufgrund kultureller sowie politischer Divergenzen als schwieriges Unterfangen erwies.[72] Dem *Drafting Committee* der UDHR gehörten ausschließlich Staatenvertreter in ihren jeweiligen politischen Funktionen an, die den größtmöglichen gemeinsamen Nenner unter geringstmöglicher Einbuße des jeweiligen staatlichen Souveränitätsanspruchs suchten.[73] Endergebnis war somit eine staatliche Selbstbindung unter den wachenden Augen der Weltgemeinschaft, die zwar ständiger, aber auch einziger und lediglich mit moralischen Sanktionen ausgestatteter Richter war; auf ein effektives Überwachungsorgan vermochte man sich zunächst weder für die – ohnehin rechtlich nicht bindende – UDHR noch für die späteren Menschenrechtspakte zu einigen.[74]

Human Rights, S. 140 f., 145; *Normand/Zaidi*, Human Rights at the UN, S. 120; *Baderin/Ssenyonjo*, Development of Human Rights Law, 3, 7; *Kange*, Human Rights in the UN Declaration, S. 14 f.; *Skogly/Gibney*, 24 Hum. R. Q. 2002, 781, 786; *Buergenthal*, 19 Hum. R. Q. 1997, 703, 706 f.; *Riedel*, Universeller Menschenrechtsschutz, 105, 113.

70 UN GA A/RES/3/217 A v. 10.12.1948; der bloß unverbindliche Rechtscharakter der Generalversammlungsresolutionen kommt in Art. 10 UN-Charta zum Ausdruck; s. auch *Baderin/Ssenyonjo*, Development of Human Rights Law, 3, 4, 7.

71 *Baderin/Ssenyonjo*, Development of Human Rights Law, 3, 9; *Lillich*, 25 Ga. J. Int'l & Comp. L. 1 1995, 1 f.

72 *Donnelly*, Universal International Human Rights, 31, 35; *Normand/Zaidi*, Human Rights at the UN, S. 177 f.; *Milanović*, 8 HRLR 2008, 411, 412 f.; *Planitz*, Ideengeschichte der Grundrechte, S. 597, 606.

73 *Normand/Zaidi*, Human Rights at the UN, S. 30; *Helfer/Slaughter*, 170 Yale L. J. 1997, 273, 363; *Smith*, UN Human Rights System, 215, 216; *Maurer*, JZ 1999, 689, 694.

74 Art. 41 ICCPR sieht zwar die Möglichkeit einer Staatenkommunikation vor der CCPR vor, die jedoch (Stand 2004) aufgrund der dadurch zu befürchtenden diplomatischen Belastungen nicht genutzt wurde, zudem wäre die CCPR-Entscheidung nicht rechtsverbindlich, vgl. *Nowak*, ICCPR, 2. Aufl. 2005, Art 41 Rn. 2 f.; das 1. Fakultativprotokoll

Dennoch, mit der Positivierung allgemeiner internationaler Menschenrechte wurde eine beachtliche rechtliche Entwicklung in der trägen Völkerrechtssetzung ins Rollen gebracht.[75] Diese äußerte sich nicht zuletzt in der schwindenden Bedeutung des diplomatischen Schutzes, auf den das im Völkerrecht mediatisierte Individuum zuvor seitens seines Heimatstaates zu hoffen hatte.[76] Die Angewiesenheit des Individuums auf das Wohlwollen seines Heimatstaates, in dessen Ermessen die zwischenstaatliche Geltendmachung dem Individuum gegenüber verübter Völkerrechtsverstöße lag, wurde durch eigene menschenrechtliche Positionen eingedämmt.[77] Zwar fehlte es an wirksamen internationalen Durchsetzungsmechanismen zugunsten dieser individualrechtlichen Positionen, doch bestand zumindest die rechtlich bindende Verpflichtung eines Großteils aller Staaten zur Achtung der international universell verbürgten Menschenrechte. Der erste Schritt in die richtige Richtung war vollbracht worden.

b. *UN-Menschenrechtstrias und ihre Implementierung*

Die in ihrer Zusammenschau als „*bill of rights*" bezeichnete Trias der UDHR, ICCPR und ICESCR[78] stellt also den Dreh- und Angelpunkt des umfassenden, wenn auch für das betroffene Individuum nicht verbindlich einklagbaren UN-Menschenrechtsschutzes dar. Hierbei äußert sich die besagte Universalität

---

zur ICCPR (seit 23.5.1976 in Kraft) und führte in Art. 1 die – gleichfalls unverbindliche – Individualkommunikation vor der CCPR ein, s. *Nowak*, ICCPR, 2. Aufl. 2005, Preamble OP Rn. 2; auch der IGH darf über die Verpflichtungen der Staaten aus den UN-Menschenrechtspakten als Völkervertragsrecht iSd Art. 38 Abs. 1 lit. a IGH-Statut entscheiden, jedoch nur, sofern ihm die Entscheidungszuständigkeit gem. Art. 36 IGH-Statut eingeräumt wird. Eine Prägung der internationalen Menschenrechte durch den IGH ist jedoch auch erst intensiv seit den 1990er Jahren zu verzeichnen, s. *Zyberi*, Human Rights in the ICJ, 289, 293 f.

75 *Denninger*, JZ 1982, 225, 230; *Maurer*, JZ 1999, 689, 693 f.

76 *Buergenthal*, Human Rights in History, 3, 5; *Shaw*, International Law, 8. Aufl. 2017, S. 212, 214 f.; *Smith*, UN Human Rights System, 215, 233; *Chirwa*, State Responsibility for Human Rights, 397, 398 f.

77 *Lauterpacht*, Human Rights, S. 68 f.; *Mowbray*, 5 Hum. R. L. Rev. 2005, 57, 60; *Buergenthal*, 19 Hum. R. Q. 1997, 703, 722; *Moravcsik*, 54 Int'l Organization 2002, 217, 236; Merten/Papier/*Stern*, Hb. d. GR I, 2004, § 1 Rn. 34, 39; *Kimminich*, FS Scupin (1973), 145, 150; *Rauschning*, FS Klein (2013), 287, 294; *Riedel*, Universeller Menschenrechtsschutz, 105; *Maurer*, JZ 1999, 689, 695; *Kälin/Künzli*, Universeller Menschenrechtsschutz, S. 16; *Kokott*, ZaöRV 2004, 517, 530 f.

78 *Baderin/Ssenyonjo*, Development of Human Rights Law, 3, 7; *Ssenyonjo*, ESC-Rights, 49, 51; *Melish*, 48 ILM 2009, 256 f.; *Kälin/Künzli*, Universeller Menschenrechtsschutz, S. 42.

der beiden Menschenrechtspakte beispielsweise in dem Fakt, dass keine Kündigungs- oder Austrittsklauseln für die Vertragsstaaten vorgesehen sind: Jeder Staat, der sich einmal dem internationalen Menschenrechtsregime unterworfen hat, kann keinem davon profitierenden Individuum dieses Schutzniveau mehr völkerrechtskonform entziehen.[79]

Beide UN-Pakte kennen darüber hinaus einen unter dem jeweiligen Konventionsregime errichteten und für ihre Einhaltung zuständigen Ausschuss (CCPR sowie CESCR), der in regelmäßigen Abständen Länderberichte einfordert, auf Grundlage derer sog. *General Comments* abgeben kann sowie befugt ist, eine – rechtlich unverbindliche – Kommunikation bei Staaten- bzw. Individualbeschwerden zu führen.[80] Auf Letzteres konnte man sich allerdings erst in Zusatzprotokollen und nur ohne obligatorische Zuständigkeitserteilung einigen, sodass diese Kommunikationen mit einem gerichtlichen Verfahren keinesfalls vergleichbar sind.[81]

Nichtsdestotrotz bestehen mit den beiden Ausschüssen Kontrollinstanzen, die neben den einzelfallbezogenen Kommunikationsergebnissen auch inzident über das Mittel der *General Comments* auf Missstände oder Vertragsbrüche hinweisen können. Diese sind inzwischen als autoritative Auslegungshilfe zu den Pakten anerkannt[82] und tragen darüber hinaus trotz mangelnden Charakters als

79 CCPR, General Comment Nr. 26 v. 8.12.1997, General Comment on the issues relating to the continuity of obligations to the International Covenant on Civil and Political Rights, UN Doc. CCPR/C/21/Rev.1/Add.8/Rev.1. Rn. 3 f.; *Alston/Goodman*, International Human Rights, S. 805 f.; *Klein*, EuGRZ 1999, 109, 111; für die ICESCR ebenso *Ssenyonjo*, ESC-Rights, 49, 77.

80 Art. 41 ICCPR sowie Art. 1 des 1. Zusatzprotokolls zur ICCPR; Art. 1 ff. des (bisher einzigen) Zusatzprotokolls zur ICESCR.

81 Dies zeigt sich insbesondere auch daran, dass den Ausschüssen keine Ermittlungsbefugnisse zur Sachverhaltsklärung zustehen, noch nicht einmal eine mündliche Verhandlung, sondern ausschließlich schriftlicher Austausch stattfindet und es zudem an einer Überwachungsmöglichkeit zur Umsetzung der Entscheidung mangelt, *Nowak*, ICCPR, 2. Aufl. 2005, Art. 28 Rn. 1 sowie Preamble First OP Rn. 2; *Shaw*, International Law, 8. Aufl. 2017, S. 242 f.; *Helfer/Slaughter*, 170 Yale L. J. 1997, 273, 338 ff.; *de Zayas*, 47 ICJ Rev. 1991, 28, 31; *Green*, 23 Hum. R. Q. 2001, 1062, 1068; *Skogly/Gibney*, 24 Hum. R. Q. 2002, 781, 791; *Joseph*, Civil and Political Rights, 89, 92; allgemein zur Bedeutung der Individualkommunikationen *Meißner*, UN-Menschenrechtsbeschwerde, S. 47 ff.; *Riedel*, Universeller Menschenrechtsschutz, 105, 116 f.; *Klein*, EuGRZ 1999, 109, 113.

82 *Nowak*, ICCPR, 2. Aufl. 2005, Art. 28 Rn. 1; *Shaw*, International Law, 8. Aufl. 2017, S. 240; *Helfer/Slaughter*, 170 Yale L. J. 1997, 273, 341; *de Zayas*, 47 ICJ Rev. 1991, 28, 31; *Green*, 23 Hum. R. Q. 2001, 1062, 1068; *Skogly/Gibney*, 24 Hum. R. Q. 2002, 781,

Völkerrechtsquelle[83] zur Fortentwicklung des Völkerrechts bei. Dies erkennt der IGH in steter Regelmäßigkeit an, wenn auf die Dokumente der Ausschüsse bei der Auslegung der Staatenverpflichtungen unter den beiden Pakten zurückgegriffen wird[84] und diesen über jenen Umweg inzident eine gewisse Bindungswirkung über Art. 59 IGH-Statut beigemessen werden kann. Ohnehin versteht es der IGH, der über menschenrechtliche Aspekte auf Grundlage des Völkergewohnheitsrechts bzw. den beiden Pakten zur Entscheidung befugt ist, als seine Aufgabe, internationalem Menschenrechtsschutz durch eine Verankerung der Staatenpflichten in der UN-Charta größtmögliche Legitimation zu verschaffen.[85]

2. *Schöpfungsidee in Europa*

Von den Entwicklungen um die UDHR auf dem internationalen Parkett lernend[86] trat die Europäische Konvention zum Schutze der Menschenrechte und Grundfreiheiten im Jahr 1950[87] aus deren Schatten heraus.[88] Im kriegsgeschüttelten Europa, das die Gräueltaten des Faschismus erlebt hatte und neu entstehenden

791; *Joseph*, Civil and Political Rights, 89, 92; *Schmahl*, Derogation von Menschenrechtsverpflichtungen, 125, 126.

83 General Comments sind vielmehr unter Art. 38 Abs. 1 lit. d IGH-Statut zu fassen und damit nicht aus sich heraus verbindlich, *Helfer/Slaughter*, 170 Yale L. J. 1997, 273, 340 f., 351; *Smith*, UN Human Rights System, 215, 230; zur Bedeutung der General Comments im UN-Konventionssystem der Menschenrechte s. *Alston*, General Comments, 763; *Ssenyonjo*, ESC-Rights, 49, 56; *Stubenrauch*, ZUR 2010, 521, 526; *OHCHR*, UN Handbook for Human Rights, S. 6.

84 S. z.B. IGH, Gutachten v. 9.7.2004, ICJ Reports 2004, 136 Rz. 109 ff. – Legal Consequences of the Construction of a Wall in the Occupied Palestinian Territory (Advisory Opinion); IGH, Entsch. v. 30.11.2010, ICJ Reports 2010, 639 Rz. 66 – Ahmadou Sadio Diallo (Guinea/Kongo).

85 *Shaw*, International Law, 8. Aufl. 2017, S. 218; *Smith*, UN Human Rights System, 215, 217, 224 f.; *Zyberi*, Human Rights in the ICJ, 289, 290 f., 297; *Kälin/Künzli*, Universeller Menschenrechtsschutz, S. 73.

86 Das Ministerkomitee des frisch gegründeten Europarates war sich 1949 einig, mit dem Entwurf der EMRK bis zur Fertigstellung der UDHR auf internationaler Ebene zu warten, um einerseits keine Konflikte heraufzubeschwören und andererseits von deren Ergebnissen zu profitieren, vgl. EMRK Travaux Préparatoires, Vol. I, S. 24 f.

87 Die EMRK wurde am 4.11.1950 unterzeichnet und trat am 3.9.1953 in Kraft; in Deutschland wurde sie im BGBl. 1952 II, Nr. 14 v. 22.8.1952, S. 685 ff. innerstaatlich verkündet.

88 Vgl. *Bates*, Evolution of the ECHR, S. 41 f.; *Greer*, ECHR, S. 12; *Schabas*, ECHR, S. 4 f.; *Lauterpacht*, Human Rights, S. 435 ff.; *Weil*, ECHR, S. 28; *Mowbray*, ECHR, 271, 272 f.

sozialistischen Diktaturen im Osten ins Auge blickte, wuchs das Bedürfnis nach einem über die zunächst unverbindlichen Zusicherungen auf internationaler Ebene hinausgehenden, durchsetzbaren Wertekatalog als letztes Bollwerk gegen einen erneuten staatlichen Machtmissbrauch.[89] Die EMRK sollte eine Weiterführung der UDHR sein und letztlich einen Menschenrechtskatalog schaffen, der eine gerichtlich verbindliche Durchsetzungsmöglichkeit vorsah – aufgrund der historisch gewachsenen, homogenen europäischen Rechtsanschauungen versprach man sich eine weitreichendere konsensuale Reglementierung als dies auf internationaler Ebene möglich gewesen war.[90] Doch neben diese idealistische Idee der Schaffung einer europäischen Alarmglocke, die staatliche Willkür ausschließen und handfeste Lehren aus der Vergangenheit ziehen wollte,[91] trat auch auf der regionalen Ebene das staatliche Souveränitätsstreben – dieser Dualismus prägte die Schaffung der EMRK nachhaltig.

a. Ambivalente Zielsetzungen der EMRK-Schöpfer

Vor allem das Vereinigte Königreich äußerte – wie auf internationaler Ebene – erheblichen Widerstand gegen einen verbindlichen Menschenrechtskatalog, der wenn überhaupt so eng wie möglich zu fassen sei und auch nicht von einem autonomen Gerichtshof überwacht oder gar durchgesetzt werden dürfe.[92] Es galt, den Einfluss auf das nationale Recht so gering wie möglich zu halten, staatlichen Souveränitätsansprüchen den größtmöglichen Spielraum zu belassen und – aus britischer Sicht – Missbrauchsmöglichkeiten durch Individualbeschwerden zu verhindern.[93] Dieser Sichtweise stand jedoch noch eine gänzlich andere Herangehensweise entgegen, die dem internationalen Schaffensprozess um die UDHR

89 *Harris/O'Boyle/Warbrick*, Law of the ECHR, 3. Aufl. 2014, S. 3; *Bates*, Evolution of the ECHR, S. 5 ff., 44; *Weil*, ECHR, S. 192; *Alston/Goodman*, International Human Rights, S. 891; *Moravcsik*, 54 Int'l Organization 2002, 217, 230, 237; *Buergenthal*, 100 AJIL 2006, 783, 805; *Uerpmann*, EMRK und deutsche Rechtsprechung, S. 118.

90 *Bates*, Evolution of the ECHR, S. 39 f.; *Helfer/Slaughter*, 170 Yale L. J. 1997, 273, 335; *Moravcsik*, 54 Int'l Organization 2002, 217, 238; *Buergenthal*, 100 AJIL 2006, 783, 792; *Klein*, EuGRZ 1999, 109, 110.

91 *Bates*, Evolution of the ECHR, S. 60 f.; *Weil*, ECHR, S. 205; *Helfer/Slaughter*, 170 Yale L. J. 1997, 273, 277.

92 So die klare Aussage Winston Churchills v. 17.8.1949: "Such a [European Human Rights] Court, of course, would have no sanctions and would depend for the enforcement of their judgment on the individual decisions of the States […]", abgedruckt in EMRK Travaux Préparatoires, Vol. I, S. 34; *Schabas*, ECHR, S. 6; *Bates*, Evolution of the ECHR, S. 11 ff.; *Greer*, ECHR, S. 14.

93 *Bates*, Evolution of the ECHR, S. 70 f.

fremd gewesen war: Die Idee eines grundlegenden europäischen Wertekatalogs, dessen primäre Intention eine Ausstrahlungswirkung auf die nationale Ebene beinhaltete und der sogar als gemeineuropäisches Verfassungsdokument agieren könnte.[94] Diese Strömung brachten die Urheber und Ideengeber des ersten Vorentwurfs, die von einer europäischen Integration überzeugten Politiker des *European Movement*, mit ein.[95] Die schlussendliche Konventionserarbeitung lag jedoch beim Europarat, das durch zunächst 10 europäische Staaten[96] mittels des Vertrages von London 1949 ins Leben gerufene Staatengremium, in dem die mitgliedstaatlichen Regierungsmitglieder über den Vertragstext abstimmten und dessen Organ des Ministerkomitees die Einhaltung der zur Konventionsbefolgung ergangenen Entscheidungen der Spruchkörper überwacht. Auf Basis des Vorentwurfs des *European Movement* erarbeitete und verabschiedete der Europarat schließlich die EMRK, nicht jedoch, ohne die vorgesehene autonome Gerichtsbarkeit zu relativieren.[97]

Aufgrund dessen stellte sich der Rechtsschutz vor dem EGMR zunächst als zahnloser Tiger dar, da dessen Gerichtsbarkeit anfänglich nur fakultativ ausgestaltet war[98] und sich bis 1966 allein die Bundesrepublik Deutschland, für die die EMRK als Eintrittskarte in das westliche und demokratische Europa galt,[99] als

94 *Bates*, Evolution of the ECHR, S. 8, 20; *Scheuner*, FS Schlochhauer (1981), 899, 915; *Keller/Kühne*, ZaöRV 2016, 245, 247.

95 *Bates*, Evolution of the ECHR, S. 4 ff.; *Weil*, ECHR, S. 22, 191; *Mowbray*, ECHR, 271, 272.

96 Die zehn Gründungsstaaten waren Belgien, Dänemark, Frankreich, Irland, Italien, Luxemburg, die Niederlande, Norwegen, Schweden und das Vereinigten Königreich.

97 *Bates*, Evolution of the ECHR, S. 8; *Weil*, ECHR, S. 25 ff., 191; *Greer*, ECHR, S. 20.

98 Art. 46 EMRK a.F. lautete bis zur Änderung durch das 11. Zusatzprotokoll (in Kraft getreten am 1.11.1998) wie folgt: „(1) Jeder der Hohen Vertragschließenden Teile kann jederzeit die Erklärung abgeben, daß er die Gerichtsbarkeit des Gerichtshofs ohne weiteres und ohne besonderes Abkommen für alle Angelegenheiten, die sich auf die Auslegung und die Anwendung dieser Konvention beziehen, als obligatorisch anerkennt. (2) Die oben bezeichneten Erklärungen können bedingungslos oder unter der Bedingung der Gegenseitigkeit […] oder unter Beschränkung auf einen bestimmten Zeitraum abgegeben werden. […]"

99 Deutschland war dem 1949 gegründeten Europarat 1950 beigetreten und ist seit 1951 als vollwertiges Mitglied anerkannt, hatte somit jedoch kaum Einwirkungsmöglichkeiten auf das Verfassen der EMRK, die im Einklang mit den Grundrechten des Bonner Grundgesetzes dennoch vollumfänglich anerkannt (damals wurde lediglich ein Vorbehalt iSd Art. 57 EMRK bzgl. Art. 7 EMRK in der Lesart des Art. 103 Abs. 2 GG abgegeben, inzwischen ist aber auch dieser Vorbehalt zurückgenommen,

big player unterworfen hatte.[100] Hinzu kam, dass ein Verfahren vor der Europäischen Kommission für Menschenrechte einer Anrufung des Gerichtshofs vorgeschaltet war und diese zugleich als Vertreter für das wiederum nur mediatisierte Individuum vor dem Gerichtshof auftrat.[101]

Das Tauziehen um umfassenden Individuenschutz *versus* unangetastete Staatensouveränität wurde somit zunächst auch auf europäischer Ebene überwiegend zugunsten der Letzteren entschieden.

b. Durchbruch der EMRK

So fehlte der EMRK bei ihrem Inkrafttreten die erwartete Aufmerksamkeit und Euphorie, da sie kein vollumfängliches Rechtsschutzsystem vorweisen konnte[102] und inhaltlich mangels enthaltener wirtschaftlicher Garantien hinter der UDHR zurück blieb.[103] Der Trendwechsel zur bis heute anhaltenden Erfolgsgeschichte der Konvention vollzog sich mit dem Aufleben des Gerichtshofs in den 90er Jahren durch das 9. Zusatzprotokoll[104], durch welches Individuen selbst als Partei auftreten konnten, sowie das 11. Zusatzprotokoll[105], das dem EGMR schließlich alleinige sowie obligatorische Jurisdiktion über alle Vertragsstaaten einräumte.[106] Die zeitlich kurz danach einsetzende Ratifikationswelle neu gegründeter

---

s. Meyer-Ladewigu.a./*Meyer-Ladewig/Renger*, EMRK, 4. Aufl. 2017, Art. 57 Rn. 10) und in das nationale Recht inkorporiert wurde.

100 1966 gab Großbritannien die Erklärung zur Anerkennung der Gerichtsbarkeit des Gerichtshofs ab, 1973 folgte Italien und erst 1974 ratifizierten sowohl die Schweiz als auch Frankreich die Konvention mitsamt der Erklärung nach Art. 46 Abs. 1 EMRK a.F.; s. *Bates*, Evolution of the ECHR, S. 11 ff., 53; *Greer*, ECHR, S. 36 f.; *Alston/Goodman*, International Human Rights, S. 892, 898; *Moravcsik*, 54 Int'l Organization 2002, 217, 230, 239; *Weil*, ECHR, S. 22.

101 Zum damaligen zweistufigen Beschwerdeverfahren vor Kommission und Gerichtshof vgl. *Schumann*, Verfassungs- und Menschenrechtsbeschwerde, S. 170 f.; *Weil*, ECHR, S. 38 f.; *H. Huber*, GS Peters (1967), 375, 376; *Keller/Kühne*, ZaöRV 2016, 245, 252.

102 *Bates*, Evolution of the ECHR, S. 9 ff.; *H. Huber*, GS Peters (1967), 375, 376.

103 Ebenso wenig wie auf ein obligatorisches Individualbeschwerdeverfahren konnte man sich auf die Inkorporation von ESC-Rechten einigen, die die UDHR jedoch vorsieht, *Harris/O'Boyle/Warbrick*, Law of the ECHR, 3. Aufl. 2014, S. 5; *Bates*, Evolution of the ECHR, S. 6, 36; *Weil*, ECHR, S. 28; *Buergenthal*, 100 AJIL 2006, 783, 805; *Mowbray*, ECHR, 271, 272; *Ssenyonjo*, ESC-Rights, 49, 52; *H. Huber*, GS Peters (1967), 375, 376.

104 In Kraft getreten am 1.11.1994.

105 In Kraft getreten am 1.11.1998.

106 *Bates*, Evolution of the ECHR, S. 21; *Haß*, Urteile des EGMR, S. 40 ff.; *Vondung*, Europäischer Grundrechtsschutz, S. 10 f.; *Mowbray*, ECHR, 271, 277 f.; *Alston/Goodman*, International Human Rights, S. 897 f.; *Letsas*, 15 EJIL 2004, 279, 304.

osteuropäischer Staaten im Zuge des gefallenen Eisernen Vorhangs resultierte in einer Wegweisungsfunktion des EGMR in dieser neuen europäischen Gemengelage.[107] Der Gerichtshof entwickelte in der Folgezeit eine von stabilen Leitlinien geprägte Judikatur, deren Verständnis der Konventionsverpflichtungen eher extensiv denn restriktiv anmutete – sicherlich auch geprägt von der neuerlichen Sicherheit der obligatorischen Zuständigkeit.[108]

Zwar sind diese klaren Rechtsprechungslinien mangels geltenden Prinzips der *stare decisis* von der Konvention nicht vorausgesetzt,[109] doch tragen sie nicht zuletzt zur Glaubwürdigkeit und Verlässlichkeit der EGMR-Entscheidungen auch für die Konventionsauslegung durch nationale Gerichte bei.[110] Zudem wird dem EGMR insbesondere durch seine fachlich hoch qualifizierten und politisch unabhängigen Richterbänke die Rolle eines der weltweit einflussreichsten Gerichte mit einer Pionierfunktion im Menschenrechtsschutz angetragen.[111] Nur in Einzelfällen wurde dem Gerichtshof vorgeworfen, er habe sich um eine Entscheidung in der Sache hinsichtlich politisch brisanten Materials gedrückt, indem er mit fadenscheinigen Argumenten die Zulässigkeit eines Antrags verneinte oder das Beweisangebot des Beschwerdeführers für nicht ausreichend befunden habe.[112]

Bis in die heutige Zeit hat sich der 1959 gegründete und 1998 gänzlich generalüberholte Europäische Gerichtshof für Menschenrechte als informelles europäisches Verfassungsgericht etabliert und damit die Nische eingenommen, die

---

107 *Bates*, Evolution of the ECHR, S. 22 ff.; *Greer*, ECHR, S. 41; *Buergenthal*, Human Rights in History, 3, 18; *Keller/Kühne*, ZaöRV 2016, 245, 254.

108 *Bates*, Evolution of the ECHR, S. 15 f.; *Alston/Goodman*, International Human Rights, S. 897 f.; *Helfer/Slaughter*, 170 Yale L. J. 1997, 273, 368; *Moravcsik*, 54 Int'l Organization 2002, 217, 245; *Buergenthal*, 19 Hum. R. Q. 1997, 703, 710 f.; *ders.*, 100 AJIL 2006, 783, 793; *Simma*, FS Schlochhauer (1981), 635, 639.

109 So der EGMR selbst ausdrücklich in EGMR, Urt. v. 26.6.2012, 9300/07, Rz. 78 – Herrmann/Deutschland, abrufbar unter: http://hudoc.echr.coe.int/eng?i=001-111690 (zuletzt abgerufen am 28.1.2019); sowie zuvor schon EGMR, Urt. v. 28.5.2002, 46295/99, ECHR 2002-IV, 115 Rz. 68 – Stafford/Vereinigtes Königreich; EGMR, Urt. v. 11.7.2002, 28957/95, ECHR 2002-VI, 1 Rz. 74 – Christine Goodwin/Vereinigtes Königreich; *Schabas*, ECHR, S. 46 f.

110 Meyer-Ladewig u.a./*Meyer-Ladewig/Brunozzi*, EMRK, 4. Aufl. 2017, Art. 46 Rn. 17; *Schabas*, ECHR, S. 47; *Klein*, GS Ryssdal (2000), S. 705; *Wildhaber*, GS Ryssdal (2000), S. 1529; *Gondek*, NILR 2005, 349, 353.

111 *Greer*, ECHR, S. 1; *Harris/O'Boyle/Warbrick*, Law of the ECHR, 3. Aufl. 2014, S. 35; *Mowbray*, ECHR, 271, 288; *Buergenthal*, Human Rights in History, 3, 14; *Ress*, Wirkungen EGMR-Urteile, 227, 251.

112 *Helfer/Slaughter*, 170 Yale L. J. 1997, 273, 300, 313; *Tzevelekos*, 31 Mich. J. Int'l. L. 2010, 621, 674; ähnlich *Vondung*, Europäischer Grundrechtsschutz, S. 14 f.; *Bettendorf*,

ihm mit dem *European Movement* jedenfalls ein Teil der EMRK-Schöpfer zugedacht hatte.[113]

III. Historische Zwischenbilanz

Während im 19. Jahrhundert nationale Verfassungswerte Ausfluss überpositiver Menschenrechtsideen waren, verhalfen die einzelstaatlich verankerten Grund- und Bürgerrechte der internationalen Menschenrechtskodifikation im 20. Jahrhundert zu ihrem Durchbruch. Auch auf internationaler Ebene wurde man der Erkenntnis gewahr, dass Staatsmacht begrenzende und Willkür verhindernde individuelle Rechte zukünftig nicht mehr im stillen Kämmerlein jedes Staates für sich praktiziert werden sollten, sondern unter den wachsamen Augen der Weltstaatengemeinschaft. Unter diesem Eindruck und im zeitlichen Kontext der Nachkriegszeit des Zweiten Weltkrieges entstanden alle für die hiesige Betrachtung relevanten Kodifikationen – die (zunächst gänzlich unverbindliche) UDHR, das GG als neue nationale Grundordnung Deutschlands, das die Einbettung in die wertegebundene Völkerrechtsgemeinschaft zum Ziel hatte, sowie die EMRK als gesamteuropäisches Wertekorrektiv. In ihrer historischen Zielsetzung gleichgerichtet, bleibt im Folgenden die dogmatische Ausrichtung sowie Weiterentwicklung zu klären.

B. Dogmatische Gemeinsamkeiten

Die gegenseitige Beeinflussung und kontinuierliche Steigerung des Grund- und Menschenrechtsschutzes zugunsten des einzelnen Individuums sind ein historisches Phänomen, dessen gemeinsame dogmatische Grundlage im Folgenden zu eruieren ist.

I. Allgemeine Übereinstimmungen und Differenzierungen

Zunächst ist festzuhalten, dass der divergierenden sprachlichen Bezeichnungen als nationale Bürger- oder Grundrechte auf der einen und als internationale Menschenrechte auf der anderen Seite keine Aussage hinsichtlich der jeweiligen dogmatischen Betrachtung zu entnehmen ist.[114] Zwar sind die Begriffe historisch derart gewachsen, dass die deutschen Grundrechte positiv vom Staat gewährt und bestenfalls mit Rechtsschutzgarantien versehen wurden, also etwas

Geltung der EMRK bei Auslandseinsätzen, S. 23; *von Arnauld*, Menschenrechte im Auslandseinsatz, 61, 62; *Meißner*, UN-Menschenrechtsbeschwerde, S. 57.

113 *Bates*, Evolution of the ECHR, S. 20 f., 450; *Weil*, ECHR, S. 196 f.; *Vondung*, Europäischer Grundrechtsschutz, S. 14; *Walter*, ZaöRV 1999, 961, 964.

114 *Lauterpacht*, Human Rights, S. 112 f.; Merten/Papier/*Stern*, Hb. d. GR I, 2004, § 1 Rn. 49 f.

Handfestes und Durchsetzbares waren. Dem gegenüber standen die naturrechtlichen Menschenrechte, die originär nicht von Staaten gewährleistet, sondern dem Individuum kraft seines Menschseins zugesprochen wurden, also moralische Ideale über dem geschriebenen Recht darstellten.[115] Mangels staatlicher Selbstverpflichtung fehlte es jedoch an einem Rechtssystem, im Rahmen dessen menschenrechtliche Garantien hätten geltend gemacht und eingefordert werden können. Mangels Richter hätte es folglich auch keine Kläger geben können. Diese konzeptionelle Trennung zwischen einklagbaren nationalen Grund- und undurchsetzbaren Menschenrechten ist aufgrund der dargestellten Entwicklungen des internationalen Menschenrechtsschutzes nicht mehr haltbar: Grund- wie auch Menschenrechte sind inzwischen kodifiziert und mit effektiven Rechtsschutzsystemen (jedenfalls in Bezug auf Deutschland und die Rechte der EMRK) versehen, vermögen also Staaten effektiv zu binden.

Statt einer Differenzierung zwischen diesen beiden Kategorien an Rechten ist im Gegenteil vielmehr eine stetige Verzahnung zu beobachten: Das GG bspw. geht von einer wesensgleichen Verwandtschaft aus, indem es über Art. 1 Abs. 2 GG den Geist internationaler Menschenrechte in die nationalen Grundrechte inkorporiert und mit der Bindung aller Staatsgewalt daran über Art. 1 Abs. 3 GG verknüpft.[116] Vielen klassischen abwehrrechtlichen nationalen Grundrechten wohnt ein menschenrechtlicher Kern inne[117] und andersherum haben die grundrechtlichen Verbürgungen der einzelnen Staatsverfassungen als allgemeine Rechtsgrundsätze iSd Art. 38 Abs. 1 lit. c IGH-Statut die modernen Menschenrechte mit etabliert[118]. Grenzen findet die inhaltliche Übertragbarkeit schließlich in den Eigenarten des jeweiligen Rechtsursprungs in einem nationalen

---

115 *Buergenthal*, Human Rights in History, 3; *Lohmann*, FS Klein (2013), 1175, 1176.

116 Merten/Papier/*Stern*, Hb. d. GR I, 2004, § 1 Rn. 53; Maunz/Dürig/*Herdegen*, GG, 84. EL 2018, Art. 1 Abs. 2 Rn. 7 f.; *Heckötter*, Bedeutung der EMRK für dt. Gerichte, S. 161 f.

117 „[D]ie Grundrechte [sind] auch als Ausprägung der Menschenrechte zu verstehen […] und [haben] diese als Mindeststandard in sich aufgenommen […]“, so das BVerfG, Urt. v. 4.5.2011, 2 BvR 2365/09, 740/10, 2333/08, 1152/10, 571/10, BVerfGE 128, 326, 369 – EGMR Sicherungsverwahrung; ebenso Merten/Papier/*Stern*, Hb. d. GR I, 2004, § 1 Rn. 56 f.; *Sachs*, FS Klein (2013), S. 321, 330; sogar noch weitergehend, dass der menschenrechtliche Kern in den Grundrechten jede internationale Hoheitsgewalt binde, aber nur ein Zuwiderhandeln der deutschen Staatsgewalt innerstaatlich mit dem Rechtsbehelf der Verfassungsbeschwerde gerügt werden könne BVerfG, Beschl. v. 16.12.1983, 2 BvR 1160, 1565, 1714/83, BVerfGE 66, 39, 56 f. – Atomare Aufrüstung.

118 *Lauterpacht*, Human Rights, S. 89; *Mosler*, Völkerrecht in der Praxis deutscher Gerichte, S. 33 ff.

Verfassungsdokument bzw. einer völkerrechtlichen Rechtsquelle: Staatsorganisationsrecht tangierende Grundrechte wie das in Art. 33 Abs. 2 GG verbürgte Grundrecht auf gleichberechtigten Zugang zu öffentlichen Ämtern finden auf internationaler Ebene kein menschenrechtliches Äquivalent. Entsprechend kennt das GG aufgrund der vorwiegend innerstaatlichen Organisation keine das staatenübergreifende Selbstbestimmungsrecht der Völker, z.B. aus Art. 1 Abs. 1 ICCPR, wiedergebende Bestimmung.[119]

Diese feinen Differenzierungen können jedoch nicht darüber hinwegtäuschen, dass das dogmatische Grundgerüst dasselbe ist: Sowohl die deutschen Grund- als auch (europäische wie internationale) Menschenrechte bedienen sich des dreigliedrigen Systems aus Schutzbereich – Eingriff – Rechtfertigung.[120]

1. *Schutzumfang*

Die Schutzbereiche ähnlicher Rechte vermögen auf nationaler wie internationaler Ebene in Anlehnung an das oben Gesagte einen gemeinsamen Kern aufzuweisen, können jedoch in ihrer weiteren Ausgestaltung divergieren. So schützen sowohl Art. 8 Abs. 1 GG als auch Art. 11 Abs. 1 EMRK die Versammlungsfreiheit, wobei für den Versammlungsbegriff in der jeweiligen Einzelausprägung eine andere Mindestteilnehmerzahl[121] oder ein bestimmter Versammlungszweck[122] zu fordern ist.[123]

---

119 *Sachs*, FS Klein (2013), S. 321, 330; *Bernhardt*, EuGRZ 1996, 339, 340; zum rein menschenrechtlichen Selbstbestimmungsrecht der Völker *Kokott*, ZaöRV 2004, 517, 527.

120 *Grabenwarter/Pabel*, EMRK, § 18 Rn. 1; *Stahl*, Schutzpflichten im Völkerrecht, S. 23; *Papp*, Extraterritoriale Schutzpflichten, S. 47 f.

121 Nach EGMR, Urt. v. 12.6.2012, 26005/08 & 26160/08, Rz. 29 – Tatár & Fáber/Ungarn, abrufbar unter: http://hudoc.echr.coe.int/eng?i=001-111421 (zuletzt abgerufen am 28.1.2019) reichen zwei Teilnehmer ggf. für den Versammlungsbegriff nicht aus, dann bleibt jedoch ein Rückgriff auf die Meinungsfreiheit aus Art. 10 EMRK unbenommen; eine Mindestteilnehmerzahl bisher offen lassend BVerfG, Beschl. v. 24.10.2001, 1 BvR 1190/90, 2173/93, 433/96, BVerfGE 104, 92, 104 – Sitzblockaden („örtliche Zusammenkünfte mehrerer Personen“).

122 Voraussetzend, „dass die Zusammenkunft auf die Teilhabe an der öffentlichen Meinungsbildung gerichtet ist“ und einen „beliebigen Zweck“ als nicht ausreichend erachtend BVerfG, ibid. – Sitzblockaden, während der EGMR eine „specific form of communication of ideas, where the gathering of an indeterminate number of persons with the identifiable intention of being part of the communicative process“, also rein kommunikative Teilhabe ausreichen lässt, EGMR, Urt. v. 12.6.2012, 26005/08 & 26160/08, Rz. 38 – Tatár & Fáber/Ungarn, abrufbar unter: http://hudoc.echr.coe.int/eng?i=001-111421 (zuletzt abgerufen am 28.1.2019).

123 Dahingehend deutlich, dass die nationalen Auslegungen des Versammlungsbegriffs lediglich den Ausgangspunkt für eine autonome Konventionsbegriffsbestimmung

Hinsichtlich der Schutzdimensionen enthalten sowohl Grund- als auch Menschenrechte grundsätzlich abwehrrechtliche Funktionen, zudem jedoch auch Schutzpflichten sowie in Einzelfällen positive Teilhabe- und Leistungsrechte. Diese in der deutschen Grundrechtsdogmatik als *status negativus* (Abwehrrechte), *status positivus* (Leistungs- und u.a. Schutzpflichten des Staates) sowie *status activus* (Teilhaberechte) aufgefassten Dimensionen[124] lassen sich in der internationalen menschenrechtlichen Terminologie in *state obligations to respect, protect and fulfil*[125] übertragen. Dadurch wird die abstrakte Reichweite jedes menschenrechtlichen Schutzbereichs vorgegeben: Zum einen wird einer klassischen staatlichen Schutzbereichsverkürzung entgegen gewirkt (*obligation to respect*); zum anderen verpflichten Menschenrechte dazu, Eingriffe durch Dritte staatlich zu unterbinden und dem Menschenrecht so zur größtmöglichen Entfaltung zu verhelfen (*obligation to protect*); schließlich sollen positive Fortentwicklungsstrategien ergriffen werden und Teilhabe- sowie Leistungsrechte dort gewährt werden, wo dies für eine Schutzgarantie nötig ist (*obligation to fulfil*).[126] Der EGMR unterteilt hingegen nur in zwei Kategorien,

sein können EGMR, ibid. – Tatár & Fáber/Ungarn: „[T]he classification in national law has only relative value and constitutes no more than a starting-point. Such an autonomous meaning serves the interests of the protection of the right against improper classifications in national law. The Court considers that, in qualifying a gathering of several people as an assembly, regard must be had to the fact that an assembly constitutes a specific form of communication of ideas, where the gathering of an indeterminate number of persons with the identifiable intention of being part of the communicative process can be in itself an intensive expression of an idea."

124 Maunz/Dürig/*Herdegen*, GG, 84. EL 2018, Art. 1 Abs. 3 Rn. 15; *Jellinek*, Subjektive öffentliche Rechte, S. 87.

125 *Harris/O'Boyle/Warbrick*, Law of the ECHR, 3. Aufl. 2014, S. 22; *Green*, 23 Hum. R. Q. 2001, 1062, 1070 f.; *Ssenyonjo*, ESC-Rights, 49, 60; *Lubell*, 92 IRRC 2012, 317, 325; ebenso Art. 6 der Maastricht Guidelines on Violations of Economic, Social and Cultural Rights (1998) (die die beiden UN-Menschenrechtspakte iSd Art. 38 Abs. 1 lit. d IGH-Statut konkretisieren), abgedruckt in *OHCHR*, UN Handbook for Human Rights, S. 117 ff.

126 *Harris/O'Boyle/Warbrick*, Law of the ECHR, 3. Aufl. 2014, S. 22 f.; *Kälin/Künzli*, Universeller Menschenrechtsschutz, S. 103 f.; *Nowak*, ICCPR, 2. Aufl. 2005, Art. 2 Rn. 18 ff.; *Green*, 23 Hum. R. Q. 2001, 1062, 1071 f., 1086 f.; *Joseph*, Civil and Political Rights, 89, 92 f.; *Chirwa*, State Responsibility for Human Rights, 397, 405 f.; exemplarisch für das Menschenrecht auf Wasser, welches aus Art. 11 Abs. 1 ICESCR hergeleitet wird, mit dem Hinweis, dass diese 3 Pflichten (respect, protect, fulfil) „[for] any human

wobei neben die anerkannte Abwehrfunktion der Freiheitsrechte der Konvention sog. „*positive obligations*" treten, die im Ergebnis *protection and fulfilment* zusammenfassen.[127] Jedenfalls aber sehen sowohl die deutschen Grund- wie auch EMRK-Menschenrechte umfassende Schutzdimensionen vor – es sind keine pauschalen Schutzbereichsverkürzungen der einen oder anderen Rechtskategorie erkennbar.

2. *Einschränkungsmöglichkeiten und -voraussetzungen*

Sowohl Grund- als auch Menschenrechte sind überdies dem Grunde nach durch zu rechtfertigende staatliche Eingriffe einschränkbar. Absolut gewährleistete Rechte sieht die EMRK nur ausnahmsweise vor, wie z.B. bei dem in Art. 3 EMRK verankerten Folterverbot;[128] das GG kennt eine solche ausdrücklich angeordnete Absolutheit der Grundrechte zunächst gar nicht. Allerdings ist für die deutsche Grundrechtsdogmatik anerkannt, dass jedenfalls die Menschenwürde aus Art. 1 Abs. 1 GG sowie der dahingehend in jedem Grundrecht enthaltene Kernbereich keiner rechtmäßigen staatlichen Einschränkung zugänglich sind.[129]

Abgesehen davon bedarf sodann jeder staatliche Eingriff in einen grund- bzw. menschenrechtlichen Schutzbereich einer gesetzlichen Grundlage. Wenngleich im GG nicht für jedes Grundrecht explizit festgehalten, sind auch die zunächst vorbehaltlos gewährleisteten Grundrechte nur durch ein förmliches

---

right" Geltung beanspruchen, CESCR, General Comment Nr. 15 v. 20.1.2003, The right to water, UN Doc. E/C.12/2002/11, Rn. 20-29; ähnlich CCPR, General Comment Nr. 31 v. 26.5.2004, The Nature of the General Legal Obligation Imposed on States Parties to the Covenant, UN Doc. CCPR/C/21/Rev.1/Add.13, Rn 5-8; zur obligation to protect *Stahl*, Schutzpflichten im Völkerrecht, S. 28.

127 *Grabenwarter/Pabel*, EMRK, § 19 Rn. 1 f.; *Mowbray*, Positive Obligations, S. 5 f.; *Krieger*, ZaöRV 2014, 187, 196 ff.

128 Meyer-Ladewig u.a./*Meyer-Ladewig/Lehnert*, EMRK, 4. Aufl. 2017, Art. 3 Rn. 1; *Hoffmann-Remy*, Grundrechtseinschränkungen EMRK, S. 20.

129 Keine Abwägungsmöglichkeiten iRe praktischen Konkordanz bei Tangierens des Menschenwürdegehalts eines Grundrechts betonend, BVerfG, Beschl. v. 3.6.1987, 1 BvR 313/85, BVerfGE 75, 369, 380 – Strauß-Karikatur; BVerfG, Beschl. v. 9.3.1994, 2 BvL 43, 51, 63, 64, 70, 80/92, 2 BvR 2031/92, BVerfGE 90, 145, 171 – Cannabis; BVerfG, Beschl. v. 11.3.2003, 1 BvR 426/02, BVerfGE 107, 275, 284 – Schockwerbung II; BeckOK-GG/*Hillgruber*, 39. Ed. 2018, Art. 1 Rn. 9 f.

Parlamentsgesetz zugunsten anderer Verfassungsgüter einschränkbar (verfassungsimmanente Schranken).[130] Eine derartige gesetzliche formelle Eingriffsgrundlage ist wegen des aus Art. 20 Abs. 3 GG ableitbaren Vorbehalts des Gesetzes in Verbindung mit dem in der Wesentlichkeitstheorie enthaltenen Parlamentsvorbehalt zu fordern.[131]

Auch die EMRK geht dem Grunde nach von einer gesetzlichen Grundlage eines jeden staatlichen Eingriffs aus, allerdings ist der Gesetzesbegriff an dieser Stelle weiter zu verstehen. Denn aus dem Charakter als völkerrechtliche Konvention ergibt sich automatisch ein breiteres Spektrum für den Gesetzesbegriff, der Rücksicht auf die einzelnen Rechtstraditionen der Mitgliedstaaten zu nehmen hat. Von Staaten, deren Rechtsordnung dem *Common Law* entspringt oder richterrechtliche Rechtsfortbildungen erlaubt und somit kaum über detaillierte Parlamentsgesetze verfügt, kann kein förmliches Gesetz als taugliche Eingriffsgrundlage gefordert werden.[132] Daraus folgt, dass auch bloß materielles nationales Recht (also bspw. Verordnungen, Satzungen, Richterrecht) dem Gesetzesvorbehalt der EMRK genügt;[133] dieses muss jedoch insgesamt auf ein Parlamentsgesetz zurückzuführen und mit höherrangigem nationalen wie Völkerrecht vereinbar sein.[134] Darüber hinaus reicht auch eine dem Völkerrecht selbst entspringende Eingriffsgrundlage, an die der betreffende Staat gebunden ist (vertragliches wie auch Völkergewohnheitsrecht), aus.[135] Die Rechtsvorschrift muss zudem mit dem Schutzgedanken des jeweiligen Konventionsrechts in

---

130 BVerfG, Beschl. v. 26.5.1970, 1 BvR 83, 244, 345/69, BVerfGE 28, 243, 260 f. – Dienstpflichtverweigerung; Maunz/Dürig/*Herdegen*, GG, 84. EL 2018, Art. 1 Abs. 3 Rn. 43.

131 BVerfG, Beschl. v. 21.12.1977, 1 BvL 1/75, 1 BvR 147/75, BVerfGE 47, 46, 78 f. – Sexualkundeunterricht; Maunz/Dürig/*Herdegen*, GG, 84. EL 2018, Art. 1 Abs. 3 Rn. 44 f.; BeckOK-GG/*Huster*/*Rux*, 39. Ed. 2018, Art. 20 Rn. 172 ff.

132 EGMR, Urt. v. 26.4.1979, 6538/74, Series A 30 Rz. 47 ff. – The Sunday Times/Vereinigtes Königreich.

133 EGMR, Urt. v. 12.2.2008, 21906/04, ECHR 2008-I, 223 Rz. 139 – Kafkaris/Zypern; Meyer-Ladewig u.a./*Meyer-Ladewig*/*Harrendorf*/*König*, EMRK, 4. Aufl. 2017, Art. 7 Rn. 13 sowie Meyer-Ladewig u.a./*Meyer-Ladewig*/*Nettesheim*, EMRK, 4. Aufl. 2017, Art. 8 Rn. 102; *Grabenwarter*/*Pabel*, EMRK, § 18 Rn. 7 ff.; *Hoffmann-Remy*, Grundrechtseinschränkungen EMRK, S. 39 f.; *Matscher*, FS Loebenstein (1991), 105, 111 f.; *Wyttenback*/*Hofer*, 27 Swiss. Rev. Int'l & Eur. L. 2017, 333, 340 f.

134 Meyer-Ladewig u.a./*Meyer-Ladewig*/*Nettesheim*, EMRK, 4. Aufl. 2017, Art. 8 Rn. 103; *Matscher*, FS Loebenstein (1991), 105, 108 f.; *Wyttenback*/*Hofer*, 27 Swiss. Rev. Int'l & Eur. L. 2017, 333, 342.

135 EGMR, Urt. v. 17.5.2010, 36376/04, ECHR 2010-IV, 35 Rz. 196 ff., 221 ff., 227 – Kononov/Lettland; Meyer-Ladewig u.a./*Meyer-Ladewig*/*Harrendorf*/*König*, EMRK, 4. Aufl.

Einklang stehen, verständlich abgefasst sowie frei zugänglich sein, sodass verwaltungsinterne Richtlinien als Eingriffsgrundlage jedenfalls ausscheiden.[136]

Neben den zu fordernden formalen gesetzlichen Schranken hat zudem bei beiden Rechtsregimen eine umfassende Abwägung in Form einer Verhältnismäßigkeitsprüfung stattzufinden,[137] die neben der oben angesprochenen Rechtmäßigkeit der Schranke selbst eine Wechselwirkungsbetrachtung zwischen Schwere und Zweck des Eingriffs im Lichte des beeinträchtigten Rechts vornimmt[138]. Der vom EGMR stets betonte staatliche Einschätzungsspielraum (*margin of appreciation*) bei der Menschenrechtseinschränkung wirft im Vergleich zur deutschen Grundrechtsdogmatik keine maßgeblich andere Beurteilung der Verhältnismäßigkeit auf.[139] Der EGMR nutzt dieses ungeschriebene Merkmal dazu, die länderspezifisch gelebten Rechtstraditionen berücksichtigen zu können sowie den Grundsatz der Gewaltenteilung zwischen nationaler Ebene und internationaler Überprüfung aufrecht zu erhalten.[140] Die Auslegung nationalen Rechts, auch hinsichtlich der Konventionsumsetzung, soll den Mitgliedstaaten bis zu einem gewissen Maße selbst überlassen bleiben, was sie in letzter Konsequenz aber nicht vor einer Angemessenheitskontrolle durch den EGMR

2017, Art. 7 Rn. 13; *Grabenwarter/Pabel*, EMRK, § 24 Rn. 33; *Matscher*, FS Loebenstein (1991), 105, 111.

136 EGMR, Urt. v. 25.6.1996, 19776/92, ECHR 1996-III, 846 Rz. 50 ff. – Amuur/Frankreich; EGMR, Urt. v. 28.5.2002, 46295/99, ECHR 2002-IV, 115 Rz. 63 – Stafford/Vereinigtes Königreich; EGMR, Urt. v. 12.2.2008, 21906/04, ECHR 2008-I, 223 Rz. 140 – Kafkaris/Zypern; *Grabenwarter/Pabel*, EMRK, § 18 Rn. 9; *Matscher*, FS Loebenstein (1991), 105, 109 f., 114.

137 *Hoffmann-Remy*, Grundrechtseinschränkungen EMRK, S. 35 f., 47; *Grabenwarter/Pabel*, EMRK, § 18 Rn. 14 ff.; *Tzevelekos*, 31 Mich. J. Int'l. L. 2010, 621, 666; *Schaffarzik*, DÖV 2005, 860, 863.

138 Für die deutschen Grundrechte s. BVerfG, Beschl. v. 14.5.1985, 1 BvR 233, 341/81, BVerfGE 69, 315, 349 – Brokdorf; BVerfG, Urt. v. 14.7.1999, 1 BvR 2226/94, BVerfGE 100, 313, 375 f. – Fernmeldeüberwachung durch BND; Maunz/Dürig/*Grabenwarter*, GG, 84. EL 2018, Art. 5 Rn. 141; in Bezug auf die EMRK s. EGMR, Urt. v. 28.5.2002, 46295/99, ECHR 2002-IV, 115 Rz. 63 – Stafford/Vereinigtes Königreich; *Grabenwarter/Pabel*, EMRK, § 18 Rn. 13.

139 *Grabenwarter/Pabel*, EMRK, § 18 Rn. 20 ff.; *Kelly*, Kontrolle der EMRK-Beschränkungen, 177, 182 ff.

140 *Grabenwarter/Pabel*, EMRK, § 18 Rn. 21 f.; *Klein*, EuGRZ 1999, 109, 115; *Schaffarzik*, DÖV 2005, 860, 863; *Vondung*, Europäischer Grundrechtsschutz, S. 12; als veraltet und dem Souveränitätsstreben der Staaten dienend kritisiert von *Benvenisti*, 31 N.Y.U. J. Int'l L. & Pol. (1999), 843, 852.

schützt.[141] Ein ähnliches Werkzeug kennt auch die deutsche Grundrechtsdogmatik, wenn das BVerfG von der Einschätzungsprärogative des Gesetzgebers hinsichtlich der Erforderlichkeit von Maßnahmen zur Grundrechtseinschränkung ausgeht.[142] Auch hier erlaubt der Grundsatz der Gewaltenteilung der Legislative die Schaffung eines flexiblen Handlungsspielraumes, den das BVerfG in letzter Konsequenz dennoch auf einen gerechten Ausgleich zwischen den betroffenen Rechten überprüfen kann.[143] Die Ebene der Schranken-Schranken verläuft somit wiederum weitestgehend parallel.

3. *Allgemein-dogmatische Zwischenbilanz*

Insofern lässt sich abstrakt festhalten, dass soweit ein Verhalten sowohl vom grund- als auch menschenrechtlichen Schutzbereich erfasst ist, eine EMRK-Verletzung eine nationale Grundrechtsverletzung zumindest in starkem Maße indiziert.[144] Denn aufgrund der einfacheren Rechtfertigungsmöglichkeiten innerhalb der EMRK, die sogar durch ein rein materielles Gesetz möglich ist, müsste ein dadurch nicht zu rechtfertigender Eingriff erst recht das entsprechende deutsche Grundrecht verletzen (schon mangels tauglicher Eingriffsgrundlage). Doch auch andersherum wird ein Menschenrechtsverstoß bei einer festgestellten Grundrechtsverletzung in den meisten Fällen nicht allzu fern liegen, allein schon wegen des menschenrechtlichen Kerns in jedem Grundrecht[145] – es sei denn, die weiteren menschenrechtlichen Rechtfertigungsgrundsätze verhindern ein gleichzeitiges Zuwiderhandeln gegen die EMRK.

Durch den engeren Maßstab des GG, das im Rahmen der Schranken höhere Anforderungen an die Rechtfertigung stellt, kann ein Verstoß gegen die EMRK die nationale Grund- und Menschenrechtswahrnehmung dennoch mit prägen.

---

141 EGMR, Urt. v. 26.4.1979, 6538/74, Series A 30 Rz. 59 – The Sunday Times/Vereinigtes Königreich; EGMR, Urt. v. 18.2.1999, 26083/94, ECHR 1999-I, 393 Rz. 59 – Waite & Kennedy/Deutschland; *Kelly*, Kontrolle der EMRK-Beschränkungen, 177, 182.

142 BVerfG, Beschl. v. 9.3.1994, 2 BvL 43, 51, 63, 64, 70, 80/92, 2 BvR 2031/92, BVerfGE 90, 145, 172 f. – Cannabis; Maunz/Dürig/*Durner*, GG, 84. EL 2018, Art. 10 Rn. 147.

143 BVerfG, Urt. v. 1.3.1979, 1 BvR 532, 533/77, 419/78, BvL 21/78, BVerfGE 50, 290, 332 f. – Mitbestimmung; BVerfG, Beschl. v. 9.3.1994, 2 BvL 43, 51, 63, 64, 70, 80/92, 2 BvR 2031/92, BVerfGE 90, 145, 172 f. – Cannabis.

144 Wenn schon nicht als gleichlaufende Grundrechtsverletzung, so doch jedenfalls als Verstoß gegen das Rechtsstaatsprinzip bei schwerwiegenden EMRK-Verletzungen, so *Ress*, FS Zeidler II (1987), 1775, 1794.

145 So auch *Maurer*, JZ 1999, 689, 693.

II. Verhältnis zum allgemeinen Völkerrecht

Aufgrund der engen Verzahnung zwischen Grund- und Menschenrechten sowie der Verankerung letzterer im Völkerrecht, ist ein Blick auf die dahingehenden Zusammenhänge zu werfen: Inwiefern findet Völkerrecht Eingang in das deutsche Verfassungsrecht und damit in die grundrechtliche Dogmatik und inwieweit deckt sich dieses Ergebnis mit der Dogmatik der EMRK als völkerrechtliches Rechtsinstrument?

1. Einfluss des Völkerrechts auf die Auslegung

a. Grundrechte des GG

Das deutsche GG ist von einer Völkerrechtsfreundlichkeit durchzogen, die sich insbesondere in Art. 25 GG äußert und in steter Regelmäßigkeit vom BVerfG betont wird.[146] In Abkehr von der engeren Fassung der WRV[147] legt das GG einen Fokus auf eine Bindung Deutschlands an höhere auswärtige Wertvorstellungen und bettet somit die „allgemeinen Normen des Völkerrechts"[148] in einer Zwischenstufe der Normenhierarchie zwischen GG und formellen Bundesgesetzen ein.[149] Das GG geht grds. von einem dualistischen Verständnis in Bezug auf das Völkerrecht aus,[150] sodass dieses in der Regel nicht automatisch direkter

146 BVerfG, Beschl. v. 14.5.1968, 2 BvR 544/63, BVerfGE 23, 288, 300 – Kriegsfolgelasten II; BVerfG, Beschl. v. 15.12.2015, 2 BvL 1/12, BVerfGE 141, 1, 16 f. – Völkerrechtsdurchbrechung; Isensee/Kirchhof/*H.-J. Cremer*, Hb. d. StaatsR XI, 3. Aufl. 2013, § 235 Rn. 1; *Mosler*, Völkerrecht in der Praxis deutscher Gerichte, S. 8 f.

147 Art. 4 WRV lautete: „Die allgemein anerkannten Regeln des Völkerrechts gelten als bindende Bestandteile des deutschen Reichsrechts." Vor allem durch die Streichung des „anerkannten" sollte zum Ausdruck gebracht werden, dass es keinen Unterschied machen solle, ob Deutschland sich selbst zur betreffenden völkerrechtlichen Regel bekennt oder nicht, *Frowein*, FS Zeidler II (1987), 1763, 1765; *Mosler*, Völkerrecht in der Praxis deutscher Gerichte, S. 30 f.

148 Bestehend aus Völkergewohnheitsrecht sowie die allgemeinen Rechtsgrundsätze der Kulturnationen iSd Art. 38 Abs. 1 lit. b und c IGH-Statut, s. BVerfG, Beschl. v. 15.12.2015, 2 BvL 1/12, BVerfGE 141, 1, 17 f. – Völkerrechtsdurchbrechung.

149 BVerfG, ibid. – Völkerrechtsdurchbrechung; *Geiger*, GG und Völkerrecht, S. 153, insbesondere auch um „Deutschland aus der Rolle des Geächteten herauszuführen und ihm als Mitglied der Staatengemeinschaft wieder Achtung zu verschaffen."; *Frowein*, FS Zeidler II (1987), 1763, 1765.

150 BVerfG, Beschl. v. 14.10.2004, 2 BvR 1481/04, BVerfGE 111, 307 Rz. 36 – Görgülü; Maunz/Dürig/*Herdegen*, GG, 84. EL 2018, Art. 25 Rn. 4 f.; *Geiger*, GG und Völkerrecht, S. 15 f. Der Streit um die monistische v. dualistische Einbeziehung von

Bestandteil der deutschen Rechtsordnung wird, sondern eines Umsetzungsaktes bzw. jedenfalls einer innerstaatlichen Vollzugsanordnung bedarf. Insofern gilt es zu ergründen, inwiefern das Völkerrecht Einzug in die deutsche Rechtsordnung erhält und somit bei der Auslegung der Grundrechte Relevanz erfährt. Aufgrund der Systematik des GG ist zwischen der Einbeziehung und Wirkung der verschiedenen Völkerrechtsquellen (Art. 25 GG sieht für allgemeine Quellen des Völkerrechts andere Rechtsfolgen vor als Art. 59 Abs. 2 GG für Völkervertragsrecht) zu differenzieren.

aa. Allgemeine Regeln des Völkerrechts (Art. 25 GG)

Auf der einen Seite stehen die allgemeinen Regeln des Völkerrechts, denen über Art. 25 GG eine Sonderstellung dahingehend eingeräumt wird, dass ihnen in Abweichung von der oben formulierten Regel unmittelbare innerstaatliche Geltung ohne jedweden nationalen Rechtsakt zukommt.[151] Ein gegen diese Regeln verstoßendes innerstaatliches Gesetz ist rechtswidrig (wenngleich nicht nichtig)[152] und kann jedenfalls nicht als taugliche Eingriffsgrundlage im grundrechtsrelevanten Bereich dienen.[153] Zwar obliegt es zunächst den Instanzgerichten, das maßgebliche allgemeine Völkerrecht als Bestandteil der deutschen Rechtsordnung zu ermitteln, auszulegen sowie anzuwenden. Auch aufgrund einer potentiellen Grundrechtsrelevanz besteht jedoch über Art. 100 Abs. 2 GG die Letztentscheidungskompetenz des BVerfG, die allgemeinen Regeln des Völkerrechts im Sinne des Art. 25 GG verbindlich festzustellen;[154] die zwingend erforderliche Vorlage auch bei Abweichungen vom bisherigen innerstaatlichen

---

Völkerrecht spielt inzwischen aufgrund der eindeutigen Positionierung des BVerfG sowie maßgeblicher Annäherung der verschiedenen Ausprägungen des Dualismus (Transformation, Vollzugsanordnung etc.) mangels praktischer Auswirkungen keine Rolle mehr, s. Isensee/Kirchhof/*H.-J. Cremer*, Hb. d. StaatsR XI, 3. Aufl. 2013, § 235 Rn. 3; *Schaffarzik*, DÖV 2005, 860, 861; *Wagner*, AöR 89 (1964), 212, 237 f.; i.E. ebenso von Mangoldt/Klein/Starck/*Kempen*, GG, 7. Aufl. 2018, Art. 59 Rn. 87.

151 BVerfG, Urt. v. 26.3.1957, 2 BvG 1/55, BVerfGE 6, 309, 363 – Reichskonkordat; *Geiger*, GG und Völkerrecht, S. 157.

152 BVerfG, Beschl. v. 15.12.2015, 2 BvL 1/12, BVerfGE 141, 1, 25 Rz. 60 ff. – Völkerrechtsdurchbrechung; von Mangoldt/Klein/Starck/*Koenig*/*König*, GG, 7. Aufl. 2018, Art. 25 Rn. 37; *Mosler*, Völkerrecht in der Praxis deutscher Gerichte, S. 7.

153 BVerfG, Beschl. v. 14.5.1968, 2 BvR 544/63, BVerfGE 23, 288, 300 – Kriegsfolgelasten II; *Hofmann*, FS Zeidler II (1987), 1885, 1886; BeckOK-GG/*Heintschel von Heinegg*, 39. Ed. 2018, Art. 25 Rn. 25, 28.

154 Isensee/Kirchhof/*H.-J. Cremer*, Hb. d. StaatsR XI, 3. Aufl. 2013, § 235 Rn. 6.

Verständnis der betreffenden Regel wahrt die Einheit der Rechtsordnung auch in völkerrechtsrelevanter Hinsicht.[155] Insofern ist das BVerfG nicht nur Hüter der Verfassung, sondern zugleich auch Wächter über den innerstaatlichen Umgang mit der Völkerrechtsentwicklung.

Zwar kann eine Verfassungsbeschwerde nach Art. 93 Abs. 1 Nr. 4a GG nicht unmittelbar auf Art. 25 GG und die Verletzung allgemeiner Regeln des Völkerrechts gestützt werden,[156] doch finden diese auf einer zweiten Stufe Eingang in grundrechtsrelevante Fragestellungen: Zunächst bedarf es eines Eingriffs in ein spezifisches Grundrecht oder grundrechtgleiches Recht des GG – im Zweifel die allgemeine Handlungsfreiheit aus Art. 2 Abs. 1 GG. Sodann ist auf Rechtfertigungsebene im Rahmen der Schranken-Schranken danach zu fragen, ob die deutsche den Eingriff ermöglichende Rechtsgrundlage gegen kollidierende und über Art. 25 S. 2 GG Vorrang genießende Völkerrechtsregelungen verstößt.[157] Im Rahmen eines Eingriffs in Art. 2 Abs. 1 GG gehört eine gegen Art. 25 GG verstoßende Eingriffsgrundlage nicht zur „verfassungsmäßigen Ordnung" und vermag die staatliche Maßnahme somit nicht zu rechtfertigen.[158] Ein anderer Ansatzpunkt für eine Grundrechtsverletzung mit Völkerrechtsbezug kann zudem eine allgemeine Regeln des Völkerrechts verkennende Gerichtsentscheidung sein, die über die Willkürkontrolle des Art. 3 Abs. 1 iVm Art. 20 Abs. 3 GG korrigierbar ist.[159]

Diese auch in völkerrechtlicher Hinsicht vollumfängliche Kontrolle durch das BVerfG gilt, obwohl dem Rechtsgedanken des Art. 25 GG entnommen, jedoch nicht nur für die Beachtung der allgemeinen Regeln des Völkerrechts, sondern

155 BVerfG, Beschl. v. 10.6.1997, 2 BvR 1516/96, BVerfGE 96, 68, 77 – DDR-Botschafter; Maunz/Dürig/*Dederer*, GG, 84. EL 2018, Art. 100 Rn. 276; *Geiger*, GG und Völkerrecht, S. 160 f.; *Hofmann*, FS Zeidler II (1987), 1885, 1887; *Mosler*, Völkerrecht in der Praxis deutscher Gerichte, S. 13; den Beitrag des BVerfG sowie internationaler Gerichte zur Vereinheitlichung und Weiterentwicklung des Völkergewohnheitsrechts betonend *Rudolf*, Völkerrecht und dt. Recht, S. 94 f.

156 BVerfG, Beschl. v. 14.5.1968, 2 BvR 544/63, BVerfGE 23, 288, 300 – Kriegsfolgelasten II.

157 BVerfG, ibid. – Kriegsfolgelasten II; *Hofmann*, FS Zeidler II (1987), 1885, 1886.

158 BVerfG, ibid. – Kriegsfolgelasten II; BVerfG, Beschl. v. 11.10.1985, 2 BvR 336/85, NJW 1986, 1425, 1426 – Pakelli; BVerfG, Beschl. v. 19.9.2006, 2 BvR 2115/01, 2 BvR 2132/01, 2 BvR 348/03, NJW 2007, 499 Rz. 52 – Beachtung von Völkerrecht; ebenso *Hofmann*, FS Zeidler II (1987), 1885, 1886.

159 BVerfG, Beschl. v. 23.6.1981, 2 BvR 1107, 1124/77, 195/79, BVerfGE 58, 1, 34 – Eurocontrol I; *Haß*, Urteile des EGMR, S. 115; *Ress*, FS Zeidler II (1987), 1775, 1790.

ebenso für Völkervertragsrecht[160] – diesbezüglich ist allerdings im Folgenden zu differenzieren.

bb. Völkervertragsrecht (Art. 59 Abs. 2 S. 1 GG)

Anders als die allgemeinen Regeln des Völkerrechts nach Art. 25 GG entfalten völkerrechtliche Verträge im Sinne des Art. 38 Abs. 1 lit. a IGH-Statut durch die Umsetzungsanordnung des Art. 59 Abs. 2 S. 1 GG lediglich die Wirkungen eines einfachen Bundesgesetzes. Das nach Art. 59 Abs. 2 S. 1 GG erforderliche Bundesgesetz für politische sowie gesetzesinhaltliche völkerrechtliche Verträge erfüllt somit eine doppelte Funktion: Zum einen dient es der Aufrechterhaltung der Gewaltenteilung durch die Beteiligung des Parlamentes bei dem ansonsten reinen Exekutivhandeln des Abschlusses völkerrechtlicher Verträge.[161] Zum anderen erteilt es den Anwendungsbefehl im innerstaatlichen Recht für den besagten Vertrag, der durch die anschließende Veröffentlichung im Bundesgesetzblatt nach dem dualistischen Verständnis sodann unmittelbare Anwendung erfährt.[162]

Trotz dieser Inkorporation in das nationale Recht in der Form eines Bundesgesetzes geht der Charakter als Völkerrechtsdokument nicht verloren. Denn das deutsche Recht macht sich den Vertrag nicht zu Eigen, sondern belässt ihm vielmehr seine völkerrechtliche Rechtsnatur, was dazu führt, dass die Normen entsprechend den völkerrechtlichen Auslegungsmethoden behandelt werden müssen.[163] Insofern erhalten völkerrechtliche Rechtsgrundsätze direkten Einzug in die deutsche Rechtsordnung, sofern Bestandteile eines völkerrechtlichen

---

160 So z.B. auch entschieden für aus der EMRK bzw. den ICCPR/ICESCR resultierende völkervertragliche Verpflichtungen BVerfG, Beschl. v. 12.5.1987, 2 BvR 1226/83, 2 BvR 101/84, 2 BvR 313/84, BVerfGE 76, 1, 79 ff. – Familiennachzug.

161 BVerfG, Beschl. v. 15.12.2015, 2 BvL 1/12, BVerfGE 141, 1, 18 – Völkerrechtsdurchbrechung.

162 BVerfG, ibid., S. 16 f. – Völkerrechtsdurchbrechung.

163 BGH, Urt. v. 25.6.1969, I ZR 15/67, BGHZ 52, 216, 219 – Champagner-Weizenbier III, wonach bei transformierten Staatsverträgen „die Anwendung besonderer Auslegungsgrundsätze, die sich nicht völlig mit den bei der Auslegung innerstaatlicher Gesetze zu beachtenden Grundsätzen decken", zu beachten sind; von Mangoldt/Klein/Starck/*Kempen*, GG, 7. Aufl. 2018, Art. 59 Rn. 94; *Mellech*, Rezeption der EMRK, S. 42; *Uerpmann*, EMRK und deutsche Rechtsprechung, S. 110 unter Verweis auf OLG Köln, Beschl. v. 5.6.1975, 1 Ws 16/74, NJW 1975, 1615, 1616 – Dolmetscherkosten; *Mowbray*, 5 Hum. R. L. Rev. 2005, 57, 58; *Scheuner*, FS Schlochhauer (1981), 899, 904; *Mosler*, Völkerrecht in der Praxis deutscher Gerichte, S. 25; *Czerner*, AVR 46 (2008), 345, 348.

Vertrages (oder auch Normen iSd Art. 25 GG, für die dieselbe Auslegungssystematik greift) in Rede stehen. Gleichzeitig unterliegen Völkerrechtsverträge in der Form eines Bundesgesetzes den herkömmlichen Kollisionsregeln (*lex posterior derogat legi priori* bzw. *lex specialis derogat legi generali*), können also in der Theorie von späteren nationalen Bundesgesetzen widersprechenden Inhalts überlagert und verdrängt werden[164] – aus dem Völkerrecht selbst kann hier kein Anwendungsvorrang konzipiert werden, denn das Völkerrecht kennt einen solchen nicht.[165] Und anders als im Rahmen des Art. 25 GG schreibt auch gerade die innerstaatliche Rechtsordnung keine übergeordnete Geltung in Art. 59 Abs. 2 S. 1 GG vor.[166]

In der Praxis setzt jedoch schließlich das GG die letztzulässige Grenze der Interpretation und des Normenverhältnisses zueinander fest,[167] sodass das BVerfG aus den Erwägungen der Völkerrechtsfreundlichkeit heraus eine gegen Völkerrecht verstoßende, später erlassene nationale Norm zumeist völkerrechtskonform auslegt.[168] Zwar vermögen einmal abgeschlossene völkerrechtliche Verträge den Gesetzgeber wegen der parlamentarischen Diskontinuität nicht dauerhaft zu binden.[169] Doch jedenfalls in Bezug auf jene Bekenntnisse

---

164 BVerfG, Beschl. v. 15.12.2015, 2 BvL 1/12, BVerfGE 141, 1, 20 f. – Völkerrechtsdurchbrechung.

165 BVerfG, ibid., S. 20, 25 – Völkerrechtsdurchbrechung.

166 Vor allem findet auch keine Erstreckung der Rechtsfolgen des Art. 25 S. 2 GG auf völkerrechtliche Verträge nach Art. 59 Abs. 2 S. 1 GG statt, BVerfG, ibid., S. 18 f. – Völkerrechtsdurchbrechung; die dahingehenden teils gegenläufigen Ansichten darstellend *K. Vogel*, FS Häberle (2004), S. 481, 496 f.; *Rauschning*, FS Klein (2013), 287, 292.

167 Allgemein zur Auslegung von Staatsverträgen im Einklang mit dem GG s. BVerfG, Urt. v. 4.5.1955, 1 BvF 1/55, BVerfGE 4, 157, 168 – Saarstatut, wonach „[s]olange und soweit die Auslegung offen ist, [...] deshalb unter verschiedenen in Betracht kommenden Auslegungsmöglichkeiten derjenigen der Vorzug gegeben werden [muss], bei der der Vertrag vor dem Grundgesetz bestehen kann."; *Rauschning*, FS Klein (2013), 287, 294; *Bernhardt*, FS Steinberger (2002), 391, 393.

168 BVerfG, Beschl. v. 19.9.2006, 2 BvR 2115/01, 2 BvR 2132/01, 2 BvR 348/03, NJW 2007, 499 Rz. 54 – Beachtung von Völkerrecht; BeckOK-GG/*Heintschel von Heinegg*, 39. Ed. 2018, Art. 25 Rn. 25, 28; *Schaffarzik*, DÖV 2005, 860, 862; *Bernhardt*, EuGRZ 1996, 339.

169 So das BVerfG ausdrücklich in BVerfG, Beschl. v. 15.12.2015, 2 BvL 1/12, BVerfGE 141, 1, 21 f. – Völkerrechtsdurchbrechung. Der Beschluss betraf nationale Normen auf dem Gebiet des Einkommenssteuerrechts, die wiederum einem Doppelbesteuerungsabkommen mit der Türkei widersprachen, aber nicht für rechtswidrig befunden wurden; *Bernhardt*, EuGRZ 1996, 339 weist darauf hin (und das schon lange vor der konkreten BVerfG-Entscheidung), dass eine solche Argumentation für

zu völkerrechtlichen Grundsätzen wie auf dem Gebiet der Menschenrechte, des humanitären Völkerrechts sowie Normen von *ius cogens*-Rang wird davon auszugehen sein, dass ein Völkerrechtsverstoß vom Gesetzgeber nicht intendiert ist und einer völkerrechtskonformen Auslegung der Vorzug zu gewähren ist.[170]

Diese völkerrechtlichen Leitlinien entspringen gerade den rechtsstaatlichen Grundideen und genießen breiteste Staatenakzeptanz, sodass in diesen Bereichen eine frontale Kollision mit grundgesetzlichen Regelungen, an denen sich jede innerstaatliche Rechtsetzung zu orientieren hat, kaum denkbar erscheint.[171] Für die hier betrachtete menschenrechtliche Einflussnahme auf die deutsche Rechtsordnung bleibt somit festzuhalten, dass auch deren allein völkervertragsrechtliche Ausgestaltung sowohl die einfach-gesetzliche als auch grundrechtliche Ebene im Wege völkerrechtskonformer Auslegung prägen.

Für den Sonderfall des ausschließlich in bewaffneten Konflikten einschlägigen humanitären Völkerrechts, vor allem der vier Genfer Konventionen, ist zudem explizit festzuhalten, dass diese völkerrechtlichen Mindestschutzregelungen in paralleler Anwendbarkeit zu den nationalen Grundrechten stehen. Denn die Zielsetzung des Mindestschutzes von Individuen in derartigen rechtlichen Ausnahmesituationen soll durch möglichst viele rechtliche Schutzregimes gewährleistet werden, sodass die deutschen Grundrechte die in die gleiche Schutzrichtung gerichteten völkerrechtlichen Regelungen ebenso wenig verdrängen wie andersherum.[172]

Doppelbesteuerungsabkommen durchaus Sinn machen, aber für grundlegende menschenrechtliche Verbürgungen wohl kaum in Anspruch genommen werden kann.

170 In BVerfG, Beschl. v. 15.12.2015, 2 BvL 1/12, BVerfGE 141, 1, 24 f. – Völkerrechtsdurchbrechung in Bezug auf eine potentiell der EMRK widersprechende spätere nationale Norm explizit offen gelassen. Aber allein wegen der besonderen Betonung der unveräußerlichen Menschenrechte in Art. 1 Abs. 2 GG, die dadurch der „Disposition des Verfassungsgebers entzogen [sind]" (BVerfG, ibid., S. 15 – Völkerrechtsdurchbrechung), sei eine derartige Kollision mit Auflösung zulasten der EMRK kaum denkbar; ähnlich BeckOK-GG/*Heintschel von Heinegg*, 39. Ed. 2018, Art. 25 Rn. 27.

171 *Mellech*, Rezeption der EMRK, S. 58, 104; *Yousif*, Extraterritoriale Grundrechtsgeltung, S. 29; *Krieger*, 11 JCSL 2006, 265, 275 f.; *Giegerich*, FS Klein (2013), 49, 58; *H. Huber*, GS Peters (1967), 375, 386; *Geiger*, GG und Völkerrecht, S. 16; *Schaffarzik*, DÖV 2005, 860, 863; *Krieger*, ZaöRV 2002, 669, 692; *Fitzpatrick*, 14 EJIL 2003, 241, 251.

172 Maunz/Dürig/*Epping*, GG, 84. EL 2018, Art. 115c Rn. 22; BeckOK-GG/*Schmidt-Radefeldt*, 39. Ed. 2018, Art. 115c Rn. 2; *Yousif*, Extraterritoriale Grundrechtsgeltung, S. 24, 30 f.; *Schmahl*, ZaöRV 2006, 699, 712; *Krieger*, ZaöRV 2002, 669, 690.

cc. Völkerrechtlich-grundgesetzliche Zwischenbilanz

Das Völkerrecht besitzt in dieser Zusammenschau eine nicht zu unterschätzende Wechselwirkung mit dem nationalen Recht, insbesondere den Grundrechten bzw. deren Einschränkungsmöglichkeiten. Denn nicht zuletzt formuliert das BVerfG, dass die Völkerrechtsfreundlichkeit des GG „nach Möglichkeit [zu einer dahingehenden Auslegung innerstaatlichen Rechts anhält], dass ein Konflikt mit völkerrechtlichen Verpflichtungen der Bundesrepublik Deutschland nicht entsteht."[173] Insofern spricht es sich selbst die Kompetenz zu, staatliche Akte vollumfänglich auf ihre Kompatibilität mit Regeln des Völkerrechts zu überprüfen, um eine völkerrechtliche Haftung Deutschlands unter Beachtung der Einschätzungsprärogative des Gesetzgebers zu verhindern.[174] Sämtliche völkerrechtlichen Rechtsquellen nach Art. 38 Abs. 1 lit. a – c IGH-Statut finden über Art. 25 bzw. Art. 59 Abs. 2 S. 1 GG in ihrer autonom-völkerrechtlichen Auslegung Anwendung im innerstaatlichen deutschen Recht und wirken sich somit auch auf grundrechtlich relevante Lebenssachverhalte aus.

b. Menschenrechte der EMRK

Die EMRK als völkerrechtlicher Vertrag zwischen den Mitgliedstaaten des Europarates ist gemäß der allgemeinen Regeln der VCLT, insbesondere Art. 31, auszulegen.[175] Trotz der verschiedenen nationalen Rechtssysteme und -traditionen, die die Konvention beeinflussen, kommt eine jeweilige innerstaatliche Prägung der Begrifflichkeiten nicht in Betracht, sondern die EMRK ist in jedem Fall

---

173 BVerfG, Beschl. v. 14.10.2004, 2 BvR 1481/04, BVerfGE 111, 307 Rz. 33 – Görgülü; ebenso *K. Vogel*, FS Häberle (2004), S. 481, 498; *Rauschning*, FS Klein (2013), 287, 295; *Geiger*, GG und Völkerrecht, S. 149, wonach innerstaatliche Völkerrechtsverstöße eine Staatenpflicht der Beseitigung dieser nach sich ziehen; in diese Richtung geht auch BVerfG, Beschl. v. 26.10.2004, 2 BvR 955/00, 1038/01, BVerfGE 112, 1, 26 – Bodenreform III; vgl. auch *Kimminich*, FS Scupin (1973), 145, 150.

174 BVerfG, Beschl. v. 23.6.1981, 2 BvR 1107, 1124/77, 195/79, BVerfGE 58, 1, 34 – Eurocontrol I; BVerfG, Beschl. v. 10.11.1981, 2 BvR 1058/79, BVerfGE 59, 63, 89 – Eurocontrol II; BVerfG, Beschl. v. 12.5.1987, 2 BvR 1226/83, 2 BvR 101/84, 2 BvR 313/84, BVerfGE 76, 1, 78 – Familiennachzug; *Hofmann*, FS Zeidler II (1987), 1885, 1887; *Frowein*, FS Zeidler II (1987), 1763, 1766.

175 EGMR, Urt. v. 21.2.1975, 4451/70, Series A 18 Rz. 29 = abrufbar unter: http://hudoc.echr.coe.int/eng?i=001-57496 (zuletzt abgerufen am 28.1.2019) – Golder/Vereinigtes Königreich; EGMR, Urt. v. 18.12.1996, 15318/89, ECHR 1996-VI, 2217 Rz. 43 – Loizidou/Türkei (judgment merits); EGMR, Urt. v. 21.11.2001, 35763/97, ECHR 2001-XI, 79 Rz. 55 – Al-Adsani/Vereinigtes Königreich; *Wildhaber*, 56 Int'l & Comp. L.Q. 2007, 217, 220 f.

autonom und rein völkerrechtlich auszulegen.[176] Über Art. 31 Abs. 3 lit. b VCLT findet eine gelebte Vertragsausübung durch Staatenpraxis ebenso Einzug in die Konventionsauslegung wie sonstige die Vertragsparteien bindende Völkerrechtssätze (lit. c), vor allem also auch (regionales) Völkergewohnheitsrecht sowie allgemeine Rechtsgrundsätze im Sinne des Art. 38 Abs. 1 lit. b und c IGH-Statut.[177]

Dies führt einerseits dazu, dass nationale Begebenheiten indirekt bei der Konventionsauslegung Berücksichtigung finden, jedoch stets nur einen Ausgangspunkt bilden können, der in einen allgemeinen europäischen Menschenrechtskontext zu setzen ist.[178] Widerspricht also eine nationale Rechtstradition der Rechtsauffassung der Konventionsstaatengemeinschaft, ist dem fortzuentwickelnden effektiven Menschenrechtsschutz der Vorzug zu gewähren.[179]

Andererseits ist die Konvention im Kontext des sonstigen Völkerrechts, von dem sie als Bestandteil dieser Rechtsmaterie stetig beeinflusst wird, und dem auch für sie maßgebenden Staatenverhalten zu betrachten. Die EMRK steht als völkerrechtliches Vertragswerk nicht isoliert für sich allein und kann folglich nicht in einem Vakuum interpretiert werden,[180] sondern lehnt sich an das zwischen den Vertragsstaaten akzeptierte völkerrechtliche Grundgerüst an. Hierzu zählt der Rückgriff auf allgemeine völkerrechtliche Regelungen zur

176 EGMR, Urt. v. 26.4.1979, 6538/74, Series A 30 Rz. 60 – The Sunday Times/Vereinigtes Königreich; *Uerpmann*, EMRK und deutsche Rechtsprechung, S. 110; *Heckötter*, Bedeutung der EMRK für dt. Gerichte, S. 72; *Schabas*, ECHR, S. 37 ff.

177 EGMR, Urt. v. 12.11.2008. 34503/97, ECHR 2008-V, 395 Rz. 76 ff. – Demir & Baykara/Türkei, wonach selbst unverbindliches *soft law* zur Interpretation der Konvention herangezogen weden kann; EGMR, Urt. v. 23.3.1995, 15318/89, BeckRS 2013, 89662 Rz. 73 = abrufbar unter: http://hudoc.echr.coe.int/eng?i=001-57920 (zuletzt abgerufen am 28.1.2019) – Loizidou/Türkei (preliminary objections); *Tzevelekos*, 31 Mich. J. Int'l. L. 2010, 621, 653 f.

178 EGMR, Urt. v. 13.6.1979, 6833/74, Series A 31 Rz. 41 – Marckx/Belgien; *Grabenwarter/Pabel*, EMRK, § 5 Rn 9 ff.; *Benvenisti*, 31 N.Y.U. J. Int'l L. & Pol. (1999), 843, 851.

179 EGMR, Urt. v. 25.4.1978, 5856/72, Series A 26 = EuGRZ 1979, 162 Rz. 31 – Tyrer/Vereinigtes Königreich; EGMR, Urt. v. 13.6.1979, 6833/74, Series A 31 Rz. 41 – Marckx/Belgien; EGMR, Urt. v. 28.5.2002, 46295/99, ECHR 2002-IV, 115 Rz. 68 f. – Stafford/Vereinigtes Königreich; EGMR, Urt. v. 11.7.2002, 28957/95, ECHR 2002-VI, 1 Rz. 74 – Christine Goodwin/Vereinigtes Königreich.

180 EGMR, Urt. v. 18.12.1996, 15318/89, ECHR 1996-VI, 2217 Rz. 43 – Loizidou/Türkei (judgment merits); EGMR, Urt. v. 7.7.2011, 27021/08, ECHR 2011-IV, 305 Rz. 76 – Al-Jedda/Vereinigtes Königreich; ähnlich auch schon EGMR, Urt. v. 21.2.1975, 4451/70, Series A 18 Rz. 29 f. = abrufbar unter: http://hudoc.echr.coe.int/eng?i=001-57496 (zuletzt abgerufen am 28.1.2019) – Golder/Vereinigtes Königreich.

Lückenfüllung dort, wo die Konvention selbst schweigt, beispielsweise bei der Feststellung von Staatenverantwortlichkeit aufgrund von Zurechnungsfragen.[181] Zudem stellen sich Anwendbarkeitsfragen im Kollisionsfall mit anderen Völkerrechtssätzen, wobei aufgrund des international anerkannten Menschenrechtsschutzes eine gänzliche Verdrängung der EMRK, selbst im Verhältnis zum ggf. spezielleren humanitären Völkerrecht, nicht denkbar ist.[182]

Der aufgrund von Art. 32 Abs. 1 EMRK mit Letztentscheidungsbefugnis und Auslegungshoheit versehene EGMR hat somit den Spagat zwischen Einbettung der Konvention in das maßgebliche Völkerrecht einerseits und Handhabung derselben als „verfassungsrechtliches Instrument des europäischen *ordre public*“[183] andererseits zu leisten. Hierzu bedient sich der Gerichtshof der *living*

---

181 EGMR, Urt. v. 7.7.2011, 27021/08, ECHR 2011-IV, 305 Rz. 84 – Al-Jedda/Vereinigtes Königreich; *Polakiewicz*, Staatenverpflichtungen aus EGMR-Urteilen, S. 52; insgesamt zur Lückenfüllung durch allgemeines Völkerrecht im Wege des Art. 31 Abs. 3 lit. c VCLT *Tzevelekos*, 31 Mich. J. Int'l. L. 2010, 621, 650 ff.; *Wildhaber*, 56 Int'l & Comp. L.Q. 2007, 217, 221.

182 Art. 15 EMRK erlaubt den Vertragsstaaten eine teilweise Suspendierung der Konventionsrechte in Krisenzeiten, die jedoch unter dem Vorbehalt der Verhältnismäßigkeit steht sowie nicht für notstandsfeste Rechte wie bspw. Art. 3 EMRK gilt, Art. 15 Abs. 2 EMRK; das Recht auf Leben aus Art. 2 EMRK steht dabei ebenso wie iRd ICCPR nur ausnahmsweise und insoweit zur Suspendierung, als dass die Genfer Konventionen Tötungen in bewaffneten Konflikten rechtfertigen; andere Ausnahmesituationen über den Konventionswortlaut hinaus lässt der EGMR nicht zu, insbesondere nicht im Hinblick auf eine vermeintliche Kollision mit UN-Sicherheitsratsresolutionen, EGMR, Urt. v. 7.7.2011, 27021/08, ECHR 2011-IV, 305 Rz. 99 ff. – Al-Jedda/Vereinigtes Königreich; zur Rechtslage unter der ICCPR vgl. IGH, Gutachten v. 8.7.1996, ICJ Reports 1996, 226, Rz. 25 – Legality of the Threat or Use of Nuclear Weapons (Advisory Opinion); CCPR, General Comment Nr. 31 v. 26.5.2004, The Nature of the General Legal Obligation Imposed on States Parties to the Covenant, UN Doc. CCPR/C/21/Rev.1/Add.13, Rn. 11; *Espiell*, Humanitarian Law, 345, 353; *Dutta*, AöR 133 (2008), 191, 193; *von Arnauld*, Menschenrechte im Auslandseinsatz, 61, 69; *Bothe*, ZaöRV 2005, 615, 620 f.; *Schäfer*, Menschenrechte und humanitäres Völkerrecht, S. 13; a.A. *Raap*, Haftungsfragen im Auslandseinsatz, 137, 141.

183 So der deutsche Wortlaut der nichtamtlichen Übersetzung der Bankovic-Entscheidung des EGMR seitens des Bundesministeriums der Justiz in der überarbeiteten Fassung von *Meyer-Ladewig/Wachtberg/Petzold*, vgl. EGMR, Urt. v. 12.12.2001, 52207/99, ECHR 2001-XII, 333 = NJW 2003, 413 Rz. 80 – Bankovic u.a./Belgien u.a., in der englischen Originalfassung bezeichnet als „the special character of the Convention as a constitutional instrument of European public order for the protection of individual human beings and its role, as set out in Article 19 of the Convention, is to ensure the observance of the engagements undertaken by the Contracting Parties [...].“

instrument-Doktrin, mittels derer er die Konvention jeweils nach den aktuellen rechtlichen, politischen und gesellschaftlichen Umständen betrachtet und insoweit von einer historischen Wortlautinterpretation Abstand nimmt.[184] Was auf den ersten Blick problematisch erscheint, da die Konvention ein auf ursprünglichem Staatenkonsens beruhender völkerrechtlicher Vertrag ist und dem EGMR mangels Status als überinstanzlicher europäischer Verfassungsgerichtshof keine inhärente Rechtsfortbildungskompetenz zukommt,[185] ist auf den zweiten Blick mit geltendem Völkerrecht in Einklang zu bringen. Zunächst ist die dynamische Vertragsauslegung im Völkerrecht, selbst fernab von Menschenrechtsverträgen, als gängige Auslegungsmethode langlebiger Verträge anerkannt,[186] solange sie den vertraglich vereinbarten Wortlaut nicht überdehnt, ihm aber durchaus eine geänderte Bedeutung zusprechen darf.[187] Darüber hinaus haben sich die Konventionsstaaten der Ägide des EGMR, der seine Selbstwahrnehmung als über Einzelfallentscheidungen hinausgehendes, gerechtigkeitsspendendes Rechtsprechungsorgan deutlich gemacht hat,[188] spätestens mit dem 11. Zusatzprotokoll freiwillig unterworfen.

---

184 EGMR, Urt. v. 25.4.1978, 5856/72, Series A 26 = EuGRZ 1979, 162 Rz. 31 – Tyrer/Vereinigtes Königreich; *Tzevelekos*, 31 Mich. J. Int'l. L. 2010, 621, 639 f.; *Wildhaber*, 56 Int'l & Comp. L.Q. 2007, 217, 223, 229; *Klocke*, EuR 2015, 148, 149; *Scheuner*, FS Schlochhauer (1981), 899, 902 f.

185 Vgl. *Grabenwarter/Pabel*, EMRK, § 5 Rn. 15; *Tzevelekos*, 31 Mich. J. Int'l. L. 2010, 621, 626; *Keller/Kühne*, ZaöRV 2016, 245, 276; *H. Huber*, GS Peters (1967), 375, 385.

186 Vgl. IGH, Entsch. v. 13.7.2009, ICJ Reports 2009, 213 Rz. 65 f. – Dispute regarding Navigational and Related Rights (Costa Rica/Nicaragua); *Alston/Goodman*, International Human Rights, S. 117 f.; *Tzevelekos*, 31 Mich. J. Int'l. L. 2010, 621, 635; *Geiger*, GG und Völkerrecht, S. 108; *Polakiewicz*, Staatenverpflichtungen aus EGMR-Urteilen, S. 49 f.; *Papp*, Extraterritoriale Schutzpflichten, S. 95; *Ress*, FS Zeidler II (1987), 1775, 1778; *H. Huber*, GS Peters (1967), 375, 384 f.

187 Zu den Grenzen der dynamischen Auslegung EGMR, Urt. v. 7.7.1989, 14038/88, Series A 161 = NJW 1990, 2183, Rz. 103 – Soering/Vereinigtes Königreich; *Keller/Kühne*, ZaöRV 2016, 245, 276; gleichzeitig bezieht der Gerichtshof jedoch auch Tendenzen zur Anerkennung ökonomischer Menschenrechte in den Mitgliedstaaten, die anfangs nicht vorgesehen waren, in die Konventionsauslegung mit ein, EGMR, Urt. v. 9.10.1979, 6289/73, Series A 32 Rz. 26 – Airey/Irland.

188 So charakterisiert sich der Gerichtshof selbst als nicht nur fallbezogenes Entscheidungsorgan, sondern Fortentwickler des europäischen Menschenrechtsstandards, s. EGMR, Urt. v. 18.1.1978, 5310/71, Series A 25 = EuGRZ 1979, 149, Rz. 154 – Irland/Vereinigtes Königreich: "The Court's judgments in fact serve not only to decide those cases brought before the Court but, more generally, to elucidate, safeguard and develop the rules instituted by the Convention, thereby contributing to the observance by the

Aus der autonomen wie dynamischen Interpretation der EMRK ergibt sich folglich eine Einbeziehung nationaler und dabei regional übereinstimmender Rechtsentwicklungen in Zusammenschau mit sich fortentwickelndem Völkerrecht. Der EGMR räumt hierbei einem effektiven Menschenrechtsschutz den Vorrang vor dem subjektiven Staatenwillen ein, wodurch die Konvention den Hauch eines objektiven Verfassungsmaßstabes gewinnt. Die Ähnlichkeit sowie Verquickungen zwischen nationalen Grund- sowie Menschenrechten der EMRK führt zu einer ständigen Verflechtung an sich gegenseitig beeinflussenden rechtlichen Entwicklungen auf nationaler wie internationaler bzw. regional europäischer Ebene. Im Hinblick auf die deutschen Grundrechte erhalten diese wie dargestellt über die Völkerrechtsfreundlichkeit des GG einen ersten völkerrechtlichen Einschlag. Darüber hinausgehend bringt die selbständig noch stärker mit dem Völkerrecht verzahnte EMRK einen weiteren sekundären Völkerrechtsaspekt mit ins Spiel, den es bei der jeweiligen Grundrechtsauslegung im Lichte des parallelen EMRK-Rechts mit zu berücksichtigen gilt.

2. *Rechtfertigung durch völkerrechtlich rechtmäßiges Handeln*

Nach diesen allgemeinen Eckpunkten der Beachtung von Völkerrecht in grund- bzw. menschenrechtssensiblen Bereichen, stellt sich jedoch insbesondere die Frage, ob völkerrechtliche Regelungen einen staatlichen Eingriff zu rechtfertigen vermögen. Können sie auf erster Stufe als taugliche gesetzliche Eingriffsgrundlage dienen, die beide Rechtsregimes verlangen, und welchen Anforderungen müssen sie des Weiteren genügen, um ihrerseits dem geltenden Rechtfertigungsmaßstab zu entsprechen?

a. *Rechtfertigung eines Grundrechtseingriffs*

Im Allgemeinen verlangt die grundgesetzliche Dogmatik zur Rechtfertigung eines Grundrechtseingriffs eine taugliche gesetzliche Grundlage als Schranke, die ihrerseits im Rahmen der Schranken-Schranken mit dem GG vereinbar zu sein hat. Hierbei ist aus Gründen der Wesentlichkeitstheorie im Rahmen des Vorbehalts des Gesetzes ein förmliches Parlamentsgesetz zu fordern, welches insgesamt verhältnismäßig, also insbesondere dazu bestimmt ist, verfassungsmäßigen Zielen zu dienen und einen angemessenen Ausgleich mit dem belasteten Grundrecht zu suchen.

States of the engagements undertaken by them as Contracting Parties […]."; *Mowbray*, 5 Hum. R. L. Rev. 2005, 57, 65; *Heckötter*, Bedeutung der EMRK für dt. Gerichte, 78 ff.; *Wildhaber*, GS Ryssdal (2000), S. 1529, 1531.

aa. Durch allgemeine Regeln des Völkerrechts

Hinsichtlich der allgemeinen Regeln des Völkerrechts im Sinne von Art. 25 GG stellt sich die Situation derart dar, dass diese mit dem anerkannten normenhierarchischen Zwischenrang über einfachem Bundesrecht, aber unterhalb der Verfassung ausgestattet sind, Art. 25 S. 2 GG. Mangels eigenen Verfassungsranges könnte allgemeines Völkerrecht somit nicht aus sich heraus einen staatlichen Eingriff in deutsche Grundrechte rechtfertigen, sondern müsste stets seinerseits am GG gemessen werden.[189] Allerdings besteht das Paradoxon, dass das GG die allgemeinen Regeln des Völkerrechts zur Anwendung auf einer höheren Stufe als nationale Gesetze beruft, ohne dass sie einen klassisch legislativen Akt durchlaufen haben.[190] Die Frage nach der Einhaltung des Vorbehalts des Gesetzes als maßgeblichen Kriteriums bei der deutschen Grundrechtseinschränkung stellt sich virulent. Soll beispielsweise die Enteignung ausländischen Vermögens in Deutschland durch die internationale Überzeugung, dies könne ohne Entschädigung vonstattengehen, auf Völkergewohnheitsrecht gestützt entschädigungsfrei möglich sein? Oder kann eine strafrechtliche Verurteilung durch deutsche Gerichte allein auf ungeschriebenes Völkergewohnheitsrecht gestützt werden, sofern die deutschen Straftatbestände nicht einschlägig sind?

Für die letztgenannte Frage der strafrechtlichen Verurteilung legt Art. 103 Abs. 2 GG die ohnehin höheren Anforderungen eines „strengen Parlamentsvorbehalts“ fest,[191] der durch ungeschriebene völkerrechtliche Entwicklungen zur Einschränkung der deutschen Grundrechte nicht eingehalten werden kann.[192] Doch auch abgesehen von strafrechtlichen Besonderheiten kommt dem Grundsatz des Vorbehalts des Gesetzes bei der Eingriffsverwaltung eine herausragende Bedeutung zu, die zum einen das Demokratie- und Rechtsstaatsprinzip in Form der unbedingten Parlamentsbeteiligung wahrt sowie zum anderen Rechtssicherheit für das betroffene Individuum schafft.[193] Die Heranziehung komplexer, ihrem Inhalt nach kaum bestimmbarer, da ungeschriebener und teilweise in

---

189 Von Mangoldt/Klein/Starck/*Koenig*/*König*, GG, 7. Aufl. 2018, Art. 25 Rn. 55; *Talmon*, JZ 2013, 12, 15.

190 Zur rein faktischen Entstehung von Völkergewohnheitsrecht durch staatliche Übung sowie Staatenüberzeugung (*opinio iuris*) s. BeckOK-GG/*Heintschel von Heinegg*, 39. Ed. 2018, Art. 25 Rn. 6 ff.; *Mosler*, Völkerrecht in der Praxis deutscher Gerichte, S. 33.

191 BVerfG, Beschl. v. 24.10.1996, 2 BvR 1851, 1853, 1875, 1852/94, BVerfGE 95, 96, 131 – DDR-Mauerschützen.

192 *Talmon*, JZ 2013, 12, 18.

193 BVerfG, Beschl. v. 21.12.1977, 1 BvL 1/75, 1 BvR 147/75, BVerfGE 47, 46, 79 – Sexualkundeunterricht; Maunz/Dürig/*Grzeszick*, GG, 84. EL 2018, Art. 20 Abs. 3 Rn. 81.

ihrer Reichweite auch nicht unstreitiger Rechtssätze als Eingriffsgrundlage, auf die kein Parlament und somit vor allem nicht der Deutsche Bundestag Einfluss nehmen konnte,[194] würde an den grundgesetzlichen Grenzen eines rechtssicheren Grundrechtsschutzes anecken.[195]

Ein derart weiter Anwendungsbereich der allgemeinen Regeln des Völkerrechts, die „Rechte und Pflichten unmittelbar für die Bewohner des Bundesgebietes" erzeugen, ist dem Wortlaut sowie Sinn und Zweck des Art. 25 S. 2 GG auch nicht inhärent. Die Norm bringt vielmehr zum Ausdruck, dass die teils unbestimmten allgemeinen Völkerrechtsregeln innerstaatlich unmittelbar zugunsten des Individuums zur Anwendung gebracht werden[196] und damit in Widerspruch stehende nationale Gesetze keine Wirkung zulasten des Einzelnen entfalten können.[197] Völkerrechtliche Entwicklungen besitzen eine Steuerungsmacht gegenüber dem deutschen Staat, gewisse Handlungen – zugunsten oder auch zulasten eines Individuums – vornehmen bzw. unterlassen zu müssen.[198]

---

194 Vgl. auch von Mangoldt/Klein/Starck/*Koenig/König*, GG, 7. Aufl. 2018, Art. 25 Rn. 56; *Talmon*, JZ 2013, 12, 20; zudem ist auch kein Weg ersichtlich, wie der Bundestag durch einen konstitutiven Beschluss von der Bundesregierung erzwingen könnte, sich völkerrechtlich als *persistent objector* zu verhalten, um so die Geltung bestimmten Völkergewohnheitsrechts für Deutschland zu verhindern.

195 Im Ergebnis ebenso von Mangoldt/Klein/Starck/*Koenig/König*, GG, 7. Aufl. 2018, Art. 25 Rn. 63; *Esser/Fischer*, ZIS 2009, 771, 775; *Talmon*, JZ 2013, 12, 18; *Zimmermann*, ZRP 2012, 116 118; *Kutscha*, NVwZ 2004, 801, 804; a.A. *Wiefelspütz*, NZWehrr 2008, 89, 102.

196 So deutlich das BVerfG, wenn es meint, „[i]n der vom Grundgesetz verfassten staatlichen Ordnung kann es unabhängig davon, ob Ansprüche von Einzelpersonen schon kraft Völkerrechts bestehen, geboten sein, Völkerrechtsverstöße als subjektive Rechtsverletzungen geltend machen zu können", BVerfG, Beschl. v. 26.10.2004, 2 BvR 955/00, 1038/01, BVerfGE 112, 1, 22 – Bodenreform III.

197 So z.B. BVerfG, Beschl. v. 31.3.1987, 2 BvM 2/86, BVerfGE 75, 1, 19 – Auslieferung Türkei.

198 So bspw. stellt die Lagerung chemischer Waffen, die zu einem völkerrechtskonformen Einsatz gebraucht werden, wegen der völkerrechtlichen Staatenverpflichtung schon keinen Eingriff in das Recht auf körperliche Unversehrtheit (wohl als Schutzpflicht) dar, BVerfG, Beschl. v. 29.10.1987, 2 BvR 624, 1080, 2029/83, BVerfGE 77, 170, 221 – Chemiewaffen; nach der Feststellung eines nach innerstaatlichen Maßstäben rechtmäßigen Eingriffs in Art. 6 GG wegen einer zu erfüllenden Wartezeit bzgl. nachzuholender Familienangehöriger aus dem Ausland begutachtete das BVerfG schließlich noch, ob völkergewohnheitsrechtliche Pflichten zu einer anderen Beurteilung der deutschen Normen führen müsse: BVerfG, Beschl. v. 12.5.1987, 2 BvR 1226/83, 2 BvR 101/84, 2 BvR 313/84, BVerfGE 76, 1, 79 f. – Familiennachzug.

So könnte eine allgemeine Regel des Völkerrechts innerstaatlich zur Anwendung bzw. ggf. Schaffung einer entsprechenden gesetzlichen Eingriffsgrundlage, bspw. zur Anerkennung eines Straftatbestandes, zwingen, kann jedoch nicht selbst als derartige herangezogen werden.[199] Sinn und Zweck der Öffnungsklausel des Art. 25 GG ist es folglich, einen Gleichlauf mit internationalem, allgemein anerkanntem und praktiziertem Staatenverhalten zu bezwecken, nicht aber dem Staat, vor allem in Gestalt der Exekutive, über die Grenzen des GG hinaus noch mehr Macht einräumen.[200] Insofern verbleibt es eine innerstaatliche Aufgabe, eine taugliche Eingriffsgrundlage in der deutschen Rechtsordnung vorzusehen, die mittels Art. 25 GG völkerrechtskonform ausgestaltet werden kann bzw. aufgrund ihrer Völkerrechtswidrigkeit außer Betracht zu bleiben hat – die allgemeinen Regeln des Völkerrechts können diese Aufgabe mangels formalen Gesetzescharakters nicht erfüllen.

bb. Durch Völkervertragsrecht

Anders als die allgemeinen Regeln des Völkerrechts besitzt das in und für Deutschland gültige Völkervertragsrecht wegen des in Art. 59 Abs. 2 S. 1 GG zum Ausdruck kommenden dualistischen Verständnisses stets eine formal-gesetzliche Grundlage. Einer der Hauptzwecke der Vorschrift ist gerade die Beteiligung der Legislative an völkerrechtlichen Verträgen und damit die Wahrung des Vorbehalts des Gesetzes.[201] Selbst wenn durch den Gesetzesbeschluss, der den völkerrechtlichen Vertrag innerstaatlich ratifiziert, dem Bundestag nur die

199 Maunz/Dürig/*Herdegen*, GG, 84. EL 2018, Art. 25 Rn. 87 unter Hinweis auf die als Ausnahme zu betrachtende teleologische Reduktion des Art. 103 Abs. 2 GG über Art. 25 S. 2 GG durch das BVerfG im Mauerschützenfall. Dort stützte sich das BVerfG zur Begründung der Verkürzung von Rechtfertigungstatbeständen, die zu einer strafrechtlichen Verurteilung führte, auf die „in der Völkerrechtsgemeinschaft allgemein anerkannten Menschenrechte[, die ansonsten] in schwerwiegender Weise [mißachtet worden wären]", BVerfG, Beschl. v. 24.10.1996, 2 BvR 1851, 1853, 1875, 1852/94, BVerfGE 95, 96, 133 – DDR-Mauerschützen. Allerdings wurde dadurch nicht die Eingriffsgrundlage an sich durch ungeschriebenes Völkerrecht konzipiert, sondern lediglich die Rechtfertigungsgründe zum Ausschluss der Strafbarkeit durch völkerrechtliche Erwägungen maßgeblich geändert.

200 Maunz/Dürig/*Herdegen*, GG, 84. EL 2018, Art. 25 Rn. 7; von Mangoldt/Klein/Starck/*Koenig/König*, GG, 7. Aufl. 2018, Art. 25 Rn. 56; *Haß*, Urteile des EGMR, S. 124; *Mosler*, Völkerrecht in der Praxis deutscher Gerichte, S. 38.

201 BVerfG, Beschl. v. 15.12.2015, 2 BvL 1/12, BVerfGE 141, 1, 18 f. – Völkerrechtsdurchbrechung; von Mangoldt/Klein/Starck/*Kempen*, GG, 7. Aufl. 2018, Art. 59 Rn. 65 f.; *Mosler*, Völkerrecht in der Praxis deutscher Gerichte, S. 17; *Globke*, JZ 2012, 370, 371.

eingeschränkten Handlungsalternativen einer Billigung des Vertrages als Ganzes oder seiner Verhinderung eingeräumt werden, genügt dies den Anforderungen des GG im grundrechtsrelevanten Bereich.[202] Denn aufgrund der vordringlichen Exekutivbefugnisse im Bereich der auswärtigen Angelegenheiten im Hinblick auf Flexibilität und außenpolitische Handlungsfähigkeit ist eine weitergehende Einflussnahme der Legislative im GG nicht vorgesehen.[203] Selbst explizit weit gestaltete Wortlautfassungen völkerrechtlicher Verträge in Kombination mit dynamischen Auslegungsmethoden oder fließenden Vertragsänderungen aufgrund kontinuierlicher Völkerrechtsentwicklung vermögen eine völkervertragliche Grundlage nicht ihrer innerstaatlichen Gesetzeseigenschaft zu berauben.[204] Aufgrund der autonom-völkerrechtlichen Auslegung auch ins nationale Recht transformierter völkerrechtlicher Verträge wird dem entsprechenden deutschen Bundesgesetz automatisch die durch Staatenpraxis konkludent geänderte Fassung bzw. das evolutiv divergierende Wortlautverständnis zuteil.[205] Nichtsdestotrotz muss die völkervertragliche Norm eine klare staatliche Handlungsbefugnis vorgeben, um als grundrechtliche Eingriffsgrundlage dienen zu können, bloße Kompetenznormen reichen insoweit nicht aus.[206]

Schließlich bildet das GG den stets zu wahrenden äußersten Auslegungs- und Änderungsmaßstab nationaler Normen, was sich im grundrechtsrelevanten Bereich durch die Wechselwirkungslehre sowie die finale Verhältnismäßigkeitsprüfung äußert. Widerspricht die aus Völkervertragsrecht resultierende Norm,

---

202 BVerfG, Urt. v. 12.7.1994, 2 BvE 3/92, 5/93, 7/93, 8/93, BVerfGE 90, 286, 358 – Parlamentsbeteiligung NATO-Einsätze; *Yousif*, Extraterritoriale Grundrechtsgeltung, S. 182.

203 BVerfG, ibid., S. 363 f. – Parlamentsbeteiligung NATO-Einsätze; nochmals in BVerfG, Urt. v. 22.11.2001, 2 BvE 6/99, BVerfGE 104, 151, 206 – NATO-Strategiekonzept dahingehend, dass bei Weiterentwicklungen des Verteidigungspaktes durch Strategiekonzepte der NATO-Staaten, die formell aber keine Vertragsänderungen darstellen, keine gesonderte Zustimmung des Bundestages vonnöten ist.

204 BVerfG, Urt. v. 12.7.1994, 2 BvE 3/92, 5/93, 7/93, 8/93, BVerfGE 90, 286, 357 ff. – Parlamentsbeteiligung NATO-Einsätze.

205 BVerfG, ibid., S. 361 f. – Parlamentsbeteiligung NATO-Einsätze.

206 Den Ausspruch expliziter staatlicher Befugnisse in völkerrechtlichen Verträgen pauschal anzweifelnd *Zimmermann*, ZRP 2012, 116, 119, wobei dieser Abstraktheit bspw. Art. 105 UNCLOS als taugliche Eingriffsgrundlage für eine Festnahme entgegenzuhalten ist; siehe dazu OVG Münster, Urt. v. 18.9.2014, 4 A 2948/11, juris, Rz. 111 ff. – Pirateriebekämpfung, wonach die Kooperationspflichten des Art. 100 UNCLOS keine ausreichende Grundlage zur Übergabe eines über Art. 105 UNCLOS rechtmäßig Festgenommenen an einen Drittstaat begründeten.

der der Status eines einfachen Bundesgesetzes zukommt, den Verfassungswerten, kann sie mangels Einhaltung der Schranken-Schranken nicht als taugliche Eingriffsgrundlage dienen. Die Parlamentsbeteiligung über Art. 59 Abs. 2 S. 1 GG trägt somit dem Parlamentsvorbehalt hinreichend Rechnung und bedeutet trotz der geringen legislativen Beteiligung in inhaltlichen Belangen kein Aushebeln der Wesentlichkeitstheorie. Den Besonderheiten der auf ausfüllungsbedürftigen Minimaleinigungen beruhenden zwischenstaatlichen Rechtsfindung im Völkervertragsrecht kommt das völkerrechtsfreundliche GG somit durch die innerstaatliche Lockerung entgegen, dass der Bundestag keine einzelnen Änderungen des verhandelten Vertragsinhalts verlangen kann. Eine Lockerung bei der schlussendlichen Messung der den Vertragsinhalt umsetzenden Bundesgesetze an den Wertungen der Verfassung auch auf Ebene der Judikative geht damit jedoch nicht einher.

b. Rechtfertigung eines EMRK-Eingriffs

Aufgrund der Rechtsnatur als völkerrechtlicher Vertrag denn als Verfassungsinstrument sind die Grenzen einer möglichen Eingriffsrechtfertigung im Rahmen der EMRK weiter zu ziehen. Während es bei nationalen Rechtsquellen als Eingriffsgrundlagen auf eine weitgehende Rückführbarkeit auf eine Parlamentsentscheidung ankommt und der EGMR die betreffende Norm auf ihre Vereinbarkeit mit der Konvention überprüft,[207] was mit dem deutschen Vorgehen nach dem GG im Wesentlichen vergleichbar ist, divergiert die Herangehensweise in Bezug auf eine völkerrechtliche Rechtfertigungsgrundlage.

Da der Gesetzesbegriff der EMRK weiter gezogen ist als der streng formale Parlamentsvorbehalt im deutschen Recht,[208] geriert sich eine völkerrechtliche Rechtfertigungsgrundlage nicht als problematisch. Bi- wie auch multilaterales Völkervertragsrecht vermag einen Menschenrechtseingriff zu rechtfertigen, sofern es dem Verhältnismäßigkeitsmaßstab entspricht und nicht mit den

207 Zwar bleibt die primäre Auslegung nationalen Rechts in konventionskonformer Weise den nationalen Gerichten überlassen, doch kommt dem Gerichtshof wegen der Auslegungshoheit über die EMRK eine Überprüfungskompetenz auch hinsichtlich des nationalen Rechts in der konkreten Auslegung bzw. Anwendung zu, EGMR, Urt. v. 9.10.2003, 48321/99, ECHR 2003-X, 229 Rz. 105 – Slivenko/Lettland.

208 EGMR, Urt. v. 26.4.1979, 6538/74, Series A 30 Rz. 47 – The Sunday Times/Vereinigtes Königreich; *Grabenwarter/Pabel*, EMRK, § 18 Rn. 7 ff.; *Hoffmann-Remy*, Grundrechtseinschränkungen EMRK, S. 39 f.

Grundsätzen der Konvention in Konflikt steht.[209] Auch ungeschriebenes Völkerrecht im Sinne des Art. 38 Abs. 1 lit. b und c IGH-Statut eignet sich als Grundlage zur Rechtfertigung staatlichen Handelns.[210] Allerdings sind hier die Grenzen insoweit nicht klar abgesteckt, ob allgemeines Völkerrecht vom EGMR stets im Rahmen der Rechtfertigung oder bereits bei der Auslegung des jeweiligen Schutzbereichs über Art. 31 Abs. 3 lit. c VCLT einschränkend herangezogen wird.[211] Sofern der entsprechende Völkerrechtssatz dem Schutzzweck der Konvention nicht entgegensteht, von breiter Staatenakzeptanz getragen ist (wenngleich diese nicht vom beklagten Staat selbst geteilt werden muss)[212] sowie eine Einpassung des Konventionsrechts in diesen Rechtsrahmen in angemessener Weise möglich ist, verneint der Gerichtshof allgemein eine Rechtsverletzung.[213]

---

209 EGMR, Urt. v. 9.10.2003, 48321/99, ECHR 2003-X, 229 Rz. 104 ff. – Slivenko/Lettland; *Tzevelekos*, 31 Mich. J. Int'l. L. 2010, 621, 667 f.; *Walter*, ZaöRV 1999, 961, 980 f.

210 Z.B. entschieden für den völkergewohnheitsrechtlichen Staatenimmunitätsgrundsatz EGMR, Urt. v. 21.11.2001, 35763/97, ECHR 2001-XI, 79 Rz. 54 – Al-Adsani/Vereinigtes Königreich; s. auch *Oeter*, Anwendung militärischer Gewalt, 61, 69.

211 So EGMR, Urt. v. 21.11.2001, 35763/97, ECHR 2001-XI, 79 Rz. 53 ff. – Al-Adsani/Vereinigtes Königreich: Der Gerichtshof war bestrebt, die Konvention in das allgemeine Völkerrecht einzupassen und ging dabei von inhärenten Beschränkungen nicht absolut gewährleisteter Rechte aus (Rz. 56), was nach einer Schutzbereichsbegrenzung klingt. Dann jedoch maß er die Begrenzung des Rechts (Art. 6 EMRK, Zugang zu Rechtsschutz gegen einen Staat in einem anderem staatlichen Forum wegen Schadensersatzes aufgrund von Folter) durch die völkergewohnheitsrechtlich etablierte Staatenimmunität an ihrem legitimen Zweck und ihrer Verhältnismäßigkeit, was schlussendlich eher einer Rechtfertigungsprüfung anhand von Völkergewohnheitsrecht entsprach; iRd Art. 6 Abs. 1 S. 3 ICCPR schloss der IGH bspw. bereits eine Schutzbereichseröffnung aus, wenn die Tötung nach humanitärem Völkerrecht rechtmäßig war, da sie dann nicht „willkürlich" im Sinne der ICCPR erfolgt sei, IGH, Gutachten v. 8.7.1996, ICJ Reports 1996, 226 Rz. 25 – Legality of the Threat or Use of Nuclear Weapons (Advisory Opinion); *Krieger*, ZaöRV 2002, 669, 693 f.; *Kälin/Künzli*, Universeller Menschenrechtsschutz, S. 201; *Fremuth*, NZWehrr 2012, 89, 102; *von Arnauld*, Menschenrechte im Auslandseinsatz, 61, 69, der für das humanitäre Völkerrecht dahingehend differenziert, dass gleichlaufende Schutzrichtungen den menschenrechtlichen Schutzbereich beeinflussen und weitergehende Eingriffsbefugnisse als Rechtfertigung dienen; ähnlich *Schäfer*, Menschenrechte und humanitäres Völkerrecht, S. 46.

212 EGMR, Urt. v. 12.11.2008. 34503/97, ECHR 2008-V, 395 Rz. 78 – Demir & Baykara/Türkei.

213 EGMR, ibid., Rz. 76 – Demir & Baykara/Türkei; EGMR, Urt. v. 21.11.2001, 35763/97, ECHR 2001-XI, 79 Rz. 54 ff. – Al-Adsani/Vereinigtes Königreich; EGMR, Urt.

Jedenfalls aber ist das jeweilige Völkerrecht, unabhängig von der einschränkenden Wirkungsweise auf Schutzbereichs- oder Rechtfertigungsebene, stets im Lichte der Konvention zu betrachten und zugunsten eines möglichst effektiven Menschenrechtsschutzes restriktiv aufzufassen.[214]

Insofern wohnt einer nach allgemein völkerrechtlichen Grundsätzen rechtmäßigen Gewaltausübung nicht schon *per se* eine Qualifikation zur Rechtfertigung einer Menschenrechtsbeeinträchtigung inne.[215] Vielmehr ist der betreffende staatliche Akt über seine Völkerrechtsmäßigkeit hinaus auf seine Kompatibilität mit den Vorgaben und äußersten Schutzgrenzen des entsprechenden EMRK-Rechts hin zu überprüfen.[216]

3. *Völkerrechtlich-dogmatische Zwischenbilanz*

Völkerrecht spielt sowohl für die nationale Grundrechtsauslegung bzw. -einschränkung als auch für die EMRK-Rechte eine nicht zu unterschätzende Rolle. Dem Grunde nach werden völkerrechtliche Rechtssätze bei beiden Rechtsmaterien herangezogen und wirken sich von der Schutzbereichsauslegung über die Eingriffsgrundlage bis hin zum Rechtfertigungsgrund aus. Während die EMRK wegen Art. 31 Abs. 3 lit. c VCLT insbesondere auch mit Völkergewohnheitsrecht maßgeblich interagiert, kann sich dieses in der deutschen Grundrechtsdogmatik

---

v. 11.7.2002, 28957/95, ECHR 2002-VI, 1 Rz. 85 – Christine Goodwin/Vereinigtes Königreich.

214 EGMR, Urt. v. 12.11.2013, 23502/06, BeckRS 2014, 19031 Rz. 162 f. = abrufbar unter: http://hudoc.echr.coe.int/eng?i=001-128036 (zuletzt abgerufen am 28.1.2019) – Benzer u.a./Türkei.

215 EGMR, Urt. v. 23.3.1995, 15318/89, BeckRS 2013, 89662 Rz. 62 = abrufbar unter: http://hudoc.echr.coe.int/eng?i=001-57920 (zuletzt abgerufen am 28.1.2019) – Loizidou/Türkei (preliminary objections); EGMR, Urt. v. 12.11.2013, 23502/06, BeckRS 2014, 19031 Rz. 163 = abrufbar unter: http://hudoc.echr.coe.int/eng?i=001-128036 (zuletzt abgerufen am 28.1.2019) – Benzer u.a./Türkei; in Bezug auf die im Rahmen der ICCPR geltenden disbezüglichen Maßstäbe s. *Nowak*, ICCPR, 2. Aufl. 2005, Art. 2 Rn. 29; *Alston/Goodman*, International Human Rights, S. 807.

216 So genügte bspw. der nach humanitärem Völkerrecht rechtmäßige Bombenabwurf in Ansehung auch alternativ verfügbarer Kampfmethoden nicht den Rechtfertigungsanforderungen des Art. 2 Abs. 2 EMRK, das allgemeine Völkerrecht sei unter dem Regiment der Konvention restriktiver zu handhaben, EGMR, Urt. v. 24.2.2005, 57950/00, Rz. 175, 181, 191 – Isayeva/Russland, abrufbar unter: http://hudoc.echr.coe.int/eng?i=001-68381 (zuletzt abgerufen am 28.1.2019); EGMR, Urt. v. 12.11.2013, 23502/06, BeckRS 2014, 19031 Rz. 184 = abrufbar unter: http://hudoc.echr.coe.int/eng?i=001-128036 (zuletzt abgerufen am 28.1.2019) – Benzer u.a./Türkei.

aufgrund des strengen Parlamentsvorbehalts jedenfalls nicht originär rechtfertigend auswirken, sondern lediglich bei der Auslegung einer nationalen Norm Berücksichtigung finden.

C. Inkorporation der EMRK in das deutsche Recht

Laut des BVerfG trägt die EMRK dazu bei, „eine gemeineuropäische Grundrechtsentwicklung zu fördern".[217] Doch in welchem Verhältnis steht die EMRK selbst zu den deutschen Grundrechten, welche Auswirkungen haben die Urteile der jeweils mit der Rechtseinhaltung beauftragen Gerichte und inwieweit überlagern, interagieren oder distanzieren sich die beiden Rechtsmaterien voneinander?

I. Status der EMRK im deutschen Recht

Die EMRK findet als völkerrechtlicher Vertrag, der von Deutschland ratifiziert wurde, über Art. 59 Abs. 2 GG Eingang in das deutsche Recht. Mit dem Gesetz über die Konvention zum Schutz der Menschenrechte und Grundfreiheiten v. 7.8.1952[218] wurde der völkerrechtlichen Konvention die nötige innerstaatliche Vollzugsanordnung sowie Aufnahme in den Bestand der deutschen Bundesgesetze zuteil. Da der Zweck der Konvention darin liegt, dem einzelnen Individuum eine sofortige Schutzgewährung zukommen zu lassen, sind jedenfalls die materiellen Rechtsgarantien (Art. 1-18 EMRK) für alle Staatsorgane unmittelbar bindend und zu beachten, zugunsten des Individuums also *self-executing* und direkt anwendbar.[219]

Nach den obigen Ausführungen kommt der Konvention somit der Rang eines einfachen Bundesgesetzes zu, womit sie insofern innerstaatlich nicht mit den Grundrechten kollidieren kann, da sich diese aufgrund der Normenhierarchie vorrangig durchsetzen. Eine Geltung der Konvention mit Verfassungsrang ist in Deutschland mangels dahingehender Aussage des GG, welches allein einen solchen Rang verleihen könnte,[220] ausgeschlossen und wird auch von der EMRK

217 BVerfG, Beschl. v. 14.10.2004, 2 BvR 1481/04, BVerfGE 111, 307, 329 – Görgülü.

218 Gesetz über die Konvention zum Schutze der Menschenrechte und Grundfreiheiten v. 7.8.1952, BGBl. 1952 II, Nr. 14 v. 22.8.1952, S. 685 ff.

219 BVerfG, Beschl. v. 21.3.1957, 1 BvR 65/54, BVerfGE 6, 290, 294 – Washingtoner Abkommen; von Mangoldt/Klein/Starck/*Kempen*, GG, 7. Aufl. 2018, Art. 59 Rn. 95; *Weil*, ECHR, S. 209; *Heckötter*, Bedeutung der EMRK für dt. Gerichte, S. 112 f.; *Stöcker*, NJW 1982, 1905, 1907; *H. Huber*, GS Peters (1967), 375, 391.

220 So das BVerfG, vor allem klarstellend, dass die Verbürgung der Menschenrechte in Art. 1 Abs. 2 GG kein Einfallstor für einen Verfassungsrang darstellt, BVerfG, Urt.

selbst nicht verlangt. Überdies ist ein Anwendungsvorrang der EMRK vor nationalen Normen insbesondere nicht aus der Übertragung von Hoheitsrechten gem. Art. 24 Abs. 1 GG an den Europarat, die Vertragsstaatengemeinschaft oder den EGMR herzuleiten.[221]

Einzig fraglich bleibt, ob den Menschenrechten der EMRK über Art. 25 GG der Zwischenrang zwischen einfachen Bundesgesetzen und dem GG zugesprochen werden kann. Hierzu ist zunächst festzuhalten, dass nicht jeder völkerrechtliche Vertrag zugleich Völkergewohnheitsrecht repräsentiert oder *per se* in solches erwächst; es handelt sich vom Prinzip her um zwei voneinander unabhängige Rechtsquellen.[222] Zwar kommt einigen Menschenrechten, ob spezifisch in der EMRK enthalten oder auch ansonsten international anerkannt, eine völkergewohnheitsrechtliche Rechtsnatur oder sogar *ius cogens*-Charakter zu.[223] Dennoch ist selbst in diesen Fällen das Schutzniveau des als allgemeine Regel des Völkerrechts anerkannten Menschenrechts nicht mit jenem der kodifizierten Konventionsgarantie gleichzusetzen. Denn die völkergewohnheitsrechtliche Ausprägung des jeweiligen Rechts konzentriert sich zumeist auf dessen

---

v. 4.5.2011, 2 BvR 2365/09, 740/10, 2333/08, 1152/10, 571/10, BVerfGE 128, 326, 369 – EGMR Sicherungsverwahrung; *H. Huber*, GS Peters (1967), 375, 390; a.A.: *Klug*, GS Peters (1967), 434, 441 f., der sogar einen Überverfassungsrang der vorkonstitutionelles Naturrecht enthaltenden EMRK befürwortet.

221 Weder das nationale Zustimmungsgesetz noch die Konvention selbst enthalten die nötige Anordnung des Vorrangs, zudem wäre die Einordnung als „zwischenstaatliche Institution" bereits fraglich, sodass eine Abtretung deutscher Hoheitsrechte nicht ersichtlich ist, vgl. von Mangoldt/Klein/Starck/*Kempen*, GG, 7. Aufl. 2018, Art. 59 Rn. 92; *Haß*, Urteile des EGMR, S. 121 ff.; a.A. *Ress*, FS Zeidler II (1987), 1775, 1791 ff; *Walter*, ZaöRV 1999, 961, 974.

222 BVerfG, Urt. v. 26.3.1957, 2 BvG 1/55, BVerfGE 6, 309, 363 – Reichskonkordat; *Haß*, Urteile des EGMR, S. 117; *Ress*, FS Zeidler II (1987), 1775, 1790. Sofern Teile eines völkerrechtlichen Vertrages Völkergewohnheitsrecht widergeben, gilt die Wirkung des Art. 25 S. 2 GG gänzlich unabhängig von der Kodifikation für den gewohnheitsrechtlich anerkannten Rechtssatz, allerdings bedarf der völkerrechtliche Vertrag zu seiner gesamten Geltung im Inland der innerstaatlichen Umsetzung nach Art. 59 Abs. 2 GG, d.h. die jeweiligen Wirkungen von Art. 25 sowie Art. 59 Abs. 2 GG stehen unbeeinflusst voneinander nebeneinander, von Mangoldt/Klein/Starck/*Kempen*, GG, 7. Aufl. 2018, Art. 59 Rn. 43, 92.

223 Vgl. zu den völkergewohnheitsrechtlich bzw. sogar als *ius cogens* anerkannten Menschenrechten wie z.B. dem Folterverbot BVerfG, Beschl. v. 26.10.2004, 2 BvR 955/00, 1038/01, BVerfGE 112, 1, 27 f. – Bodenreform III; *Zyberi*, Human Rights in the ICJ, 289, 291; *Hofmann*, FS Zeidler II (1987), 1885, 1889 f.; *Frowein*, FS Zeidler II (1987), 1763, 1769; *Walter*, ZaöRV 1999, 961, 972.

abwehrrechtliche Komponente,[224] sodass vor allem die *positive obligations*, die sich ohnehin lediglich aus der Ausformung des Konventionsrechts durch die EGMR-Rechtsprechung ergeben, allein über den aus Art. 59 Abs. 2 GG folgenden einfachen Gesetzesrang herzuleiten sind.

Nachdem die Einordnung der meisten EMRK-Rechte auf der Stufe des einfachen Gesetzesranges über Art. 59 Abs. 2 GG erfolgt, schließen sich folgende zwei weitere Fragen an: Zum einen diejenige nach der Rechtsqualität und Bindungswirkung der die Konvention ausformenden EGMR-Rechtsprechung sowie zum anderen diejenige nach der Einbeziehung der einfach-gesetzlichen Konventionsrechte in die deutsche Rechtsprechung.

II. Rechtsverbindlichkeit der EGMR-Rechtsprechung

Art. 46 Abs. 1 EMRK bildet den Ausgangspunkt zur Beantwortung der Frage nach der Bindungswirkung von EGMR-Urteilen, der eine Befolgungspflicht für die Vertragsstaaten enthält. Hieraus folgt unmittelbar lediglich eine völkerrechtliche Staatenpflicht, die für sich genommen keine innerstaatliche Entfaltung des jeweiligen Urteils nach sich zieht und vor allem keinerlei Aussagen hinsichtlich der Beachtlichkeit von EGMR-Urteilen für nicht beteiligte Vertragsparteien enthält.[225]

Urteile des EGMR, die zunächst stets feststellenden Charakter eines (nicht) erfolgten Konventionsverstoßes aufweisen und ggf. nach Art. 41 EMRK zusätzlich eine billige Entschädigung in Geld zugunsten des belasteten Klägers aussprechen, geben dem betroffenen Verletzerstaat eine allgemeine Beseitigungs- sowie ggf. Wiedergutmachungsverpflichtung auf. Mangels Kompetenz zum Ausspruch konstitutiver Gestaltungsurteile fehlt es den EGMR-Entscheidungen jedoch an einer unmittelbaren Rechtsänderungsfunktion: Weder kommt dem EGMR eine Kassationsbefugnis konventionswidriger nationaler Rechtsakte zu, noch kann er die Vertragsstaaten zu einem bestimmten rechtserheblichen Handeln zwingen.[226] Eine Durchgriffswirkung der EGMR-Urteile auf das nationale Recht

---

224 *Skogly/Gibney*, 24 Hum. R. Q. 2002, 781, 788; *Klein*, EuGRZ 1999, 109, 110; *Haß*, Urteile des EGMR, S. 117; *Heckötter*, Bedeutung der EMRK für dt. Gerichte, S. 104 f.; *Hofmann*, FS Zeidler II (1987), 1885, 1898; *Ress*, FS Zeidler II (1987), 1775, 1794; *Fremuth*, NZWehrr 2012, 89, 97.

225 Meyer-Ladewig u.a./*Meyer-Ladewig/Brunozzi*, EMRK, 4. Aufl. 2017, Art. 46 Rn. 14, 21; *Haß*, Urteile des EGMR, S. 70 ff., 132.

226 EGMR, Urt. v. 13.7.2000, 39221/98 & 41963/98, ECHR 2000-VIII, 471 Rz. 249 – Scozzari & Giunta/Italien; ebenso BVerfG, Beschl. v. 11.10.1985, 2 BvR 336/85, NJW 1986, 1425, 1427 – Pakelli; *Polakiewicz*, Staatenverpflichtungen aus EGMR-Urteilen, S. 223;

scheidet anders als bei EuGH-Entscheidungen[227] oder Urteilen des BVerfG gem. § 31 Abs. 2 BVerfGG aus, was mit dem fehlenden Anwendungsvorrang der Konvention selbst in Einklang steht.

Dies kann jedoch nicht darüber hinweg täuschen, dass aufgrund der obligatorischen Unterwerfung unter die Gerichtsbarkeit des EGMR sowie der generellen Bindung an den völkerrechtlichen Vertrag die Pflicht besteht, die Deutschland betreffenden, vom Gerichtshof festgestellten Konventionsverletzungen in Naturalrestitution zu beseitigen, also einen konventionskonformen Zustand (wieder)herzustellen.[228] Auf welche Weise dies erfolgt, obliegt zwar grundsätzlich der autonomen Einschätzung des Vertragsstaates,[229] der als Ganzes, d.h. mit sämtlichen Staatsorganen,[230] an das ihn verpflichtende Urteil gebunden ist. Im Ergebnis kann jedoch zur Vermeidung völkerrechtswidrigen Verhaltens und der Sanktionsmöglichkeiten des Europarates (Art. 46 Abs. 2 S. 2, Abs. 4 EMRK) indirekt eine Ermessensreduzierung auf Null bzgl. der Aufhebung von Exekutivakten oder der Außerachtlassung von Gesetzen die innerstaatliche Folge eines

---

Meyer-Ladewig u.a./*Meyer-Ladewig/Brunozzi*, EMRK, 4. Aufl. 2017, Art. 46 Rn. 21; *Vondung*, Europäischer Grundrechtsschutz, S. 32; *Walter*, ZaöRV 1999, 961, 965.

227 Vgl. BVerfG, Beschl. v. 29.5.1974, BvL 52/71, BVerfGE 37, 271, 281 – Solange I.

228 BVerfG, Beschl. v. 14.10.2004, 2 BvR 1481/04, BVerfGE 111, 307, 319 f. – Görgülü; *Klein*, GS Ryssdal (2000), S. 705, 707; *Frowein*, FS Zeidler II (1987), 1763, 1772; *Haß*, Urteile des EGMR, S. 75.

229 So auch der EGMR selbst, EGMR, Urt. v. 20.9.1993, 14647/89, Series A 261-C Rz. 47 – Saidi/Frankreich: „The Court notes that the Convention does not give it jurisdiction to direct the French State to open a new trial [...] or to adopt one of the other measures sought by the applicant."; *Mellech*, Rezeption der EMRK, S. 71 f.; *Haß*, Urteile des EGMR, S. 81; *Unkel*, Berücksichtigung der EMRK durch dt. Verwaltungsgerichte, S. 40; *Czerner*, AVR 46 (2008), 345; *Stöcker*, NJW 1982, 1905, 1908.

230 BVerfG, Beschl. v. 11.10.1985, 2 BvR 336/85, NJW 1986, 1425, 1427 – Pakelli; ganz ausdrücklich nochmals in BVerfG, Beschl. v. 14.10.2004, 2 BvR 1481/04, BVerfGE 111, 307, 323 – Görgülü: „Hat der Gerichtshof in einem konkreten Beschwerdeverfahren unter Beteiligung der Bundesrepublik Deutschland einen Konventionsverstoß festgestellt und dauert dieser Verstoß an, so ist die Entscheidung des Gerichtshofs im innerstaatlichen Bereich zu berücksichtigen, das heißt die zuständigen Behörden oder Gerichte müssen sich mit der Entscheidung erkennbar auseinander setzen [...]."; *Mellech*, Rezeption der EMRK, S. 65 f.; *Heckötter*, Bedeutung der EMRK für dt. Gerichte, S. 113, 124; *Haß*, Urteile des EGMR, S. 73; *Ress*, Wirkungen EGMR-Urteile, 227, 247; *Klein*, GS Ryssdal (2000), S. 705, 706; *Stöcker*, NJW 1982, 1905, 1908; *Schaffarzik*, DÖV 2005, 860, 864.

EGMR-Ausspruchs sein.[231] Jedenfalls aber reicht die Pflicht zu Naturalrestitution nicht so weit, dass sie eine automatische Rechtskraftdurchbrechung nationaler letztinstanzlicher Urteile nach sich zöge. Sofern die nationale Rechtsordnung kein geeignetes Mittel zur Aufhebung konventionswidriger Urteile kennt, hat es bei der Kompensationspflicht nach Art. 41 EMRK zu bleiben.[232]

Nach dem klaren Wortlaut des Art. 46 Abs. 1 EMRK wirken die Entscheidungen des Gerichtshofs lediglich *inter partes*. Daraus folgt, dass sich die aufgezeigten Rechtswirkungen nicht über die Streitparteien hinaus auf andere Vertragsparteien auswirken, zumal der EGMR stets betont, keine allgemeingültigen Dogmen in die Welt zu setzen, sondern konkrete Einzelfälle zu entscheiden[233] und daher bspw. auch nur die konkrete nationale Normanwendung kritisiert, nicht jedoch die Norm *in abstracto*.[234] Demgegenüber sieht der Gerichtshof seine Rolle aber dennoch nicht in der Verschaffung von Einzelfallgerechtigkeit erschöpft, sondern ist darauf bedacht, die Menschenrechtsentwicklung insgesamt in der Konventionsstaatengemeinschaft fortzuentwickeln und auf einem hohen Standard zu vereinheitlichen.[235] Insofern ist in der Rechtspraxis der Vertragsstaaten vermehrt die Tendenz zu beobachten, auch nicht gegen sie gerichtete EGMR-Entscheidungen in die nationale Rechtsgestaltung aufzunehmen.[236] Dadurch

231 BVerfG, Beschl. v. 14.10.2004, 2 BvR 1481/04, BVerfGE 111, 307, 325 – Görgülü; *Haß*, Urteile des EGMR, S. 79, 86 ff.; *Vondung*, Europäischer Grundrechtsschutz, S. 32 f.; *Schaffarzik*, DÖV 2005, 860, 865; *Klein*, GS Ryssdal (2000), S. 705, 707, der sogar weitergehend für eine Pflicht zur legislativen Rechtsänderung denn bloßer Nichtanwendung einer konventionswidrigen Norm plädiert.

232 EGMR, Urt. v. 20.9.1993, 14647/89, Series A 261-C Rz. 47 – Saidi/Frankreich; expliziter noch das BVerfG, Beschl. v. 11.10.1985, 2 BvR 336/85, NJW 1986, 1425, 1426 – Pakelli; *Mellech*, Rezeption der EMRK, S. 96; *Czerner*, AVR 46 (2008), 345, 354 f.; vgl. auch *Schaffarzik*, DÖV 2005, 860, 862.

233 *Heckötter*, Bedeutung der EMRK für dt. Gerichte, S. 38; *Haß*, Urteile des EGMR, S. 87 f.; *Klein*, GS Ryssdal (2000), S. 705, 708; *Czerner*, AVR 46 (2008), 345, 347.

234 EGMR, Urt. v. 3.12.2009, 22028/04, Rz. 45 – Zaunegger/Deutschland, abrufbar unter: http://hudoc.echr.coe.int/eng?i=001-96020 (zuletzt abgerufen am 28.1.2019); *Walter*, ZaöRV 1999, 961, 963 f.

235 EGMR, Urt. v. 18.1.1978, 5310/71, Series A 25 = EuGRZ 1979, 149, Rz. 154 – Irland/Vereinigtes Königreich; EGMR, Urt. v. 24.7.2003, 40016/98, ECHR 2003-IX, 199 Rz. 26 – Karner/Österreich.

236 *Mellech*, Rezeption der EMRK, S. 64, 78; *Uerpmann*, EMRK und deutsche Rechtsprechung, S. 216 f., 220; *Vondung*, Europäischer Grundrechtsschutz, S. 33; *Czerner*, AVR 46 (2008), 345, 347; *Polakiewicz/Jacob-Foltzer*, 12 HRLJ 1991, 65, 79; *Klein*, GS Ryssdal (2000), S. 705, 706.

kommt den Urteilen zwar auch rein faktisch keinesfalls eine *erga omnes*-Wirkung zu, jedoch entfalten sie den Charakter einer menschenrechtlichen Orientierungslinie sowie eines gemeinsamen Wertekatalogs, mittels deren Befolgung ein Konventionsverstoß und damit eine Verurteilung durch den Gerichtshof für die Zukunft vermieden werden kann.[237]

So ist es zu erklären, dass auch das BVerfG der generellen Rechtsprechung des Gerichtshofs eine innerstaatliche mittelbare Beachtung, vor allem bei der Auslegung der deutschen Grundrechte, zuteil werden lässt. Selbst jene Urteile des EGMR, die Deutschland nicht betreffen, sind bei der Grundrechtsauslegung heranzuziehen, da die Konvention nur in der Ausformung der EGMR-Rechtsprechung ihren aktuellen Entwicklungsstand widerspiegelt und folglich nur dergestalt zur Vermeidung von Völkerrechtsverstößen geeignet ist.[238] Die Grundrechte als höchste Rechtsgarantien der deutschen Rechtsordnung strahlen generell auf alle Rechtsverhältnisse aus,[239] beinhalten im Sinne des Art. 1 Abs. 2 GG sämtlich einen menschenrechtlichen Kern[240] und vermögen somit in einer menschenrechtskonformen Auslegung Völkerrechts- bzw. Konventionsverstößen vorzubeugen.[241] So kommt es zu der beachtlichen Rechtsfolge, dass aufgrund der Völkerrechtsfreundlichkeit des GG Normen einfachen Gesetzesranges, nämlich die in ein Bundesgesetz transformierte EMRK, in der Ausformung unverbindlichen Richterrechts die Verfassungsinterpretation beeinflussen. Hierbei dürfen jedoch weder die jeweiligen Auslegungsmodalitäten aus den Augen verloren noch eine Schutzverringerung der Grundrechte bewirkt werden – die Übernahme der EGMR-Rechtsprechung hat aufmerksam differenziert und an die nationalen Besonderheiten angepasst zu erfolgen.[242]

---

237 *Jankowska-Gilberg*, Extraterritorialität der Menschenrechte, S. 34 f.; *Heckötter*, Bedeutung der EMRK für dt. Gerichte, S. 42 f., 71 f.; *Ress*, Wirkungen EGMR-Urteile, 227, 247 f.; *Stöcker*, NJW 1982, 1905, 1909.

238 BVerfG, Beschl. v. 14.10.2004, 2 BvR 1481/04, BVerfGE 111, 307, 319 – Görgülü.

239 BVerfG, Urt. v. 15.1.1958, 1 BvR 400/51, BVerfGE 7, 198, 204 f. – Lüth-Entscheidung.

240 BVerfG, Urt. v. 4.5.2011, 2 BvR 2365/09, 740/10, 2333/08, 1152/10, 571/10, BVerfGE 128, 326, 369 – EGMR Sicherungsverwahrung.

241 Zur ausreichenden Sicherstellung der Konventionsgarantien durch deren Aufgehen in nationalen Grundrechte, sogar am Beispiel Deutschlands, EGMR, Urt. v. 6.9.1978, 5029/71, Series A 28 = NJW 1979, 1755 Rz. 66 – Klass u.a./Deutschland; Meyer-Ladewig u.a./*Meyer-Ladewig/Renger*, EMRK, 4. Aufl. 2017, Art. 13 Rn. 2 f.; *Grabenwarter/Pabel*, EMRK, § 24 Rn. 184, 188; *Heckötter*, Bedeutung der EMRK für dt. Gerichte, S. 263.

242 So das BVerfG, Urt. v. 4.5.2011, 2 BvR 2365/09, 740/10, 2333/08, 1152/10, 571/10, BVerfGE 128, 326, 371 – EGMR Sicherungsverwahrung: „Grenzen der

Insofern finden die Urteile des EGMR, ob gegen Deutschland selbst gerichtet oder nicht, insgesamt zwar keine wörtliche und unmittelbare Geltung im Inland. Allerdings trifft Deutschland im ersten Fall eine umfassende Beseitigungspflicht für den Konventionsverstoß. Und selbst im zweiten Fall besteht aufgrund der Völkerrechtsfreundlichkeit des GG gleichwohl eine Auseinandersetzungsverpflichtung mit dem vom EGMR vorgegebenen Wertemaßstab zur Vermeidung völkerrechtswidrigen Handelns.

III. Beachtung und Auslegung der EMRK durch deutsche Gerichte

Hinsichtlich der Beantwortung der zweiten Frage nach der Einbeziehung der EMRK in die nationale Rechtsordnung durch die deutsche Judikative ist zunächst festzuhalten, dass die Fachgerichte wegen des Gesetzesranges der Konvention über Art. 20 Abs. 3 GG an diese gebunden sind und sie bei der Urteilsfindung nicht außer Betracht lassen dürfen.[243] Die Beachtung und Auslegung von Völkerrecht als Bestandteil der deutschen Rechtsordnung über Art. 25 bzw. Art. 59 Abs. 2 GG gehört zum Prüfungsumfang der fachgerichtlichen Rechtsfindung.[244]

---

völkerrechtsfreundlichen Auslegung ergeben sich aus dem Grundgesetz. Sie darf zunächst nicht dazu führen, dass der Grundrechtsschutz nach dem Grundgesetz eingeschränkt wird; das schließt auch die Europäische Menschenrechtskonvention selbst aus (vgl. Art. 53 EMRK […]). […] Im Übrigen ist auch im Rahmen der konventionsfreundlichen Auslegung des Grundgesetzes – ebenso wie bei der Berücksichtigung der Rechtsprechung des Europäischen Gerichtshofs für Menschenrechte auf der Ebene des einfachen Rechts – die Rechtsprechung des Europäischen Gerichtshofs für Menschenrechte möglichst schonend in das vorhandene, dogmatisch ausdifferenzierte nationale Rechtssystem einzupassen […], weshalb sich eine unreflektierte Adaption völkerrechtlicher Begriffe verbietet."; BVerfG, Beschl. v. 14.10.2004, 2 BvR 1481/04, BVerfGE 111, 307, 327 – Görgülü; *Sachs*, FS Klein (2013), S. 321, 331; *Uerpmann*, EMRK und deutsche Rechtsprechung, S. 149; *Giegerich*, FS Klein (2013), 49, 58.

243 Karpenstein/Mayer/*Mayer*, EMRK, 2. Aufl. 2015, Einleitung Rn. 24; *Unkel*, Berücksichtigung der EMRK durch dt. Verwaltungsgerichte, S. 20; so auch *Harris/O'Boyle/Warbrick*, Law of the ECHR, 3. Aufl. 2014, S. 26; *Helfer/Slaughter*, 170 Yale L. J. 1997, 273, 305, nach denen bei derartiger staatlicher Umsetzung von Völkerrecht durch Inkorporation in die nationale Rechtsordnung „the treaty can then be enforced directly by domestic courts."

244 Mit Ausnahme der Frage nach dem Bestehen einer Regel des allgemeinen Völkerrechts iSd Art. 25 GG. Hierbei steht den Fachgerichten kein Rechtsfindungsfreiraum zu, sondern es trifft sie die Vorlagepflicht nach Art. 100 Abs. 2 GG zum BVerfG, das allein das geltende allgemeine Völkerrecht in Deutschland feststellen darf; *Mosler*, Völkerrecht in der Praxis deutscher Gerichte, S. 13. Auch der EGMR meint, dass nationale Gerichte das Völkerrecht zu erörten und auszulegen hätten und seine Rolle

Nach dem oben Gesagten ist hierbei zu beachten, dass die Auslegung der entsprechenden Normen völkerrechtlich autonom zu erfolgen hat, eine pauschale Gleichsetzung des nationalen mit dem völkerrechtlichen Bedeutungsgehalt oder umgekehrt verbietet sich folglich.[245]

Insofern besitzt der EGMR zwar dem Grunde nach kein Auslegungsmonopol über die EMRK,[246] wohl aber die einzelfallbezogene verbindliche Letztentscheidungskompetenz nach Art. 32 EMRK, sodass bei einer Interpretation durch die deutschen Gerichte auf eigene Faust die Gefahr der späteren Verurteilung Deutschlands durch den EGMR besteht. Gerade deshalb berücksichtigt das BVerfG die Rechtsprechung des Gerichtshofs bei der Auslegung der deutschen Grundrechte und legt damit den Grundstein dafür, die EGMR-Spruchpraxis als autoritative Leitlinie bei der Konventionsinterpretation anzuerkennen.[247] Aufgrund dessen verlangt das BVerfG eine ersichtliche Auseinandersetzung der Fachgerichte mit einschlägiger EGMR-Rechtsprechung und insbesondere erhöhten Argumentationsaufwand, wenn eine Abweichung davon im Einzelfall

---

lediglich auf die Überprüfung einer konventionskonformen Anwendung ausgerichtet ist, EGMR, Urt. v. 18.2.1999, 26083/94, ECHR 1999-I, 393 Rz. 54 – Waite & Kennedy/Deutschland.

245 BVerfG, Urt. v. 4.5.2011, 2 BvR 2365/09, 740/10, 2333/08, 1152/10, 571/10, BVerfGE 128, 326, 370 – EGMR Sicherungsverwahrung: „Vor diesem Hintergrund gilt auch für die völkerrechtsfreundliche Auslegung der Begriffe des Grundgesetzes ähnlich wie für eine verfassungsvergleichende Auslegung, dass Ähnlichkeiten im Normtext nicht über Unterschiede, die sich aus dem Kontext der Rechtsordnungen ergeben, hinwegtäuschen dürfen: Die menschenrechtlichen Gehalte des jeweils in Rede stehenden völkerrechtlichen Vertrags müssen im Rahmen eines aktiven (Rezeptions-)Vorgangs in den Kontext der aufnehmenden Verfassungsordnung „umgedacht" werden."; das gilt umso mehr, als dass stets die sprachliche Originalfassung den Maßstab vorgibt, d.h. die deutsche amtliche Übersetzung im BGBl. lediglich eine Auslegungshilfe darstellt und der deutsche Terminus somit enger oder weiter gefasst sein kann als die Bedeutung im völkerrechtlichen Ursprungsdokument, *Mosler*, Völkerrecht in der Praxis deutscher Gerichte, S. 28 f.

246 *Uerpmann*, EMRK und deutsche Rechtsprechung, S. 214; *Mellech*, Rezeption der EMRK, S. 77; *Heckötter*, Bedeutung der EMRK für dt. Gerichte, S. 76; *Scheuner*, FS Schlochhauer (1981), 899, 904.

247 BVerfG, Beschl. v. 14.10.2004, 2 BvR 1481/04, BVerfGE 111, 307, 329 – Görgülü; *Schaffarzik*, DÖV 2005, 860, 861 f.; ebenso *Mellech*, Rezeption der EMRK, S. 200, anhand des Beispiels des damaligen § 53 Abs. 4 AuslG (heutiger § 60 Abs. 5 AufenthG) iVm Art. 3 EMRK (das deutsche Gesetz verweist explizit auf die EMRK), und der dies ausfüllenden Rechtsprechung des BVerwG, Urt. v. 24.5.2000, 9 C 34/99, BVerwGE 111, 223 = NVwZ 2000, 1302 – Abschiebungsverbot EMRK.

beabsichtigt ist.[248] Führt die Abweichung so weit, dass ein Fachgericht eine entscheidungserhebliche Konventionsnorm in der Ausformung der EGMR-Rechtsprechung insgesamt für mit dem GG nicht vereinbar hält, löst dies wegen des Verwerfungsmonopols des BVerfG für formelles Bundesrecht eine Vorlagepflicht nach Art. 100 Abs. 1 S. 1 GG aus.

Dem BVerfG kommt somit neben der Überprüfung der Einfügung der Konvention und EGMR-Rechtsprechung in die deutsche Rechtsordnung nach dem Wertemaßstab des GG auch die Kompetenz zu, das Handeln der deutschen Staatsgewalt insgesamt auf seine Völkerrechtskonformität zu überprüfen.[249] Was jedoch nicht in den Prüfungsumfang des BVerfG fällt, ist eine direkte Berufung auf eine Konventionsverletzung im Rahmen einer Verfassungsbeschwerde – hier bleibt es dabei, dass lediglich das spezifische Verfassungsrecht, also die Grundrechte, wohl aber in konventions- und EGMR-rechtsprechungskonformer Auslegung, Beachtung finden.[250] Die Korrektur einer fachgerichtlichen konventionsverletzenden Rechtsprechung kommt folglich nur unter dem Gesichtspunkt einer Grundrechtsverletzung in Betracht, sofern der Einfluss der EGMR-Rechtsprechung verkannt wurde;[251] in Extremfällen fasst das BVerfG dies sogar als eine Art. 3 Abs. 1 GG verletzende gerichtliche Willkürentscheidung auf.[252]

---

248 BVerfG, Beschl. v. 14.10.2004, 2 BvR 1481/04, BVerfGE 111, 307, 324 – Görgülü.

249 BVerfG, Beschl. v. 23.6.1981, 2 BvR 1107, 1124/77, 195/79, BVerfGE 58, 1, 34 – Eurocontrol I; BVerfG, Beschl. v. 10.11.1981, 2 BvR 1058/79, BVerfGE 59, 63, 89 – Eurocontrol II; BVerfG, Beschl. v. 12.5.1987, 2 BvR 1226/83, 2 BvR 101/84, 2 BvR 313/84, BVerfGE 76, 1, 78 – Familiennachzug, denn eine dem Deutschland bindenden Völkerrecht widersprechende nationale Rechtsanwendung vermag einen darauf gestützten Grundrechtseingriff nicht zu rechtfertigen.

250 BVerfG, Beschl. v. 14.10.2004, 2 BvR 1481/04, BVerfGE 111, 307, 317 – Görgülü; *Polakiewicz*, Staatenverpflichtungen aus EGMR-Urteilen, S. 298; *Mellech*, Rezeption der EMRK, S. 43; *Heckötter*, Bedeutung der EMRK für dt. Gerichte, S. 260; *Schaffarzik*, DÖV 2005, 860, 861; *Bernhardt*, EuGRZ 1996, 339.

251 So das BVerfG, Beschl. v. 14.10.2004, 2 BvR 1481/04, BVerfGE 111, 307, 323 – Görgülü, wonach „grundsätzlich die vom Gerichtshof in seiner Abwägung berücksichtigten Aspekte auch in die verfassungsrechtliche Würdigung, namentlich die Verhältnismäßigkeitsprüfung einzubeziehen [sind]" in Fällen, in denen „für die Beurteilung eines Sachverhalts Entscheidungen des Gerichtshofs einschlägig [sind]"; *Heckötter*, Bedeutung der EMRK für dt. Gerichte, S. 82 f., 132 f.; *Unkel*, Berücksichtigung der EMRK durch dt. Verwaltungsgerichte, S. 50 f.; *Klein*, GS Ryssdal (2000), S. 705, 706.

252 BVerfG, Beschl. v. 23.6.1981, 2 BvR 1107, 1124/77, 195/79, BVerfGE 58, 1, 34 – Eurocontrol I; *Haß*, Urteile des EGMR, S. 115.

Insofern bleibt es dem Individuum unbenommen, sich vor deutschen Fachgerichten auf die innerstaatlich unmittelbar geltenden, drittschützenden Normen der EMRK zu berufen, die bspw. im Strafrecht zur plastischen Ausfüllung der Angeklagtenrechte zumeist explizit mit zitiert werden.[253] Durch die Auswirkung auf die deutschen Grundrechte und den damit einhergehenden Kontrollmöglichkeiten des BVerfG obliegt es den Fachgerichten, die Konvention in Ausprägung der EGMR-Rechtsprechung nicht aus den Augen zu verlieren. Dies gilt auch für aktiv staatsverpflichtende Dimensionen wie Schutzpflichten oder Teilhaberechte, bei denen die EMRK-Garantien den aufgezeigten Einfluss gleichfalls ausüben. Anders als im abwehrrechtlichen Bereich gibt das GG hierbei jedoch einen strengeren Rahmen für die Reichweite genuin staatliche Verpflichtungen, die mittels des starken Individualrechtsschutzes vor dem BVerfG im Zweifel eingefordert werden können, vor, sodass die Einbeziehung der einzelfallbasierten EGMR-Urteile hier mit erhöhter Vorsicht zu erfolgen hat.[254] Insgesamt finden jedoch über die Grundrechte als verbindlichste und stärkste nationale Rechtsposition, die von jedem innerstaatlichen Gericht zu beachten sind, die EMRK und Spruchpraxis des EGMR nennenswerte judikative Berücksichtigung in Deutschland.

IV. Rechtsschutzmöglichkeiten bei Grundrechts- bzw. Konventionsverletzungen

1. Deutschland – Klagevarianten vor den Fachgerichten

Hinsichtlich der in den nächsten Kapiteln dargestellten und analysierten Fallgestaltungen extraterritorialer Grundrechtsverletzungen, die die deutschen Gerichte beschäftigt haben, wurde von drei Rechtsschutzvarianten Gebrauch gemacht: Erstens wurden Verfassungsbeschwerden vor dem BVerfG ergriffen. Dies betraf bspw. Konstellationen eines strafrechtlichen Auslieferungsgesuchs

---

253 S. nur BVerfG, Beschl. v. 15.12.1965, 1 BvR 513/65, BVerfGE 19, 342, 347 – Wencker-Entscheidung; BVerfG, Beschl. v. 26.3.1987, 2 BvR 589/79, BVerfGE 74, 358, 370 – Unschuldsvermutung; *Ress*, FS Zeidler II (1987), 1775, 1795; *Mellech*, Rezeption der EMRK, S. 174; *Haß*, Urteile des EGMR, S. 126; *Unkel*, Berücksichtigung der EMRK durch dt. Verwaltungsgerichte, S. 65; *Polakiewicz/Jacob-Foltzer*, 12 HRLJ 1991, 65, 81; *Klug*, GS Peters (1967), 434, 442; *Bernhardt*, FS Steinberger (2002), 391, 395.

254 Ähnlich *Heckötter*, Bedeutung der EMRK für dt. Gerichte, S. 168 f.; *Haß*, Urteile des EGMR, S. 126; *Unkel*, Berücksichtigung der EMRK durch dt. Verwaltungsgerichte, S. 18; *Giegerich*, FS Klein (2013), 49, 52; *Scheuner*, FS Schlochhauer (1981), 899, 916; *Polakiewicz/Jacob-Foltzer*, 12 HRLJ 1991, 65, 81; *Schaffarzik*, DÖV 2005, 860, 863.

eines anderen Staates,[255] dem in Deutschland durch gerichtliche Entscheidung stattgegeben und dies durch den Bundesjustizminister bestätigt wurde.[256] Der Rechtsschutz des Betroffenen war hierbei nur gegen die gerichtliche Entscheidung möglich, nicht jedoch gegen die rein völkerrechtlich im Verhältnis zu dem die Auslieferung verlangenden Staat wirkende ministeriale Bewilligungsentscheidung. Da das örtlich zuständige OLG als Auslieferungsgericht zur endgültigen Entscheidung berufen ist,[257] war in diesen Fällen die Verfassungsbeschwerde vor dem BVerfG das einzig verbleibende, dagegen gerichtete Rechtsmittel. Das BVerfG als höchste Grundrechtsinterpretationsinstanz wurde in Auslieferungsfällen somit direkt mit der Entscheidung über mögliche extraterritoriale Grundrechtswirkungen befasst und konnte eine dahingehende Rechtsvereinheitlichung maßgeblich vorantreiben.

Gleiches galt, sofern das BVerfG mittels einer Gesetzesverfassungsbeschwerde angerufen wurde, wie im Fall des geheimen Abhörens durch den BND im Ausland.[258] Die Gesetzesänderung zur Befugniserweiterung des BND erlaubte es dem BVerfG, zu erwartende extraterritoriale Grundrechtseingriffe zu betrachten und dogmatische Grundsätze zu entwickeln.

Die anderen beiden Rechtsschutzformen einer verwaltungsgerichtlichen Feststellungsklage sowie eines Amtshaftungsprozesses wurden in Fällen militärischen Auslandshandelns relevant. Die Fallkonstellationen einer Festnahme auf hoher See mit anschließender formloser Überstellung an den Heimatstaat,[259] der Überlassung deutschen Staatsgebiets an militärische Einrichtungen fremder Staaten[260] sowie körperlicher Schädigungen bei militärischen Auslandseinsätzen[261] betrafen jeweils rein faktisches hoheitliches Handeln. Mangels

---

255 Vgl. die Fälle BVerfG, Beschl. v. 15.12.2015, 2 BvR 2735/14, BVerfGE 140, 317 – Schuldgrundsatz; BVerfG, Beschl. v. 8.4.2004, 2 BvR 253/04, juris – Auslieferung Weißrussland; BVerfG, Beschl. v. 31.3.1987, 2 BvM 2/86, BVerfGE 75, 1 – Auslieferung Türkei.

256 So das rechtliche Procedere bei einer diplomatischen Auslieferungsanfrage, s. *Tinkl*, Europäischer Haftbefehl und Auslieferung, S. 33

257 § 13 Abs. 1 IRG beruft ausschließlich das örtlich zuständige OLG, dessen Entscheidungen nach Abs. 1 S. 2 unanfechtbar sind; *Gillmeister*, NJW 1991, 2245, 2246.

258 BVerfG, Urt. v. 14.7.1999, 1 BvR 2226/94, BVerfGE 100, 313 – Fernmeldeüberwachung durch BND.

259 OVG Münster, Urt. v. 18.9.2014, 4 A 2948/11, juris – Pirateriebekämpfung.

260 VG Köln, Urt. v. 27.5.2015, 3 K 5625/14, juris = BeckRS 2015, 46138 – Ramstein; VG Köln, Urt. v. 27.4.2016, 4 K 5467/15, juris = BeckRS 2016, 45421 – Somalia.

261 BVerfG, Beschl. v. 13.8.2013, 2 BvR 2660/06 & 2 BvR 487/07, BeckRS 2013, 55213 – Varvarin; BGH, Urt. v. 6.10.2016, III ZR 140/15, BGHZ 212, 173 – Kunduz.

Verwaltungsaktcharakters[262] kamen hier rechtsschutztechnisch lediglich Feststellungs- oder Leistungsbegehren nach nationalem Recht[263] in Betracht. Wenngleich in der Mehrzahl dieser genannten Fälle auch Schadenspositionen in Form einer Körper- bzw. Gesundheitsschädigung, verbunden mit potentiellen immateriellen Schäden, im Raum standen, wurden oftmals lediglich verwaltungsgerichtliche Feststellungsklagen erhoben. Dies überrascht auf den ersten Blick insofern, als dass selbst aus einem erfolgreichen Feststellungstitel keine unmittelbar begünstigenden Rechtsfolgen herzuleiten sind. Zwar wäre eine Feststellungsklage parallel zu einem betriebenen Amtshaftungsprozess gem. § 43 Abs. 2 VwGO subsidiär und damit unstatthaft,[264] doch fehlte es in den besagten Fällen an den Klagen vor den ordentlichen Gerichten. Der Grund für dieses rein verwaltungsgerichtliche Vorgehen ist in der derzeitigen Ausformung des Amtshaftungsanspruchs durch die einschlägige BGH-Rechtsprechung zu sehen, nach der die verwaltungsgerichtliche Feststellungsklage als einziges prozessuales Instrument verbleibt, mit dem militärische Handlungen zur Kenntnis deutscher Gerichte gebracht werden können.

a. *Erfolgsaussichten eines Amtshaftungsprozesses*

So äußerte sich der BGH dahingehend, dass das deutsche Amtshaftungsrecht, als es 1900 im BGB aus der Taufe gehoben wurde, nicht zur Anwendung bei hoheitlichem Tätigwerden im Ausland, und schon gar nicht bei militärischen Missionen, gedacht gewesen sei. Daran ändere auch die Lesart iVm Art. 131 WRV für Schäden vor 1949 bzw. danach iVm Art. 34 GG nichts. In seinem Urteil die erstgenannte Situation, nämlich den 1944 von einer SS-Einheit im griechischen Dorf Distomo verübten Genozid betreffend, führte der BGH aus, dass § 839

262 Hierzu explizit das VG Köln, Urt. v. 9.2.2012, 26 K 5534/10, juris, Rz. 86 ff. = BeckRS 2012, 47052 – Kunduz.

263 Individualschützende Anspruchsgrundlagen aus dem Völkerrecht, die vom individuell Geschädigten gegen den (fremden) Verletzerstaat geltend gemacht werden könnten, kommen nicht in Betracht, vgl. BVerfG, Beschl. v. 13.8.2013, 2 BvR 2660/06 & 2 BvR 487/07, BeckRS 2013, 55213 Rz. 41 ff. – Varvarin; *Kempen*, FS Steinberger (2002), 179, 187; *Raap*, NVwZ 2013, 552, 553; *Schmahl*, ZaöRV 2006, 699, 702; *Dutta*, AöR 133 (2008), 191, 198 ff.

264 VG Köln, Urt. v. 9.2.2012, 26 K 5534/10, juris, Rz 112 ff. = BeckRS 2012, 47052 – Kunduz; zum auch rechtswegübergreifend verstandenen Vorrang der Leistungsklage in Form des Amtshaftungsprozesses aus Gründen der Prozessökonomie auch das BVerwG, Urt. v. 12.7.2000, 7 C 3/00, BVerwGE 111, 306 = NVwZ 2000, 1411, 1412 – Rechtswegübergreifende Subsidiarität.

Abs. 1 BGB dem Wortlaut nach erfüllt sei, aber vom gleichzeitig anwendbaren und abschließenden Kriegsvölkerrecht überlagert sei, was zudem das Wort „grundsätzlich" in Art. 131 WRV zum Ausdruck bringe.[265] Das später mit dem Fall befasste BVerfG quittierte diesen Argumentationsversuch mit der Frage danach, ob nicht vielmehr die Notwendigkeit bestehe, den kriegsvölkerrechtlichen Vorgaben durch nationale Sanktionsmöglichkeiten erheblicheres Gewicht beizumessen.[266] Es enthielt sich jedoch einer abschließenden Stellungnahme, da im vorliegenden Fall jedenfalls § 7 RBHG a.F.[267], der eine in Bezug auf Griechenland nicht vorliegende verbürgte Gegenseitigkeit an Staatshaftungsansprüchen verlangte, die potentiellen Ansprüche materiell-rechtlich ausgeschlossen habe.[268]

Die nächste Gelegenheit, sich mit der Anwendbarkeitsfrage des Amtshaftungsanspruchs zu beschäftigten, ließen beide Gerichte im Falle der Beurteilung der durch NATO-Truppen unter deutscher Beteiligung mittels Aufklärungsflugzeugen erfolgten Bombardierung einer Brücke in Varvarin (Serbien) verstreichen. Mangels hinreichender Sachverhaltsaufklärung vermochten die Geschädigten ihren Anspruch, vor allem das Vorliegen einer Amtspflichtverletzung, nicht hinreichend zu substantiieren, sodass beide Gerichte eine Auseinandersetzung mit

---

265 BGH, Urt. v. 26.6.2003, III ZR 245/98, BGHZ 155, 279, 295 f. – Distomo; i.E. ebenso *Krieger*, Gerichtliche Kontrolle, 223, 245.

266 BVerfG, Beschl. v. 15.2.2006, 2 BvR 1476/03, NJW 2006, 2542 Rz. 24 – Distomo; auch der EGMR hatte sich mit der Fallgestaltung im weiteren Sinne zu beschäftigen, als die Zivilkläger wegen der seitens Griechenlands und Deutschlands verweigerten Vollstreckung eines errungenen Zahlungstitels vor griechischen Gerichten gegen Deutschland den EGMR wegen einer Verletzung des Art. 6 EMRK anriefen. Dort entschied der EGMR, dass sich die kriegsvölkerrechtlichen Wertungen des Verbots des Genozids jedenfalls nicht gegen das Gebot der Staatenimmunität vor ausländischen Gerichten durchsetzen könne und daher keine Verletzung des Art. 6 EMRK durch die verweigerte Vollstreckung des griechischen Urteils gegen Deutschland vorliege, EGMR, Urt. v. 12.12.2002, 59021/00, ECHR 2002-X, 415, 428 f. – Kalogeropoulou u.a./ Deutschland & Griechenland. Diese völkerrechtliche Abwägung beeinflusst jedoch in keinster Weise die rein innerstaatliche Wertung der Gewährung von Schadensersatz durch deutsche Normen, auf deren Grundlage deutsche Gerichte über die Haftung Deutschlands entscheiden.

267 § 7 RBHG a.F. v. 22.5.1910, in Kraft bis 30.6.1992, lautete wie folgt: „Angehörigen eines auswärtigen Staates steht ein Ersatzanspruch aufgrund dieses Gesetzes gegen das Deutsche Reich nur insoweit zu, als nach einer im Reichs-Gesetzblatt enthaltenen Bekanntmachung des Reichskanzlers durch die Gesetzgebung des ausländischen Staates oder durch Staatsvertrag die Gegenseitigkeit verbürgt ist."

268 BVerfG, Beschl. v. 15.2.2006, 2 BvR 1476/03, NJW 2006, 2542 Rz. 24 – Distomo; *Kempen*, FS Steinberger (2002), 179, 189 f.

der Anwendbarkeit des § 839 Abs. 1 BGB, inzwischen iVm Art. 34 GG scheuten.[269]

Der BGH ließ es sich jedoch nicht nehmen, (vorerst) einen Schlusspunkt unter die Diskussion zu setzen und in Abweichung von den Vorinstanzen[270] im Rahmen der Kunduz-Mission der Bundeswehr die Anwendbarkeit des Amtshaftungsrechts ein für alle Mal zu verneinen. Im Zuge einer rein historischen Gesetzesauslegung leitete der BGH her, dass auch bei der Formulierung des Art. 34 GG nicht mit der Ausweitung der Haftungsüberleitung auf den Staat im Zuge militärischer Auslandseinsätze gerechnet worden sei – eine Wiederbewaffnung Deutschlands sei 1949 unvorstellbar gewesen.[271] Zwar habe die Änderung des § 7 RBHG im Jahre 1992 zu einer unbeschränkten Staatshaftung gegenüber Ausländern geführt, da der Gegenseitigkeitsvorbehalt gegenüber des Heimatstaates des zu Schaden gekommenen Individuums als Voraussetzung der Haftungsüberleitung auf den Staat gestrichen worden sei. Grund hierfür sei jedoch die Verringerung des persönlichen Haftungsrisikos der deutschen Beamten bei der vermehrten Beteiligung Deutschlands an humanitären Friedensmissionen gewesen, woraus sich keine Aussage zur Streitfrage der generellen militärischen Staatshaftung entnehmen lasse.[272] Vielmehr mache sich der das Amtshaftungsrecht über die historischen Verständnisgrenzen des BGB sowie GG hinaus anwendende Richter der Rechtsfortbildung schuldig.[273]

Hierzu ist jedoch anzumerken, dass allein die Wortlautgrenze nicht zur Begründung einer derartigen Sichtweise herangezogen werden kann. Denn wie der BGH in seiner Distomo-Entscheidung selbst feststellte, war der Tatbestand des § 839 Abs. 1 BGB auch bei einer militärischen Handlung dem Grunde nach erfüllt. Hinzu kommt, dass Art. 34 S. 1 GG die Geltung bzw. den inhaltlichen Umfang des Amtshaftungsrechts keinesfalls beschränkt – es handelt sich um eine formale Haftungsüberleitung, wobei das Grundgesetz durch die Aufnahme des haftungsrechtlichen Beamtenbegriffs den materiell-rechtlichen Haftungsumfang des § 839 Abs. 1 BGB sogar noch erweitert. Während man aus dem

269 BGH, Urt. v. 2.11.2006, III ZR 190/05, BGHZ 169, 348 Rz. 20 – Varvarin; BVerfG, Beschl. v. 13.8.2013, 2 BvR 2660/06 & 2 BvR 487/07, BeckRS 2013, 55213 Rz. 52 – Varvarin.

270 OLG Köln, Urt. v. 30.4.2015, 7 U 4/14, BeckRS 2015, 08151 Rz. 25 – Kunduz; LG Bonn, Urt. v. 1.12.2013, 1 O 460/11, juris, Rz. 47 = JZ 2014, 411 – Kunduz.

271 BGH, Urt. v. 6.10.2016, III ZR 140/15, BGHZ 212, 173 Rz. 28 ff. – Kunduz; *Raap*, NVwZ 2013, 552, 554.

272 BGH, ibid., Rz. 31 – Kunduz.

273 BGH, ibid., Rz. 27 – Kunduz.

reaktionären Gesamtkontext der WRV ggf. noch auf eine teleologische Reduktion bei militärischen Kampfhandlungen im Rahmen der Haftungsüberleitungsnorm des Art. 131 WRV schließen könnte,[274] bietet das Selbstverständnis des GG hierfür keine Anhaltspunkte. Zwar enthalten beide Verfassungsnormen die einschränkende Wendung der nur „grundsätzlich[en]" Haftungsüberleitung auf den Staat, doch stellte der BGH auf diesen Anhaltspunkt im Wortlaut später nicht einmal mehr ab.[275] Aus diesem Wort eine von den Grundgesetzschöpfern intendierte Generalausnahme für Soldatenhandeln zu entnehmen, die nicht nur die Haftungsüberleitung, sondern zudem die grundsätzliche Geltung des Amtshaftungsanspruchs ausschlösse, würde erheblichen Zweifeln begegnen. Es drängt sich somit die Frage auf, worin die verbotene richterliche Rechtsfortbildung zu sehen sein soll, wenn Normen ihrem Wortlaut entsprechend auf einen davon erfassten Sachverhalt angewendet werden.[276]

---

274 So noch die Begründung in BGH, Urt. v. 26.6.2003, III ZR 245/98, BGHZ 155, 279, 295 f. – Distomo, der zum Ergebnis kommt, „daß es zumindest nach der damaligen Rechtsauffassung [zu Zeiten der WRV] ausgeschlossen erscheint, daß das Deutsche Reich mit seinem nationalen Amtshaftungsrecht auch durch völkerrechtswidrige Kriegshandlungen deutscher Soldaten im Ausland verletzten ausländischen Personen individuelle Schadensersatzansprüche einräumen wollte […]."

275 Zu diesem Ansatzpunkt vgl. BGH, ibid. – Distomo; zur eingehaltenen Wortlautgrenze auch *Schüller*, Haftung im bewaffneten Konflikt, 149 152; zudem hat eine generelle Überlagerung des deutschen Amtshaftungsrechts durch die vermeintlichen spezielleren Regeln des Kriegsvölkerrechts wegen des Nebeneinanders der Systeme, insbesondere mangels einer Suspendierungswirkung auf die Verfassung, auszuscheiden, *Huhn*, Amtshaftung im Auslandseinsatz, S. 23, 45 ff.; jedenfalls bezogen auf die Kriegssituation der Distomo-Entscheidung anders und damit für eine Suspendierung des § 839 BGB iVm Art. 131 WRV argumentierend *Kempen*, FS Steinberger (2002), 179, 190 f.

276 Ebenso *Ackermann*, NVwZ 2017, 95, 96; zur richterlichen Rechtsfortbildung meinte das BVerfG, Beschl. v. 25.1.2011, 1 BvR 918/10, BVerfGE 128, 193, 210 – Grenzen der Gesetzesauslegung: „[Die] Verfassungsgrundsätze verbieten es dem Richter allerdings nicht, das Recht fortzuentwickeln. Angesichts des beschleunigten Wandels der gesellschaftlichen Verhältnisse und der begrenzten Reaktionsmöglichkeiten des Gesetzgebers sowie der offenen Formulierung zahlreicher Normen gehört die Anpassung des geltenden Rechts an veränderte Verhältnisse zu den Aufgaben der Dritten Gewalt […]. Der Aufgabe und Befugnis zur „schöpferischen Rechtsfindung und Rechtsfortbildung" sind mit Rücksicht auf den aus Gründen der Rechtsstaatlichkeit unverzichtbaren Grundsatz der Gesetzesbindung der Rechtsprechung jedoch Grenzen gesetzt […]. Der Richter darf sich nicht dem vom Gesetzgeber festgelegten Sinn und Zweck des Gesetzes entziehen. Er muss die gesetzgeberische Grundentscheidung respektieren und den Willen des Gesetzgebers unter gewandelten Bedingungen

Was sich hingegen verbietet, ist eine rein an antiquierten Rechtsvorstellungen festhaltende historische Verfassungsauslegung – zumindest, wenn man das GG als diejenige evolutive Rechtsgrundlage menschlichen und gesellschaftlichen Zusammenlebens versteht, die die Verfassungsschöpfer ihm zugedacht haben.[277] Insofern mag zwar ein Hineinlesen eines Sinneswandels in das GG, das ursprünglich keine militärische Komponente ersann, aus der bloßen Änderung des § 7 RBHG als zu gewagt erscheinen.[278] Doch schon an der Wortlautänderung des Art. 1 Abs. 3 GG im Jahre 1956 anlässlich der Wiederbewaffnung Deutschlands, die die Bundeswehr in die „vollziehende Gewalt" anders als in die vorherige „Verwaltung" mit einbeziehen sollte, zeigt sich ein Bewusstsein, auch das Militär in den verfassungsrechtlichen Rahmen aufnehmen zu wollen.[279]

Zudem betonte das BVerfG in der gesamten Verfassungsentwicklung stets, wie auch in seinem Distomo-Beschluss angerissen, die Aspekte der Völkerrechtsfreundlichkeit und offenen Verfassungsstaatlichkeit,[280] die zur Einhaltung und

---

möglichst zuverlässig zur Geltung bringen. Er hat hierbei den anerkannten Methoden der Gesetzesauslegung zu folgen [...]. Eine Interpretation, die als richterliche Rechtsfortbildung den klaren Wortlaut des Gesetzes hintanstellt, keinen Widerhall im Gesetz findet und vom Gesetzgeber nicht ausdrücklich oder – bei Vorliegen einer erkennbar planwidrigen Gesetzeslücke – stillschweigend gebilligt wird, greift unzulässig in die Kompetenzen des demokratisch legitimierten Gesetzgebers ein."

277 Auch so ausdrücklich das BVerfG, Urt. v. 1.7.1953, 1 BvL 23/51, BVerfGE 2, 380, 401 – Haftentschädigung: „Allerdings kann eine Verfassungsbestimmung einen Bedeutungswandel erfahren, wenn in ihrem Bereich neue, nicht vorausgesehene Tatbestände auftauchen oder bekannte Tatbestände durch ihre Einordnung in den Gesamtablauf einer Entwicklung in neuer Beziehung oder Bedeutung erscheinen [...]." Nach diesen Grundsätzen kommt es im Zuge der europäischen Integration sogar zu einer Wortlautüberdehnung des Art. 19 Abs. 3 GG entgegen der ursprünglichen Schaffungsabsichten des Parlamentarischen Rates, da die Entwicklungen hin zu einer supranationalen Europäischen Union damals nicht denkbar, heute aber notwendig umzusetzen sind, BVerfG, Beschl. v. 19.7.2011, 1 BvR 1916/09, BVerfGE 129, 78, 96 – Anwendungserweiterung.

278 Vgl. *Krieger*, Gerichtliche Kontrolle, 223, 246; hieraus hingegen eine generelle gesetzgeberische Haltung zugunsten der internationalen Öffnung des Staatshaftungsrechts lesend Maunz/Dürig/*Papier*, GG, 84. EL 2018, Art. 34 Rn. 283; *Dutta*, AöR 133 (2008), 191, 219.

279 *Huhn*, Amtshaftung im Auslandseinsatz, S. 25 f.

280 Dass der BGH das Verhältnis zum Völkerrecht verkennt und das Kriegsvölkerrecht die Anwendung deutschen Rechts keinesfalls überlagert, so auch *Huhn*, Amtshaftung im Auslandseinsatz, S. 48 f.; *Ackermann*, NVwZ 2017, 95, 96; *Schmahl*, ZaöRV 2006, 699, 706 f.; *Dutta*, AöR 133 (2008), 191, 217 ff.

Absicherung der völkerrechtlichen Verbürgungen gerade auch im Inland anhalten. Dass dem deutschen Gesetzgeber an einer völkerrechtskonformen Ausgestaltung der deutschen Rechtsordnung gelegen ist, wurde durch die Einführung des § 359 Nr. 6 StPO zur Wiederaufnahme menschenrechtswidriger Strafurteile deutlich. Da die Urteile des EGMR keine innerstaatlichen Gerichtsurteile aufzuheben vermögen, sah die vorherige innerstaatliche Rechtslage auch ansonsten keine Möglichkeit vor, über vom EGMR für konventionswidrig erachtete Strafurteile erneut zu befinden. Das BVerfG hielt die Schaffung eines dahingehenden Wiederaufnahmegrundes weder für verfassungs- noch völkerrechtlich geboten, was den Gesetzgeber jedoch nicht davon abhielt, dieses Instrumentarium zur vollständigen Einhaltung von EGMR-Aussprüchen einzuführen.[281] In Ansehung dieser grund- und menschenrechtsambitionierten gesetzgeberischen Entwicklungen, gepaart mit der bewussten militärischen Grundrechtsbindung, begegnet die vom BGH befürwortete historische Verankerung der Auslegung des Amtshaftungsrechts in den Jahren 1900 bzw. 1949 durchgreifenden Bedenken.

Der Geltung des Amtshaftungsrechts kann folglich, so man die durch das GG vorgegebene Einpassung in die Völkerrechtsgemeinschaft ernst nimmt, kein pauschaler Riegel bei militärischen Auslandseinsätzen vorgeschoben werden.[282] Der Staat, der sich zu unveräußerlichen Grund- und Menschenrechten in Ausübung seiner Staatsgewalt bekennt, sollte diese nicht durch einen innerstaatlichen Kunstgriff des flankierenden Rechtsschutzes berauben und somit die Konsequenzen potentieller Verletzungen verleugnen können. Hier allerdings kommt das eigentliche Argument des BGH für seine restriktive Rechtsprechung zum Tragen, nämlich die Befürchtung, Deutschland in seinem „notwendigen außenpolitischen Handlungsspielraum und letztlich in [der] Bündnisfähigkeit“ zu schädigen, da ein solcher Anspruch gegenüber Ausländern weltweit einmalig

281 BVerfG, Beschl. v. 14.10.2004, 2 BvR 1481/04, BVerfGE 111, 307, 326 – Görgülü; vgl. noch zuvor BVerfG, Beschl. v. 11.10.1985, 2 BvR 336/85, NJW 1986, 1425, 1427 – Pakelli; ein weiteres Beispiel stellen die §§ 198 ff. GVG dar, die vom deutschen Gesetzgeber zur Verhinderung weiterer Rügen wegen überlanger Verfahrensdauer (BR-Drucks. 540/10, S. 1 f.) in Umsetzung des Urteils EGMR, Urt. v. 8.6.2006, 75529/01, ECHR 2006-VII, 227, Rz. 98, 103 ff., 115 f., 138 f. – Sürmeli/Deutschland eingeführt wurden.

282 Allgemein *Huhn*, Amtshaftung im Auslandseinsatz, S. 30 f.; *Schüller*, Haftung im bewaffneten Konflikt, 149, 151; an der durch die BGH-Rechtsprechung konstruierten pauschalen Ausnahmeregelung gleichfalls zweifelnd *Ackermann*, NVwZ 2017, 95, 96; *Dutta*, AöR 133 (2008), 191, 211 f.

wäre.[283] Doch auch diese Herangehensweise verfängt nicht, da jedenfalls die dem Regime der EMRK unterstehenden Staaten gem. Art. 41 EMRK Entschädigungszahlungen, nicht zuletzt für konventionswidrige Militäraktionen im Ausland, zu leisten haben.[284]

Der deutsche Anspruch sollte nach alledem sein, die geleisteten Grundrechtsversprechen auch hinsichtlich militärischer Aktivitäten einzuhalten – der enge Tatbestand des § 839 Abs. 1 BGB mitsamt dem Erfordernis einer verschuldeten, rechtswidrigen, drittschützenden Amtspflichtverletzung bietet Korrektiv genug.[285] Kommt darüber hinaus, d.h. jenseits des zur Rechtfertigung eines Grundrechtseingriffs geeigneten humanitären Völkerrechts,[286] eine Haftung in Betracht, handelt es sich beinah ausschließlich um Fälle wie jene des vorsätzlichen Genozids im Distomo-Fall[287] – derartige Gräueltaten eines Terrorregimes sollen für die Zukunft wohl kaum, gerade unter der heutigen deutschen Rechtsordnung, sanktionslos bleiben.

b. Verhältnis zur verwaltungsgerichtlichen Feststellungsklage

Unabhängig von der Richtigkeit dieser BGH-Rechtsprechungslinie, die wie ausgeführt bisher einer inhaltlichen Kontrolle durch das BVerfG entbehrt, bereitet

283 BGH, Urt. v. 6.10.2016, III ZR 140/15, BGHZ 212, 173 Rz. 24 – Kunduz, in der Widergabe der diesbezüglichen Meinung von *Raap*, NVwZ 2013, 552, 554 der sich der Gerichtshof aber im Folgenden vollumfänglich anschließt; so nochmals ausdrücklich *Raap*, Haftungsfragen im Auslandseinsatz, 137. 143 f., 148.

284 Vgl. den Fall des EGMR, Urt. v. 7.7.2011, 27021/08, ECHR 2011-IV, 305 Rz. 114 – Al-Jedda/Vereinigtes Königreich, wo der Gerichtshof dem Kläger, der monatelang zu Unrecht in einem britischen Kriegsgefängnis im Irak inhaftiert war, 25.000 € Entschädigungssumme zusprach. Der Gerichtshof betont zwar, dass diese Summe gerade keinen deliktischen Schadensersatz darstelle, sondern dem „guiding principle [of] equity" folgt. Nichtsdestotrotz folgt aus Art. 41 EMRK bei nicht rückgängig zu machenden Konventionsverletzungen eine sogar verschuldensunabhängige staatliche finanzielle Ausgleichsverpflichtung nach dem Ermessen des EGMR; ebenso *Ackermann*, NVwZ 2017, 95, 96; *Dutta*, AöR 133 (2008), 191, 200 f.

285 BeckOGK-BGB/*Dörr*, 2018, § 839 Rn. 422.1; *Schmahl*, ZaöRV 2006, 699, 714 ff.; *Huhn*, Amtshaftung im Auslandseinsatz, S. 47 f.; *Schüller*, Haftung im bewaffneten Konflikt, 149, 158 f.

286 Sofern es sich um die völkervertraglichen Regelungen der Haager und Genfer Konventionen und nicht bloß völkergewohnheitsrechtliche Ausprägungen handelt, vgl. auch *Schüller*, Haftung im bewaffneten Konflikt, 149, 153 sowie s.o. unter 2. Teil, B. II. 2. a. aa., S. 56.

287 Ähnlich *Schüller*, Haftung im bewaffneten Konflikt, 149, 150.

sie doch erhebliche Zweifel am Erfolg eines angestrebten Amtshaftungsprozesses vor den ordentlichen Gerichten. In Bezug auf die rechtswegübergreifende Subsidiarität einer verwaltungsgerichtlichen Feststellungsklage stellt sich somit zunächst die Frage, ob diese auch bei der Möglichkeit eines hypothetisch einschlagbaren Amtshaftungsprozesses eine Rolle spielen könnte. Sinn und Zweck der Subsidiaritätsklausel ist einerseits die Sicherstellung der Prozessökonomie, aber andererseits darf unter diesem Aspekt nicht die Rechtsschutzgarantie des Art. 19 Abs. 4 GG unterlaufen werden. Ausdruck der Subsidiarität ist vor allem, das Rechtsschutzziel nicht einfacher und effektiver erreichen zu können und hierbei zudem keine strengeren Zulässigkeitsstandards zu umgehen. Letztere Gefahr besteht aufgrund des verwaltungsprozessrechtlich geforderten qualifizierten Feststellungsinteresses bei erledigten Hoheitsakten (wie einer Bombardierung) und mangels Klagefristen im Amtshaftungsprozess nicht. Wenn sich der Kläger zudem dem Risiko ausgesetzt sieht, in einem teuren Zivilprozess mitsamt Dispositionsmaxime sowie Beibringungsgrundsatz schlussendlich die materiell-rechtliche Anspruchsgrundlage entzogen zu bekommen, kann ihm der einzig effektive verwaltungsgerichtliche Rechtsschutz nicht wegen Subsidiarität von Rechtsmitteln vorenthalten werden.[288] Auch der Vorrang einer verwaltungsgerichtlichen allgemeinen Leistungsklage wird von der Rechtsprechung gemeinhin nicht angenommen, da es jedenfalls bei gegen den Staat gerichteten Klagen – wie in den hiesigen Szenarien stets – wegen der Bindung aus Art. 20 Abs. 3 GG auch an Feststellungsurteile der Subsidiarität nicht bedürfe, um die Vollstreckung zu ermöglichen und vorrangige Zulässigkeitsvoraussetzungen auch nicht umgangen würden.[289] Mangels bisheriger Tendenz der deutschen Verwaltungsgerichte, explizite grundrechtliche Handlungspflichten in extraterritorialen Fallkonstellation formulieren zu wollen,[290] erscheint der Weg über die nachträgliche Feststellungsklage somit derzeit als der erfolversprechendste.

---

288 Dies gilt selbstverständlich nur dort, wo die Feststellungsklage (zunächst) isoliert erhoben wurde; bei gleichzeitigem Beschreiten des Zivilrechtsweges wurde obiges Risiko offenbar in Kauf genommen, dem Rückgriff auf die Verwaltungsgerichte bedarf es dann nicht mehr; für leztere Situation dementsprechend entschieden vom VG Köln, Urt. v. 9.2.2012, 26 K 5534/10, juris, Rz. 112 ff. = BeckRS 2012, 47052 – Kunduz.

289 Vgl. BVerwG, Urt. v. 27. 10. 1970, VI C 8/69, BVerwGE 36, 179, 182 – Subsidiarität der Feststellungsklage.

290 So bspw. das VG Köln, Urt. v. 27.5.2015, 3 K 5625/14, juris, Rz. 48, 53 ff. = BeckRS 2015, 46138 – Ramstein, das bei grundrechtlichen Schutzpflichten für Ausländer im Ausland aufgrund eines doppelten exekutiven Einschätzungsspielraumes, einmal wegen des Aspekts der Schutzpflicht sowie zudem wegen des Aspekts des Auslandsberührung, generell nur das Untermaßverbot als Maßstab staatlicher Handlungsverpflichtungen

Doch selbst der Erfolg der Statthaftigkeit einer verwaltungsgerichtlichen Feststellungsklage kann nicht darüber hinweg täuschen, dass der daraus resultierende, ggf. ein staatliches Fehlverhalten feststellende Titel lediglich kosmetischer Natur ist.[291] Die auch aus Feststellungsurteilen folgende Bindung der staatlichen Gewalt gem. Art. 20 Abs. 3 GG[292] vermag zwar ein gleichartiges Staatshandeln für die Zukunft zu verhindern und noch andauernde faktische Beeinträchtigungen zu beseitigen.[293] Das primäre Rechtsschutzziel der betroffenen Grundrechtsträger bzw. deren Angehörigen, eine Kompensation für unwiederbringlich entstandene Schäden zu erreichen, bleibt über die Feststellungsklage aber unerreichbar.

c. *Deutsche rechtsschutztechnische Zwischenbilanz*

Die Rechtswegzersplitterung der jeweiligen Fallgruppen reichte folglich von den Verwaltungsgerichten über die ordentliche Gerichtsbarkeit bis hin zum BVerfG, welches jedoch nur in Einzelfällen über die Grundrechtsrelevanz bei Auslandsbezug zu entscheiden befugt war. Sofern ein Fall in den beiden erstgenannten Instanzenzügen seinen Lauf nimmt, hängt es von dem Durchhaltevermögen des Klägers in zeitlicher und finanzieller Hinsicht ab, ob es überhaupt zur Anrufung des BVerfG kommt. Und selbst dann ist nicht gesagt, dass zumindest der Erfolg erzielt werden kann, eine den Grundrechtsstandard vereinheitlichende Entscheidung des Gerichts in der Sache zu erreichen. So wurde bspw. über die Anwendbarkeit des deutschen Amtshaftungsrechts bei militärischem Auslandsbezug bisher nicht vom BVerfG, dem einzigen wirksam zu Entscheidungen über Normbeschränkungen bis hin zu deren Verwerfung befugten

---

heranzieht, wonach allein ein gänzliches Untätigbleiben der Exekutive eine Grundrechtsverletzung bedeuten würde.

291 Unter Hinweis auf eine im Hinblick auf Art. 19 Abs. 4 GG bedenklich Ausgangssituation ebenso *Dutta*, AöR 133 (2008), 191, 213.

292 BVerwG, Urt. v. 27. 10. 1970, VI C 8/69, BVerwGE 36, 179, 181 f. – Subsidiarität der Feststellungsklage.

293 Diese Misere hat das OVG Münster durch zwei am selben Tag entschiedene Berufungsurteile dahingehend beseitigt, dass es einerseits anders als das vorinstanzliche VG Köln (s.o., Fn. 290) durchaus handfeste Handlungspflichten auch bei extraterritorialen Schutzpflichten zu formulieren gedachte, OVG Münster, Urt. v. 19.3.2019, 4 A 1361/15, juris, Rz. 182 ff. – Ramstein, sowie andererseits aufgrund dieser Errungenschaft eine Feststellungsklage als dahinter subsidiär einstufte, OVG Münster, Urt. v. 19.3.2019, 4 A 1072/16, juris, Rz. 85 – Somalia. Damit ist der Weg für den Ausspruch allgemeingültiger staatlicher Handlungspflichten bei extraterritorialer Grundrechtsrelevanz jedenfalls geebnet.

Gericht, entschieden, obwohl die Kläger ihre Fälle über Jahre hinweg bis dorthin betrieben. In der Folge verbleiben nachhaltige Rechtsunsicherheit und Irritationen im Hinblick auf die Rechtsschutzgarantie des Art. 19 Abs. 4 GG, wenn die Erfolgsaussichten eines primär erstrebenswerten Amtshaftungsprozesses unklar bleiben. Der derzeit in vielen Fallkonstellationen extraterritorialer Grundrechtsverletzungen einzig erfolgversprechende Weg, über den zahnlosen Tiger der verwaltungsgerichtlichen Feststellungsklage schließlich obergerichtliche Entscheidungen mit inhaltlicher Präzedenz- bzw. jedenfalls Leitfunktion zu erwirken, baut für die betroffenen Individuen erhebliche Hürden auf. Die verfügbaren deutschen Rechtsmittel zur Rüge einer extraterritorialen Grundrechtsverletzung stellen sich somit als äußerst unbefriedigend und unzureichend dar.

2. *Rechtsschutz vor dem EGMR*

Das Rechtsschutzsystem vor dem EGMR kennt zwei Klagevarianten, zum einen die Staatenbeschwerde des Art. 33 EMRK, zum anderen die erst später als obligatorisch eingeführte Individualbeschwerde des Art. 34 EMRK. Wenngleich die Konvention zunächst die Staatenbeschwerde als maßgebliches Kontrollinstrument vorsah, hat sich aufgrund deren mäßiger Inanspruchnahme das Individualbeschwerdeverfahren als schärferes Schwert herausgestellt. Als Hauptgrund der international beachteten Erfolgsgeschichte der Konvention mitsamt zugehöriger Rechtsprechung des EGMR sowie Hauptbetätigungsfeld des Gerichtshofs[294] steht folglich die Individualbeschwerde im Mittelpunkt der Betrachtung.

a. *Voraussetzungen der Individualbeschwerde*

Den gem. Art. 34 EMRK weltweit einzigartigen Rechtsbehelf der Individualbeschwerde, der dem Einzelnen den Zugang zu einem gegenüber einem Staat verbindlich entscheidenden internationalen Gerichtshof eröffnet, zeichnen einige Sachentscheidungsvoraussetzungen aus. Der Kläger hat zunächst die Zulässigkeit *ratione personae* darzulegen, muss also natürliche Person gleich welcher Staatsangehörigkeit[295] oder einer der genannten Personengruppen zugehörig sein. Darüber hinaus ist zur Vermeidung von Popularklagen eine persönliche Betroffenheit zu fordern, wobei jedoch in Fällen der Rüge einer Zuwiderhandlung gegen Art. 2 oder 3 EMRK auch eine Geltendmachung der Rechte durch enge Familienangehörige ohne eigene Opfereigenschaft als ausreichend

294 Meyer-Ladewig u.a./*Meyer-Ladewig/Kulick*, EMRK, 4. Aufl. 2017, Art. 34 Rn. 2.
295 Meyer-Ladewig u.a./*Meyer-Ladewig/Kulick*, EMRK, 4. Aufl. 2017, Art. 34 Rn. 6.

angesehen wird.[296] Zudem ist der Beschwerdegegner eindeutig zu benennen, dem die potentielle Verletzungshandlung nach den allgemeinen Zurechnungsregeln, vor allem mittels der *ILC Draft Articles on Responsibility of States for Internationally Wrongful Acts (2001)*, anzulasten ist.[297]

Des Weiteren bedarf es der Zulässigkeit *ratione materiae*, wobei es darauf ankommt, dass ein staatliches Verhalten gerügt wird, das den Schutzbereich eines der in der Konvention garantierten Rechte tangiert und nicht unter einem wirksamen Vorbehalt gem. Art. 57 EMRK steht. Grundsätzlich hat der Beschwerdegegenstand den Einzelfall des Klägers zu betreffen. Nur in Ausnahmefällen lässt der Gerichtshof eine direkt gegen ein nationales Gesetz, ohne individuellen Vollzugsakt, gerichtete Beschwerde zu, wenn die angegriffene Norm *self-executing* ist und dem Betroffenen ansonsten unzumutbare Nachteile bevorstünden.[298] Insbesondere unter die Zulässigkeit *ratione materiae* fällt die Frage nach der Jurisdiktionsausübung iSd Art. 1 EMRK des oder der beklagten Konventionsstaaten,[299] die im Hinblick auf die für diese Arbeit relevanten extraterritorialen Konventionsverletzungen bisweilen als dahingehender Unterfall der Zulässigkeit *ratione loci* bezeichnet wurde.[300]

Ratione temporis können nur staatliche Akte gerügt werden, die in den Zeitraum seit Inkrafttreten der Konvention bzw. des jeweils maßgeblichen Zusatzprotokolls fallen oder aber in dieser Zeit noch Auswirkungen entfalten.[301]

---

296 Vgl. z.B. EGMR, Urt. v. 16.11.2004, 31821/96, Rz. 4 – Issa u.a./Türkei, abrufbar unter: http://hudoc.echr.coe.int/eng?i=001-67460 (zuletzt abgerufen am 28.1.2019); Meyer-Ladewig u.a./*Meyer-Ladewig/Kulick*, EMRK, 4. Aufl. 2017, Art. 34 Rn. 11.

297 S. EGMR, Urt. v. 2.5.2007, 71412/01 & 78166/01, NVwZ 2008, 645 Rz. 121 = abrufbar unter: http://hudoc.echr.coe.int/eng?i=001-80830 (zuletzt abgerufen am 28.1.2019) – Behrami & Saramati/Frankreich u.a.; *Milanović/Papić, 58* Int'l & Comp. L. Q. 2009, 267, 272; Meyer-Ladewig u.a./*Meyer-Ladewig/Kulick*, EMRK, 4. Aufl. 2017, Art. 34 Rn. 17.

298 EGMR, Urt. v. 6.9.1978, 5029/71, Series A 28 = NJW 1979, 1755 Rz. 33 – Klass u.a./ Deutschland; Meyer-Ladewig u.a./*Meyer-Ladewig/Kulick*, EMRK, 4. Aufl. 2017, Art. 34 Rn. 28.

299 *Milanović/Papić, 58* Int'l & Comp. L. Q. 2009, 267, 272.

300 Vgl. die Bezeichnung in EGMR, Urt. v. 26.6.1992, 12747/87, Series A 240 Rz. 89 – Drozd & Janousek/Frankreich & Spanien.; ebenso z.B. die Ausführungen der Kläger in EGMR, Urt. v. 12.12.2001, 52207/99, ECHR 2001-XII, 333 Rz. 30, 46 – Bankovic u.a./Belgien u.a.

301 So z.B. EGMR, Urt. v. 8.7.2004, 48787/99, ECHR 2004-VII, 179 Rz. 402 f. – Ilaşcu u.a./ Moldawien & Russland; Meyer-Ladewig u.a./*Meyer-Ladewig/Kulick*, EMRK, 4. Aufl. 2017, Art. 34 Rn. 40.

Schließlich sind im Einklang mit allgemeinen völkerrechtlichen Grundsätzen nach Art. 35 Abs. 1 EMRK vor der Anrufung des EGMR sämtliche innerstaatlichen Rechtsmittel im potentiellen Verletzerstaat auszuschöpfen. Hinsichtlich einer gegen Deutschland gerichteten Menschenrechtsbeschwerde schließt dieses Subsidiaritätskriterium die Einlegung einer Individualverfassungsbeschwerde gem. Art. 93 Abs. 1 Nr. 4a GG mit ein.[302] Insofern stellt sich bei einer zu Ungunsten des Beschwerdeführers entschiedenen Verfassungsbeschwerde, der nach § 31 Abs. 1, Abs. 2 S. 2 BVerfGG ggf. Gesetzeskraft und ansonsten jedenfalls unmittelbare Bindungswirkung gegenüber der Staatsgewalt zukommt,[303] die Frage nach dem Rangverhältnis zu einer dem widersprechenden EGMR-Entscheidung in derselben Sache – schließlich wurde dem BVerfG grundsätzlich das letzte und nicht mehr zu überstimmende Wort der Verfassungsinterpretation eingeräumt.[304]

b. *Verhältnis zum BVerfG*

Anders als sein Verhältnis zu Urteilen des anderen Deutschland maßgeblich beeinflussenden internationalen Gerichtshofs, dem EuGH, hat das BVerfG hinsichtlich des EGMR noch keine klare Positionierung getroffen. Während das BVerfG dem EuGH hinsichtlich der Überprüfung primären wie sekundären Unionsrechts alleine das Feld überlässt, solange dabei ein mit dem deutschen Standard vergleichbarer Grundrechtsschutz gewährleistet wird, was mit der EU-Grundrechtecharta in der Regel der Fall ist,[305] bleibt eine Abgrenzung zum EGMR fraglich. Problematisch an dieser zu ziehenden Trennlinie gestaltet sich der Fakt, dass es sich gerade nicht um eine abgrenzbare Rechtsmaterie wie die isolierte Prüfung des Unionsrechts handelt, sondern beide Gerichte, BVerfG wie EGMR, dieselben staatlichen Hoheitsakte auf ihre Vereinbarkeit mit im Grunde identischen Grundwerten überprüfen. Hält das BVerfG einen Hoheitsakt für grundrechtskonform, beschreitet der Beschwerdeführer jedoch anschließend den Weg zum EGMR und bekommt von diesem die Menschenrechtswidrigkeit des Aktes bestätigt – wie wirkt sich dieser Konflikt im Inland aus?

---

302 Meyer-Ladewig u.a./*Meyer-Ladewig/Peters*, EMRK, 4. Aufl. 2017, Art. 35 Rn. 12; *Pianka*, Konkurrenzen im europäischen Rechtsschutz, S. 92; *Geiger*, GG und Völkerrecht, S. 371.

303 Maunz/Schmidt-Bleibtreu/Klein/Bethge/*Bethge*, BVerfGG, 54. EL 2018, § 31 Rn. 76; *Schaller*, EuR 2006, 656, 659 f.

304 Maunz/Schmidt-Bleibtreu/Klein/Bethge/*Bethge*, BVerfGG, 54. EL 2018, § 31 Rn. 3.

305 BVerfG, Beschl. v. 22.10.1986, 2 BvR 197/83, BVerfGE 73, 339, 387 – Solange II.

Diese Konstellation hat sich u.a. in folgenden beiden Beispielen ereignet: Zum ersten Mal bot sich dem BVerfG in der Sache Görgülü die Gelegenheit, die Bedeutung und Einwirkung der EGMR-Entscheidungen auf die deutsche Rechtsordnung grundlegend zu thematisieren. Der Beschwerdeführer Görgülü, leiblicher Vater eines nichtehelichen Kindes, wehrte sich gegen die von der Kindesmutter initiierte Adoptionsfreigabe und das ihm versagte Sorgerecht. In einem ersten Instanzenzug nahm das BVerfG die infolge der Sorgerechtsverweigerung eingelegte Verfassungsbeschwerde ohne Begründung nicht zur Entscheidung an,[306] woraufhin Görgülü erfolgreich ein Urteil des EGMR[307] erstritt. In einem erneuten Verfahren vor deutschen Gerichten zur Einforderung des Umgangsrechts sahen sich diese nicht an die Ausführungen des EGMR zu Art. 8 EMRK gebunden und verwehrten dem Vater sein Anliegen.[308] Das daraufhin erneut zur Entscheidung berufene BVerfG nahm diesmal in der Sache Stellung und bescheinigte den Urteilen des EGMR eine Ausstrahlungswirkung auf die deutsche Rechtsordnung mittels entsprechender Grundrechtsauslegung.[309] Eine direkte Kollision zweier Rechtsprechungslinien der beiden höchsten Interpretationsinstanzen war hierbei jedoch noch nicht zu beobachten, da sich das BVerfG im ersten Anlauf jedweden Ausspruchs enthalten hatte und lediglich durch die Nichtannahme zur Entscheidung implizit zum Ausdruck brachte, der Sache keine grundrechtliche Relevanz beizumessen (vgl. § 93a Abs. 2 BVerfGG).

Anders stellte sich die Situation im Tauziehen der beiden Gerichte um das strafrechtliche Rückwirkungsverbot hinsichtlich der nachträglichen Anordnung der Sicherungsverwahrung dar. Anlass war die Gesetzesänderung zu § 67d Abs. 3 StGB, die die Anordnung einer zeitlich unbegrenzten Sicherungsverwahrung, vom Strafgericht sogar nachträglich der eigentlichen Verurteilung hinzufügbar, erlaubte. Der vor der Gesetzesänderung rechtskräftig verurteilte Beschwerdeführer scheiterte mit seiner Verfassungsbeschwerde gegen die erst Jahre nach seiner Verurteilung angeordnete Sicherungsverwahrung, da das BVerfG weder die Menschenwürde noch Art. 2 Abs. 2 S. 2 GG in Anbetracht der anhaltenden

306 Vgl. die Zusammenfassung des Verfahrensganges in BVerfG, Beschl. v. 14.10.2004, 2 BvR 1481/04, BVerfGE 111, 307, 309 – Görgülü unter Verweis auf BVerfG, Beschl. v. 31.7.2001, 1 BvR 1174/01 (unveröffentlicht).

307 EGMR, Urt. v. 26.2.2004, 74969/01 – Görgülü/Deutschland, abrufbar unter: http://hudoc.echr.coe.int/eng?i=001-61646 (zuletzt abgerufen am 28.1.2019).

308 OLG Naumburg, Beschl. v. 30.6.2004, 14 WF 64/04, FamRZ 2004, 1510, 1511 f. – Görgülü.

309 BVerfG, Beschl. v. 14.10.2004, 2 BvR 1481/04, BVerfGE 111, 307, 316 ff. – Görgülü.

Gefährlichkeit und des Sicherheitsinteresses der Allgemeinheit verletzt sah.[310] Art. 103 Abs. 2 GG sei darüber hinaus schon gar nicht betroffen, da es sich bei der Sicherungsverwahrung nicht um eine Strafe, sondern um eine „Maßregel der Sicherung und Besserung" handele, die dem strafrechtlichen Rückwirkungsverbot nicht unterfalle.[311]

Dies sah der daraufhin angerufene EGMR grundsätzlich anders und stellte fest, dass das qualitative Maß einer Freiheitsentziehung unabhängig von der Bezeichnung erfüllt sei, sodass es sich zum einen um eine verbotene strafrechtliche Rückwirkung iSd Art. 7 EMRK und zum anderen um eine durch eine rechtskräftige Verurteilung nicht mehr zu rechtfertigende unvorhersehbare Rechtsfolge entgegen Art. 5 Abs. 1 S. 2 lit. a EMRK handele.[312] Die EGMR-Entscheidung führte zur Freilassung des Beschwerdeführers[313] sowie zu einer Klagewelle ebenfalls Betroffener vor deutschen Gerichten, die schließlich wiederum das BVerfG erreichte. Um aufgrund der materiellen Rechtskraftwirkungen des § 31 Abs. 2 S. 2 BVerfGG erneut mittelbar über die den Beschwerden zugrundeliegende Norm entscheiden zu können, stufte das BVerfG zunächst die von seiner Linie abweichende Entscheidung des EGMR als Änderung der Rechtslage ein,[314] wodurch die Tür zur Angleichung der nationalen Rechtsprechung geöffnet wurde.[315] Innerhalb dieser neuerlichen Auseinandersetzung mit § 67d Abs. 3 StGB kam das BVerfG nunmehr unter Heranziehung der EGMR-Rechtsprechung, die das Grundrechtsverständnis präge, zu einem unverhältnismäßigen Eingriff in Art. 2 Abs. 2 S. 2 GG.[316] Wenngleich die Sicherungsverwahrung

---

310 BVerfG, Urt. v. 5.2.2004, 2 BvR 2029/01, BVerfGE 109, 133, 151 ff., 157 ff. – Sicherungsverwahrung.

311 BVerfG, ibid., S. 168 f. – Sicherungsverwahrung.

312 EGMR, Urt. v. 17.12.2009, 19359/04, ECHR 2009-VI, 169, Rz. 98 f., 104, 126 ff. – M./Deutschland.

313 Vgl. BVerfG, Urt. v. 4.5.2011, 2 BvR 2365/09, 740/10, 2333/08, 1152/10, 571/10, BVerfGE 128, 326, 342 f. – EGMR Sicherungsverwahrung.

314 BVerfG, ibid., S. 364 f. – EGMR Sicherungsverwahrung; vgl. auch *Geiger*, GG und Völkerrecht, S. 371; *Polakiewicz*, Staatenverpflichtungen aus EGMR-Urteilen, S. 159.

315 Ähnlich auch schon in BVerfG, Urt. v. 24.1.1995, 1 BvL 18/93, 5, 6, 7/94, 1 BvR 403, 569/94, BVerfGE 92, 91, 107 ff. – Feuerwehrabgabe, wo das BVerfG zunächst die baden-württembergische normative Grundlage der nur Männer betreffenden Feuerwehrabgabe für mit Art. 3 Abs. 1 GG vereinbar gehalten hatte, dann aber nach ergangenem EGMR-Urteil hinsichtlich der wortlautgleichen bayrischen Norm im Gegensatz zur eigenen vorherigen Linie, dafür aber im Einklang mit der EGMR-Rechtsprechung entschied.

316 BVerfG, Urt. v. 4.5.2011, 2 BvR 2365/09, 740/10, 2333/08, 1152/10, 571/10, BVerfGE 128, 326, 387 ff. – EGMR Sicherungsverwahrung.

weiterhin nicht als Strafe iSd Art. 103 Abs. 2 GG zu verstehen sei, finde die Wertung des Art. 7 EMRK nunmehr über Art. 2 Abs. 2 S. 2 iVm Art. 20 Abs. 3 GG Einzug in die Anforderungen an die gesetzgeberische Ausgestaltung, die bisher zu unbestimmt sei und den Vertrauensschutz der Verurteilten in einen gerechten Strafvollzug enttäusche.[317]

Auch wenn sich das BVerfG hinsichtlich dogmatischer Einzelheiten, die es mit dem besonderen Charakter des GG begründete, vor Einzelaspekten der EGMR-Rechtsprechung verschloss,[318] hat es doch die Hintertür für die Beachtlichkeit dieser Rechtsprechung weit geöffnet. Zwar stehen sich hier zwei Gerichte mit jeweils letzter Entscheidungsbefugnis gegenüber, doch scheint es, dass das BVerfG den Weg des freundlichen Miteinanders präferiert. Hinsichtlich der Öffnung der deutschen Rechtsordnung für die Rezeption der EMRK in Ausprägung der EGMR-Rechtsprechung wird, wie in Bezug auf die EU und die EuGH-Rechtsprechung, die Verfassungsidentität als letzte unübertretbare Grenze gesetzt – es scheint aber, dass sich das BVerfG bei den besseren menschenrechtlichen Argumenten auch in seiner originären Grundrechtsauslegung überstimmen lässt. Die Möglichkeit, eine gesteigerte Wirkkraft des Grund- bzw. Menschenrechtsschutzes zu erreichen, triumphiert über den Kampf um den Vorrang im Kompetenzringen.

D. Zwischenbilanz – Zusammenspiel von Grund- und EMRK-Menschenrechten

Auch wenn es bei dem Befund bleibt, dass den Menschenrechten der EMRK kein Verfassungsrang innerhalb der deutschen Rechtsordnung zukommt, die beiden Rechtsmaterien also nicht gleichrangig nebeneinander stehen, sind erhebliche Interaktionen zu beobachten. Dies ist vor allem den jeweiligen letztentscheidungsbefugten Auslegungshoheiten – BVerfG und EGMR – zu verdanken, die in ihrer Judikatur kein Kräftemessen um das letzte Wort veranstalten, sondern vielmehr eine gegenseitige Lernkultur anstoßen. Während der EGMR im Rahmen des *margin of appreciation* nationale Auslegungen berücksichtigt, hat auch das BVerfG die deutsche Rechtsordnung, die Verfassung inbegriffen, für den europäischen Menschenrechtsschutz geöffnet. Beide Gerichte sind um

317 BVerfG, ibid., S. 392 f. – EGMR Sicherungsverwahrung.

318 BVerfG, ibid., S. 391 f. – EGMR Sicherungsverwahrung: „[Die] Interpretation des Art. 7 Abs. 1 EMRK [durch den EGMR] spricht dafür, das Abstandsgebot [des GG] noch deutlicher zu konturieren, sie verpflichtet aber nicht dazu, die Auslegung des Art. 103 Abs. 2 GG der des Art. 7 Abs. 1 EMRK vollständig anzugleichen."

eine größtmögliche Schutzsphäre des Individuums vor ungerechtfertigten staatlichen Eingriffen bemüht, die sich – in Europa vorbildhaft – jeweils sogar auf die Überprüfung von Legislativakten erstreckt. Die den EGMR-Entscheidungen im Vergleich zu denen des BVerfG abgehende universelle Geltung sowie Durchgriffskraft auf nationaler Ebene wird durch die starke innerstaatliche Leitlinienkultur und Befolgungsbereitschaft kompensiert, sodass der Spruchpraxis des Gerichtshofs ein nicht zu unterschätzender Einfluss auf das deutsche Recht zuzusprechen ist. Durch die Ähnlichkeit der verbürgten Rechtsgarantien und deren Schutzziele werden beinah identische Wertungsmaßstäbe angelegt. Dennoch spricht in Deutschland das GG das letzte Wort über die Rechtmäßigkeit eines staatlichen Aktes, sodass sich eine naive Übernahme der EGMR-Rechtsprechung auf die deutschen Grundrechte verbietet. Insbesondere im Hinblick auf den Einfluss allgemeinen Völkerrechts, vor allem ungeschriebener Rechtssätze des Völkerrechts, ist eine differenzierte Betrachtung in der deutschen Grundrechtsdogmatik wegen des strengen Vorbehalts des Gesetzes geboten.

Zwar geht die Rechtslage der EMRK wegen der Kompensationsmöglichkeit in Art. 41 derzeit noch über diejenigen monetäre Ziele verfolgenden Rechtsschutzmöglichkeiten in Deutschland hinaus. Doch bedarf es für eine derartige, vom EGMR nach seinem Ermessen zugesprochene, Entschädigung zunächst einer festgestellten Konventionsverletzung. Wann eine derartige Rechtsverletzung in den hier interessierenden Konstellationen extraterritorialen Staatenhandelns vom EGMR und im Vergleich dazu von der deutschen Judikatur anerkannt wird, ist Gegenstand der folgenden Ausführungen.

3. Teil: Überblick über die relevante Rechtsprechung

A. EGMR-Judikatur

I. Soering (Urt. v. 7.7.1989, Nr. 1/1989/161/217)

Ihren Ausgangspunkt hinsichtlich einer extraterritorialen Komponente der in der EMRK verankerten Menschenrechte nahm die Rechtsprechung des EGMR im Fall Soering. Den Gegenstand der Entscheidung bildete die Frage, ob die EMRK ihre Mitgliedstaaten bei Auslieferungen von Personen an Drittstaaten derart binde, dass diese die Auslieferung zu unterlassen haben, wenn Verstöße gegen Garantien der Konvention durch den Drittstaat zu befürchten sind.

Der Beschwerdeführer, der deutsche Staatsangehörige Soering, war in den USA wegen des dortigen Doppelmordes an den Eltern seiner Freundin angeklagt und im Vereinigten Königreich festgenommen worden. Die vom Vereinigten Königreich im Zuge des Auslieferungsgesuchs der USA verlangte Zusicherung, die Todesstrafe gegenüber Soering jedenfalls nicht zu vollstrecken, ersetzten die US-Behörden durch die Erklärung, dass den zuständigen Stellen die diesbezügliche Rechtsauffassung der britischen Regierung mitgeteilt werde. Gegen die daraufhin geplante Auslieferung an die USA wehrte sich Soering schließlich vor dem EGMR mit der Begründung, dass die Unterbringung im Todeszellentrakt verbunden mit der Ungewissheit des Zeitpunkts der Vollstreckung unmenschlich sei und daher gegen das Folterverbot des Art. 3 EMRK verstoße.[319]

Das von der britischen Regierung vorgebrachte Argument, es sei völkerrechtlich nicht zulässig, durch eine derart weitreichende Bindung an die Konvention die innerstaatlichen Vorgänge in Drittstaaten, also über das eigene Herrschaftsgebiet hinaus, zu beurteilen, verwarf der Gerichtshof. Vielmehr führte er das ebenfalls im Völkerrecht wurzelnde Gegenargument an, dass Art. 3 der UN-Folterkonvention gerade die Verpflichtung der Konventionsstaaten vorsehe, von einer Auslieferung abzusehen, sofern eine unmenschliche Behandlung im Drittstaat zu befürchten sei.[320] Dass Art. 3 EMRK eine derart explizite

319 Der Beschwerdeführer brachte lediglich vor, dass dieses sog. „Todeszellensyndrom“ (Erläuterungen des Gerichts dazu in Rz. 106 des Urteils) mit Art. 3 EMRK unvereinbar sei, nicht die Verhängung und Vollstreckung der Todesstrafe an sich.

320 EGMR, Urt. v. 7.7.1989, 14038/88, Series A 161 = NJW 1990, 2183, Rz. 88 – Soering/Vereinigtes Königreich.

Verpflichtung nicht vorsehe, sei insofern unschädlich, da aus dessen genereller Uneinschränkbarkeit deutlich werde, dass es sich um eine der grundlegendsten Regelungen für die verpflichteten Staaten handele. Es liege somit auf der Hand, dass Art. 3 EMRK dementsprechend umfassend und weitreichend verstanden werden müsse.[321] Folglich treffe die Mitgliedstaaten eine Garantieverpflichtung in Bezug auf die Konventionsrechte, die bei einer Auslieferung so weit reiche, eine gegen Art. 3 EMRK verstoßende unmenschliche Behandlung zu verhindern.[322] Aufgrund des Ausmaßes der zu erwartenden Leiden und Schäden des Beschwerdeführers infolge des Todeszellensyndroms reichte auch die erst in Zukunft erfolgende Auslieferung als Verletzungshandlung aus; insofern wich der Gerichtshof von seiner bisherigen Regel ab, nur bereits erfolgte Konventionsverstöße zu ahnden.[323]

Der Gerichtshof kam zu der Entscheidungsformel, dass „wenn begründete Tatsachen dafür vorliegen, daß der betroffene Mensch nach seiner Auslieferung einem tatsächlichen Risiko von Folter oder unmenschlicher oder erniedrigender Behandlung oder Bestrafung unterworfen ist", dies „die Verantwortlichkeit [eines Mitgliedstaates] aufgrund der Konvention auslösen [kann]".[324]

II. Drozd & Janousek (Urt. v. 26.6.1991, 12747/87)

Den Gedanken der Garantieverpflichtung führte der Gerichtshof im Fall Drozd und Janousek weiter aus. Die beiden Beschwerdeführer waren vom *Tribunal de Corts* in Andorra wegen eines Raubüberfalls zu einer mehrjährigen Haftstrafe verurteilt worden. Da in Andorra selbst nur Haftstrafen von der Dauer einiger Monate verbüßt werden konnten, stand den Verurteilten die Wahl zwischen einer in Frankreich oder Spanien abzuleistenden Gefängnisstrafe zu, die beide Beschwerdeführer zugunsten Frankreichs entschieden. Mit ihrer Beschwerde vor dem EGMR rügten die Beschwerdeführer sodann eine Missachtung der Art. 5 und 6 EMRK: Einerseits führten sie gegen Art. 6 EMRK verstoßende Verfahrensmängel während des Prozesses in Andorra an. Andererseits fehle es für die Unterbringung in einem französischen Gefängnis bei einer Verurteilung durch ein Gericht Andorras an einer ausreichenden Rechtsgrundlage, da insbesondere

321 EGMR, ibid. – Soering/Vereinigtes Königreich.
322 EGMR, ibid., Rz. 85 – Soering/Vereinigtes Königreich.
323 EGMR, ibid., Rz. 90 – Soering/Vereinigtes Königreich.
324 EGMR, ibid., Rz. 91 – Soering/Vereinigtes Königreich.

keine Überprüfung des ausländischen Urteils (bspw. auf Verfahrensfehler) stattfinde, sodass ihre Inhaftierung in Frankreich gegen Art. 5 EMRK verstoße.[325]

Hinsichtlich der Art. 6 EMRK tangierenden Verfahrensfehler während des Prozesses in Andorra stellte der Gerichtshof fest, dass weder Frankreich noch Spanien diesbezüglich Hoheitsgewalt iSd Art. 1 EMRK ausgeübt hatten. Zwar sah Andorra als seine Staatsoberhäupter sowohl den Staatspräsidenten Frankreichs als auch den spanischen Bischof von Urgell an und besaß zudem im Entscheidungszeitpunkt noch keine eigene Völkerrechtssubjektivität. Dennoch fehlte wegen der unstreitigen Autonomie Andorras ein territorialer Bezug (*jurisdiction ratione loci*) zum Staatsgebiet Frankreichs oder Spaniens.[326] Auch an eine Verantwortlichkeit der beiden Konventionsstaaten *ratione personae* sei nicht zu denken. Zwar wurden die Richter Andorras vom jeweiligen französischen oder spanischen Staatsoberhaupt ernannt, wenn diese jedoch nach dem Recht Andorras urteilten, werde ausschließlich die Zurechnung zu Andorra begründet.[327]

Während der Gerichtshof der Beschwerde hinsichtlich Art. 6 EMRK also bereits die Zulässigkeit absprach, stellte er sich bei der Rüge der Verletzung des Art. 5 EMRK durch die Inhaftierung in Frankreich die maßgebliche Frage, ob es einer Überprüfung des ausländischen Urteils vor dem Vollzug der Haftstrafe bedurft hätte. Diesbezüglich führte der Gerichtshof aus, dass die Konvention den Mitgliedstaaten nicht abverlange, die darin garantierten Rechte, hier also die Verfahrensrechte, Drittstaaten aufzuzwingen.[328] Insofern war Frankreich nicht gehalten, das Urteil des *Tribunal de Corts* auf eine allumfassende Kompatibilität mit Art. 6 EMRK zu überprüfen, um seinerseits Art. 5 EMRK zu genügen.[329] Allerdings sei es wegen der eigenen Bindung Frankreichs an die Konvention unumgänglich, dass bei erheblichen Missachtungen („*flagrant denial of justice*") in Drittstaaten der jeweilige Mitgliedstaat eine Zusammenarbeit mit diesen verweigere, um selbst den Konventionsgarantien zu entsprechen.[330] Eine solche Verpflichtung Frankreichs, den Vollzug der Haftstrafe abzulehnen, sah der

325 EGMR, Urt. v. 26.6.1992, 12747/87, Series A 240, Rz. 95, 99 – Drozd & Janousek/Frankreich & Spanien.

326 EGMR, ibid., Rz. 89 – Drozd & Janousek/Frankreich & Spanien.

327 EGMR, ibid., Rz. 96 – Drozd & Janousek/Frankreich & Spanien.

328 EGMR, ibid., Rz. 110 – Drozd & Janousek/Frankreich & Spanien.

329 EGMR, ibid. – Drozd & Janousek/Frankreich & Spanien.

330 EGMR, ibid. – Drozd & Janousek/Frankreich & Spanien, unter Bezugnahme auf die Rechtsprechung im Fall Soering.

Gerichtshof vorliegend aber mangels erheblicher Rechtsverstöße des andorranischen Gerichts nicht als gegeben an.[331]

III. Loizidou (Urt. v. 23.3.1995, 15318/89)

Einen maßgeblichen Beitrag zur Entwicklung der extraterritorialen Staatenverantwortlichkeit unter der EMRK leistete der Fall der zypriotischen Beschwerdeführerin Loizidou, die sich der Staatenbeschwerde ihrer Regierung gegen die Türkei wegen der Besetzung Nordzyperns anschloss. Die türkischen Besatzungstruppen verwehrten ihr jahrelang den Zugang zu ihrem in der Besatzungszone gelegenen Grundbesitz, sodass die Beschwerdeführerin eine Verletzung der in Art. 1 ZP I verankerten Eigentumsgarantie durch die Türkei rügte. Die türkische Regierung argumentierte auf verschiedensten Wegen gegen die Verantwortlichkeit unter der Konvention, angefangen mit territorialen Vorbehalten, einer eigenen Völkerrechtssubjektivität der nordzypriotischen Übergangsregierung bis hin zu nicht betroffenem türkischen Staatsgebiet als Handlungsort[332] – was der EGMR im Einzelnen verwarf.

Zunächst befand der Gerichtshof, dass die seinerzeit nach Art. 25, 46 EMRK a.F. nötige Unterwerfungserklärung unter die Gerichtsbarkeit des Gerichtshofs nicht in territorialer Hinsicht beschränkt werden könne.[333] Aufgrund des notwendigerweise einheitlichen Menschenrechtsschutzes unter der Konvention könne die Türkei die Gerichtsbarkeit des EGMR nicht einseitig lediglich auf ihr originäres Staatsgebiet und damit implizit ihre Verantwortlichkeit nach Art. 1 EMRK begrenzen.[334] Es gebe dahingehend auch keine nach Art. 31 Abs. 3 lit. b VCLT relevante Staatenpraxis.[335] Trotz der Nichtigkeit der territorialen Beschränkung blieb die Unterwerfungserklärung unter die Gerichtsbarkeit des EGMR insgesamt aber unberührt bestehen.[336]

Da es somit ausschließlich Sache des Gerichtshofs und nicht der Vertragsstaaten war, die territoriale Reichweite gem. Art. 1 EMRK zu bestimmten, schloss dieser zunächst ein rein territoriales Verständnis der Hoheitsgewalt aus. Auch bei

---

331 EGMR, ibid., Rz. 110 f. – Drozd & Janousek/Frankreich & Spanien.

332 EGMR, Urt. v. 23.3.1995, 15318/89, BeckRS 2013, 89662, Rz. 56, 67 = abrufbar unter: http://hudoc.echr.coe.int/eng?i=001-57920 (zuletzt abgerufen am 28.1.2019) – Loizidou/Türkei (preliminary objections).

333 EGMR, ibid., Rz. 67, 89 – Loizidou/Türkei (preliminary objections).

334 EGMR, ibid., Rz. 75 – Loizidou/Türkei (preliminary objections).

335 EGMR, ibid., Rz. 79 ff. – Loizidou/Türkei (preliminary objections).

336 EGMR, ibid., Rz. 95 – Loizidou/Türkei (preliminary objections).

Staatsakten, die im Ausland stattfänden oder dorthin ihre Wirkungen erstreckten, vor allem in Form von militärischen Akten, mithilfe derer eine effektive Kontrolle über ein fremdes Territorium errichtet werde, entfalte die Konvention eine Bindungswirkung.[337] Eine derartige effektive Kontrolle könne durch vertragsstaatliche Staatsorgane, das vor Ort befindliche Militär oder auch durch eine eingerichtete regionale Verwaltung ausgeübt werden.[338] Nach diesen Maßstäben erscheine türkische Hoheitsgewalt iSd Art. 1 EMRK durchaus möglich und hänge des Weiteren von den exakten Machtverhältnissen in Nordzypern ab.[339]

Die türkische Auffassung, dass die aus der Besatzung hervorgegangene Türkische Republik Nordzypern (TRNC) als eigenes Völkerrechtssubjekt die Zurechnung zur Türkei unterbrechen würde, verwarf der Gerichtshof unter Hinweis auf die Sicherheitsratsresolution 541 (1983), die die TRNC nicht als Staat anerkannte.[340] Diese über Art. 31 Abs. 3 lit. c VCLT in die Konventionsauslegung einfließende Staatenpraxis führe dazu, dass die TRNC lediglich als Lokalverwaltung anzusehen und ihr Handeln der Türkei zuzurechnen sei.[341] Jedenfalls führe aber auch die enorme Militärpräsenz der Türkei zur Ausübung einer effektiven Kontrolle.[342] Demzufolge besaß die Türkei die nach Art. 1 EMRK nötige Hoheitsgewalt in Nordzypern und wurde vom Gerichtshof wegen einer Verletzung der Eigentumsgarantie verurteilt.[343]

Den Einwurf der Beschwerdeführerin, dass die Zurechnung zur Türkei allein schon zur Vermeidung einer Schutzlücke unausweichlich sei, da ansonsten mangels effektiver Kontrolle Zyperns über das fragliche Gebiet kein Staat völker- und menschenrechtlich verantwortlich wäre,[344] griff der EGMR erst in seiner späteren Entscheidung über die Staatenbeschwerde Zyperns gegen die Türkei auf: Wer einmal den Schutz der Konvention genossen habe, könne diesen nicht durch das Verhalten einer Vertragspartei wieder entzogen bekommen.[345]

---

337 EGMR, ibid., Rz. 62 – Loizidou/Türkei (preliminary objections).

338 EGMR, ibid. – Loizidou/Türkei (preliminary objections).

339 EGMR, ibid., Rz. 64 – Loizidou/Türkei (preliminary objections).

340 EGMR, Urt. v. 18.12.1996, 15318/89, ECHR 1996-VI, 2217, Rz. 42 – Loizidou/Türkei (judgement merits).

341 EGMR, ibid., Rz. 44 – Loizidou/Türkei (judgement merits).

342 EGMR, ibid., Rz. 56 – Loizidou/Türkei (judgement merits).

343 EGMR, ibid., Rz. 57 – Loizidou/Türkei (judgement merits).

344 So das Argument der Beschwerdeführerin EGMR, Urt. v. 23.3.1995, 15318/89, BeckRS 2013, 89662, Rz. 57 = abrufbar unter: http://hudoc.echr.coe.int/eng?i=001-57920 (zuletzt abgerufen am 28.1.2019) – Loizidou/Türkei (preliminary objections).

345 EGMR, Urt. v. 10.5.2001, 25781/94, ECHR 2001-IV, 1 Rz. 78 – Zypern/Türkei: „Having regard to the applicant [Cypriot] Government's continuing inability to exercise their

IV. Bankovic (Urt. v. 12.12.2001, 52207/99)

Eine Varianz erfuhr diese Argumentation des Gerichtshofs im Fall Bankovic, in dem sich sechs jugoslawische Staatsangehörige gegen 17 Vertragsstaaten[346] wegen des Luftbombardements einer Rundfunkanstalt in Belgrad im Rahmen des Vorgehens der NATO im Kosovo-Konflikt wehrten. Im Kontext dieser erheblichen Luftschläge hatte auch Jugoslawien vor dem IGH gegen die beteiligten Staaten, und vor allem die USA, Beschwerden angestrebt, die jedoch erfolglos geblieben waren. Der IGH betonte zwar die Bedenklichkeit des militärischen Vorgehens in Jugoslawien,[347] konnte sich der Sache aber mangels Entscheidungsbefugnis nicht annehmen, da die nötigen Unterwerfungserklärungen nicht abgegeben worden waren.[348]

Im Rahmen der Individualbeschwerde vor dem EGMR brachten die beklagten Vertragsstaaten vor allem ihre mangelnde Verantwortlichkeit wegen der Involvierung der NATO und Nicht-Mitgliedstaaten wie den USA vor.[349]

Convention obligations in northern Cyprus, *any other finding would result in a regrettable vacuum in the system of human-rights protection in the territory in question* by removing individuals there the benefit of the Convention's fundamental safeguards and their right to call a High Contracting Party to account for violation of their rights in proceedings before the Court." (Hervorh. d. Verf.).

346 Die beklagten Konventionsstaaten waren Belgien, die Tschechische Republik, Dänemark, Frankreich, Deutschland, Griechenland, Ungarn, Island, Italien, Luxemburg, die Niederlande, Norwegen, Polen, Portugal, Spanien, die Türkei und das Vereinigte Königreich.

347 IGH, Entsch. v. 2.6.1999, ICJ Reports 1999, 916, Rz. 16 – Legality of Use of Force (Jugoslawien/USA): "Whereas the Court is profoundly concerned with the use of force in Yugoslavia; whereas under the present circumstances such use raises very serious issues of international law." Wortgleich im Parallelverfahren gegen Spanien IGH, Entsch. v. 2.6.1999, ICJ Reports 1999, 761, Rz. 16 – Legality of Use of Force (Jugoslawien/Spanien).

348 IGH, Entsch. v. 2.6.1999, ICJ Reports 1999, 916, Rz. 29 – Legality of Use of Force (Jugoslawien/USA); ebenso IGH, Entsch. v. 2.6.1999, ICJ Reports 1999, 761, Rz. 25, 33 ff. – Legality of Use of Force (Jugoslawien/Spanien).

349 EGMR, Urt. v. 12.12.2001, 52207/99, ECHR 2001-XII, 333, Rz. 31, 42 f. – Bankovic u.a./Belgien u.a. Hierbei beriefen sich die beklagten Staaten auf die IGH-Rechtsprechung im Fall *Monetary Gold Removed from Rome*, in dem der IGH seine Zuständigkeit verneinte, da Albanien, das durch die Begehr Italiens, Herausgabe des nach dem Zweiten Weltkrieg gefundenen und zuvor aus der albanischen Nationalbank in Italien entwendeten Goldes an sich zu verlangen, beschwert, aber nicht Antragsgegner war. Italiens Antrag war vielmehr gegen die USA, Frankreich und Großbritannien gerichtet, die im Washingtoner Reparationsabkommen nach dem Zweiten Weltkrieg

Diesem Vorbringen ging der EGMR zwar nicht nach,[350] hielt die Beschwerde aber aus anderen Gründen einstimmig für unzulässig. Erstmals[351] formulierte der Gerichtshof bei der Auslegung des Art. 1 EMRK den Anwendungsbereich der Konvention nach allgemeinem völkerrechtlichem Verständnis vornehmlich territorial[352] und sah die Extraterritorialität als absolute Ausnahme an, für die eng begrenzte Fallgruppen definiert wurden.[353] Dieses enge Verständnis des Begriffs der Hoheitsgewalt in Art. 1 EMRK sah der EGMR durch die gem. Art. 32 VCLT zur Konventionsauslegung heranzuziehenden *travaux preparatoires* bestätigt: Die Verfasser der Konvention hätten den Anwendungsbereich zwar erweitern wollen, indem mit dem Erfordernis der „ihrer Hoheitsgewalt unterstehenden Personen" keine Ansässigkeit zu fordern, sondern ein bloßes Aufhalten auf dem Staatsgebiet ausreichend sei.[354] Darin sei aber gleichzeitig die klare Aussage enthalten, dass die Konvention nicht zur extraterritorialen Geltung bestimmt sei,[355] ansonsten hätte eine andere Formulierung gewählt werden müssen, wie jene in Art. 1 der Genfer Übereinkommen.[356] Auf von den Beschwerdeführern vorgebrachte Vergleiche bspw. zum Anwendungsbereich ICCPR in der dazu einschlägigen Spruchpraxis ging der Gerichtshof wegen seiner

---

die Verteilung wiedergefundener Schätze übernahmen und darin eine Unterwerfungserklärung unter die Jurisdiktion des IGH abgegeben hatten. Der IGH hielt sich jedoch insofern für unzuständig, als dass er ohne Beteiligung Albaniens, um dessen völkerrechtliche Rechte und Pflichten es zumindest auch gehe, in der Sache nicht entscheiden könne, vgl. IGH, Entsch. v. 15.6.1954, ICJ Reports 1954, 19, 32 f. – Case of the Monetary Gold Removed from Rome in 1943 (Italien/Frankreich u.a.).

350 EGMR, Urt. v. 12.12.2001, 52207/99, ECHR 2001-XII, 333 Rz. 83 – Bankovic u.a./ Belgien u.a.

351 Anders noch die Herangehensweise in EGMR, Urt. v. 23.3.1995, 15318/89, BeckRS 2013, 89662, Rz. 62 = abrufbar unter: http://hudoc.echr.coe.int/eng?i=001-57920 (zuletzt abgerufen am 28.1.2019) – Loizidou/Türkei (preliminary objections): „In this respect the Court recalls that, although Article 1 (art. 1) sets limits on the reach of the Convention, *the concept of "jurisdiction" under this provision is* not *restricted to the national territory of the High Contracting Parties*." (Hervorh. d. Verf.).

352 EGMR, Urt. v. 12.12.2001, 52207/99, ECHR 2001-XII, 333 Rz. 59 ff. – Bankovic u.a./ Belgien u.a.

353 EGMR, ibid., Rz. 67 ff. – Bankovic u.a./Belgien u.a.

354 EGMR, ibid., Rz. 63 – Bankovic u.a./Belgien u.a.; die deutsche Übersetzung mit dieser Wortwahl findet sich in EGMR, NJW 2003, 413, Rz. 63.

355 EGMR, ibid., Rz. 19, 65 – Bankovic u.a./Belgien u.a.

356 EGMR, ibid., Rz. 75 – Bankovic u.a./Belgien u.a.; Art. 1 aller vier Genfer Konventionen lautet: „Die Hohen Vertragsparteien verpflichten sich, das vorliegende Abkommen unter allen Umständen einzuhalten und seine Einhaltung durchzusetzen."

Meinung nach mangelnder Substantiierung nicht ein.[357] Auch das Argument der Beschwerdeführer, anstelle eines Alles-oder-nichts-Prinzips bei der Anwendbarkeit der EMRK müsse vielmehr von einer „Ursachen-Wirkung-Proportionalität" ausgegangen werden, bei der der Schutz der Konvention umso stärker wirken müsse, je einschneidender der Eingriff sei, erkannte der EGMR nicht an.[358] Die Konvention könne nur als Ganzes und mit absoluten Verpflichtungen anwendbar sein, „geteilte und zugeschnittene Rechte" durch staatliches Handeln irgendwo auf der Welt seien der EMRK fremd.[359]

Schließlich betonte der Gerichtshof explizit, dass die Konvention nicht darauf ausgerichtet sei, weltweit zu gelten; seine Entscheidungen im Nordzypernkonflikt charakterisierte der EGMR als ergebnisorientiert, um der zypriotischen Bevölkerung unter der türkischen Okkupation den Schutz der Konvention nicht zu entziehen. Eine Übertragung dieses Gedankens habe im Falle Jugoslawiens mangels Vertragsstaateigenschaft, also fehlender Teilhabe am europäischen *espace juridique*, auszuscheiden.[360]

Aus der Zusammenschau dieser Kriterien lässt sich ableiten, dass eine effektive Gebietskontrolle iSd Loizidou-Rechtsprechung, und damit für Art. 1 EMRK ausreichende Hoheitsgewaltausübung, nicht durch einen einmaligen Luftschlag, jedenfalls außerhalb des Staatsgebiets eines Konventionsstaates, begründet werden können soll.

V. Ilaşcu (Urt. v. 8.7.2004, 48787/99)

Die Frage kollidierender vertragsstaatlicher Verantwortlichkeiten für eine Gebietskontrolle innerhalb des Staatsgebiets eines Konventionsstaates beschäftigte den Gerichtshof im Fall Ilaşcu, in dem sich vier Beschwerdeführer moldawischer Staatsangehörigkeit gegen Moldawien und Russland wegen ihrer Verhaftung im moldawischen Transnistrien wendeten. Die völkerrechtlich nicht anerkannte Moldawische Republik Transnistrien (MRT) befand sich geografisch auf dem Territorium der Republik Moldawien, wurde jedoch von Rebellen mit Unterstützung eines Teils der russischen Armee kontrolliert. Das diesbezügliche Vorbringen Moldawiens, über das die MRT betreffende eigene Staatsgebiet faktisch keine Hoheitsgewalt auszuüben, erkannte der Gerichtshof zwar an,[361]

357 EGMR, ibid., Rz. 78 – Bankovic u.a./Belgien u.a.

358 EGMR, ibid., Rz. 75 – Bankovic u.a./Belgien u.a.

359 EGMR, ibid. – Bankovic u.a./Belgien u.a.

360 EGMR, ibid., Rz. 80 – Bankovic u.a./Belgien u.a.

361 EGMR, Urt. v. 8.7.2004, 48787/99, ECHR 2004-VII, 179, Rz. 330 – Ilaşcu u.a./Moldawien & Russland.

erlegte der moldawischen Regierung aber positive Handlungspflichten unter der Konvention auf.[362] Wegen der prinzipiell territorialen Natur der Hoheitsgewalt in Art. 1 EMRK müsse der betreffende Vertragsstaat darauf hinwirken, diese auf seinem gesamten Staatsgebiet – wieder – auszuüben, um die in der Konvention garantierten Rechte zusichern zu können.[363] Jedenfalls hinsichtlich dieser positiven Handlungspflichten befanden sich die Beschwerdeführer nach Ansicht des Gerichtshofs also unter der Hoheitsgewalt Moldawiens.[364] Im Hinblick auf die in der Freilassung eines Beschwerdeführers resultierenden diplomatischen Bemühungen sei Moldawien seinen Konventionspflichten zwar nachgekommen, habe diese aber hinsichtlich der übrigen drei Gefangenen vernachlässigt.[365]

Doch auch Russland hielt der Gerichtshof gleichzeitig[366] nach Art. 1 EMRK für verantwortlich, da das in Moldawien stationierte russische Truppenkontingent die Separatisten in Transnistrien finanziell wie auch militärisch unterstützt habe[367] und das betreffende Gefängnis unter der ausschließlichen Kontrolle der russischen Armee gestanden habe.[368] Das russische Argument, dass die Truppenstärke in Transnistrien nicht mit jener der Türkei im Zypernkonflikt und damit in der Rechtssache Loizidou vergleichbar sei,[369] verwarf der Gerichtshof und stellte vielmehr auf das Gesamtbild einer generellen, übergeordneten Kontrolle ab, die er vorliegend für die Zurechnung der Handlungen des Rebellenregimes zu Russland als gegeben ansah.[370]

Russland wurde somit aktiv für Verletzungen der Art. 3, 5 EMRK wegen willkürlicher Festnahmen sowie unmenschlicher Behandlung für verantwortlich befunden, doch auch Moldawien traf dahingehend eine Verurteilung zur Leistung einer – wenn auch erheblich geringeren – Kompensationspflicht gegenüber den weiterhin inhaftierten Beschwerdeführern.[371]

---

362 EGMR, ibid., Rz. 313 – Ilaşcu u.a./Moldawien & Russland.

363 EGMR, ibid., Rz. 313, 331 ff. – Ilaşcu u.a./Moldawien & Russland.

364 EGMR, ibid., Rz. 335, 352 – Ilaşcu u.a./Moldawien & Russland.

365 EGMR, ibid., Rz. 348 f. – Ilaşcu u.a./Moldawien & Russland.

366 Verantwortlichkeit beider Staaten für Verletzungen von Art. 3 EMRK, vgl. EGMR, ibid., Rz. 449, 454 – Ilaşcu u.a./Moldawien & Russland, und Art. 5 EMRK, vgl. Rz. 464.

367 EGMR, ibid., Rz. 382, 390 – Ilaşcu u.a./Moldawien & Russland.

368 EGMR, ibid., Rz. 383 – Ilaşcu u.a./Moldawien & Russland.

369 EGMR, ibid., Rz. 355 – Ilaşcu u.a./Moldawien & Russland.

370 EGMR, ibid., Rz. 315 ff., 382 ff. – Ilaşcu u.a./Moldawien & Russland.

371 Vgl. die Übersicht im Urteilsspruch des EGMR, ibid., nach Rz. 494 – Ilaşcu u.a./Moldawien & Russland.

VI. Issa (Urt. v. 16.11.2004, 31821/96)

Wiederum eine Konstellation grenzüberschreitenden militärischen Handelns zum Gegenstand hatte der Fall Issa, in dem sich sechs irakische Frauen gegen einen türkischen Militäreinsatz im Nordirak wendeten, infolge dessen ihre Söhne und Ehemänner misshandelt und getötet aufgefunden worden waren. Zwar hatte der EGMR die Beschwerde bereits als zulässig angenommen, doch widmete er sich der Frage der Zulässigkeit *ratione loci* aufgrund des türkischen Vorbringens einer relevanten Rechtsprechungsänderung durch die zwischenzeitlich ergangene Bankovic-Entscheidung erneut.[372] In Anlehnung an seine dortigen Ausführungen konstatierte der Gerichtshof zunächst die Regel der vornehmlich territorial zu verstehenden Hoheitsgewalt, von der die extraterritoriale Konventionsgeltung die begründungsbedürftige Ausnahme darstelle.[373] Sodann führte der Gerichtshof die anerkannte Ausnahme einer effektiven Kontrolle über fremdes Gebiet bei grenzüberschreitenden Militäraktionen an, die anzunehmen er vorliegend offensichtlich auch für außerhalb des europäischen *espace juridique* belegenes Territorium, hier dasjenige des Irak, erwog.[374] Diesen Argumentationsstrang jedoch nicht weiter verfolgend, etablierte der Gerichtshof daneben das Prinzip einer an CCPR-Entscheidungen angelehnten Personenkontrolle außerhalb des eigenen Staatsgebiets, mit der Folge, dass eine extraterritoriale Konventionsverantwortung auch hinsichtlich einzelner, der faktischen Gewalt eines Staates unterworfener Personen begründet wurde.[375]

Nach diesen im Vergleich zur Bankovic-Rechtsprechung erweiterten Maßgaben für eine extraterritoriale Staatenverantwortlichkeit unterließ es der Gerichtshof allerdings, die eigene Spruchpraxis nachhaltig zu korrigieren, indem er die Beschwerde mangels ausreichender, die Türkei belastender Beweise als unbegründet abwies. Zwar stehe fest, dass im betreffenden Zeitraum eine sechswöchige Militäraktion der Türkei im Nordirak mit hinreichender Truppenstärke für die zu Art. 1 EMRK entwickelte Rechtsprechung stattgefunden habe.[376] Allerdings seien nicht alle Zweifel durch die Beschwerdeführerinnen ausgeräumt worden, dass ihre Söhne und Ehemänner den Regierungstruppen

---

372 EGMR, Urt. v. 16.11.2004, 31821/96, Rz. 52, 55 – Issa u.a./Türkei, abrufbar unter: http://hudoc.echr. coe.int/eng?i=001-67460 (zuletzt abgerufen am 28.1.2019).

373 EGMR, ibid., Rz. 67 f. – Issa u.a./Türkei.

374 EGMR, ibid., Rz. 69 ff. – Issa u.a./Türkei.

375 EGMR, ibid., Rz. 71 – Issa u.a./Türkei.

376 EGMR, ibid., Rz. 73 ff. – Issa u.a./Türkei.

zum Opfer gefallen und nicht vielmehr durch – der Türkei nicht zurechenbare – PKK-Kämpfer geschändet worden seien.[377]

VII. Behrami & Saramati (Urt. v. 2.5.2007, 71412/01 & 79166/01)

Bereits als unzulässig wurde die Beschwerde in Sachen Behrami & Saramati abgewiesen, bei der die Beschwerdeführer geltend machten, dass Deutschland, Frankreich und Norwegen ihre Konventionspflichten im Rahmen der Beteiligung an internationalen Missionen im Kosovo verletzt hätten. Der Sohn des Beschwerdeführers Behrami war durch einen Bombenfund beim Spielen getötet und sein Bruder mit dauernder Entstellung schwer verletzt worden. Der Beschwerdeführer Saramati war von NATO-Truppen festgenommen und über ein Jahr inhaftiert worden, bis der Oberste Gerichtshof im Kosovo die zwischenzeitlich ergangene Verurteilung aufhob sowie Haftentlassung anordnete. Die Beschwerdeführer meinten, dass die genannten drei Vertragsstaaten auch bei der Beteiligung an den militärischen Sicherungsmaßnahmen im Kosovo auf Basis eines UN-Sicherheitsratsmandats an die EMRK gebunden gewesen seien und extraterritoriale Hoheitsgewalt – durch die Inhaftierung sowie das Unterlassen der Bombenentschärfung im Besatzungsgebiet – ausgeübt hätten.

Der EGMR hielt zunächst fest, dass durch die Sicherheitsratresolution 1244 vom 10.6.1999 eine Übergangsregierung im Kosovo unter UN-Kontrolle (UNMIK) etabliert worden sei, wozu die ehemalige Bundesrepublik Jugoslawien ihr Einverständnis bzgl. der internationalen Kontrolle des Kosovo erteilt hatte.[378] Ohne die Frage einer ausreichenden Truppenpräsenz nach den zu Art. 1 EMRK aufgestellten Kriterien für eine effektive Kontrolle eines fremden Staatsgebiets aufzuwerfen, wandte sich der Gerichtshof sogleich der Analyse zu, welchem Völkerrechtssubjekt das gerügte Verhalten zuzurechnen[379] war. Hinsichtlich der Zuständigkeit der Bombenentschärfung in Sachen Behrami hielt der Gerichtshof

377 EGMR, ibid., Rz. 76 ff., 81 f. – Issa u.a./Türkei.

378 EGMR, Urt. v. 2.5.2007, 71412/01 & 78166/01, NVwZ 2008, 645, Rz. 70, 130 f. = abrufbar unter: http://hudoc.echr.coe.int/eng?i=001-80830 (zuletzt abgerufen am 28.1.2019) – Behrami & Saramati/Frankreich u.a.

379 Zur Bestimmung der Zurechnung bediente sich der Gerichtshof (EGMR, ibid., Rz. 121 – Behrami & Saramati/Frankreich u.a.) den – völkerrechtlich unverbindlichen, da nie über das Entwurfsstadium hinausgereiften – *ILC Draft Articles on the Responsibility of International Organisations*, deren maßgeblicher Art. 3 (in der veröffentlichten Version 2011; in der älteren vom EGMR genutzten Version aus 2004 handelt es sich um Art. 3 Abs. 1) lautet: „Every internationally wrongful act of an international organization entails the international responsibility of that organization."

fest, dass diese im maßgeblichen Zeitpunkt der fraglichen Detonation allein im Pflichtenkreis der UN-Übergangsregierung UNMIK gelegen habe, wodurch ein originäres Handeln der UN als Völkerrechtssubjekt stattgefunden habe.[380]

Bezüglich der Festnahme Saramatis durch Soldaten der Konventionsstaaten stellte der Gerichtshof fest, dass es sich um eine nach dem VII. Kapitel der UN-Charta wirksame Delegation von Rechten des Sicherheitsrates an die NATO gehandelt habe,[381] die wiederum innerhalb ihrer internen Struktur eine lückenlose Befehlskette für die Mission KFOR errichtet habe[382]. Damit sei grds. jede Handlung der Mitgliedstaaten innerhalb dieser NATO-Mission bis zum Sicherheitsrat rückführbar, sodass auch hier eine Verantwortlichkeit der UN als eigenständiges Völkerrechtssubjekt bestünde.[383] Zwar seien die Vertragsstaaten der Konvention auch bei Mitgliedschaft in einer internationalen Organisation an die Konventionsrechte gebunden, es sei denn, dass diese die in der Konvention verbürgten Rechte gleichermaßen schütze. Dann greife die Vermutung, dass durch den gleichwertigen Schutzstandard auch die Konventionsrechte durch die innerhalb der internationalen Organisation handelnden Vertragsstaaten gewahrt würden.[384] Diese Vermutung greife hier aufgrund des obersten Ziels der UN, den Weltfrieden zu wahren und zu diesem Zwecke auch die von der Generalversammlung verabschiedete UDHR zu achten.[385] Insbesondere habe der Sicherheitsrat für diese Aufgaben die Kernkompetenz inne, sodass die EMRK jedenfalls nicht derart ausgelegt werden könne, Handlungen des Sicherheitsrates durch den EGMR überprüfen zu lassen.[386] Aufgrund der so bereits festgestellten Unzulässigkeit der Klage vermied es der Gerichtshof, sich mit der von den beklagten Staaten ins Feld geführten *Monetary Gold*-Entscheidung des IGH hinsichtlich einer unzulässigen Entscheidung zulasten Dritter auseinander zu setzen.[387]

380 EGMR, ibid., Rz. 127, 142 f. – Behrami & Saramati/Frankreich u.a.

381 EGMR, ibid., Rz. 134 – Behrami & Saramati/Frankreich u.a.

382 EGMR, ibid., Rz. 135 f. – Behrami & Saramati/Frankreich u.a.

383 EGMR, ibid., Rz. 141, 144 – Behrami & Saramati/Frankreich u.a.

384 EGMR, ibid., Rz. 145 – Behrami & Saramati/Frankreich u.a.

385 EGMR, ibid., Rz. 148 – Behrami & Saramati/Frankreich u.a.

386 EGMR, ibid., Rz. 149 – Behrami & Saramati/Frankreich u.a.

387 Vgl. zur Argumentation der beklagten Staaten EGMR, ibid., Rz. 67 – Behrami & Saramati/Frankreich u.a. sowie für Erläuterungen zu dieser Rechtsprechung des IGH oben Fn. 349.

VIII. Al-Jedda (Urt. v. 7.7.2011, 27021/08)

Um die Zurechnung multinationaler Truppeneinsätze zur UN aufgrund von Sicherheitsratsresolutionen ging es gleichfalls in der Rechtssache Al-Jedda. Der Beschwerdeführer wehrte sich gegen seine dreijährige Inhaftierung ohne einen Strafprozess in einem von britischen Militärs geführten Gefängnis im Irak. Während die beklagte britische Regierung in den nationalen Verfahren erster und zweiter Instanz noch staatliche Hoheitsgewalt iSd Art. 1 EMRK dem Grunde nach anerkannte, eine Verantwortlichkeit nach der Konvention aber wegen des Vorrangs der Verpflichtungen aus den Sicherheitsratsresolutionen 1483, 1511 und 1546 nach Art. 103 UN-Charta verneinte, berief sie sich in letzter Instanz vor dem *House of Lords* unter Verweis auf die Behrami-Rechtsprechung auf eine Zurechnung zur UN und somit deren Hoheitsgewalt.[388] Die in der Rechtssache Behrami aufgestellten fünf Kriterien[389] einer wirksamen Delegation von Befugnissen des Sicherheitsrates an die Vertragsstaaten seien erfüllt gewesen, sodass die Mission der multinationalen Truppen im Irak der UN und nicht den Einzelstaaten zuzurechnen sei. Anderenfalls seien auch erhebliche operative Schwierigkeiten oder gar zu große Zurückhaltung beim Einsatz nationaler Truppen im Rahmen multinationaler Missionen zu befürchten, da die Konventionsrechte von einigen Staaten zu achten seien, von anderen innerhalb derselben Mission aber nicht.[390]

Dieser Argumentation folgte der Gerichtshof jedoch nicht. Er hielt zunächst fest, dass vorliegend – anders als im Fall Behrami – die Invasion des Irak durch Truppen des Vereinigten Königreichs sowie den USA bereits vor den Sicherheitsratsresolutionen erfolgt sei.[391] Es sei nicht erst durch den UN-Sicherheitsrat

388 EGMR, Urt. v. 7.7.2011, 27021/08, ECHR 2011-IV, 305, Rz. 16 ff. – Al-Jedda/Vereinigtes Königreich.

389 Diese sind (1) Kapitel VII der UN-Charta bietet eine Rechtsgrundlage zur Delegation von Rechten des Sicherheitsrates; (2) die betreffende Befugnis ist übertragbar und nicht ausschließlich dem Sicherheitsrat vorbehalten; (3) die Delegation erfolgte in der jeweiligen Resolution primär und ausdrücklich; (4) die Delegation wird hinreichend beschrieben und konkret eingegrenzt und (5) die Resolution sieht eine Rechenschaftspflicht gegenüber dem Sicherheitsrat vor, damit dessen Kontrolle stets gewahrt bleibt, vgl. EGMR, ibid., Rz. 66 – Al-Jedda/Vereinigtes Königreich unter Berufung auf EGMR, Urt. v. 2.5.2007, 71412/01 & 78166/01, NVwZ 2008, 645, Rz. 134 = abrufbar unter: http://hudoc.echr.coe.int/eng?i=001-80830 (zuletzt abgerufen am 28.1.2019) – Behrami & Saramati/Frankreich u.a.

390 EGMR, ibid., Rz. 68 – Al-Jedda/Vereinigtes Königreich.

391 EGMR, ibid., Rz. 77 – Al-Jedda/Vereinigtes Königreich.

eine multinationale Mission – im Kosovo in Form der KFOR – ins Leben gerufen worden, sondern die USA und das Vereinigte Königreich seien bereits Besatzungsmächte des Irak gewesen, die der Sicherheitsrat nur nachträglich anerkannt habe.[392] In dieser Anerkennung habe zwar die Billigung gelegen, die von den Besatzungsmächten bereits begonnene Aufgabe der Wiederherstellung der Selbstverwaltung des Irak zu beenden, die jedoch zu keiner Zeit unter Kontrolle der UN gestanden habe.[393] Keine der drei genannten Sicherheitsratsresolutionen habe diese Machtverhältnisse zugunsten der UN geändert, denn diese habe ihre Aufgabe allein in humanitärer Hilfe, nicht jedoch in Sicherheits- und Stabilitätsaspekten gesehen.[394] Insofern seien die hier relevanten Resolutionen in keiner Form mit der Sicherheitsratsresolution 1244 im Fall Behrami zu vergleichen, sodass die Verantwortlichkeit nach Art. 5 *ILC Draft Articles on the Responsibility of International Organizations (2004)*[395] bei den Einzelstaaten und nicht der UN verbleibe.[396]

Da eine Vermutung, die hier nicht widerlegt sei, dafür spreche, dass der Sicherheitsrat mit seinen Resolutionen grundsätzlich nicht bezwecke, dass die UN-Mitgliedstaaten gegen andere, insbesondere menschenrechtliche Verpflichtungen verstießen, sei ein Konfliktfall von Verpflichtungen iSd Art. 103 UN-Charta nicht ersichtlich.[397] Folglich sei das Vereinigte Königreich auch inhaltlich an die Konvention gebunden gewesen und habe Art. 5 EMRK verletzt.[398]

IX. Al-Skeini (Urt. v. 7.7.2011, 55721/07)

In derselben Besatzungssituation des Irak spielte sich der Fall Al-Skeini ab, in dem die sechs irakischen Beschwerdeführer eine Verletzung des Art. 2 EMRK wegen unterbliebener Ermittlungen nach Tötung ihrer Angehörigen durch das britische Militär rügten. In den nationalen Gerichtsverfahren hatte sich die britische Regierung stets darauf berufen, dass es wegen des Irak als Ort

392 EGMR, ibid., Rz. 78 – Al-Jedda/Vereinigtes Königreich.

393 EGMR, ibid., Rz. 83 ff. – Al-Jedda/Vereinigtes Königreich.

394 EGMR, ibid., Rz. 79 ff. – Al-Jedda/Vereinigtes Königreich.

395 Art. 5 der Fassung von 2004 ist gleichlautend mit Art. 7 der neuen Fassung 2011: „The conduct of an organ of a state or an organ or agent of an international organization that is placed at the disposal of another international organization shall be considered under international law an act of the latter organization if the organization exercises effective control over that conduct."

396 EGMR, ibid., Rz. 83 ff. – Al-Jedda/Vereinigtes Königreich.

397 EGMR, ibid., Rz. 102, 105 – Al-Jedda/Vereinigtes Königreich.

398 EGMR, ibid., Rz. 109 f. – Al-Jedda/Vereinigtes Königreich.

des Geschehens an der Hoheitsgewalt des Vereinigten Königreichs iSd Art. 1 EMRK fehle; eine Auffassung, der die nationalen Gerichte in allen Instanzen folgten.[399] Erstmals im Verfahren vor dem EGMR brachte die beklagte Regierung das alternative Argument vor, dass es sich für den Fall, dass extraterritoriale Hoheitsgewalt des Vereinigten Königreichs im Irak angenommen würde, diese wegen der Sicherheitsratsresolutionen 1483, 1511 und 1546 der UN zugerechnet werden müsse.[400] Unabhängig davon, dass dieses Argument, wie in der Rechtssache Al-Jedda ausgeführt, inhaltlich fehl ging, setzte sich der Gerichtshof damit schon deshalb nicht auseinander, weil er keine gänzlich neuen Begründungen der Parteien zuließ.[401] Der Grundsatz der Subsidiarität des Verfahrens vor dem Gerichtshof beinhalte nämlich nicht nur, dass der jeweilige nationale Rechtsschutz von den Beschwerdeführern vollständig ausgeschöpft werden müsse, sondern auch, dass nur das zum Gegenstand eines Verfahrens vor dem EGMR gemacht werden könne, was die Parteien vor den nationalen Gerichten bereits vorgetragen hätten.[402]

So hatte der Gerichtshof lediglich darüber zu befinden, ob es sich bei den während der Militärpräsenz des Vereinigten Königreichs im Irak ereigneten Todesfällen um britischer Hoheitsgewalt unterstehende Ereignisse handelte. Hinsichtlich der Ausnahme einer extraterritorialen effektiven Gebietskontrolle stellte der EGMR zunächst auf die Selbstbezeichnung der USA und des Vereinigten Königreich als Besatzungsmächte in einem Brief an die UN ab. Zu dieser Deklaration sei eine faktische vorübergehende Ausübung der Regierungsgewalt im Irak hinzugetreten und zudem habe der Gerichtshof die Fallgruppe einer auswärtigen Gebietskontrolle nie auf den Rechtsraum der vertragsstaatlichen Territorien begrenzt.[403] Es scheint, als habe der Gerichtshof mit diesen Ausführungen und dem offensichtlich verworfenen *espace juridique*-Argument der Bankovic-Rechtsprechung[404] den Boden für eine effektive, britische Gebietskontrolle im Irak bereitet – doch der EGMR machte den Sack nicht zu. Stattdessen stellte er auf eine effektive Personenkontrolle über die an den Kampfhandlungen unbeteiligten, durch umherfliegende Kugeln zu Schaden gekommenen

399 EGMR, Urt. v. 7.7.2011, 55721/07, ECHR 2011-IV, 99, Rz. 74, 79 f., 84 – Al-Skeini u.a./Vereinigtes Königreich.
400 EGMR, ibid., Rz. 97 f. – Al-Skeini u.a./Vereinigtes Königreich.
401 EGMR, ibid., Rz. 100 – Al-Skeini u.a./Vereinigtes Königreich.
402 EGMR, ibid., Rz. 99 – Al-Skeini u.a./Vereinigtes Königreich.
403 EGMR, ibid., Rz. 142 ff. – Al-Skeini u.a./Vereinigtes Königreich.
404 EGMR, Urt. v. 12.12.2001, 52207/99, ECHR 2001-XII, 333, Rz. 80 – Bankovic u.a./ Belgien u.a.

Individuen ab – unabhängig davon, ob die tödlichen Schüsse von britischen oder gegnerischen Soldaten abgegeben worden waren.[405] Nachdem diese Fallgruppe effektiver Personenkontrolle final etabliert worden war, nutzte der Gerichtshof die Gelegenheit, um in einem *obiter dictum* festzuhalten, dass im Falle extraterritorialer Hoheitsgewaltausübung die einzelnen Konventionsrechte auch geteilt oder zugeschnitten werden könnten.[406] Diese erneute Korrektur der restriktiven Bankovic-Rechtsprechung verbarg der Gerichtshof hinter einem Verweis auf jene Stelle der früheren Entscheidung,[407] in der jedoch noch genau das Gegenteil vertreten worden war.[408] Dieses Vorgehen suggerierte, dass die Erkenntnisse in Al-Skeini in harmonischem Einklang mit den in Bankovic entwickelten Leitlinien stünden – dabei könnten beide Entscheidungen in ihren Grundaussagen konträrer nicht sein.

X. Hirsi Jamaa (Urt. v. 23.2.2012, 27765/09)

Dieses *obiter dictum* bzgl. der Möglichkeit der geteilten und zugeschnittenen Konventionsrechte wiederholte der Gerichtshof in der Rechtssache Hirsi Jamaa erneut,[409] ohne dass dies für die Entscheidung in der Sache tatsächlich relevant wurde. Die 24 Beschwerdeführer somalischer und eritreischer Herkunft wehrten sich gegen ihre seitens des italienischen Militärs durchgeführte Rückführung auf hoher See nach Libyen, wodurch ihnen die Stellung eines Asylantrages in Italien verwehrt worden war. Zur Beantwortung der Frage nach ausreichender italienischer Hoheitsgewalt iSd Art. 1 EMRK benannte der EGMR zunächst die

---

405 EGMR, ibid., Rz. 150 – Al-Skeini u.a./Vereinigtes Königreich.

406 EGMR, ibid., Rz. 137 – Al-Skeini u.a./Vereinigtes Königreich: „[…] [T]he State is under an obligation under Article 1 to secure to that individual the rights and freedoms under Section I of the Convention that are relevant to the situation of that individual. In this sense, therefore, the Convention rights can be 'divided and tailored'."

407 EGMR, ibid. – Al-Skeini u.a./Vereinigtes Königreich.

408 EGMR, Urt. v. 12.12.2001, 52207/99, ECHR 2001-XII, 333, Rz. 75 – Bankovic u.a./ Belgien u.a.: „However, the Court is of the view that the wording of Article 1 does not provide any support for the applicants' suggestion that the positive obligation in Article 1 to secure 'the rights and freedoms defined in Section I of this Convention' can be divided and tailored in accordance with the particular circumstances of the extra-territorial act in question […]."

409 EGMR, Urt. v. 23.3.2012, 27765/09, ECHR 2012-II, 97, Rz. 74 – Hirsi Jamaa u.a./ Italien.

Fallgruppe der effektiven auswärtigen Gebietskontrolle, für welche bloß kurzweilige Ereignisse nicht ausreichten.[410]

Diese Fallgruppe vertiefte der Gerichtshof im Folgenden jedoch nicht weiter, sondern begründete die italienische Hoheitsgewalt mit allgemeinem Völkerrecht, das ein Militärschiff unter italienischer Flagge und ausschließlicher Kontrolle italienischer Soldaten dem italienischen Verantwortungsbereich zuordne.[411] Das Argument der beklagten Regierung, man habe eine nach UNCLOS verpflichtende Seenotrettung mit minimalster Kontrolle über die einzelnen Individuen durchgeführt, ohne eigene Hoheitsgewalt zu begründen,[412] ließ der Gerichtshof nicht gelten. Denn im vergleichbaren Fall Medvedyev[413] habe sich Frankreich wegen ausgeübter ausschließlicher Kontrolle und somit Hoheitsgewalt iSd Art. 1 EMRK über ein Schiff unter fremder (kambodschanischer) Flagge nach der Konvention verantworten müssen, obwohl das Entern des Schiffes mit dem Flaggenstaat Kambodscha vereinbart worden war.[414] Die französische militärische

410 EGMR, ibid., Rz. 73 – Hirsi Jamaa u.a./Italien; noch deutlicher in EGMR, Urt. v. 29.3.2010, 3394/03, ECHR 2010-III, 61, Rz. 64 – Medvedyev u.a./Frankreich, wo der Gerichtshof festhielt, dass in "[situations] as in the Banković and Others case – what was at issue was an instantaneous extraterritorial act, [and] the provisions of Article 1 did not admit of a 'cause and effect' notion of 'jurisdiction'."

411 EGMR, Urt. v. 23.3.2012, 27765/09, ECHR 2012-II, 97, Rz. 75 ff. – Hirsi Jamaa u.a./ Italien.

412 EGMR, ibid., Rz. 65 ff., 79 – Hirsi Jamaa u.a./Italien.

413 Im Fall Medvedyev (EGMR, Urt. v. 29.3.2010, 3394/03, ECHR 2010-III, 61 – Medvedyev u.a./Frankreich) rügte die Besatzung eines kambodschanischen Handelsschiffes, das von französischem Militär auf hoher See geentert worden war, die Verletzung der Art. 5 und 6 EMRK wegen Freiheitsentziehung an Bord des Schiffes sowie mangelnden Rechtsschutzes. Das kambodschanische Schiff wurde unter französischer Kontrolle 13 Tage lang nach Frankreich eskortiert, da man große Mengen Drogen unter der Ladung vermutete. Das französische Vorgehen war zwar auf diplomatischem Wege mit Kambodscha abgesprochen, doch da weder UNCLOS noch andere Abkommen, die für beide Staaten galten, eine entsprechende Rechtsgrundlage für die Absprache und das darauf gestützte Vorgehen vorsahen, bejahte der Gerichtshof eine Verletzung von Art. 5 EMRK (Rz. 83 ff, 93 ff., 102 f.). Allein das wünschenswerte Ziel der Drogenbekämpfung und der Besonderheiten des Vorgehens auf hoher See könnten nicht zu einer Lockerung der Konvention oder gar einem rechtsfreien Raum führen (Rz. 81). Denn Hoheitsgewalt Frankreichs über das kambodschanische Schiff iSd Art. 1 EMRK habe durch ausschließliche Kontrolle bestanden und damit die Grundregel der Hoheitsgewalt der Flaggstaates (hier: Kambodscha) über das Schiff verdrängt (Rz. 65 ff.).

414 EGMR, ibid., Rz. 80 – Hirsi Jamaa u.a./Italien.

Präsenz an Bord des fremden Schiffes habe zur Begründung der Hoheitsgewalt ausgereicht.[415] Vorliegend begründe schon das Fahren unter italienischer Flagge die Hoheitsgewalt Italiens für alle Vorgänge an Bord des Militärschiffes, zusätzlich dazu habe aber auch tatsächliche Personenkontrolle der italienischen Soldaten über die Beschwerdeführer bestanden.[416]

Durch die Rückführung der Beschwerdeführer nach Libyen habe Italien sodann gegen seine Verpflichtung aus Art. 3 EMRK verstoßen, da mit erheblichen Repressalien und unmenschlicher Behandlung in Libyen zu rechnen gewesen sei.[417] Es zähle hierbei nicht, dass Italien bilaterale Verträge mit Libyen abgeschlossen habe, die zu einer Rückführung verpflichtet hätten, denn dadurch könne Verpflichtungen aus der Konvention nicht entflohen werden.[418] Ebenso wenig komme es auf Lippenbekenntnisse Libyens zur Achtung von Menschenrechten an, da über den tatsächlichen Umgang mit Flüchtlingen bekannt sei, dass Folter, mangelnde Hygiene sowie medizinische Versorgung an der Tagesordnung seien.[419] Darüber hinaus biete Libyen auch keinen Schutz vor Rückführung in Heimatstaaten von Asylsuchenden, sodass zusätzlich die Gefahr unmenschlicher Behandlung in Somalia und Eritrea für die Beschwerdeführer bestanden habe.[420] Durch die Verbringung der Beschwerdeführer nach Libyen habe Italien somit Art. 3 EMRK im Wege mittelbarer Verantwortlichkeit für die Gefahr von Folter verletzt.

Der Gerichtshof ging sodann noch einen Schritt weiter und stellte auch eine Verletzung des in Art. 4 ZP 4 verankerten Verbots von Kollektivausweisungen fest.[421] Er verwarf das italienische Begriffsverständnis, dass eine „Ausweisung" notwendigerweise den Aufenthalt der betroffenen Person auf dem eigenen Staatsgebiet voraussetze.[422] Es komme nämlich allein auf eine dynamische Auslegung der Konvention an,[423] um unter Berücksichtigung aktueller Begebenheiten den über den gefährlichen Seeweg reisenden Asylsuchenden dieselben

415 EGMR, ibid. – Hirsi Jamaa u.a./Italien.

416 EGMR, ibid., Rz. 81 f. – Hirsi Jamaa u.a./Italien.

417 EGMR, ibid., Rz. 137 – Hirsi Jamaa u.a./Italien.

418 EGMR, ibid., Rz. 129 – Hirsi Jamaa u.a./Italien.

419 EGMR, ibid., Rz. 127 f., 137 – Hirsi Jamaa u.a./Italien.

420 EGMR, ibid., Rz. 147, 152 ff. – Hirsi Jamaa u.a./Italien.

421 EGMR, ibid., Rz. 180 – Hirsi Jamaa u.a./Italien.

422 EGMR, ibid., Rz. 160 – Hirsi Jamaa u.a./Italien.

423 Unter Verweis auf Art. 31 VCLT und das Prinzip der Konvention als „living instrument", die einen effektiven und nicht nur hypothetischen Menschenrechtsschutz bezwecke, EGMR, ibid., Rz. 170, 175 – Hirsi Jamaa u.a./Italien.

Schutzstandards zuteil werden zu lassen wie denjenigen, die den Landweg wählten.[424] Sofern die extraterritoriale Hoheitsgewalt eines Konventionsstaates festgestellt sei, müsse auch der Begriff der „Ausweisung" extraterritorial verstanden werden, um eine einheitliche Auslegung der Konvention sicherzustellen.[425] Mangels Überprüfung der Einzelfälle der Beschwerdeführer durch die italienischen Behörden, noch nicht einmal in Form einer Identitätsprüfung an Bord des Schiffes, handelte es sich um eine Kollektivausweisung, für die Italien auch extraterritorial auf hoher See verantwortlich war.[426]

XI. Hassan (Urt. v. 16.9.2014, 29750/09)

Nochmals um die Situation im Irak 2003 wie in den Rechtssachen Al-Skeini und Al-Jedda ging es im Fall Hassan, in dem der irakische Beschwerdeführer die Art. 5 EMRK verletzende Inhaftierung und den Tod seines Bruders durch britische Truppen rügte. Da sich die Verhaftung im April 2003 ereignet hatte und damit vor der Proklamierung als Besatzungsmächte seitens des Vereinigten Königreichs und den USA gegenüber dem UN-Sicherheitsrat am 1.5.2003, vertrat die britische Regierung die Auffassung, dass zu diesem Zeitpunkt keine effektive Gebietskontrolle für die Begründung von Hoheitsgewalt iSd Art. 1 EMRK vorgelegen habe.[427] Zwar äußerte der Gerichtshof im Einklang mit der britischen Regierung Zweifel am Vorliegen einer effektiven Gebietskontrolle, entschied diesen Punkt jedoch nicht endgültig, sondern griff eine andere Fallgruppe der extraterritorialen Geltung der Konvention auf.[428] Denn seit der Festnahme des Bruders des Beschwerdeführers durch britische Soldaten und mit seinem Aufenthalt in einem britisch verwalteten Gefängnis[429] hätten staatliche Vertreter des Vereinigten Königreichs ausschließliche Kontrolle über diesen ausgeübt, sodass ihm die ihn betreffenden Rechte der Konvention hätten zugesichert werden

---

424 EGMR, ibid., Rz. 176 f. – Hirsi Jamaa u.a./Italien.

425 EGMR, ibid., Rz. 178 – Hirsi Jamaa u.a./Italien.

426 EGMR, ibid., Rz. 185 f. – Hirsi Jamaa u.a./Italien.

427 EGMR, Urt. v. 16.9.2014, 29750/09, ECHR 2014-VI, 1 Rz. 71 – Hassan/Vereinigtes Königreich.

428 EGMR, ibid., Rz. 75 – Hassan/Vereinigtes Königreich.

429 Die formelle gemeinsame Verwaltung des Gefängnisses durch das Vereinigte Königreich und die USA hielt der Gerichtshof für unschädlich, da alle den Bruder des Beschwerdeführers betreffenden Registrierungs- und Überwachungsmaßnahmen ausschließlich von britischen Soldaten vorgenommen worden waren, EGMR, ibid., Rz. 78 – Hassan/Vereinigtes Königreich.

müssen.[430] Daran ändere auch die Situation eines bewaffneten Konflikts nichts,[431] wobei das humanitäre Völkerrecht in derartigen Situationen ausnahmsweise und nur, wenn von dem jeweiligen Vertragsstaat entsprechend vor dem Gerichtshof vorgetragen[432], als ungeschriebener Rechtfertigungsgrund iSd Art. 5 Abs. 2 EMRK eingreifen könne.[433]

Aufgrund dessen sah der EGMR die Festnahme des Bruders des Beschwerdeführers wegen dessen anzunehmenden Status als Kriegsgefangenem als gerechtfertigt an[434] und befand, dass der ungeklärte Tod des Bruders, der erst mehr als vier Monate nach der Entlassung aus der britischen Militärhaft am anderen Ende des Landes eingetreten war, keine Zurechnung mehr zum Vereinigten Königreich erlaube.[435]

XII. Jaloud (Urt. v. 20.11.2014, 47708/08)

Ebenfalls mit der Verantwortlichkeit für militärische Einsätze im Irak hatte sich der Gerichtshof im Fall Jaloud zu beschäftigen, in dem der Beschwerdeführer eine Verletzung von Ermittlungspflichten nach dem Tod seines Sohnes an einem von niederländischen Soldaten kontrollierten Checkpoint gem. Art. 2 EMRK rügte. Die Ermittlungen der niederländischen Staatsanwaltschaft gegen den betreffenden Soldaten waren eingestellt worden, da dieser von Schüssen aus dem Wagen, in dem sich der Sohn des Beschwerdeführers befand und der sich nachts dem Checkpoint näherte, und damit von einer Notwehrsituation ausgegangen

---

430 EGMR, ibid., Rz. 76 – Hassan/Vereinigtes Königreich; die Fallgruppe der ausschließlichen Kontrolle über eine Person durch Tätigwerden staatlicher Vertreter im Ausland stellte der Gerichtshof erstmals im Fall Öcalan fest, in dem der PKK-Anführer von türkischen Offiziellen am kenianischen Flughafen in Nairobi bei seiner in Übereinkunft mit dem griechischen Botschafter in Kenia vereinbarten Ausreise nach Griechenland mit dortigem Asylversprechen festgenommen und in die Türkei verbracht wurde, EGMR, Urt. v. 12.5.2005, 46221/99, ECHR 2005-IV, 131, Rz. 91 – Öcalan/Türkei. Diese Fallgruppe verknüpfte der Gerichtshof in der Rechtssache Al-Skeini erstmals mit der Prämisse, dass in solchen Fällen die Konventionsrechte ausnahmsweise „geteilt und zugeschnitten" sein könnten, EGMR, Urt. v. 7.7.2011, 55721/07, ECHR 2011-IV, 99, Rz. 136 f. – Al-Skeini u.a./Vereinigtes Königreich.

431 So trug dies allerdings die beklagte Regierung vor, EGMR, ibid., Rz. 76, 80 – Hassan/Vereinigtes Königreich.

432 EGMR, ibid., Rz. 107 – Hassan/Vereinigtes Königreich.

433 EGMR, ibid., Rz. 99, 104 f. – Hassan/Vereinigtes Königreich.

434 EGMR, ibid., Rz. 109 – Hassan/Vereinigtes Königreich.

435 EGMR, ibid., Rz. 63 – Hassan/Vereinigtes Königreich

war, obwohl die Schüsse wohl von den ebenfalls am Checkpoint anwesenden irakischen Sicherheitskräften abgegeben worden waren.[436]

Die Niederlande wiesen die Beschwerde zurück, da sie schon keine Hoheitsgewalt iSd Art. 1 EMRK am betreffenden irakischen Checkpoint ausgeübt hätten. Wie im Fall Al-Skeini festgestellt, seien allein das Vereinigte Königreich und die USA Besatzungsmächte im Irak gewesen[437] und da es sich um eine internationale Mission unter britischem Oberkommando gehandelt habe, seien die Niederlande jedenfalls nicht nach der Konvention verantwortlich gewesen.[438] Insbesondere die Abgabe der Schüsse allein habe nach den Bankovic-Grundsätzen wegen der bloß kurzweiligen Handlung keine Hoheitsgewalt über das Opfer begründen können.[439] Auf letzteres Argument ging der Gerichtshof nicht mehr ein, nachdem er eine die Konventionsverantwortlichkeit nach sich ziehende Hoheitsgewalt der Niederlande hergeleitet hatte. Denn es komme für den Begriff der Hoheitsgewalt aus Art. 1 EMRK nicht auf den Status als Besatzungsmacht iSd Art. 42 der Haager Landkriegsordnung an. Zwar habe der Gerichtshof diesen Status in den Rechtssachen Al-Jedda und Al-Skeini herangezogen, in Fällen wie Loizidou oder Ilaşcu sei eine militärische Kontrolle aber ganz ohne diesen etabliert worden.[440] Vorliegend sei das Kommando über die eigenen Soldaten stets bei den Niederlanden verblieben, wie das Verteidigungsministerium dem niederländischen Parlament in einem Brief versichert habe,[441] sodass keine Autoritätsübertragung über die im Irak anwesenden niederländischen Truppen an das Vereinigte Königreich iSd Art. 6 *ILC Articles on Responsibilty of States for Internationally Wrongful Acts* (2001)[442] stattgefunden habe.[443] Trotz des britischen Oberkommandos habe es sich somit um eigene Kontrolle und damit Hoheitsgewalt der Niederlanden gehandelt, in deren Folge die Ermittlungsobliegenheiten

436 EGMR, Urt. v. 24.11.2014, 47708/08, ECHR 2014-VI, 229 Rz. 40, 44 – Jaloud/Niederlande.

437 Unter Verweis auf die UN-Sicherheitsratsresolution 1483, EGMR, ibid., Rz. 113 – Jaloud/Niederlande.

438 EGMR, ibid., Rz. 112 ff. – Jaloud/Niederlande.

439 EGMR, ibid., Rz. 119 – Jaloud/Niederlande; ebenso die drittbeteiligte Regierung des Vereinigten Königreichs in Rz. 124.

440 EGMR, ibid., Rz. 142 – Jaloud/Niederlande.

441 EGMR, ibid., Rz. 146, 149 – Jaloud/Niederlande.

442 Art. 6 lautet: „The conduct of an organ placed at the disposal of a State by another State shall be considered an act of the former State under international law if the organ is acting in the exercise of elements of the governmental authority of the State at whose disposal it is placed.", wiedergegeben in EGMR, ibid., Rz. 98 – Jaloud/Niederlande.

443 EGMR, ibid., Rz. 151 – Jaloud/Niederlande.

nach Art. 2 EMRK verletzt wurden;[444] auf eine parallele Hoheitsgewalt des Vereinigten Königreichs kam es mangels Relevanz für den Fall nicht mehr an.[445]

B. Spruchpraxis in Deutschland

Die im Folgenden zu betrachtende Varianz im Umgang mit extraterritorialen Grundrechtsverpflichtungen des deutschen Staates verteilt sich auf beinahe sämtliche deutsche Gerichtsinstanzen. Wenngleich sich das BVerfG bisweilen mit der Frage der extraterritorialen Grundrechtsgeltung auseinanderzusetzen hatte, fehlt es bislang an einer dahingehenden Leitentscheidung, was divergierende Ansätze sowie unterschiedlichste Auseinandersetzungen mit einigen der dargestellten EGMR-Entscheidungen begünstigte.

I. BVerfG, Washingtoner Abkommen (Beschl. v. 21.3.1957, 1 BvR 65/54)

Erstmals mit der Frage der Reichweite der Grundrechte im internationalen Bereich – ohne diese jedoch dogmatisch zu verankern – beschäftigte sich das BVerfG im Jahre 1957. Anlass war ein zwischen Deutschland und der Schweiz abgeschlossenes völkerrechtliches Abkommen,[446] das Letztere berechtigte, dort gelegene Grundstücke deutscher Eigentümer gegen Erlösauskehrung zu veräußern, sofern diese einen festgelegten Ablösebeitrag für ihr Grundeigentum nicht rechtzeitig gezahlt hatten. Die gegen das deutsche Ratifizierungsgesetz des völkerrechtlichen Abkommens gerichtete Verfassungsbeschwerde rügte u.a. eine Verletzung des Art. 14 GG[447] im Hinblick auf ebendiese Vermögenswerte deutscher Staatsangehöriger in der Schweiz.

Das Ratifizierungsgesetz war tauglicher Beschwerdegegenstand, da es die – völkerrechtlich bereits bindenden – Wirkungen des bilateralen Abkommens in nationales Recht transferierte, sodass dieses sowohl für die deutschen Behörden verbindlich wurde als auch Rechte und Pflichten des einzelnen betroffenen

444 EGMR, ibid., Rz. 151 – Jaloud/Niederlande.

445 EGMR, ibid., Rz. 154 ff., 227 f. – Jaloud/Niederlande.

446 Abkommen zwischen der Bundesrepublik Deutschland und der Schweizerischen Eidgenossenschaft über die deutschen Vermögenswerte in der Schweiz v. 26.8.1952, BGBl. 1953 II, S. 17 ff. Dieses bilaterale Abkommen diente der Umsetzung des sog. Washingtoner Abkommens über deutsche Vermögenswerte in der Schweiz v. 25.5.1946 zwischen der Schweiz, Frankreich, den USA und dem Vereinigten Königreich.

447 Ebenso wurde eine Verletzung von Art. 3 sowie 25 GG gerügt, die jedoch für die vorliegende Darstellung keine Relevanz besitzen.

Bürgers begründete.[448] Es falle nämlich auch in den Anwendungsbereich der Grundrechte, die „deutsche öffentliche Gewalt [zu binden], soweit Wirkungen ihrer Betätigung im Ausland eintreten".[449] Insofern sei es unschädlich, dass der die eigentlichen Folgen der Enteignung bzw. Zahlungspflicht enthaltende Verwaltungsakt durch die schweizerischen Behörden erlassen werde, da sich der Grundrechtsschutz auf die dies ermöglichende Rechtsgrundlage des bilateralen Abkommens beziehe, welches innerstaatlich allein durch das deutsche Ratifizierungsgesetz überprüfbar sei.[450] Im Ergebnis konnte das BVerfG jedoch keine Verletzung des Art. 14 GG durch das Gesetz und damit mittelbar das Abkommen feststellen, da mit einer Liquidation deutscher Vermögenswerte in der Schweiz nach dem Krieg stets zu rechnen gewesen sei.[451] Die Erlösauskehrung sei jedenfalls eine angemessene Entschädigungszahlung, aber unabhängig davon verbessere das Abkommen durch die Möglichkeit einer die Liquidation verhindernden Ablösesumme die Situation deutscher Staatsangehöriger sogar, sodass kein Eingriff in Eigentumswerte anzunehmen sei.[452]

II. BVerfG, Spanier-Beschluss (Beschl. v. 4.5.1971, 1 BvR 636/68)

Die weitere Entwicklung der Grundrechtsgeltung bei Auslandsbezug vollzog sich, als das BverfG über die Anwendbarkeit der Grundrechte im Gefüge des Internationalen Privatrechts und hier insbesondere im *ordre public*-Verhältnis zu ausländischem Recht entschied. Der Beschwerdeführer der erhobenen Verfassungsbeschwerde, ein Spanier, wehrte sich gegen das Urteil des OLG Hamm, das ihm den Erlass eines einzuholenden Ehefähigkeitszeugnisses verweigerte. Das OLG argumentierte unter Berufung auf die Rechtsprechung des BGH[453] in einer vergleichbaren Rechtssache, dass das für den Beschwerdeführer nach Art. 13 EGBGB maßgebliche spanische Recht dessen Ehefähigkeit verneinen würde, da er eine Deutsche heiraten wolle, die zwar nach deutschem Recht gültig geschieden sei, was das spanische Recht aber nicht anerkenne. Aufgrund dessen versage das spanische Recht eine Eheschließung mit dem Argument des Verbots der Doppelehe, das auch in Deutschland Bestand habe und somit keinen

448 BVerfG, Beschl. v. 21.3.1957, 1 BvR 65/54, BVerfGE 6, 290, 294 – Washingtoner Abkommen.
449 BVerfG, ibid., S. 295 – Washingtoner Abkommen.
450 BVerfG, ibid. – Washingtoner Abkommen.
451 BVerfG, ibid., S. 298 – Washingtoner Abkommen.
452 BVerfG, ibid., S. 299 – Washingtoner Abkommen.
453 BGH, Beschl. v. 12.2.1964, IV AR (VZ) 39/63, BGHZ 41, 136 – Ehefähigkeitszeugnis.

Verstoß gegen den *ordre public*[454] darstelle. Eine direkte Anwendung der Grundrechte, insbesondere des Art. 6 GG, auf die zur Anwendung berufene spanische Norm scheide mangels Geltungserstreckung der Grundrechte auf ausländisches Recht aus.[455]

Diese Argumentation des OLG Hamm sowie des BGH hatte vor dem BVerfG jedoch keinen Bestand, da der „Leitnorm" des Art. 1 Abs. 3 GG zu wenig Bedeutung zugemessen worden war.[456] Der Geltungsanspruch der Grundrechte lasse sich nicht durch einfaches Recht – hier: das deutsche IPR – begrenzen, sondern sei nur aus der Verfassung heraus und dem Schutzumfang jedes einzelnen Grundrechts im Einzelfall bestimmbar.[457] Wenn also das deutsche Kollisionsrecht ausländische Normen berufe, die von deutschen Gerichten angewendet würden, könnten die Grundrechte nicht völlig durch die ausländische Norm verdrängt werden. Vielmehr liege in der Auslegung der ausländischen Norm durch deutsche Gerichte ein Akt der deutschen Hoheitsgewalt, der sich an den Grundrechten messen zu lassen habe, sodass sich eine ausländische Norm an deutschen Grundrechten „brechen" könne.[458] Für diesen Fall sah das BVerfG in der Anwendung der spanischen Norm eine Verletzung von Art. 6 GG, da das spanische Recht gerade nicht nur die Ehefähigkeit des spanischen Ehemannes betrachtete. Dessen Ehefähigkeit versagte das spanische Recht nur aufgrund einer Einbeziehung der deutschen Verlobten, die jedoch nach der Wertung des Art. 13 EGBGB allein nach deutschem Recht zu beurteilen gewesen wäre. In diesem mittelbaren Ehehindernis, das das spanische Recht aufstellte, sah das BVerfG folglich einen Verstoß gegen die Eheschließungsfreiheit.[459]

---

454 Der damalige *ordre public* war in Art. 30 EGBGB verankert, der in der vom 18.8.1896 bis zum 1.9.1986 gültigen Fassung lautete: „Die Anwendung eines ausländischen Gesetzes ist ausgeschlossen, wenn die Anwendung gegen die guten Sitten oder gegen den Zweck eines deutschen Gesetzes verstoßen würde." Der ausdrückliche Bezug zu den Grundrechten, den Art. 6 S. 2 EGBGB seit seiner Einführung 1986 kennt, fehlte demnach.

455 BVerfG, Beschl. v. 4.5.1971, 1 BvR 636/68, BVerfGE 31, 58, 71 f. – Spanier-Beschluss unter Berufung auf BGH, Beschl. v. 12.2.1964, IV AR (VZ) 39/63, BGHZ 41, 136, 151 – Ehefähigkeitszeugnis.

456 BVerfG, ibid., S. 72 f. – Spanier-Beschluss.

457 BVerfG, ibid., S. 73, 77 – Spanier-Beschluss.

458 BVerfG, ibid., S. 74 f. – Spanier-Beschluss.

459 BVerfG, ibid., S. 81 – Spanier-Beschluss.

III. BVerfG, Fernmeldeüberwachung durch BND (Urt. v. 14.7.1999, 1 BvR 2226/94)

Mit der tatsächlichen Geltung der Grundrechte im Ausland und nicht nur bei Normenkonflikten mit ausländischem Recht beschäftigte sich das BVerfG anhand der gegen das Verbrechensbekämpfungsgesetz[460], das das Gesetz zur Beschränkung des Brief-, Post- und Fernmeldegeheimnisses (sog. G 10) änderte, gerichteten Verfassungsbeschwerde. Die Beschwerdeführer, darunter eine deutsche Journalistin mit Wohn- und Dienstsitz im Ausland sowie ihr dortiger uruguayischer Abwesenheitsvertreter, befürchteten, wegen der durch das Änderungsgesetz erweiterten Befugnisse des BND und ihrer beruflich notwendigen Kommunikation einer verdachtslosen Rasterfahndung unterworfen zu werden. Denn die neue Rechtslage erlaubte eine internationale Fernmeldeüberwachung durch den BND bei wesentlich mehr Schlagworten zur Abdeckung von weitaus mehr Gefahren als zuvor und schränkte gleichfalls die behördlichen Mitteilungspflichten an die Betroffenen ein.[461]

Aufgrund der neuen technischen Möglichkeiten, die eine Ausübung von Staatsgewalt auch körperlos im Ausland ermöglichten, kam es laut BVerfG erstmals auf den räumlichen Anwendungsbereich des Art. 10 GG an. Da aus Art. 1 Abs. 3 GG keine abschließende Regelung zu entnehmen sei, müsse die Frage der extraterritorialen Anwendbarkeit aus dem Grundgesetz insgesamt und aus Art. 10 GG im Speziellen ermittelt werden.[462] Die in Art. 25 GG zum Ausdruck kommende Völkerrechtsfreundlichkeit schließe eine grenzüberschreitende Grundrechtsgeltung nicht aus, lege es jedoch nahe, dass der Grundrechtsschutz in derartigen Konstellationen „Modifikationen und Differenzierungen“

---

460 Gesetz zur Änderung des Strafgesetzbuchs, der Strafprozeßordnung und anderer Gesetze v. 28.10.1994, BGBl. 1994 I, S. 3186 ff.

461 Vgl. BVerfG, Urt. v. 14.7.1999, 1 BvR 2226/94, BVerfGE 100, 313, 320 f. – Fernmeldeüberwachung durch BND, mit dem Abdruck des maßgeblichen geänderten § 3 G 10, der nunmehr neben des ursprünglichen eng eingegrenzten Ziels der Abwehr eines Angriffskrieges aus dem Gebiet des Warschauer Pakts auch Zwecken der Terrorismus- sowie Drogenhandelsbekämpfung diente und keine Mitteilungspflicht mehr an Betroffene vorsah, deren personenbezogene Daten zufällig abgehört und gespeichert wurden, wenn diese innerhalb von drei Monaten wieder gelöscht wurden, selbst wenn die Daten in dieser Zeit an andere Behörden (die die Daten dann allerdings auch innerhalb der drei-Monats-Frist zu löschen hatten) weitergegeben worden waren.

462 BVerfG, ibid., S. 362 – Fernmeldeüberwachung durch BND.

unterliege.[463] Diese führte das BVerfG jedoch nicht weiter aus, sondern hielt für den vorliegenden Fall fest, dass die menschenrechtlichen Pendants aus Art. 8 EMRK sowie Art. 12 UDHR inhaltlich weitestgehend mit Art. 10 GG übereinstimmten und somit ein international vereinheitlichtes Schutzniveau einzuhalten sei.[464] Zudem sei ein territorialer Bezug – sofern man diesen überhaupt fordern wolle – zu Deutschland jedenfalls deshalb gegeben, da die Auswertung der Daten im Inland erfolge.[465]

Nach diesen Ausführungen zur Geltung des Art. 10 GG bei Auslandsbezug hielt das BVerfG die Verfassungsbeschwerden überwiegend für begründet. Einzig die Möglichkeit der Berufung eines Ausländers im Ausland auf Art. 10 GG ließ das BVerfG ausdrücklich offen,[466] da der Antrag des uruguayischen Beschwerdeführers mangels hinreichender Geltendmachung einer unmittelbaren Betroffenheit schon als unzulässig abgewiesen worden war.[467]

IV. BVerfG, Schuldgrundsatz (Beschl. v. 15.12.2015, 2 BvR 2735/14)

Über eine Auslieferung mit Bezügen zum Europarecht hatte das BVerfG im Fall eines italienischen Beschwerdeführers zu entscheiden, der sich gegen eine Überstellung an die italienischen Behörden wegen eines auf einem italienischen Abwesenheitsurteil beruhenden europäischen Haftbefehls wehrte. Das OLG Düsseldorf als Vorinstanz hatte die Auslieferung für rechtmäßig erachtet, da das italienische Recht eine 30tägige Wiederaufnahmefrist vorsehe, innerhalb derer der Beschwerdeführer seine Unkenntnis bzgl. des ergangenen Urteils nachweisen könne.[468] Das Vorbringen, dass die erhebliche Beweislast der negativen Tatsache der Unkenntnis vor italienischen Gerichten gegen deutsche

---

463 BVerfG, ibid., S. 363 – Fernmeldeüberwachung durch BND, wobei das BVerfG zuvor im Zweitregister-Urteil jedoch festgehalten hatte, dass die deutsche Staatsgewalt verpflichtet sei, in Situationen, in denen die Grundrechtsausübung zwangsläufig mit den Rechtsordnungen anderer Staaten kollidiere und daher Modifikationen im Schutzstandard unterworfen sein könne, „dem Grundrecht die unter den obwaltenden und von ihm nicht beeinflußbaren Bedingungen größtmögliche Anwendung zu sichern", BVerfG, Urt. v. 10.1.1995, 1 BvF 1/90, 1 BvR 342, 348/90, BVerfGE 92, 26, 42 – Zweitregister.

464 BVerfG, ibid. – Fernmeldeüberwachung durch BND.

465 BVerfG, ibid., S. 364 – Fernmeldeüberwachung durch BND.

466 BVerfG, ibid. – Fernmeldeüberwachung durch BND.

467 BVerfG, ibid., S. 358 – Fernmeldeüberwachung durch BND.

468 OLG Düsseldorf, Beschl. v. 7.11.2014, III -3 Ausl 108/14, juris, Rz. 12 ff. = BeckRS 2016, 03446 – Abschiebung Abwesenheitsverurteilung.

verfassungsrechtliche Grundsätze verstoße, verbunden mit dem gerichtlichen Ermessen der Wiederaufnahme selbst bei gelungener Beweisführung, erachtete das deutsche Auslieferungsgericht als unbeachtlich.[469]

Das BVerfG hielt zunächst fest, dass die deutschen Grundrechte einerseits nur bis dahin Bindungswirkung entfalten könnten, wo die souveräne Staatsgewalt eines anderen Staates den Fall abschließend regele, was in Auslieferungssituationen jedoch relativiert betrachtet werden müsse, da der deutsche Staat nicht „die Hand [...] zu Verletzungen der Menschenwürde durch andere Staaten reichen" dürfe.[470] Im Generellen bedeute dies, dass das zuständige Auslieferungsgericht stets die im Empfangsstaat zu befürchtenden Risiken nach Art. 1 Abs. 1 GG abzuwägen, insbesondere eine Sachverhaltsaufklärung der rechtlichen Voraussetzungen im Empfangsstaat zu betreiben habe, die proportional zur Schwere der behaupteten Menschenrechtsverletzungen in ihrem Umfang anzuwachsen habe.[471] Diese Überprüfungspflicht entfalle auch nicht allein deshalb, weil es sich vorliegend um einen europäischen Haftbefehl und damit dem Anwendungsvorrang unterliegendes EU-Recht handele, da die Verfassungsidentität über Art. 1 Abs. 1 iVm Art. 79 Abs. 3 GG stets gewahrt bleiben müsse.[472] Es spreche jedoch wegen des Bekenntnisses aller EU-Staaten zur EMRK eine Vermutung zugunsten einer menschenrechtskonformen Behandlung ausgelieferter Personen im europäischen Rechtsraum.[473]

Allerdings sehe die EGMR-Rechtsprechung vor, dass bei Abwesenheitsverurteilungen stets eine vom Ermessen des Gerichts im Empfangsstaat unabhängige, leicht zu erwirkende Wiederaufnahmemöglichkeit bestehen müsse,[474] worin ein Gleichlauf mit den Anforderungen nach den deutschen Grundrechten

---

469 BVerfG, Beschl. v. 15.12.2015, 2 BvR 2735/14, BVerfGE 140, 317, Rz. 21 ff. – Schuldgrundsatz.

470 BVerfG, ibid., Rz. 62 – Schuldgrundsatz; so auch schon angerissen in BVerfG, Beschl. v. 26.10.2004, 2 BvR 955/00, 1038/01, BVerfGE 112, 1, 27 – Bodenreform III.

471 BVerfG, ibid., Rz. 63, 66 – Schuldgrundsatz; in anderen Fällen machte das BVerfG diese Überprüfungspflicht an Art. 1 Abs. 1 iVm Art. 2 Abs. 1 GG (BVerfG, Beschl. v. 31.3.1987, 2 BvM 2/86, BVerfGE 75, 1, 16 f. – Auslieferung Türkei) bzw. Art. 25 iVm Art. 2 I, II 2 GG (BVerfG, Beschl. v. 8.4.2004, 2 BvR 253/04, juris, Rz. 14 – Auslieferung Weißrussland) fest, was jedoch am inhaltlichen Prüfungsmaßstab jeweils nichts änderte.

472 BVerfG, ibid., Rz. 77 ff., 83 – Schuldgrundsatz.

473 BVerfG, ibid., Rz. 73 – Schuldgrundsatz.

474 BVerfG, ibid., Rz. 90 – Schuldgrundsatz, unter Verweis auf EGMR, Urt. v. 12.2.1985, 9024/80, Series A 89, Rz. 30 – Colozza/Italien.

zu erkennen sei.[475] Diese Standards habe das Auslieferungsgericht verkannt, als es die prozessualen Möglichkeiten in Italien ohne weitere Prüfung für ausreichend erachtete und somit Art. 1 Abs. 1 GG nicht die nötige Tragweite beimaß.[476]

V. BVerfG, Varvarin (Beschl. v. 13.8.2013, 2 BvR 2660/06 & 2 BvR 487/07)

In dem bereits kurz erwähnten[477] Fall Varvarin nahm das BVerfG die Verfassungsbeschwerden der 27 serbischen Beschwerdeführer, die wegen eines NATO-Luftangriffs im Mai 1999 auf eine Brücke nahe der serbischen Stadt Varvarin Schadensersatzansprüche gegen den deutschen Staat geltend machten, nicht zur Entscheidung an. Der Luftangriff auf die Brücke war von NATO-Mitgliedstaaten ohne Beteiligung Deutschlands ausgeführt worden; ob deutsche Flugzeuge im Vorfeld an der Luftaufklärung beteiligt waren, konnte nicht mit Sicherheit festgestellt werden.[478] In den Vorinstanzen hatte zunächst das LG Bonn die Klage als unbegründet abgewiesen, da es weder eine völkerrechtliche – insbesondere mit Verweis auf die Unanwendbarkeit der EMRK wegen der Bankovic-Rechtsprechung[479] – noch eine nationale Anspruchsgrundlage in § 839 BGB iVm Art. 34 GG wegen des überlagernden Kriegsvölkerrechts sah.[480] Hierüber befand das OLG Köln als Berufungsgericht zwar gänzlich anders, indem es aus der zentralen grundrechtlichen Bedeutung des Individuums, die das Grundgesetz nach dem Zweiten Weltkrieg geschaffen habe, eine notwendige Sanktionierung staatlicher Verstöße gegen humanitäres Völkerrecht über den Amtshaftungsanspruch herleitete.[481] Im Ergebnis sprach es jedoch gleichfalls keinen Schadensersatz zu,

---

475 BVerfG, ibid., Rz. 84, 91 ff. – Schuldgrundsatz, denn aufgrund dieses Gleichlaufs komme es vorliegend nicht zu einer Durchbrechung des Anwendungsvorrangs des Unionsrechts, sondern vielmehr zu einer auch den Grundrechten entsprechenden Auslegung über Art. 52 EU Grundrechte-Charta iVm Art. 6 EMRK und der entsprechenden EGMR-Rechtsprechung diesbezüglich.

476 BVerfG, ibid., Rz. 109 ff. – Schuldgrundsatz.

477 S.o. unter 2. Teil, C. IV. 1. a., S. 74 ff.

478 Vgl. die Ausführungen des OLG Köln, Urt. v. 28.7.2005, 7 U 8/04, juris, Rz. 103 = NJW 2005, 2860 – Varvarin.

479 LG Bonn, Urt. v. 10.12.2003, 1 O 361/02, juris, Rz. 119 = NJW 2004, 525 – Varvarin; ebenso das OLG Köln, ibid., Rz. 77 – Varvarin unter Hinweis auf einen potentiellen Schadensersatzanspruch aus Art. 5 Abs. 5 EMRK.

480 LG Bonn, ibid., Rz. 129 f. – Varvarin.

481 OLG Köln, ibid., Rz. 92 ff. – Varvarin.

da es eine vorwerfbare Amtspflichtverletzung[482] für tatbestandlich nicht gegeben ansah.[483] Der BGH wiederum ließ die Frage der Anwendbarkeit des Amtshaftungsanspruchs bei möglichen völkerrechtlichen Verstößen explizit offen,[484] folgte dem OLG Köln jedoch in der Verneinung des Vorliegens der Tatbestandsvoraussetzungen.[485]

Hiergegen wendeten sich die Beschwerdeführer im Wege der Verfassungsbeschwerde an das BVerfG mit dem Vortrag einer grund- und völkerrechtswidrigen, willkürlichen Auslegung des Amtshaftungsanspruchs. Die Beschwerden wurden insgesamt mangels Fristwahrung bzw. ausreichender fristgerechter Begründung nicht zur Entscheidung angenommen.[486] Dennoch führte das BVerfG aus, dass keine völkergewohnheitsrechtliche Entwicklung hin zu einer einen individuellen Entschädigungsanspruch etablierenden Rechtsregel bei militärischen Auslandsoperationen erkennbar sei, die die Auslegung des innerstaatlichen Rechts, insbesondere der Grundrechte, beeinflussen könne.[487] Ob der Amtshaftungsanspruch das Luftbombardement grundsätzlich erfassen könne oder nicht, ließ das BVerfG wegen evidenter Erfolglosigkeit, die auf den tatsächlichen Umständen des Falles mangels Zurechnung des Luftschlages zum deutschen Staat beruhte, explizit offen.[488] Auch die Frage, inwiefern Grundrechte auf die Auslegung des Amtshaftungsanspruchs für extraterritoriale Staatenverantwortlichkeit einwirken könnten, war somit redundant. Dennoch stellte das BVerfG Leitlinien für eine grundrechtskonforme Beweislastverteilung in künftigen Amtshaftungsfällen auf, um „Konstellationen wie der vorliegenden, in denen die Beweisnot der Beschwerdeführer als ungewollt vom Kampfgeschehen betroffener Zivilisten nicht von der Hand zu weisen ist",[489] gerecht zu werden. Eine generelle

482 Vor allem die tatbestandlichen Unabwägbarkeiten, ob deutsche Flugzeuge zuvor bei der Vorbereitung des Luftschlags geholfen hatten, wurden deshalb als irrelevant gekennzeichnet, da wegen der sog. „need-to-know-Regel" bei NATO-Einsätzen das am eigentlichen Luftangriff unbeteiligte Deutschland keinerlei Detail- oder Zielinformationen erhalten habe. Damit fehlte es jedenfalls am (nach § 830 BGB, da es sich insofern um eine Beihilfe-Konstellation handelte) erforderlichen Vorsatz Deutschlands, OLG Köln, ibid., Rz. 104 ff. – Varvarin.

483 OLG Köln, ibid., Rz. 113 – Varvarin.

484 BGH, Urt. v. 2.11.2006, III ZR 190/05, BGHZ 169, 348, Rz. 20 – Varvarin.

485 BGH, ibid., Rz. 21 ff. – Varvarin.

486 BVerfG, Beschl. v. 13.8.2013, 2 BvR 2660/06 & 2 BvR 487/07, BeckRS 2013, 55213, Rz. 32 ff. – Varvarin.

487 BVerfG, ibid., Rz. 44 ff. – Varvarin.

488 BVerfG, ibid., Rz. 52 – Varvarin.

489 BVerfG, ibid., Rz. 65 – Varvarin.

Grundrechtsrelevanz militärischen Auslandshandeln wurde dadurch jedenfalls indiziert.

VI. BGH, Kunduz (Urt. v. 6.10.2016, III ZR 140/15)

Eine eindeutige Antwort auf diese Fragen formulierte jedoch unlängst der BGH. Die Angehörigen der beiden afghanischen Kläger waren bei der Bombardierung zweier von Taliban-Kämpfern entführten Tanklastwagen ums Leben gekommen. Der Bombenabwurf war im Rahmen des NATO-Mandats ISAF (*International Security Assistance Force*) durch einen deutschen Kommandanten im Einsatzgebiet Kunduz befohlen worden, weswegen die Kläger die Bundesrepublik Deutschland auf Schadensersatz in Anspruch nahmen.

Die Vorinstanzen sahen hierbei weder ein Problem bei der grundsätzlichen Anwendbarkeit des deutschen Amtshaftungsrechts[490] noch in der Zurechenbarkeit einer potentiellen Amtspflichtverletzung zum deutschen Staat[491] statt zur NATO. Denn Letztere habe zwar das operative Kommando inne gehabt, dies würde Deutschland jedoch nicht seines Einflusses in Form seiner truppendienstlichen Befehlsgewalt berauben, anders als sich die Situation bei der KFOR-Mission durch die UN-Sicherheitsratskontrolle im Fall Behrami & Saramati vor dem EGMR dargestellt habe.[492] Jedenfalls aber sei § 839 BGB iVm Art. 34 GG von seinen tatbestandlichen Voraussetzungen her mangels vorwerfbarer Amtspflichtverletzung nicht erfüllt.[493]

In letzterem Punkt stimmte der BGH mit den Vorinstanzen überein und verneinte die Verletzung einer drittschützenden Amtspflicht, die aus humanitärem Völker(gewohnheits)recht hergeleitet wurde, mangels schuldhaften Handelns infolge einer hinreichenden vorherigen Luftaufklärung.[494] Dennoch negierte

---

490 OLG Köln, Urt. v. 30.4.2015, 7 U 4/14, BeckRS 2015, 08151, Rz. 25 – Kunduz; LG Bonn, Urt. v. 1.12.2013, 1 O 460/11, juris, Rz. 45 ff. = JZ 2014, 411 – Kunduz.

491 OLG Köln, ibid., Rz. 15, 27 ff. – Kunduz; LG Bonn, ibid., Rz. 33 – Kunduz; anders das VG Köln, Urt. v. 9.2.2012, 26 K 5534/10, juris, Rz. 72 ff. = BeckRS 2012, 47052 – Kunduz, das eine fehlende Passivlegitimation Deutschlands wegen Zurechnung zur UN annahm, die wegen ihrer Immunität als internationale Organisation vor deutschen Gerichten nicht verklagt werden könne.

492 OLG Köln, ibid., Rz. 28 f. – Kunduz, das die streitgegenständliche UN-Sicherheitsratsresolution 1386 (20.12.2001) für die Errichtung der ISAF-Mission in Afghanistan nicht mit der Resolution 1244 (10.6.1999) für die Einrichtung der KFOR im Kosovo bzgl. der verbleibenden Kontrollgewalt der UN für vergleichbar hielt.

493 OLG Köln, ibid., Rz. 41 ff. – Kunduz; LG Bonn, ibid., Rz. 59 ff. – Kunduz.

494 BGH, Urt. v. 6.10.2016, III ZR 140/15, BGHZ 212, 173, Rz. 40 – Kunduz.

der BGH entschieden die generelle Anwendbarkeit des Amtshaftungsanspruchs bei militärischen Auslandseinsätzen. Zwar deute der Wortlaut der Normen zunächst auf keine Anwendungsbeschränkung hin, doch sei weder § 839 BGB seinerzeit für militärische Auslandseinsätze konzipiert gewesen, noch habe es eine dahingehende Klarstellung im Rahmen der Schaffung des Art. 34 GG gegeben.[495] Daran ändere auch die Bedeutung der Grundrechte nichts. Im Gegenteil veranlasse das Grundgesetz dazu, Deutschland keinen unüberschaubaren und weltweit einzigartigen Haftungsrisiken auszusetzen, die seine Rolle als starken und zuverlässigen Bündnispartner unterminierten.[496] Eine derartige Interpretation der Anwendbarkeit der Amtshaftung bei militärischen Auslandseinsätzen sprenge die Grenzen einer verfassungskonformen Gesetzesauslegung zulasten einer unerlaubten Rechtsfortbildung durch die Rechtsprechung.[497]

Der BGH ließ somit die außen- und verteidigungspolitischen Aspekte des Grundgesetzes den Einfluss der Grundrechte auf die Gesetzesauslegung überwiegen, wobei er die grundrechtliche Geltung für Ausländer im Ausland bereits in seiner Varvarin-Entscheidung[498] fraglich gestellt hatte. Jedenfalls diesen letzten Punkt sah das BVerfG hinsichtlich der (völker-)strafrechtlichen Komponente des Falles implizit anders, als es eine staatliche Schutzpflicht aus den Grundrechten zur effektiven Strafrechtsverfolgung zugunsten des afghanischen Beschwerdeführers dem Grunde nach annahm.[499] Aufgrund des zu Recht ergangenen Einstellungsbescheids des Generalbundesanwalts verneinte es jedoch eine Verletzung dieser Schutzpflicht.[500]

VII. OVG Münster, Pirateriebekämpfung (Urt. v. 18.9.2014, 4 A 2948/11)

Die Reichweite grundrechtlicher Schutzpflichten sowie die Zurechnung der Verantwortlichkeit für diese war Gegenstand der Feststellungsklage eines somalischen Klägers, der sich gegen die auf einen Piraterieverdacht gestützten Festnahme durch eine deutsche Fregatte in internationalen Gewässern vor der

495 BGH, ibid., Rz. 29 f. – Kunduz.
496 BGH, ibid., Rz. 35 ff., 38 – Kunduz.
497 BGH, ibid., Rz. 39 – Kunduz.
498 S.o., BGH, Urt. v. 2.11.2006, III ZR 190/05, BGHZ 169, 348, Rz. 16 – Varvarin.
499 BVerfG, Beschl. v. 19.5.2015, 2 BvR 987/11, NJW 2015, 3500, Rz. 19, 27 – Kunduz unter expliziter Nennung auch der Rechtsprechung des EGMR bzgl. Schutzpflichten in Form staatlicher Ermittlungen, sofern das Rechtsgut Leben betroffen ist.
500 BVerfG, ibid., Rz. 28, 31 – Kunduz.

somalischen Küste sowie der anschließenden Übergabe an kenianische Behörden wandte. Die Fregatte war im Rahmen der Mission ATLANTA eingesetzt worden, die auf der gemeinsamen Aktion GA 2008/851/GASP (10.11.2008) der EU beruhte, die wiederum auf den UN-Sicherheitsratsresolutionen 1814 (15.5.2008), 1816 (2.6.2008) und 1838 (7.10.2008) basierte. Während die Festnahme auf Art. 105 S. 1 UNCLOS zu stützen und in diesen Grenzen rechtmäßig war,[501] blieb hinsichtlich der Übergabe und der damit in Kauf genommenen Inhaftierung des Klägers in Kenia zu klären, ob diese gegen Grundrechte verstieß.

Das OVG stellte zunächst heraus, dass der Akt der Übergabe allein der Bundesrepublik Deutschland anzulasten sei. Eine Zurechnung zur EU scheide nicht zuletzt mangels deren eigener Rechtspersönlichkeit im maßgeblichen Zeitpunkt[502] und den damit fehlenden Rechtsschutzgarantien[503] aus, sei jedenfalls aber auch nicht mit der Behrami & Saramati-Rechtsprechung des EGMR begründbar. Denn eine ausschließliche Zurechnung zur UN habe der EGMR insbesondere mit der herausragenden Stellung des Sicherheitsrates in Belangen des Weltfriedens begründet, welche für die EU nicht vergleichbar anzunehmen sei.[504] Doch auch eine Zurechnung zur UN komme vorliegend nicht in Betracht, da die hiesigen Sicherheitsratsresolutionen das Agieren in internationalen Gewässern nicht abdeckten.[505] Unabhängig von diesen rechtlichen Erwägungen handele es sich aber auch rein faktisch um deutsches hoheitliches Handeln, indem ein ressortübergreifendes nationales Entscheidungsgremium gegründet worden war, das ohne Konsultation europäischer oder sonstiger Stellen alleinverantwortlich gehandelt habe,[506] sodass eine Flucht in die eigene Kompetenzleugnung auszuscheiden habe.

Die somit Deutschland zuzurechnende Übergabe des Klägers an Kenia gestalte sich allein deshalb als grundrechtswidrig, da sie keiner Ermächtigungsgrundlage

501 So das diesbezüglich selbstverständlich von der Berufung der Bundesrepublik Deutschland nicht angegriffene Urteil der Vorinstanz VG Köln, Urt. v. 11.11.2011, 25 K 4280/09, juris, Rz. 31 f. = JZ 2012, 366 – Pirateriebekämpfung.

502 OVG Münster, Urt. v. 18.9.2014, 4 A 2948/11, juris, Rz. 52 ff. – Pirateriebekämpfung.

503 OVG Münster, ibid., Rz. 82 ff., 88 – Pirateriebekämpfung.

504 OVG Münster, ibid., Rz. 105 f. – Pirateriebekämpfung.

505 OVG Münster, ibid., Rz. 100 ff. – Pirateriebekämpfung, denn das Handeln in internationalen Gewässern war bereits durch die Vorgaben von UNCLOS hinreichend abgedeckt, sodass durch die Sicherheitsratsresolutionen allein die Befugnisse der Staaten zur Pirateriebekämpfung in Küstengewässern bzw. an Land ausgeweitet wurden.

506 OVG Münster, ibid., Rz. 64 ff., 70 ff., 108 f. – Pirateriebekämpfung.

zugänglich gewesen sei.[507] Zwar seien Modifikationen und Differenzierungen im Grundrechtsschutz bei Auslandsberührungen nach dem BVerfG möglich, doch schließe dies den Verzicht auf eine Ermächtigungsgrundlage nicht ein.[508] Auch inhaltlich liege überdies eine Verletzung des Art. 3 EMRK vor, indem die Übergabe trotz der ausdrücklich kommunizierten kenianischen Warnung, dass man europäische Menschenrechtsstandards in den Gefängnissen nicht gewährleisten könne, stattgefunden habe.[509] Insbesondere verfange das Argument der beklagten Bundesrepublik nicht, dass der Kläger als somalischer Staatsangehöriger die mit seinem Heimatland vergleichbaren – aus europäischer Sicht menschenunwürdigen – kenianischen Haftbedingungen besser verkraften könne als ein dies nicht gewohnter Europäer.[510] Selbst nach den herabgesetzten und hier mangels Übergabeverlangens Kenias nicht einschlägigen Maßstäben der Auslieferungsfälle stelle die zu erwartende unmenschliche Behandlung in kenianischen Gefängnissen eine Schutzpflichtverletzung dar.[511]

VIII. VG Köln, Ramstein (Urt. v. 27.5.2015, 3 K 5625/14)[512]

Mit möglichen grundrechtlichen Schutzpflichten setzte sich ebenso die 3. Kammer des VG Köln im Fall jemenitischer Kläger auseinander, die aufgrund von US-Drohnenangriffen Angehörige im Jemen verloren hatten. Die Kläger forderten,

507 OVG Münster, ibid., Rz. 110 – Pirateriebekämpfung, denn insoweit lässt Art. 105 UNCLOS keine über die Festnahme hinausgehende Befugnis des aufbringenden Staates erkennen, ebenso wenig wie die Gemeinsame Aktion der EU oder die diplomatische Kommunikation mit Kenia, denen jedenfalls keine für das Individuum verbindliche und damit einen Eingriff in dessen Rechte erlaubende Wirkung zukommt.

508 OVG Münster, ibid., Rz. 113 ff. – Pirateriebekämpfung.

509 OVG Münster, ibid., Rz. 123 – Pirateriebekämpfung. Die Haftbedingungen, die dem deutschen Botschafter in Kenia aufgrund mehrerer eigener Besuche in der Haftanstalt wohl bekannt waren und die er in Berichten festhielt, reichten von völliger Überfüllung der Zellen über oft tagelangen Wasserausfall bis hin zu ungenießbarem Essen sowie verweigerter medizinischer Behandlung, wenn kein Entgelt dafür gezahlt werden konnte, vgl. die Darstellungen in Rz. 21 ff. des Urteils.

510 OVG Münster, ibid., Rz. 159 – Pirateriebekämpfung; an dieser Stelle wies das Gericht treffend darauf hin, dass schließlich auch in deutschen Gefängnissen der Standard nicht danach unterschieden werden könne, ob es sich um einen europäischen oder außer-europäischen Inhaftierten handele.

511 OVG Münster, ibid., Rz. 111, 124 ff. – Pirateriebekämpfung.

512 Vgl. hierzu die im Ergebnis abweichende und eine grundrechtliche Schutzpflichten als verletzt ansehende Berufungsentscheidung des OVG Münster, Urt. v. 19.3.2019, 4 A 1361/15, juris – Ramstein.

dass Deutschland eine Weiterleitung der Funksignale, die wegen technischer Notwendigkeiten über die US-Airbase im deutschen Ramstein, Rheinland-Pfalz, erfolgte, unterbinden solle.

Das Gericht leitete zunächst einen möglichen Anspruch der Kläger aus grundrechtlichen Schutzpflichten des Art. 2 Abs. 2 S. 1 GG her, der sich insbesondere auch auf Ausländer im Ausland erstrecke.[513] Denn die Grundrechte legten sich als Ausfluss einer objektiven Werteordnung wie ein „Schutzmantel" über alle Individuen und könnten nicht lediglich als staatliche Gegenleistung für die Unterwerfung unter die Staatsgewalt angesehen werden.[514] Die so hergeleitete, grundsätzlich grenzüberschreitende Grundrechtsgeltung könne jedoch Modifikationen und Differenzierungen unterworfen sein, da die Völkerrechtsbindung Deutschlands ggf. die staatlichen Handlungsoptionen einschränke.[515] Es seien zwar keine grundsätzlichen Ausnahmen von der generellen Grundrechtsbindung anzunehmen, insbesondere nicht in Fällen bewaffneter Konflikte, da insoweit das humanitäre Völkerrecht zur Rechtfertigung von Grundrechtseingriffen herangezogen werden könne.[516] Allerdings verliere der Grundrechtsschutz umso mehr an Intensität, je weniger Bezug das beeinträchtigte Individuum zum deutschen Staat habe.[517]

Nach Ansicht des Gerichts wurde der grundrechtlichen Schutzpflicht, die ohnehin keinen Anspruch auf eine bestimmte staatliche Handlung vermittelte, vorliegend hinreichend entsprochen. Die Bundesregierung habe sich auf diplomatischem Wege eine völkerrechtskonforme Nutzung der Airbase Ramstein von der US-Regierung zusichern lassen, was ausreichend sei.[518] Lediglich eine gänzliche Untätigkeit wäre evident nicht ausreichend gewesen und hätte eine Missachtung des Untermaßverbotes dargestellt.[519]

IX. VG Köln, Somalia (Urt. v. 27.04.2016, 4 K 5467/15)[520]

Mit einer vergleichbaren Situation eines US-Drohnenangriffs, diesmal in Somalia, unter Nutzung technischer Signalstationen in Ramstein und Stuttgart, setzte

---

513 VG Köln, Urt. v. 27.5.2015, 3 K 5625/14, juris, Rz. 25, 29 = BeckRS 2015, 46138 – Ramstein.

514 VG Köln, ibid., Rz. 34 ff. – Ramstein.

515 VG Köln, ibid., Rz. 38 – Ramstein.

516 VG Köln, ibid. – Ramstein.

517 VG Köln, ibid., Rz. 65 f. – Ramstein.

518 VG Köln, ibid., Rz. 87 f. – Ramstein.

519 VG Köln, ibid., Rz. 53, 55 – Ramstein.

520 Vgl. hierzu auch die das Ergebnis zwar bestätigende, aber inhaltlich einerseits auf die Unstatthaftigkeit der Feststellungsklage wegen des Vorrangs der Leistungsklage sowie

sich die 4. Kammer des VG Köln[521] auseinander und kam zu einem gänzlich anderen Ergebnis. Sie wies die Klage des somalischen Klägers, der ein für den Tod seines Vaters mitursächliches rechtswidriges Unterlassen der Bundesrepublik Deutschland festgestellt wissen wollte, bereits als unzulässig ab. Es fehle an der Klagebefugnis, da eine Verletzungshandlung seitens der beklagten Bundesrepublik unter keinem denkmöglichen Aspekt in Betracht komme.[522] Zwar stehe der an sich anerkannte Anspruch auf staatliche Achtung des Rechtsguts Leben und damit einhergehende Schutzpflichten gem. Art. 2 Abs. 2 S. 1 GG in Rede, welcher jedoch schon in seiner Anwendbarkeit auf Ausländer im Ausland zweifelhaft sei.[523] Raum für zusätzliche deutsche Mitverantwortung hinsichtlich des primären Verletzerverhaltens der USA sei auch nur gegeben, wenn das deutsche Handeln eine „qualitative Schwelle“ überschreite, was nach Art. 25 GG völkerrechtlich nur auf zweierlei Arten[524] möglich sei:[525] Erstens, wenn ausländischen, völkerrechtswidrigen Handlungen im Inland staatliche Wirkung verliehen werde oder zweitens, wenn Deutschland an derartigen Handlungen „bestimmend mitgewirkt“ habe.[526]

Aufgrund der unstreitigen Passivität der Beklagten komme eine aktive Transformation des US-amerikanischen Verhaltens im Sinne der ersten Alternative nicht in Betracht, doch auch für ein bestimmendes Mitwirken nach der zweiten Alternative reiche bloßes Unterlassen nicht aus.[527] Zum einen sei das Überlassen der Liegenschaften an die USA im Rahmen des NATO-Truppenstatuts grundrechtsneutral.[528] Und zum anderen sei die rein technische Weiterleitung der Signale vom Verhalten der Beklagten unabhängig und würde abgesehen davon auch nicht stets zu einem rechtswidrigen Ergebnis führen.[529] Hinsichtlich aller

andererseits auf mangelnden Sachvortrag stüzende Berufungsentscheidung des OVG Münster, Urt. v. 19.3.2019, 4 A 1072/16, juris – Somalia.

521 Im Falle des obigen Ramstein-Urteils hatte die 3. Kammer des VG Köln entschieden.

522 VG Köln, Urt. v. 27.4.2016, 4 K 5467/15, juris, Rz. 69 = BeckRS 2016, 45421 – Somalia.

523 VG Köln, ibid., Rz. 69 ff. – Somalia.

524 Die Kammer meinte, mit diesen beiden „Transformationsmerkmalen“ könne die Mitverantwortung Deutschlands für drittstaatliches Verhalten rechtssicher erfolgen, sodass „die Reichweite grundrechtlicher Gewährleistungen abgrenzend und damit für verwaltungsgerichtliche Rechtsanwendung praktikabel zu erfassen“ sei, VG Köln, ibid., Rz. 94 – Somalia.

525 VG Köln, ibid., Rz. 92 – Somalia.

526 VG Köln, ibid., Rz. 94 – Somalia.

527 VG Köln, ibid. – Somalia.

528 VG Köln, ibid., Rz. 84 – Somalia.

529 VG Köln, ibid., Rz. 94 – Somalia.

für den Tod des Vaters des Klägers kausaler Faktoren sei das Unterlassen der Beklagten nicht primär entscheidend gewesen.[530] Von einer Betroffenheit von staatlichem Handeln der Bundesrepublik Deutschland könne keine Rede sein, womit es an einer Klagebefugnis wie auch einem qualifizierten Feststellungsinteresse mangele.[531] Dieses Ergebnis werde auch von der Rechtsprechung des EGMR getragen, wonach extraterritorial ausgeübte Hoheitsgewalt nur bei effektiver Gebietskontrolle im Ausland vorliegen könne.[532]

Die 4. Kammer des VG Köln ging folglich davon aus, dass wegen undenkbarer grundrechtlicher Adressatenstellung des deutschen Staates schon keine Schutzpflichtverletzung in Betracht kommen könne. Aufgrund der verneinten Zulässigkeit der Klage ließ das Gericht eine grundrechtsdogmatische Auseinandersetzung auf Ebene der Begründetheit obsolet werden.

530 VG Köln, ibid., Rz. 99 – Somalia.
531 VG Köln, ibid., Rz. 100 ff. – Somalia.
532 VG Köln, ibid., Rz. 86 – Somalia.

4. Teil: Rechtsprechungsanalyse

A. Grundsatzentscheidung zugunsten der Extraterritorialität

Wie aus den wiedergegebenen Entscheidungen hervor geht, sind sich (fast) alle mit grenzüberschreitenden Grund- bzw. Menschenrechtsfragen befassten Gerichte jedenfalls im Ausgangspunkt einig, dass die betreffenden Rechte extraterritoriale Geltungskraft besitzen. Die ursprünglich rein territorial gedachten Grund- und Menschenrechte,[533] die der Adressatenstaat allein auf seinem Hoheitsgebiet zu gewährleisten hatte, bedürfen für ihre extraterritoriale Anwendbarkeit einer dogmatischen Verankerung. Diese in den maßgeblichen Rechtsgrundlagen aufzuzeigen sowie die Grenzen der Rechtsbindung im Ausland aufzuzeigen, ist Gegenstand der folgenden Analyse.

I. Rechtsgrundlagen der extraterritorialen Grund- bzw. Menschenrechtsgeltung

Der gesetzliche Ausgangspunkt der Extraterritorialität von Grund- und Menschenrechten wird in der Rechtsprechung der befassten Gerichte in jeweils einer Dreh- und Angelnorm gesehen, auf europäischer Ebene in Art. 1 EMRK sowie bei den deutschen Grundrechten in Art. 1 Abs. 3 GG. Der in der englischen Originalfassung des Art. 1 EMRK, wonach „The High Contracting Parties shall secure to everyone within their jurisdiction the rights and freedoms defined in Section I of this Convention", maßgebliche Begriff ist jener der *jurisdiction*. In der nicht amtlichen deutschen Konventionsübersetzung wird dieser Begriff als „Hoheitsgewalt" bezeichnet, dem es anhand der folgenden Analysen Kontur zu verleihen gilt. Das deutsche Gegenstück des Art. 1 Abs. 3 GG, das Novum des Bonner Grundgesetzes im Vergleich zu allen deutschen Verfassungsvorgängern, lautet: „Die nachfolgenden Grundrechte binden Gesetzgebung, vollziehende Gewalt und Rechtsprechung als unmittelbar geltendes Recht." Die Bindung aller Staatsgewalt an die Grundrechte bildet vergleichbar mit der bei vorliegender *jurisdiction* zu gewährenden Garantie der Konventionsrechte die Grundlage einer extraterritorialen Individualrechtsgeltung. In keiner der beiden Normen

533 Vgl. die Darstellung bei *Heintzen*, Auswärtige Beziehungen privater Verbände, S. 108 f.; *Elbing*, Grundrechte bei Auslandsbezug, S. 220; *Fremuth*, NZWehrr 2012, 89, 97; *Schäfer*, Menschenrechte und humanitäres Völkerrecht, S. 11; *Krieger*, ZaöRV 2002, 669, 671.

findet sich ein Bezugspunkt zur territorialen Reichweite der staatlichen Verpflichtungen oder ein Hinweis darauf, welche Akte der staatlichen Hoheits- bzw. Staatsgewalt zuzurechnen sind. Die Erörtertung dieser Punkte ist unter Heranziehung der oben aufgeführten Rechtsprechung Aufgabe dieses Kapitels.

1. Art. 1 EMRK

Als völkerrechtlicher Vertrag sollte sich die EMRK, wie dies auch Art. 31 Abs. 3 lit. c VCLT zum Ausdruck bringt, in das allgemeine Völkerrecht einpassen und den Mitgliedstaaten keine Verpflichtungen auferlegen, die sie rein faktisch oder rechtlich nicht erfüllen können. Hinsichtlich des räumlichen Anwendungsbereichs stellt sich folglich die Frage, ob eine extraterritoriale Menschenrechtsachtung die Vertragsstaaten nicht in einen Konflikt mit dem tief verankerten Grundsatz der Staatensouveränität brächte, wenn sie auf fremdem Territorium eigenen völkerrechtlichen Pflichten nachzukommen hätten.

a. Staatensouveränität als völkerrechtliche Interpretationsgrenze?

Der Konflikt zweier souveräner Staaten und deren menschenrechtliche Verantwortlichkeit in Abgrenzung zueinander tritt in den geschilderten Gerichtsentscheidungen des Öfteren auf. In den Auslieferungsfällen wird ein Vertragsstaat der EMRK, bspw. Deutschland, der den Beschwerdeführer derzeit noch rechtmäßig in seiner Gewalt hat, in Anspruch genommen für zu erwartende Menschenrechtsverletzungen, meist in Form von Folter, durch den Zielstaat, z.B. die USA, der seinerseits nicht an die EMRK gebunden ist. Ist es aber nicht die souveräne Entscheidung der USA, wie sie mit ihren Strafgefangenen umgehen und würde eine Einmischung seitens Deutschlands auf Basis der EMRK nicht den Souveränitätsanspruch der USA untergraben? Oder noch deutlicher, würde eine Inanspruchnahme bspw. des Vereinigten Königreichs bezüglich einer menschenrechtsadäquaten Behandlung inhaftierter Irakis auf irakischem Territorium nicht mit dem Souveränitätsrecht des irakischen Staates konfligieren?

Um sich der Antwort auf diese Fragen zu nähern, ist zunächst festzustellen, dass kein völkerrechtliches Verbot besteht, die eigene staatliche Rechtsordnung (zu der die Konvention als zumeist inkorporiertes Völkerrecht zählt) über die eigenen Staatsgrenzen hinaus für anwendbar zu erklären, solange dabei nicht die Souveränität anderer Staaten in Frage gestellt wird.[534] Nichts anderes kann für

534 Vgl. StIGH, Entsch. v. 7.9.1927, PCIJ Series A No. 10, 4, 19 – The Case of the S.S. "Lotus" (Frankreich/Türkei): „Far from laying down a general prohibition to the effect that States may not extend the application of their laws and the jurisdiction of their

völkerrechtliche Verpflichtungen gelten, die Staaten ebenso freiwillig eingehen wie die Setzung der eigenen Rechtsordnung. Die EMRK als völkerrechtlicher Vertrag bzw. nationales Recht vermag somit dem Grundsatz nach Staatshandlungen auch außerhalb des eigenen Staatsgebiets aus der Perspektive des allgemeinen Völkerrechts zu erfassen. Problematisch aber erscheint weiterhin die Hürde der entgegenstehenden fremden Staatensouveränität bei derartigen über die eigenen Staatsgrenzen hinausreichenden Menschenrechtsverpflichtungen.

Allerdings ist festzuhalten, dass extraterritoriale Menschenrechtsverpflichtungen keine Ausweitung der völkerrechtlichen Befugnisse der Konventionsstaaten auf fremdem Gebiet darstellen, sondern vielmehr eine Restriktion staatlichen Handelns aufgrund der oftmals primär abwehrrechtlichen Komponente der Konventionsrechte bedeuten.[535] Die grenzüberschreitende Menschenrechtsbindung bedeutet ein „Mehr" für die von der fremden Hoheitsgewalt betroffenen Individuen – nämlich mehr fremdstaatliche Zurückhaltung und mehr Schutz – und zugleich ein „Weniger" für den kollidierenden heimatstaatlichen Souveränitätsanspruch – nämlich weniger fremde Intrusion. Wenn also im zweiten Beispiel das Vereinigte Königreich im Irak befindliche Personen dort inhaftiert, unabhängig von der Völkerrechtsmäßigkeit seiner dortigen Präsenz und jeweiligen Handlungen, dient die extraterritoriale EMRK-Geltung der Selbstbindung des Vertragsstaates an ein unwillkürliches und die Rechte des Einzelnen beachtendes Vorgehen. Es ist hierbei irrelevant, welche Menschenrechtsstandards im Irak gelten – weder geht es bei der extraterritorialen Geltung darum, den Gebietsstaat zu missionieren,[536] noch darf sich der Vertragsstaat auf einem dort ggf. geltenden niedrigeren Schutzniveau ausruhen.[537] Insofern stellt im zweiten Beispiel die Menschenrechtsbindung auf irakischem Territorium

---

courts to persons, property and acts outside their territory, it leaves them in this respect a wide measure of discretion which is only limited in certain cases by prohibitive rule[...]."; *Milanović*, 8 HRLR 2008, 411, 422; *Yousif*, Extraterritoriale Grundrechtsgeltung, S. 13, 19; *Werner*, Grundrechtsbindung der Bundeswehr, S. 100 f.; *Krieger*, ZaöRV 2002, 669, 671.

535 *von Arnauld*, Menschenrechte im Auslandseinsatz, 61, 73; *Walter*, FS Klein (2013), 351, 355.

536 EGMR, Urt. v. 7.7.2011, 55721/07, ECHR 2011-IV, 99 Rz. 141 – Al-Skeini u.a./Vereinigtes Königreich; im Ausgangspunkt ebenso *Krieger*, ZaöRV 2002, 669, 670; so versteht aber *N. Wagner*, Menschenrechtliche Schutzpflichten bei Friedenseinsätzen, 157, 172 eine extraterritoriale Anwendung menschenrechtlicher Verpflichtungen.

537 Ein höheres menschenrechtliches Schutzniveau als durch die EMRK gewährleistet wird, ist derzeit kaum denkbar, aber auch allgemeine (völkergewohnheitsrechtliche) Menschenrechtsstandards, die niedriger wären, würden von der EMRK überlagert,

keinen Widerspruch zum Souveränitätsgrundsatz dar, denn die größtmögliche abwehrrechtliche Komponente zugunsten des Individuums zieht als Kehrseite die kleinstmögliche Beeinträchtigung souveräner Hoheitsgewalt (des Iraks) vor Ort nach sich. Noch eindeutiger verhält es sich im Beispiel des Auslieferungsfalles von Deutschland an die USA. Der menschenrechtlich beeinflusste Standpunkt, eine in der staatlichen Gewalt befindliche Person nicht auszuliefern, stellt eine genuin souveräne Entscheidung des deutschen Staates dar, die in keiner Weise den Souveränitätsanspruch der USA beeinträchtigt. Sie dient lediglich der Einhaltung eigener völkerrechtlicher Verpflichtungen zum Schutz betroffener Individuen innerhalb der eigenen Einflusssphäre und ist damit Ausdruck der eigenen deutschen Staatensouveränität.

Anhand dieser heruntergebrochenen Beispiele wird deutlich, dass es sich bei der Frage nach extraterritorialen Menschenrechtsverpflichtungen nicht zuletzt auch um die Auflösung kollidierender Verantwortlichkeiten nach Souveränitätsansprüchen handelt.[538]

Als Reflex des menschenrechtlichen Anliegens, größtmöglichen Individualschutz vor staatlicher Willkür zu gewährleisten, könnte somit ein verantwortungsrechtliches *forum shopping* seitens der im Ausland betroffenen Individuen entstehen. Wenn die Möglichkeit besteht, entweder den Heimatstaat vor dem lediglich unverbindlich entscheidenden CCPR wegen Menschenrechtsverletzungen auf seinem Territorium rügen zu lassen[539] oder gegen das Vereinigte Königreich vor dem EGMR mit der Möglichkeit sogar eines finanziellen Ausgleichs nach Art. 41 EMRK vorzugehen, dürfte die Entscheidung nicht schwerfallen. Hieran äußert sich der von deutschen Gerichten argwöhnisch befürchtete Schwachpunkt der (finanziellen) Haftung für Menschenrechtsverletzungen. Bringt nun also die extraterritoriale Geltung der EMRK die Vertragsstaaten in

bzw. würden diese, so sie höheren Schutz gewähren, im Wege des Art. 31 Abs. 3 lit. c VCLT iVm Art. 53 EMRK entsprechend prägen.

538 *Shaw*, International Law, 8. Aufl. 2017, S. 215, 256; *Wiefelspütz*, NZWehrr 2008, 89, 101; mangels Anerkennung eigener Hoheitsgewalt der an einer UN-Friedensmission beteiligten Staaten auf einem fremden Territorium sei jedes Handeln nach der Konvention, insbesondere bei Erfüllung von Schutzpflichten Deutschlands ggü. der von ihrem Heimatstaat bedrohten (bspw. afghanischen) Bevölkerung eine unzulässige Beschränkung fremder Souveränität, *N. Wagner*, Menschenrechtliche Schutzpflichten bei Friedenseinsätzen, 157, 171.

539 Im obigen Beispielsfall wäre dies gegenüber dem Heimatstaat Irak mangels Ratifizierung des 1. Fakultativprotokolls zur ICCPR, das das Individualkommunikationsverfahren enthält, schon gar kein gangbarer Weg.

eine international missliche Lage und damit in die Verlegenheit einer schwachen Position gegenüber Nicht-Konventionsstaaten auf dem internationalen Parkett? Das würde implizieren, dass weitreichender Menschenrechtsschutz etwas Schlechtes, etwas Hinderliches ist, das die internationale Balance der souveränen Gleichheit aller Staaten aus dem Gleichgewicht zu bringen droht.

Diese Herangehensweise verkennt jedoch zwei grundlegende andere Ansatzpunkte des modernen Völkerrechts: Zum einen wird der den Menschenrechten von der weltweiten Staatengemeinschaft beigemessene Wert durch *erga omnes* wirkende Verpflichtungen zum Ausdruck gebracht.[540] Eine Menschenrechtsverletzung ist damit längst nicht mehr nur eine innerstaatliche Angelegenheit, sondern betrifft die Grundwerte aller Staaten und kann somit potentiell von jedem anderen Mitglied der Staatengemeinschaft vor dem IGH gerügt werden. Zum anderen erkennen alle drei maßgeblich mit Menschenrechtsverletzungen befassten internationalen Spruchkörper – IGH, CCPR sowie EGMR – extraterritoriale Bindungen an Menschenrechte an, sodass diese völkerrechtlichen Entwicklungen über Art. 31 Abs. 3 lit. c VCLT[541] Berücksichtigung zu erfahren haben.[542] Jeder Staat, der sich menschenrechtswidrig verhält, hat also eine (wenn auch in der Praxis selten erhobene) Staatenbeschwerde vor den kompetenten Gerichten zu befürchten. Das mit diesem Instrument korrelierende, freiwillig anerkannte, effektive Individualbeschwerdeverfahren vor dem EGMR gibt dem

540 *Shaw*, International Law, 8. Aufl. 2017, S. 217; *Skogly/Gibney*, 24 Hum. R. Q. 2002, 781, 797; *Simma*, FS Schlochhauer (1981), 635, 642; *Riedel*, Universeller Menschenrechtsschutz, 105, 111; so insbesondere auch der IGH, Entsch. v. 5.2.1970, ICJ Reports 1970, 3, Rz. 33 – Case concerning the Barcelona Traction, Light and Power Company, Limited (Belgien/Spanien), der den Charakter verschiedener Staatenpflichten wie folgt analysierte: „In particular, an essential distinction should be drawn between the obligations of a State towards the international community as a whole, and those arising vis-à-vis another State in the field of diplomatic protection. By their very nature the former are the concern of all States. In view of the importance of the rights involved, all States can be held to have a legal interest in their protection; they are obligations *erga omnes*." (Hervorh. i. Orig.), wozu der Gerichtshof auch „the principles and rules concerning the basic rights of the human person" (Rz. 34) zählt.

541 Zwar stellen die Entscheidungen der Spruchkörper für sich allein betrachtet keine Völkerrechtsquelle dar, doch führen sie über Art. 38 Abs. 1 lit. d IGH-Statut zur Herauskristallisierung geltenden Völkergewohnheitsrechts iSd Art. 38 Abs. 1 lit. b IGH-Statut, vgl. *Crawford*, Brownlie's Int'l Law, 8. Aufl. 2012, S. 24, 37 ff.; *Shaw*, International Law, 8. Aufl. 2017, S. 81 f.

542 *Schäfer*, Menschenrechte und humanitäres Völkerrecht, S. 25; *von Arnauld*, Menschenrechte im Auslandseinsatz, 61, 62.

betroffenen Individuum in Abkehr vom althergebrachten Konzept des diplomatischen Schutzes eigene Durchsetzungsmechanismen an die Hand. Dies ist in Ansehung der Völkerrechtsentwicklung nach dem Zweiten Weltkrieg nur konsequent und sollte keinesfalls als Schwächung der Vertragsstaaten aufgefasst werden. Es handelt sich nicht um die Konventionsstaaten über Gebühr belastende extraterritoriale Verpflichtungen, sondern vor allem um eine Stärkung rechtmäßigen Staatenhandelns mittels wirksamer Sanktionsmöglichkeiten.[543] Aus dem völkerrechtlichen Grundsatz der Staatensouveränität ergibt sich folglich keine Notwendigkeit zur Beschränkung der Extraterritorialität von Menschenrechtsverpflichtungen.

b. Erste Ansätze einer extraterritorialen Konventionsgeltung

Hinsichtlich der EMRK kommt dem EGMR die Aufgabe einer Interpretationsinstanz und damit Wächterfunktion über die Einhaltung der Konventionsgarantien zu, für deren Erfüllung er sich der Auslegungsmethoden der Art. 31 f. VCLT bedient. Gemeinhin zeichnet sich das Auslegungsverhalten des Gerichtshofs dadurch aus, dass er nach einer nicht eindeutigen, strengen Wortlautinterpretation einem dynamischen Konventionsverständnis vor einer nach Art. 32 VCLT nachrangig heranzuziehenden historischen Würdigung den Vorzug erteilt.[544] Überdies fokussiert der EGMR seine Herangehensweise auf einen teleologischen Bezugspunkt, nämlich dass die Rechte der Konvention nicht bloß illusorisch, sondern handhabbar und effektiv durchsetzbar zu verstehen sind.[545] Im Hinblick auf die Ausfüllung des *jurisdiction*-Begriffs schloss der Gerichtshof aus diesen Prinzipien zunächst, dass der Menschenrechtsschutz nicht an der Staatsgrenze des jeweiligen Vertragsstaates abgeschnitten werden könne, sondern die

---

543 Ähnlich *Letsas*, 15 EJIL 2004, 279, 304 f. unter Inkaufnahme der zeitgemäßen Weiterentwicklung des Vertrages durch den darüber wachenden Spruchkörper, wobei selbst bei mit Souveränitätseinbußen verbundene Entscheidungen keine Befolgungsverweigerung aufgrund des Stellenwertes der Menschenrechte zu befürchten sind.

544 EGMR, Urt. v. 25.4.1978, 5856/72, Series A 26 Rz. 31 = EuGRZ 1979, 162 – Tyrer/Vereinigtes Königreich; die dynamische und autonome ggü. der historischen Interpretation für notwendig haltend, um dem Willen der Staaten und einer angemessenen Bindung an die Konvention gerecht zu werden *Letsas*, 15 EJIL 2004, 279, 286.

545 EGMR, Urt. v. 9.10.1979, 6289/73, Series A 32 Rz. 24 – Airey/Irland; EGMR, Urt. v. 7.7.1989, 14038/88, Series A 161 Rz. 87 = NJW 1990, 2183 – Soering/Vereinigtes Königreich; *Vondung*, Europäischer Grundrechtsschutz, S. 12; *Letsas*, 15 EJIL 2004, 279, 294 f., 299 f. mit dem Hinweis auf den geringen Nutzen der historischen Willenshinterfragung für die heutige Praktikabilität der Konventionsrechte.

Verantwortlichkeit auch darüber hinaus folgen müsse.[546] Im Rahmen des Nordzypernkonflikts stellte der Gerichtshof erstmals den Begriff der „effektiven Kontrolle“ über ein fremdes Gebiet zur Ausfüllung der extraterritorialen *jurisdiction* in den Raum.[547] Bezogen auf die von einem Vertragsstaat militärisch besetzten Gebiete könne eine solche die Verantwortung nach der Konvention nach sich ziehen, insbesondere wenn der besetzende Vertragsstaat damit die Gebietskontrolle eines anderen Vertragsstaates aushebele.[548] Staatliche Betätigung außerhalb des eigenen Staatsgebiets dürfe keine menschenrechtsfreien Räume für Handlungen eröffnen, die innerhalb des eigenen Territoriums eine Konventionsverantwortung bedeuten würden.[549]

Die Ausgangslage für eine extraterritoriale Geltung der Konvention gestaltete sich nach den Aussagen in den ersten Grundsatzentscheidungen wie Soering, Drozd & Janousek sowie jenen im Nordzypernkonflikt vielversprechend, zumal der EGMR explizit konstatierte, dass „the concept of ‚*jurisdiction*‘ under [Art. 1 EMRK] *is not restricted* to the national territory of the High Contracting Parties.“[550] Allerdings waren neben derartigen Generalaussagen einige lediglich angerissene Punkte in den jeweiligen Entscheidungsbegründungen des EGMR offen gelassen worden, die sich nachträglich als Stolperfallen eines weiten *jurisdiction*-Verständnisses äußerten. So hatte der Gerichtshof den Punkt, dass sich eine konventionswidrige Staatshandlung durch bloßen Grenzübertritt nicht einer menschenrechtlichen Verantwortung entziehen könne, im Nordzypernkonflikt vor allem aus Sicht der betroffenen Individuen beurteilt anstatt eine objektive Staatenverpflichtung zu kreieren. Es kam dem Gerichtshof maßgeblich auf den Gesichtspunkt an, dass es für die nordzypriotische Bevölkerung keinen Unterschied machen dürfe, welcher Konventionsstaat ihr menschenrechtsverletzend gegenübertrete. Zudem waren objektive, an eine effektive Gebietskontrolle

546 EGMR, ibid. – Soering/Vereinigtes Königreich; EGMR, Urt. v. 26.6.1992, 12747/87, Series A 240 Rz. 91 – Drozd & Janousek/Frankreich & Spanien.

547 EGMR, Urt. v. 23.3.1995, 15318/89, BeckRS 2013, 89662 Rz. 62 f. = abrufbar unter: http://hudoc.echr.coe.int/eng?i=001-57920 (zuletzt abgerufen am 28.1.2019) – Loizidou/Türkei (preliminary objections).

548 EGMR, ibid. – Loizidou/Türkei (preliminary objections); EGMR, Urt. v. 10.5.2001, 25781/94, ECHR 2001-IV, 1 Rz. 78 – Zypern/Türkei.

549 EGMR, ibid. – Zypern/Türkei; dazu *Lawson*, Life After Bankovic, 83, 97.

550 EGMR, Urt. v. 23.3.1995, 15318/89, BeckRS 2013, 89662 Rz. 62 = abrufbar unter: http://hudoc.echr.coe.int/eng?i=001-57920 (zuletzt abgerufen am 28.1.2019) – Loizidou/Türkei (preliminary objections) (Hervorh. d. Verf.).

zu stellende Anforderungen gänzlich offen gelassen worden.[551] Diese beiden Ungenauigkeiten genügten, um die vormaligen Generalaussagen im Fall Bankovic in ihr Gegenteil zu verkehren.

c. Der Wendepunkt „Bankovic"

Die Entscheidungsfindung bezüglich der Auslegung der *jurisdiction* im Fall Bankovic, das Luftbombardement im ehemaligen Jugoslawien betreffend, begann der Gerichtshof zwar noch mit den oben angesprochenen Kriterien der Art. 31 f. VCLT. Anders als in den Fällen zuvor gelangte er jedoch zu einem vornehmlich territorial geprägten Begriffsverständnis des Wortlauts des Art. 1 EMRK.[552] Es drängt sich der Eindruck auf, dass der EGMR in dieser Zulässigkeitsentscheidung sein sonst prägendes Konzept der autonomen und dynamischen Konventionsauslegung aus der Hand gab, um stattdessen dem von den beklagten Regierungen vorgezeichneten Weg eines antiquierten, souveränitätsbasierten Völkerrechtsverständnisses zu folgen.

aa. Betonung des historischen Staatenwillens

Zum einen meinten die beklagten Staaten, allein die fehlenden Derogationserklärungen nach Art. 15 EMRK bei bisherigen militärischen Auslandskonflikten zeigten, dass es keine Staatenpraxis bezüglich einer derartigen extraterritorialen Hoheitsgewalt gäbe – der Gerichtshof folgte dem widerspruchslos.[553] Während in anderen Fällen ein vom Standpunkt der Staaten unabhängiges, menschenrechtsorientiertes und autonomes Verständnis der Konvention durch den Gerichtshof etabliert worden war,[554] übernahm er dieses fernliegende Argument

---

551 EGMR, Urt. v. 18.12.1996, 15318/89, ECHR 1996-VI, 2217 Rz. 56 – Loizidou/Türkei (judgment merits): „It is not necessary to determine whether [...] Turkey actually exercises detailed control over the policies and actions of the authorities of the "TRNC". It is *obvious from the large number of troops* engaged in active duties in northern Cyprus [Turkish armed forces of more than 30,000 personnel, see para. 16] that her army exercises effective overall control over that part of the island." (Hervorh. d. Verf.).

552 EGMR, Urt. v. 12.12.2001, 52207/99, ECHR 2001-XII, 333 Rz. 55 ff., 59 – Bankovic u.a./Belgien u.a.

553 EGMR, ibid., Rz. 37, 62 – Bankovic u.a./Belgien u.a.

554 EGMR, Urt. v. 8.6.1976, 5100/71 et al., Series A 22 Rz. 81 – Engel u.a./Niederlande: „If the Contracting States were able at their discretion to classify an offence as disciplinary instead of criminal, [...] the operation of the fundamental clauses of Articles 6 and 7 [...] would be subordinated to their sovereign will. A latitude extending thus far

der – vorliegend mangels inneren Staatsnotstandes gar nicht möglichen[555] – Derogationen schlicht. Hierbei wurde überdies außer Acht gelassen, dass selbst im Falle einer wirksamen Derogation ein Eingriff in das Recht auf Leben gem. Art. 15 Abs. 2 EMRK nur aufgrund einer nicht gegen humanitäres Völkerrecht verstoßenden Handlung zu rechtfertigen wäre, welches die Staaten ohnehin mit Überprüfungsmöglichkeit durch den EGMR zu achten hätten.[556]

Zum anderen verwiesen die beklagten Staaten auf die notwendige Beachtung des bloß restriktiven Minimalkonsens der Gründerstaaten, was den Gerichtshof überzeugte.[557] Denn die damalige Änderung des Konventionsentwurfs zu Art. 1 EMRK, nicht nur ansässige, sondern auch ohne festen Wohnsitz auf dem Staatsgebiet befindliche Personen durch den Begriff der *jurisdiction* zu erfassen, zeige deutlich die 1950 gewollte Begrenzung auf das Staatsgebiet.[558]

Durch jene Rückbesinnung auf den historischen subjektiven Willen der Gründungsstaaten maß der Gerichtshof der subsidiären Auslegungsregel des Art. 32 VCLT jedoch zu große Bedeutung bei.[559] Statt die gewöhnliche Bedeutung des Begriffs *jurisdiction* mittels der für langlebige Verträge auch vom IGH anerkannten dynamischen Auslegungsmethode[560] zu bestimmen, griff der EGMR auf ein

---

might lead to results incompatible with the purpose and object of the Convention."; ebenso *Schäfer*, MRM 2002, 149, 156; *Kearney*, 5 Trinity C. L. Rev. 2002, 126.

555 Vgl. die konkretisierten Kriterien in EGMR, Urt. v. 19.2.2009, 3455/05, ECHR 2009-II, 137 Rz. 176 – A. u.a./Vereinigtes Königreich; Meyer-Ladewig u.a./*Meyer-Ladewig/Schmaltz*, EMRK, 4. Aufl. 2017, Art. 15 Rz. 3 ff.; *Jankowska-Gilberg*, Extraterritorialität der Menschenrechte, S. 50; *Pejic*, 93 IRRC 2011, 837, 850; *Fitzpatrick*, 14 EJIL 2003, 241, 252; *Weingärtner*, Geltung der ICCPR und der Grundrechte, 83, 87; selbst ein Angriff auf einen befreundeten oder benachbarten Staat reicht mangels eigener Beeinträchtigung der Nation nicht aus, *Grabenwarter/Pabel*, EMRK, § 2 Rn. 9 ff.

556 *Schmahl*, Derogation von Menschenrechtsverpflichtungen, 125, 141 f.; anders aber das Argument der beklagten Staaten, die meinten, dass im Falle ihrer Verantwortlichkeit vorsorgliche weitreichende Derogationen zu befürchten seien und das humanitäre Völkerrecht allein gelten müsse (was wie oben gesehen wegen Art. 15 Abs. 2 EMRK ohnehin auch iRd Konvention Anwendung findet), vgl. EGMR, Urt. v. 12.12.2001, 52207/99, ECHR 2001-XII, 333 Rz. 43 – Bankovic u.a./Belgien u.a.

557 EGMR, ibid., Rz. 37, 63 ff. – Bankovic u.a./Belgien u.a.

558 EGMR, ibid., Rz. 63 – Bankovic u.a./Belgien u.a.

559 *Tzevelekos*, 31 Mich. J. Int'l. L. 2010, 621; *Gondek*, NILR 2005, 349, 361 ff.; *Jankowska-Gilberg*, Extraterritorialität der Menschenrechte, S. 48; *Schäfer*, MRM 2002, 149, 155 ff.; *Fremuth*, NZWehrr 2012, 89, 98; *Papp*, Extraterritoriale Schutzpflichten, S. 71.

560 IGH, Entsch. v. 13.7.2009, ICJ Reports 2009, 213 Rz. 65 f. – Dispute regarding Navigational and Related Rights (Costa Rica/Nicaragua); so auch der EGMR selbst, vgl. EGMR, Urt. v. 12.12.2001, 52207/99, ECHR 2001-XII, 333 Rz. 64 – Bankovic u.a./

antiquiertes Nachkriegsverständnis zurück. Nicht nur, dass wegen der geringen Anzahl der für die historische Auslegung maßgeblichen Gründungsstaaten im Verhältnis zur heutigen Mitgliedstaatenzahl Vorsicht bei der Genese eines einheitlichen Konventionsstaaten-Verständnisses geboten ist,[561] sondern zudem verdient die EMRK als Instrument des europäischen *ordre public*[562] mehr Einfluss gegenwärtigen Zeitgeistes. Subjektive Elemente eines Rechtsverpflichteten zum Maßstab der Rechtsauslegung zu machen, gewährte auch im Fall Bankovic naturgemäß restriktiver Staatenauffassung Einzug in sensible Menschenrechtsthemen. Die Rechtsadressaten wurden nachträglich erneut zum Rechtssetzer und damit auch Rechtsbegrenzer erhoben, was der originären Zielsetzung des internationalen Menschenrechtsschutzes zuwider lief.

bb. Problematik der geteilten und zugeschnittenen Rechte

Doch was bildete nun die Quintessenz aus dieser Argumentationskette des Gerichtshofs, mithilfe derer er seine eigene bisherige Rechtsprechung mit nur mäßiger Überzeugungskraft zu widerlegen versuchte? Die offenbar größte Befürchtung der beklagten Staaten war der klägerische Vortrag einer proportionalen Geltung der Konvention abhängig von der Wirkungsweise der jeweiligen Staatsgewalt. Heruntergebrochen argumentierten die Beschwerdeführer, dass bei jeder Berührung mit einem vertragsstaatlichen Verhalten der jeweilige Staat an das betroffene Konventionsrecht gebunden sei – weltweit, also auch gegenüber Ausländern im Ausland.[563] Eine Vorstellung, die das Unbehagen der beklagten Regierungen weckte, und gegen die sie vehement mit den obigen interpretatorischen Waffen feuerten. Denn eine derartig umfassende Konventionsgeltung habe den Gründungsstaaten keinesfalls vor Augen gestanden, zumal eine solche

---

Belgien u.a.: „It is true that the notion of the Convention being a living instrument to be interpreted in light of present-day conditions is firmly rooted in the Court's case-law."

561 Ähnlich *Dzehtsiarou*, 12 GLJ 2011, 1730, 1738 f., der aus den *travaux préparatoires* vielmehr den Auftrag erkennt, den EGMR als weiterführende, denn vergangenheitsorientierte Auslegungsinstanz wahrzunehmen; *Lorenz*, Territorialer Anwendungsbereich, S. 82.

562 So der EGMR explizit in EGMR, Urt. v. 10.5.2001, 25781/94, ECHR 2001-IV, 1 Rz. 78 – Zypern/Türkei; vgl. auch *Keller/Kühne*, ZaöRV 2016, 245, 257 f.

563 EGMR, Urt. v. 12.12.2001, 52207/99, ECHR 2001-XII, 333 Rz. 46 – Bankovic u.a./Belgien u.a.; ähnlich auch *Krieger*, Gerichtliche Kontrolle, 223, 226 ff., insbesondere zu den innerstaatlichen Vermeidungsstrategien einer gerichtlichen Überprüfung militärischen Auslandshandelns in den USA sowie dem Vereinigten Königreich.

Konstruktion zu einer Überprüfungskompetenz des Gerichtshofs hinsichtlich jedweden internationalen Tätigwerdens der Vertragsstaaten führen würde.[564] Vorsorglich wurde mit zukünftigen weitreichenden Derogationen nach Art. 15 EMRK gedroht, sollte sich der EGMR als weltweites Überwachungsorgan gerieren und so der militärischen Betätigung der Mitgliedstaaten menschenrechtliche Grenzen auferlegen wollen.[565]

Dagegen meinten die Beschwerdeführer selbst, dass von den Konventionsstaaten nichts Unmögliches im Sinne einer vollständigen Bindung an alle Konventionsrechte zu verlangen sei, sondern nur auf den konkreten Staatsakt zugeschnittene Rechtsgarantien.[566] Der Gerichtshof schloss sich jedoch vollumfänglich den Ausführungen der beklagten Staaten an und führte diesbezüglich das Wortlautargument ins Feld, nach dem Art. 1 EMRK eine derartige zurechtgeschnittene Wirkungsweise der Konventionsrechte nicht entnommen werden könne.[567] Das kann in dieser Strenge nicht überzeugen, da der Gerichtshof auch in der Vergangenheit dem unbestimmten Wortlaut der Konventionsgarantien tendenziell extensiven Bedeutungsgehalt zugemessen hatte. Dass der Wortlaut „[to] *secure* to everyone within their jurisdiction *the rights and freedoms* [of the Convention]" bspw. auch keine ersichtliche Bindung an die allein durch seine Rechtsprechung begründeten *positive obligations* zum Ausdruck bringt, bereitete dem Gerichtshof gleichwohl kein Unbehagen, deren Erfüllung von Staaten zu verlangen.[568]

Auch den Hinweisen der Beschwerdeführer zur beispielhaften Auslegung des Begriffs der *jurisdiction* in Art. 2 Abs. 1 ICCPR durch die CCPR ging der Gerichtshof wegen angeblich mangelnder Substantiierung des Vortrags gar nicht erst nach.[569] Dabei hatten sich sowohl der IGH[570] als auch die

564 EGMR, ibid., Rz. 39 ff. – Bankovic u.a./Belgien u.a.

565 EGMR, ibid., Rz. 43 – Bankovic u.a./Belgien u.a.

566 EGMR, ibid., Rz. 47 – Bankovic u.a./Belgien u.a.

567 EGMR, ibid., Rz. 75 – Bankovic u.a./Belgien u.a.

568 Z.B. hinsichtlich der Verhinderung von Umweltverschmutzung durch private Akteure in EGMR, Urt. v. 19.2.1998, 14967/89, Rz. 60 – Guerra u.a. /Italien, abrufbar unter: http://hudoc.echr.coe.int/eng?i=001-58135 (zuletzt abgerufen am 28.1.2019); vgl. auch *Grabenwarter/Pabel*, EMRK, § 19 Rn. 1, 3.

569 EGMR, ibid., Rz. 78 – Bankovic u.a./Belgien u.a.

570 Bzgl. der völkerrechtswidrigen Besetzung Namibias durch Südafrika führte der IGH, Gutachten v. 21.6.1971, ICJ Reports 1971, 16 Rz. 118 – Legal Consequences for States of the Continued Presence of South Africa in Namibia (South West Africa) notwithstanding Security Council Resolution 276 (Advisory Opinion) aus: „South Africa incurs international responsibilities arising from a continuing violation of an

CCPR[571] bereits hinsichtlich extraterritorialer Menschenrechtsgeltung dahingehend geäußert, dass diese denknotwenig sei, um Blankettermächtigungen zum Handeln in einem menschenrechtsfreien Raum im Ausland zu verhindern. Erst knappe drei Jahre später, im Fall Issa u.a. gegen die Türkei, griff der Gerichtshof – sogar unaufgefordert – auf genau diese Materialien zurück, um seine zu eng gesteckten Bankovic-Maßstäbe jedenfalls *in abstracto* zu korrigieren.[572] Konkret enthielt er sich aber auch dort einer abschließenden Entscheidung in der Sache, sodass die Exklusivausnahme der Extraterritorialität weiterhin durch die EGMR-Spruchpraxis geisterte.

Den Abschluss in der Bankovic-Argumentation bildete die Charakterisierung der eigenen Rechtsprechung im Nordzypernkonflikt als ergebnisorientiert, indem es alleiniges Ziel gewesen sei, der zypriotischen Bevölkerung den Schutz der Konvention um jeden Preis zuteil werden zu lassen – ob nun durch Zypern oder die Türkei garantiert, sei insofern einerlei.[573] Das Territorium Nordzyperns habe bereits dem Geltungsbereich der Konvention, dem sog. *espace juridique*, unterstanden, also könne den Personen dort der Schutz durch einen anderen Konventionsstaat nicht entzogen werden. Dieses Argument sei zugunsten der betroffenen Individuen in Jugoslawien mangels Vertragsstaateigenschaft nicht heranzuziehen, da die Konvention nicht mit dem Anspruch der weltweiten Geltung geschaffen worden sei. Die bombardierten Gebiete in Belgrad, Jugoslawien, gehörten *ergo* nicht zum Einzugsgebiet der Konvention.[574] So wurde das Pferd gewissermaßen von hinten aufgezäumt – zur Bestimmung der extraterritorialen Reichweite der Konvention bezog sich der EGMR auf das territorial ohnehin

---

international obligation. It also remains accountable for any violations of its international obligations, or of the rights of the people of Namibia."

571 S. insbesondere CCPR, Auffassung v. 29.7.1981, 52/1979, CCPR/C/13/D/52/1979 Rz. 12.2 f. – Delia Saldias de Lopez/Uruguay: „[…] [I]t would be unconscionable to so interpret the responsibility under [Art. 2 ICCPR] as to permit a State party to perpetrate violations of the Covenant on the territory of another State, which violations it could not perpetrate on its own territory."

572 Vgl. EGMR, Urt. v. 16.11.2004, 31821/96, Rz. 71 – Issa u.a./Türkei, abrufbar unter: http://hudoc.echr.coe.int/eng?i=001-67460 (zuletzt abgerufen am 28.1.2019); ebenso *Miller*, 20 EJIL 2009, 1223, 1227 f.

573 EGMR, Urt. v. 12.12.2001, 52207/99, ECHR 2001-XII, 333 Rz. 80 – Bankovic u.a./Belgien u.a.: „Accordingly, the desirability of avoiding a gap or vacuum in human rights' protection has so far been relied on by the Court in favour of establishing jurisdiction only when the territory in question was one that, but for the specific circumstances, would normally be covered by the Convention."

574 EGMR, ibid. – Bankovic u.a./Belgien u.a.

gewährleistete Schutzgebiet. Zudem erweckte dieses Argument den Eindruck, es gäbe konventionsprivilegierte Bevölkerungen und solche, die gewissermaßen das Pech hätten, sich auf dem Staatsgebiet eines Nicht-Konventionsstaates zu befinden und mit der Staatsgewalt eines Vertragsstaates in Berührung zu kommen. Da Letztere den Menschenrechtsstandard der Konvention nicht gewohnt seien, müsse ihnen eine begünstigende Berufung darauf versagt sein – was der Gerichtshof in Bezug auf Auslieferungsfälle wie in Soering jedoch noch gänzlich anders gesehen hatte.

Dort galt es für einen Konventionsstaat, eine Auslieferung zu unterlassen, wenn dem Individuum im weltweiten Ausland durch eine *andere* Staatsgewalt erwartungsgemäß gravierende Menschenrechtsverletzungen drohten.[575] Die im Ausland, das über den *espace juridique* hinausgeht, ausgeübte *eigene* Staatsgewalt eines Konventionsstaates soll aber hingegen gar nicht an der Konvention gemessen werden. Dieses schwer haltbare Paradoxon in der EGMR-Rechtsprechung verleitet zu der These, dass es zu einer immer größeren Abstufung konventions- und damit menschenrechtlicher Verantwortung kommen könnte, je weiter sich ein Vertragsstaat von seiner „*home base*“, also seinem Staatsgebiet, entfernen würde. Auslandsbezug herzustellen wäre somit ein frei wählbarer Akt der Konventionsstaaten, um sich der EGMR-Judikatur und Konventionsverpflichtung zu entziehen.

Hinsichtlich des dogmatischen Grundkonzepts, das dem EGMR bei der Bankovic-Entscheidung wohl vor Augen stand, erscheint dieser Gedankengang zunächst gar nicht allzu fernliegend. Der Ursprung der Befürchtung der beklagten Staaten, im Falle positiv festgestellter *jurisdiction* mit nicht erfüllbaren Menschenrechtsverpflichtungen konfrontiert zu werden, lässt sich aus dem Wortlaut des Art. 1 EMRK, „[to] *secure* to everyone within their jurisdiction the rights and freedoms" erahnen. Anscheinend verbarg sich hinter „*secure*“ die Überzeugung, bei Eröffnung des Anwendungsbereichs vollumfänglich an die Konvention gebunden sein. Hierbei stand wohl nicht nur die abwehrrechtlicher Perspektive

575 EGMR, Urt. v. 7.7.1989, 14038/88, Series A 161 = NJW 1990, 2183 Rz. 88 – Soering/ Vereinigtes Königreich: „The question remains whether the extradition of a fugitive to another State where he would be subjected or be likely to be subjected to torture or to inhuman or degrading treatment or punishment would itself engage the responsibility of a Contracting State under Article 3 [EMRK]. [...] It would hardly be compatible with the underlying values of the Convention, [...] were a Contracting State knowingly to surrender a fugitive to another State where there were substantial grounds for believing that he would be in danger of being subjected to torture, however heinous the crime allegedly committed.“

der Konventionsrechte, sondern vor allem auch die Pflicht zur Gewährung von *positive obligations* im Raum[576] – wenngleich Letztere wie bereits dargestellt keinesfalls zwingend aus Art. 1 EMRK zu folgen hätten. Aus Sicht der beklagten Konventionsstaaten ergab sich somit ein „Alles-oder-nichts-Prinzip" hinsichtlich der Konventionsgeltung, also vollständige Bindung mitsamt Schutzpflichten, Teilhaberechten und Leistungspflichten oder nichts von alledem.[577] Die dieser Herangehensweise folgende Anknüpfung der *jurisdiction* an einen dauerhaften territorialen Bezugspunkt der „effektiven Kontrolle" über fremdes Staatsgebiet, die der Gerichtshof vornahm, ergibt insofern durchaus Sinn.[578]

Allerdings gestaltete sich schon dieser Ausgangspunkt als kritisch zu beäugender Fremdkörper im internationalen Menschenrechtssystem. Denn wie die Beschwerdeführer im Bankovic-Fall darlegten, hätte sich durchaus auch eine anderweitige Grundeinstellung zum Anwendungsumfang der Konvention angeboten, die sowohl Individuen-freundlicher als auch mit der bisherigen Rechtsprechungslinie konsistenter hätte ausfallen können. Des Ausspruchs einer weltweiten Geltung der EMRK, die immerhin menschenrechtliche *erga omnes*-Verpflichtungen enthält,[579] mit der Konsequenz geteilter und auf die jeweils wirkende Staatsgewalt zugeschnittener Rechte enthielt sich der Gerichtshof jedoch überraschenderweise. In Anbetracht seiner sonstigen eher strengen Linie gegenüber den Vertragsstaaten zugunsten einer pro-individualschützenden Haltung stellte sich die Frage, warum der EGMR der Gewährung eines Minimums an Menschenrechtsschutz im Sinne des klägerischen Vortrags derart abgeneigt war.

---

576 EGMR, Urt. v. 12.12.2001, 52207/99, ECHR 2001-XII, 333 Rz. 40 – Bankovic u.a./ Belgien u.a.

577 Von *Jankowska-Gilberg*, AVR 2012, 61, 64 als „Alles-oder-nichts-Auffassung" des EGMR bezeichnet; ebenso dazu *King*, 9 HRLR 2009, 521, 539; *Krieger*, ZaöRV 2002, 669, 672; *Miller*, 20 EJIL 2009, 1223, 1233 f.; *Lubell*, 92 IRRC 2012, 317, 322; das Problem funktionierender Infrastruktur bei derartigen extraterritorialen Verpflichtungen aufnehmend, aber hohe Anforderungen an eine allein dadurch bedingte Versagung menschenrechlichen Schutzes stellend *von Arnauld*, Menschenrechte im Auslandseinsatz, 61, 71 ff.

578 Dies an den Besatzungszustand iSd humanitären Völkerrechts anlehend und Lufthoheit für nicht ausreichend befindend *Krieger*, ZaöRV 2002, 669, 672, 675; stets ausreichende territoriale Gewaltausübung für *„jurisdiction"* verlangend, dies aber pauschal für bisherige Bundeswehr-Einsätze im Ausland verneind *N. Wagner*, Menschenrechtliche Schutzpflichten bei Friedenseinsätzen, 157, 170.

579 *Miller*, 20 EJIL 2009, 1223, 1234; *Jankowska-Gilberg*, Extraterritorialität der Menschenrechte, S. 47; dazu auch *Schäfer*, MRM 2002, 149, 159.

cc. *Erklärungsversuch der ergebnisorientierten Rechtsprechung*

Was von der Bankovic-Argumentation des Gerichtshofs überbleibt, ist die Erkenntnis, dass sich eben *diese* Rechtsprechung ergebnisorientiert gestaltete und nicht jene in der Rechtssache Loizidou bzw. dem Nordzypern-Konflikt insgesamt. Die Intention jener restriktiven Gestaltung einer extraterritorialen *jurisdiction* bestand aber nicht in einer generellen Korrektur des zuvor extensiveren Rechtsprechungsansatzes, sondern entsprang wohl vielmehr der Zurückhaltung des EGMR vor einem Eingriff in die angespannte internationale politische Lage seinerzeit.[580] Bei den Luftschlägen auf diverse Ziele in Jugoslawien im Frühjahr 1999 handelte es sich um eine vom UN-Sicherheitsrat nicht authorisierte NATO-Mission. Die massiven innerstaatlichen Menschenrechtsverletzungen, die die Reaktion der Regierung des ehemaligen Jugoslawiens auf das Abspaltungsbestreben der albanisch geprägten Provinz Kosovo darstellten, sollten durch die NATO-Mission *Operation Allied Force* militärisch beendet werden. Der Militäreinsatz fand wegen des russischen Vetos ohne UN-Sicherheitsratsmandat nach Art. 42 UN-Charta statt,[581] sodass die beteiligten NATO-Staaten mit der Notwendigkeit einer humanitären Intervention zur Rechtfertigung des tödlichen Waffeneinsatzes argumentierten.[582] Während die NATO-Militärmission wegen eines potentiellen Verstoßes gegen das allgemeine Gewaltverbot nach Art. 2 Abs. 4 UN-Charta öffentlich umstritten war und aufgrund der erheblichen zivilen Opfer kritisiert wurde,[583] fehlte es jedoch an gerichtlichen Entscheidungen mit einer diesbezüglichen rechtlichen Stellungnahme. Insbesondere der IGH als Spezialist in Sachen Staatenpflichten unter der UN-Charta hatte seine Zuständigkeit mangels Unterwerfungserklärungen der von Jugoslawien zur Verantwortung gezogenen Staaten zu versagen.[584]

---

580 Ähnlich z.B. auch *Lorenz*, Territorialer Anwendungsbereich, S. 63 f.

581 Die Sicherheitsratsresolution 1199 v. 23.9.1998 bekräftigte in Ziff. 7 lediglich den in der vorherigen Sicherheitsratsresolution 1160 v. 31.3.1998 initiierten Wirtschaftsboykott Jugoslawiens, sprach jedoch keine darüber hinausgehenden Konsequenzen mehr aus, sondern behielt sich diese lediglich in Ziff. 16 (Resolution 1199) für weitere, bereits harsch verurteilte innerstaatliche Gewaltanwendungen, vor.

582 *Fremuth*, NZWehrr 2012, 89, 91; *Nolte*, ZaöRV 1999, 941, 944; *Krajewski*, AVR 2002, 183, 212; *Constantin/Tams*, NZWehrr 2008, 244, 245.

583 Zum Streitstand *Papp*, Extraterritoriale Schutzpflichten, S. 283 ff.; *Kearney*, 5 Trinity C. L. Rev. 2002, 126, 149; *Nolte*, ZaöRV 1999, 941, 942 f.; *Maurer*, JZ 1999, 689, 695; *Kreß*, ZaöRV 1997, 329, 334 f.

584 Vgl. die Darstellung zu den IGH-Urteilen in den *Use of Force*-Fällen, oben Fn. 347; s. auch *Constantin/Tams*, NZWehrr 2008, 244, 245; *Jankowska-Gilberg*, Extraterritorialität der Menschenrechte, S. 57; *Krieger*, Gerichtliche Kontrolle, 223.

Der EGMR hätte somit die Vorreiterrolle einnehmen können, als internationaler Spruchkörper zumindest inzident über den Einklang des Luftbombardements mit allgemeinem Völkerrecht im Rahmen der Rechtfertigungsmöglichkeiten unter der Konvention zu befinden. Freilich hätten sich hierbei einige Minenfelder aufgetan: Hätte der EGMR iRd Art. 1 EMRK eine durch jedwede Staatsgewalt zugeschnittene Konventionsverantwortlichkeit bejaht, wäre es sodann auf Zurechnungsfragen wegen der Involvierung der NATO angekommen, die zuvor ebenfalls noch nicht Gegenstand der Rechtsprechung gewesen waren. Im Falle des Erklimmens dieser Hürde hätte schließlich eine Konfrontation mit der Rechtmäßigkeit einer humanitären Intervention zur Rechtfertigung eines Eingriffs in das Recht auf Leben im Raum gestanden. Die beklagten Staaten wandten dahingehend vorsorglich ein, dass der Fall einige Fragestellungen des allgemeinen Völkerrechts sowie der Auslegung der UN-Charta bereithalte, die der Gerichtsbarkeit des EGMR nach Maßgabe der Konvention grundsätzlich nicht primär unterfielen.[585] Nach dem Selbstverständnis des Gerichtshofs, der seine Prüfungskompetenz gemeinhin nicht auf die Konvention als isolierten Völkerrechtsausschnitt beschränkte, hätte dies allerdings kein Hindernis bedeuten dürfen. Ausgehend von der Formel, dass „the Convention cannot be interpreted and applied in a vacuum", nahm der Gerichtshof in späteren Entscheidungen Auslegungen von UN-Sicherheitsratsresolutionen sowie der UN-Charta in Angriff, um eine völkerrechtlich konsistente Konventionsanwendung zu gewährleisten.[586] Wenngleich der EGMR in der Bankovic-Entscheidung

585 EGMR, Urt. v. 12.12.2001, 52207/99, ECHR 2001-XII, 333 Rz. 43 – Bankovic u.a./Belgien u.a.: „In particular, it would have serious consequences for international military collective action as it would render the [European Court of Human Rights] competent to review the participation of Contracting States in military missions all over the world in circumstances when it would be impossible for those States to secure any of the Convention rights to the inhabitants of those territories and even in situations where a Contracting State had no active part in the relevant mission. [...]"; so auch *O'Boyle*, Comment on Life After Bankovic, 125, 135; *Jankowska-Gilberg*, Extraterritorialität der Menschenrechte, S. 58.

586 Vgl. EGMR, Urt. v. 7.7.2011, 27021/08, ECHR 2011-IV, 305 Rz. 76 – Al-Jedda/Vereinigtes Königreich: „[The facts of the case include] the terms of the United Nations Security Council resolutions which formed the framework for the security regime in Iraq during the period in question. In performing this exercise, the Court is mindful of the fact that it is not its role to seek to define authoritatively the meaning of provisions of the Charter of the United Nations and other international instruments. It must nevertheless examine whether there was a plausible basis in such instruments for the matters impugned before it [...]. The principles underlying the Convention

denselben Wortlaut eingangs seiner Entscheidungsfindung wählte,[587] blieb es dort im Folgenden noch bei der rein konventionsinternen historischen Wortlautauslegung.

Es scheint, als habe der EGMR durch seine insgesamt rigide Argumentation, die in der Abweisung der Beschwerde als unzulässig mündete, einen Schulterschluss mit dem – aus gänzlich anderen Gründen – unzuständigen IGH gesucht, um sich einer Rechtsmeinung in der Sache enthalten zu können. Anders sah noch die Herangehensweise des EGMR im Fall Loizidou aus, wo der Gerichtshof die Frage der Zulässigkeit *ratione loci* bisweilen offen gelassen und erst nach den materiellen Äußerungen der Parteien zur Begründetheit abschließend behandelt hatte.[588] Diesen Gesamtüberblick wollte sich der Gerichtshof im Fall Bankovic offensichtlich nicht verschaffen und vermied durch die zügige Herleitung der Unzulässigkeit inhaltliche Ausführungen zu den in der Nordzypern-Rechtsprechung aufgestellten Kriterien. So kam es mangels Erstreckung der Bindungswirkung der Konvention auf jugoslawisches Territorium zwar nicht zu einer inhaltlichen Auseinandersetzung mit der effektiven Gebietskontrolle. Dennoch wurde der Bezugnahme des Gerichtshofs auf die Situation in Nordzypern und die größere Reichweite des gemeinsamen Art. 1 der Genfer Konventionen die Bedeutung beigemessen, dass die Voraussetzung eines Besatzungszustandes iSd Art. 42 der Haager Landkriegsordnung für Art. 1 EMRK zu fordern sei.[589] Wenngleich der Gerichtshof somit explizit keine „Bereichsausnahme Luftbombardierung" konstatierte, wurde der Bankovic-Entscheidung eine derartige Aussage implizit entnommen. Es wurde sogar vermutet, dass sich der EGMR einer Auseinandersetzung mit der Völkerrechtsmäßigkeit von Luftschlägen unter dem Eindruck der kurz vor der Verhandlung stattgefundenen 9/11 Anschläge in den USA bewusst habe enthalten wollen, um keine rechtlichen Signale hinsichtlich

---

cannot be interpreted and applied in a vacuum and the Court must take into account relevant rules of international law."

587 EGMR, Urt. v. 12.12.2001, 52207/99, ECHR 2001-XII, 333 Rz. 57 – Bankovic u.a./ Belgien u.a.

588 Vgl. EGMR, Urt. v. 23.3.1995, 15318/89, BeckRS 2013, 89662 Rz. 64 = abrufbar unter: http://hudoc.echr.coe.int/eng?i=001-57920 (zuletzt abgerufen am 28.1.2019) – Loizidou/Türkei (preliminary objections).

589 Die Bezugnahme des EGMR findet sich in EGMR, Urt. v. 12.12.2001, 52207/99, ECHR 2001-XII, 333 Rz. 75 – Bankovic u.a./Belgien u.a. Den Schluss eines besatzungsähnlichen Charakters als Voraussetzung für extraterritoriale Hoheitsgewalt daraus ziehend bspw. die britischen Gerichte in EGMR, Urt. v. 7.7.2011, 55721/07, ECHR 2011-IV, 99 Rz. 74 – Al-Skeini u.a./Vereinigtes Königreich sowie *Krieger*, ZaöRV 2002, 669, 697.

des als Reaktion darauf vornehmlich mittels Luftangriffen geführten *War Against Terror* in Afghanistan zu setzen.[590]

Der Rückgriff auf einen völkerrechtlichen Besatzungszustand iSd humanitären Völkerrechts hätte jedoch auch inhaltlich nicht überzeugen können – unabhängig davon, ob dem Gerichtshof ein solcher vorschwebte oder worin seine sonstigen Beweggründe in Sachen Bankovic lagen. Denn die Übernahme dieses Zustandes aus dem humanitären Völkerrecht als Schwelle der Anwendbarkeit eines Menschenrechtsvertrages hätte die unterschiedliche Zielsetzung der beiden Rechtsmaterien verkannt. Die Ausführungen des IGH zum Konkurrenzverhältnis von Menschenrechten und humanitärem Völkerrecht bescheinigten diesen zwar ein paralleles Miteinander,[591] sodass eine Interaktion nicht ausgeschlossen wäre. So kann humanitäres Völkerrecht herangezogen werden, um als Rechtfertigungsgrund zu dienen oder menschenrechtliche Standards im Wege von Schutzbereichsbegrenzungen wegen der Extremsituation eines bewaffneten Konflikts herabzusetzen.[592] Zu weit ginge es jedoch, durch die Übernahme restriktiv gefasster Begrifflichkeiten des humanitären Völkerrechts diese zur Anwendbarkeitsvoraussetzung menschenrechtlichen Schutzes zu machen.[593] Denn dem Grunde nach handelt es sich um zwei divergierende Herangehensweisen an das gemeinsame Ziel eines staatlich zu gewährenden Individualschutzes: Während

590 *Alston/Goodman*, International Human Rights, S. 919; *Lawson*, Life After Bankovic, 83, 115 f.; *Jankowska-Gilberg*, Extraterritorialität der Menschenrechte, S. 62; *von Arnauld*, Menschenrechte im Auslandseinsatz, 61, 62. Ähnlich fragwürdig wie die Motive und Methoden des *War Against Terror* gestaltete sich auch die dem Bankovic-Fall zugrundeliegende humanitäre Intervention, sodass der Gerichtshof ggf. in doppelter Hinsicht ein Signalfeuer durch eine Entscheidung in der Sache vermeiden wollte.

591 IGH, Gutachten v. 9.7.2004, ICJ Reports 2004, 136 Rz. 102 ff., 106 – Legal Consequences of the Construction of a Wall in the Occupied Palestinian Territory (Advisory Opinion).

592 Vgl. zur Schutzbereichsbegrenzung, nicht jedoch Verdrängung der Menschenrechte in bewaffneten Konflikten IGH, Gutachten v. 8.7.1996, ICJ Reports 1996, 226 Rz. 25 – Legality of the Threat or Use of Nuclear Weapons (Advisory Opinion); *Krieger*, 11 JCSL 2006, 265, 271; *dies.*, Asymmetrischer Konflikt, 39, 55; *Gillard*, International Humanitarian Law, 25, 36; zur Rechtfertigung und gleichzeitig Modifikation des Schutzniveaus EGMR, Urt. v. 16.9.2014, 29750/09, ECHR 2014-VI, 1 Rz. 104 – Hassan/Vereinigtes Königreich; *Schäfer*, Menschenrechte und humanitäres Völkerrecht, S. 44 ff.; *Fremuth*, NZWehrr 2012, 89, 101 f.

593 Zu den hohen Anforderungen an eine Okkupation iSd humanitären Völkerrechts *Gillard*, International Humanitarian Law, 25, 33.

der Menschenrechtsschutz, vor allem jener der EMRK, das Individuum in den Mittelpunkt einer eigenen Rechtssphäre in Abgrenzung zur Staatsmacht rückt, bezweckt das humanitäre Völkerrecht einen lediglich individuellen Mindestschutz im Kampf der staatlichen Giganten untereinander.[594] Daraus erklärt sich der ungleich weiter gezogene Wortlaut des gemeinsamen Art. 1 der Genfer Konventionen, der den Vertragsstaaten keinerlei Ausweg aus den ohnehin geringen Schutzgewährungen gegenüber der Zivilbevölkerung erlauben sollte.[595]

Auf die Voraussetzung eines militärischen Besatzungszustandes iSd althergebrachten Verständnisses des humanitären Völkerrechts hätte es demnach für die Entscheidung in Sachen Bankovic nicht ankommen können.[596] Daneben ginge es fehl, den vom EGMR entwickelten Begriff der effektiven Gebietskontrolle in Anlehnung an das humanitäre Völkerrecht ausschließlich als klassische Bodeninvasion zu verstehen, da aufgrund eines dynamischen Begriffsverständnisses die mit Mitteln der modernen Kriegsführung vergleichbar aus der Luft zu erreichende Übermacht über ein Territorium ebenfalls erfasst werden müsste.[597] Zur Klarstellung einer menschenrechtlich nicht akzeptablen „Bereichsausnahme Luftbombardierung" distanzierten sich in der Folge der Bankovic-Entscheidung sowohl CCPR als auch der Europarat von einem derartigen Verständnis.[598]

---

594 *Krieger*, 11 JCSL 2006, 265, 273; *Schäfer*, Menschenrechte und humanitäres Völkerrecht, S. 12 ff.; zur Aufgabe des humanitären Völkerrechts diesbezüglich *Kunz*, 50 AJIL 1956, 313, 316.

595 Art. 1 aller vier Genfer Konventionen lautet in der deutschen Übersetzung: „Die Hohen Vertragsparteien verpflichten sich, das vorliegende Abkommen unter allen Umständen einzuhalten und seine Einhaltung durchzusetzen." Dazu *Lorenz*, Territorialer Anwendungsbereich, S. 111 f.

596 *von Arnauld*, Menschenrechte im Auslandseinsatz, 61, 64, 67; *Lorenz*, Territorialer Anwendungsbereich, S. 82 f.; *Schäfer*, MRM 2002, 149, 156, 160; auch *Gillard*, International Humanitarian Law, 25, 34, die die Unbeachtlichkeit eines Besatzungszustandes für menschenrechtliche Fragen herausstellt; a.A. *Krieger*, ZaöRV 2002, 669, 674 f., die einen dahingehenden völkerrechtlichen Gleichlauf befürwortet.

597 *Kearney*, 5 Trinity C. L. Rev. 2002, 126, 138.

598 CCPR, General Comment Nr. 31 v. 26.5.2004, The Nature of the General Legal Obligation Imposed on States Parties to the Covenant, UN Doc. CCPR/C/21/Rev.1/Add.13, Rn. 10: „This principle [that the ICCPR rights must be available to all individuals, regardless of nationality or Statelessness] also applies to those within the power or effective control of the forces of a State Party acting outside its territory, regardless of the circumstances in which such power or effective control was obtained, such as forces constituting a national contingent of a State Party assigned to an international peace-keeping or peace-enforcement operation."; PACE, Resolution 1417 (25.1.2005), Protection of Human Rights in Kosovo, Rn. 2: "[S]erious concerns remain as regards

Dass es auf einen Besatzungszustand nach humanitärem Völkerrecht für die Begründung extraterritorialer *jurisdiction* iSv Art. 1 EMRK nicht ankommen könne, entschied der EGMR in späteren Fällen ausdrücklich auch selbst.[599] Nach der augenscheinlich politisch motivierten Bankovic-Entscheidung war im Folgenden ein Abrücken des Gerichtshofs von deren Leitlinien zugunsten einer Anknüpfung an die zuvor eingeschlagene Rechtsprechungslinie eines extensiveren Hoheitsgewaltverständnisses iRd Art. 1 EMRK zu beobachten.

d. Der Bankovic-Aftermath bis hin zu Al-Skeini

Infolge der Bankovic-Entscheidung sahen einige beklagte Regierungen, in aller Regelmäßigkeit jene des Vereinigten Königreichs und der Türkei, ihre Chance in der Erinnerung des Gerichtshofs an seine dortige restriktive Handhabung der Konventionsverantwortlichkeit. Allerdings bewegte sich der EGMR *peu à peu* von dieser restriktiven Rechtsprechung wieder weg. Angefangen im Fall Issa, in dem zunächst vorsichtig vom rein europäischen *espace juridique* hin zu einer potentiellen Verantwortung der Türkei im Irak abgewichen wurde,[600] gab der Gerichtshof sogar den generell territorial gedachten Ansatzpunkt der *jurisdiction* zugunsten einer ausreichenden staatlichen Gewalt über Personen auf.[601] Zwar kam es darauf mangels ausreichenden Beweisangebots der Beschwerdeführerinnen noch nicht an, doch griff der Gerichtshof diesen Aspekt in den

---

the protection of human rights in Kosovo, especially after the tragic events of 17 to 19 March 2004. Kosovo is a part of Europe, and the fact that it is currently under interim administration should not deprive its inhabitants of the effective protection of European human rights standards."; ebenso *Lorenz*, Territorialer Anwendungsbereich, S. 48 f.; *Schäfer*, Menschenrechte und humanitäres Völkerrecht, S. 30 f.; *von Arnauld*, Menschenrechte im Auslandseinsatz, 61, 64; *Fremuth*, NZWehrr 2012, 89, 98.

599 Vgl. EGMR, Urt. v. 24.11.2014, 47708/08, ECHR 2014-VI, 229 Rz. 142 – Jaloud/Niederlande.

600 So die spätere explizite Aussage für das Verständnis des Gerichtshofs u.a. in Sachen Issa in EGMR, Urt. v. 7.7.2011, 55721/07, ECHR 2011-IV, 99 Rz. 142 – Al-Skeini u.a./Vereinigtes Königreich; ebenso ausdrücklich die Anwendbarkeit der Konvention im Irak für von der türkischen Regierung zugegebene Militäraktionen bejahend EGMR, Urt. v. 28.6.2007, 60167/00, Rz. 53 f. – Mansur Pad u.a./Türkei, abrufbar unter: http://hudoc.echr.coe.int/eng?i=001-81672 (zuletzt abgerufen am 28.1.2019).

601 EGMR, Urt. v. 16.11.2004, 31821/96, Rz. 68 f., 71 – Issa u.a./Türkei, abrufbar unter: http://hudoc.echr.coe.int/eng?i=001-67460 (zuletzt abgerufen am 28.1.2019); ebenso *Jankowska-Gilberg*, Extraterritorialität der Menschenrechte, S. 76 f.; *dies.*, AVR 2012, 61, 66; *McCorquodale/Simons*, 70 MLR 2007, 598, 604; *Papp*, Extraterritoriale Schutzpflichten, S. 68, 70; *Lehnert/Markard*, ZAR 2012, 194, 195.

Fällen Öcalan und Al-Skeini auf – damit fand die Konvention in Kenia[602] sowie im Irak[603] faktisch Anwendung. Allerdings kam es dem Gerichtshof wie angedeutet auf eine dortige Gebietskontrolle gar nicht mehr an,[604] denn die beklagten Staaten waren keinesfalls allen Personen vor Ort hinsichtlich aller Konventionsrechte verantwortlich, sondern allein den jeweiligen Beschwerdeführern gegenüber verpflichtet. Während es sich bei dem Beschwerdeführer Öcalan um einen türkischen Staatsangehörigen und somit jedenfalls den völkerrechtlich anerkannten *jurisdictional link* der Personalhoheit handelte,[605] hatte das Vereinigte Königreich Irakern im Irak Konventionsrechte zu garantieren[606]. Zur begründungsbedürftigen Ausnahme der extraterritorialen Konventionsgeltung war neben besatzungsähnlicher effektiver Kontrolle, inzwischen auch außerhalb des europäischen Rechtsraumes, effektive Personenkontrolle getreten.

Der Fall Al-Skeini gegen das Vereinigte Königreich ist als vollständige und endgültige Abkehr[607] von dem in Bankovic erheblich zu eng definierten Begriffsverständnis extraterritorialer Hoheitsgewaltausübung zu verstehen. Der Gerichtshof korrigierte zunächst im Rahmen abstrakter Ausführungen zur fraglichen *jurisdiction* des Vereinigten Königreichs in Al Skeini seiner bisherige Rechtsprechung dahingehend, dass er der rein räumlichen Anknüpfung an ein zu kontrollierendes Gebiet im Ausland nunmehr eine Absage erteilte. Unabhängig von bisher entschiedenen Fällen bezüglich effektiver Kontrolle über fremde Schiffe, Flugzeuge oder Gefängnisse außerhalb des eigenen Staatsgebiets habe in all diesen Fällen jedenfalls eine absolute Kontrolle über die betroffenen Personen

602 EGMR, Urt. v. 12.5.2005, 46221/99, ECHR 2005-IV, 131 Rz. 91 – Öcalan/Türkei, vgl. die Kurzzusammenfassung des Falles oben in Fn. 430.

603 EGMR, Urt. v. 7.7.2011, 55721/07, ECHR 2011-IV, 99 Rz. 149 – Al-Skeini u.a./Vereinigtes Königreich.

604 EGMR, ibid., Rz. 136 – Al-Skeini u.a./Vereinigtes Königreich.

605 Zudem handelte es sich um ein unter türkischer Staatskennung fliegendes Flugzeug, in das der Beschwerdeführer von türkischen Beamten in der internationalen Zone des Flughafens Nairobi verbracht wurde, wobei es sich bei Flugzeugen und Schiffen unter der Landesflagge auch um vom EGMR anerkannte territorialzugehörige Bereiche handelt, s. EGMR, Urt. v. 12.12.2001, 52207/99, ECHR 2001-XII, 333 Rz. 73 – Bankovic u.a./Belgien u.a.; zum in der Bankovic-Rspr. (ibid., Rz. 82) aufgegriffenen „*jurisdictional link*" s. *Schäfer*, MRM 2002, 149, 156; *Miller*, 20 EJIL 2009, 1223, 1234, 1238.

606 EGMR, Urt. v. 7.7.2011, 55721/07, ECHR 2011-IV, 99 Rz. 149 ff. – Al-Skeini u.a./Vereinigtes Königreich.

607 So auch *Alston/Goodman*, International Human Rights, S. 919 f.

bestanden – diese sei ausreichend für Art. 1 EMRK.[608] Neben dieser Erkenntnis hielt der Gerichtshof fest, dass jedes Individuum auch partiell in den sie oder ihn konkret betreffenden Konventionsrechten zu schützen sein könne.[609] Insofern könnten die Menschenrechte der Konvention durchaus geteilt und zugeschnitten sein, wie der Gerichtshof mit einem forschen Verweis auf das Bankovic-Urteil festhielt,[610] in welchem er in gerade diesem Zitat aber noch das exakte Gegenteil vertreten hatte. Lediglich für die Fallgruppen der effektiven Gebietskontrolle, beispielsweise durch besatzungsähnliche Zustände, verbleibe es bei einer vollumfänglichen Bindung gegenüber allen Personen in Bezug auf alle Konventionsrechte.[611]

---

608 EGMR, Urt. v. 7.7.2011, 55721/07, ECHR 2011-IV, 99 Rz. 136 – Al-Skeini u.a./Vereinigtes Königreich: „The Court *does not consider* that jurisdiction in the above cases *arose solely from the control* exercised by the Contracting State *over the buildings, aircraft or ship* in which the individuals were held. What is decisive in such cases is the *exercise of physical power and control over the person* in question." (Hervorh. d. Verf.).

609 In einem zwei Jahre zuvor ergangenen Urteil, ebenfalls gegen das Vereinigte Königreich wegen Inhaftierungen im Irak gerichtet, weichte der Gerichtshof seine extraterritoriale Verantwortlichkeits-Linie zwar weiter zugunsten ausreichender Kontrolle über Personen auf, verband diese aber noch mit allumfassender Konventionsgeltung, EGMR, Urt. v. 30.6.2009, 61498/08, Rz. 84 – Al-Saadoon & Mufdhi/Vereinigtes Königreich (admissibility), abrufbar unter: http://hudoc.echr.coe.int/eng?i=001-93398 (zuletzt abgerufen am 28.1.2019).: "[…] a Contracting State is confined to *"securing" the listed rights and freedoms to persons within its own "jurisdiction"*. Further, the Convention does not govern the actions of States not Parties to it, nor does it purport to be a means of requiring the Contracting States to impose Convention standards on other States […]." (Hervorh. d. Verf.).

610 EGMR, Urt. v. 7.7.2011, 55721/07, ECHR 2011-IV, 99 Rz. 137 – Al-Skeini u.a./Vereinigtes Königreich: „[…] the State is under an obligation under Article 1 to *secure* to that individual *the rights and freedoms* […] *that are relevant to the situation* of that individual. In this sense, therefore, the Convention rights can be "*divided and tailored*" (compare Banković and Others, cited above, § 75)." (Hervorh. d. Verf.); der in Bezug genommene Abschnitt aus der Bankovic-Entscheidung, Rz. 75, lautet hingegen: „[…] However, the Court is of the view that the wording of Article 1 *does* not *provide any support for the applicants' suggestion* that the positive obligation in Article 1 to secure "the rights and freedoms defined in Section I of this Convention" *can be divided and tailored* in accordance with the particular circumstances of the extra-territorial act […]." (Hervorh. d. Verf.).

611 EGMR, ibid., Rz. 138 – Al-Skeini u.a./Vereinigtes Königreich; *Jankowska-Gilberg*, AVR 2012, 61, 71; *Gondek*, NILR 2005, 349, 354.

Diese abstrakten Ausführungen führten zu der bemerkenswerten Folge, dass in der Rechtssache Al-Skeini gezielte Schüsse auf Ausländer im Ausland ausreichten, um den Anforderungen an die *jurisdiction* iSd Art. 1 EMRK zu genügen – es bedurfte keiner dauerhaft stabilisierten Staatsgewalt vor der konventionsverletzenden Handlung und auch keiner abgeschlossenen effektiven Personenkontrolle mehr, vielmehr befand der Gerichtshof die Tötungshandlung an sich als ausreichenden *jurisdictional link*.[612] Insofern lässt die Al-Skeini-Entscheidung die Tendenz vermuten, dass Staaten sich in Zukunft nicht nur für (versuchte) Tötungsakte durch Gewehrkugeln, sondern ebenso durch Bombenabwürfe unter der Konvention zu rechtfertigen haben und in der Folge ggf. vermehrte Zurückhaltung bei militärischem Auslandshandeln walten lassen.[613]

Aus der Zusammenschau der nach der restriktiven Bankovic-Entscheidung, die oftmals als Leiturteil genannt und herangezogen wurde, ergangenen Rechtsprechung des EGMR lässt sich schließen, dass dieser die Bezeichnung als Leiturteil[614] in Fragen der extraterritorialen Konventionsgeltung nicht mehr gerecht wird. Aus der vorstehenden Analyse kristallisiert sich vielmehr das Bild heraus, dass die faktische Beeinträchtigung jedweder Person durch die Staatsgewalt eines Vertragsstaates überall auf der Welt als genuiner *jurisdictional link* für Art. 1 EMRK ausreicht. Differenziert man im Deutschen sprachlich zwischen jedem staatlichen Verhalten als „Staatsgewalt" sowie der *jurisdiction* iSd Art. 1 EMRK als „Hoheitsgewalt", nähern sich diese beiden Begrifflichkeiten einander nach der Al-Skeini-Entscheidung immer weiter an. Die Fallgruppenbildung, die der Gerichtshof dennoch vornimmt, dient insofern einerseits der Definierung der entsprechenden *jurisdictional links*, die Staatsgewalt in Hoheitsgewalt transformieren. Andererseits bedarf es noch der Klassifizierung der zu gewährenden „geteilten und zugeschnittenen" Rechte, die der Gerichtshof nunmehr anerkannt und in Erfüllung des eigenen Anspruchs an eine stabile und nachvollziehbare Rechtsprechungslinie entsprechend zu konturieren hat.[615] Das starre

612 EGMR, ibid., Rz. 149 – Al-Skeini u.a./Vereinigtes Königreich; ähnlich *Jankowska-Gilberg*, AVR 2012, 61, 69 f.; *King*, 9 HRLR 2009, 521, 555; *Fontaine*, Anwendbarkeit Unionsgrundrechte, S. 352.

613 Ebenso zugunsten einer weitreichenden gerichtlichen Überprüfungsmöglichkeit staatlichen Handelns im Hinblick auf restriktivere staatliche Entscheidungen plädierend *Ross*, War on Terror, 9, 24.

614 Vgl. *Jankowska-Gilberg*, AVR 2012, 61, 62; *Papp*, Extraterritoriale Schutzpflichten, S. 64; *Miller*, 20 EJIL 2009, 1223, 1226; *Gondek*, NILR 2005, 349, 356.

615 Ähnlich *Miller*, 20 EJIL 2009, 1223, 1229; *Fontaine*, Anwendbarkeit Unionsgrundrechte, S. 350 ff.

Alles-oder-nichts-Prinzip der Konventionsgeltung mit hohen Anforderungen an eine lediglich territorial verstandene *jurisdiction* ist somit einem flexibleren Baukastensystem vielfältiger Staatenverantwortlichkeiten bei grenzüberschreitenden Sachverhalten gewichen.

2. Art. 1 Abs. 3 GG

a. Reichweite der Wortlautauslegung

Die Bindung aller Staatsgewalt an die Grundrechte in Art. 1 Abs. 3 GG beinhaltet vom Wortlaut als Ausgangs- und Endpunkt jeder Normauslegung her keine Aussage über den territorialen Geltungsbereich eben jener Grundrechte. Was ihr aber zu entnehmen ist, ist eine sprachlich wie auch historisch bedingte allumfassende staatliche Inpflichtnahme zur Grundrechtsachtung – nicht zuletzt durch die Grundgesetzänderung 1956,[616] die den Begriff der „Verwaltung" in Art. 1 Abs. 3 GG in „vollziehende Gewalt" wandelte, wodurch auch die neu gegründete Bundeswehr in den Kreis der Grundrechtsadressaten einbezogen wurde.[617] Insofern ist der Ausgangspunkt der Grundrechtsgeltung durch Art. 1 Abs. 3 GG dahingehend gesetzt, dass jede Ausübung deutscher Staatsgewalt eine Grundrechtsgeltung mit sich bringt.[618] Daraus sind zwei essentielle Aussagen zu entnehmen: Zum einen stellt sich aufgrund des Charakters des GG als Verfassungsdokument, das ausdrücklich jede deutsche Staatsgewalt an seine Beachtung fesselt (Art. 1 Abs. 3 iVm Art. 79 Abs. 3 GG), die vorgelagerte Anwendbarkeitsfrage anders als bei der EMRK als völkerrechtliche Konvention nicht. Die ursprüngliche Herangehensweise des EGMR, ein „Alles-oder-nichts-Prinzip" der Menschenrechtsgeltung abhängig von der Eröffnung des Anwendungsbereichs der Konvention zu statuieren, kommt für die deutsche Grundrechtsgeltung nicht in Betracht. Die neuere EGMR-Spruchpraxis einer Bindung der Staatsgewalt an diejenigen Rechte, die von dem konkreten Hoheitsakt betroffen sind, fließt innerstaatlich schon aus dem Verfassungsgedanken sowie der expliziten Formulierung des Art. 1 Abs. 3 GG wie von selbst. Zum anderen kann aus

616 Gesetz zur Ergänzung des Grundgesetzes v. 19.3.1956, BGBl. 1965 I, S. 111 ff.

617 *Huhn*, Amtshaftung im Auslandseinsatz, S. 25; *Hobe*, FS Klein (2013), 95, 101.

618 *Werner*, Grundrechtsbindung der Bundeswehr, S. 97 f.; *Lorenz*, Territorialer Anwendungsbereich, S. 159 f.; *Hobe*, FS Klein (2013), 95, 101; *Wiefelspütz*, NZWehrr 2008, 89, 98 f.; *Kutscha*, NVwZ 2004, 801, 803; ohne Begründung an diesem Ausgangspunkt zweifelnd *N. Wagner*, Menschenrechtliche Schutzpflichten bei Friedenseinsätzen, 157, 167: „[…] zumal das Grundgesetz *wohl kaum* zur Gänze im Ausland gilt." (Hervorh. d. Verf.).

der Konzeption des Art. 1 Abs. 3 GG ein erster vager Eindruck von der (extra) territorialen Reichweite des Grundrechtsschutzes gewonnen werden, nämlich dass überall dort, wo deutsche Staatsgewalt ausgeübt wird, diese die deutschen Grundrechte zu respektieren hat. Lehren aus der Historie, insbesondere den Fehlern der WRV ziehend, ist das GG auf die Vermeidung jedweder Schutzlücke im Grundrechtsschutz zur Unterbindung staatlicher Willkür ausgerichtet.

b. Historisches Überbleibsel der Personal- und Gebietshoheit?

Ausgehend von dieser historischen Grundkonstitution ist dem überholten staatstheoretischen Verständnis, das die Grundrechte als staatliche Gegenleistung für die Unterwerfung unter die Hoheitsgewalt und das Gewaltmonopol ansieht,[619] eine Absage zu erteilen. Das Selbstverständnis des Grundgesetzes als objektive Werteordnung für jedes staatliche und sogar private Verhalten[620] trägt die Voraussetzung eines primären Grundverhältnisses zwischen Staat und Individuum im Wege der Gebiets- oder Personalhoheit nicht mit. Hierdurch würde eine automatische Begrenzung auf das deutsche Staatsgebiet sowie deutsche Staatsangehörige im Ausland erreicht; eine potentielle Bindung an die Grundrechte bei staatlichem Handeln gegenüber Ausländern im Ausland wäre nur im Rahmen völkerrechtlich erlaubten grenzüberschreitenden Handelns überhaupt denkbar,[621] wodurch das Völkerrecht den Geltungsbereich des GG vorgeben und somit durch die Hintertür in der Normenhierarchie doch über der Verfassung stehen würde.

aa. Völkerrechtliche Gebotenheit des Kriteriums

Dem ist entgegenzuhalten, dass neben der aus völkerrechtlicher Sicht unproblematischen Anwendung einer Rechtsordnung auch über das jeweilige Staatsgebiet hinaus,[622] allein die nationale Verfassung das Verhältnis zum Völkerrecht regeln kann und nicht umgekehrt.[623] Denn das Völkerrecht ist Ausfluss

---

619 *Heintzen*, Auswärtige Beziehungen privater Verbände, S. 103 f.; so auch Maunz/Dürig/*Nettesheim*, GG, 84. EL 2018, Art. 59 Rn. 230; vgl. das historische disbezügliche Grundrechtsverständnis bei *Jellinek*, Subjektive öffentliche Rechte, S. 85 f.

620 BVerfG, Urt. v. 15.1.1958, 1 BvR 400/51, BVerfGE 7, 198, 205, 215 – Lüth-Entscheidung.

621 So *Heintzen*, Auswärtige Beziehungen privater Verbände, S. 112, 118.

622 Ebenso *Wiefelspütz*, NZWehrr 2008, 89, 100; *Werner*, Grundrechtsbindung der Bundeswehr, S. 101; *Elbing*, Grundrechte bei Auslandsbezug, S. 138 ff. unter Hinweis auf den Lotus-Fall des StIGH.

623 BVerfG, Urt. v. 14.7.1999, 1 BvR 2226/94, BVerfGE 100, 313, 363 – Fernmeldeüberwachung durch BND: „[Das Völkerrecht] schließt freilich eine Geltung von Grundrechten bei Sachverhalten mit Auslandsbezügen nicht prinzipiell aus. Ihre Reichweite

staatlichen Konsens über die jenseits der Staatensouveränität bestehenden Verpflichtungen, also vereinfacht gesprochen die Bereitschaft, sich zugunsten einer friedlichen Staatengemeinschaft freiwilligen Bindungen zu unterwerfen.[624] Daraus folgt, dass sich die nationalen Gegebenheiten, insbesondere die verfassungsrechtlichen Vorgaben, nur freiwillig zugunsten der Völkerrechtsordnung zurücknehmen können, das Völkerrecht aber nicht die Oberhand über die Fundamentalentscheidungen der nationalen Rechtsordnungen gewinnen kann.[625] Insofern bleibt die Bindungswirkung der deutschen Staatsgewalt an die nationalen Verfassungsgrundsätze auch im Ausland eine dem deutschen Verfassungsgeber (sprich der Legislative) vorbehaltende Entscheidung,[626] das Völkerrecht vermag dieser innerstaatlichen Selbstbindung keine Grenzen von außen aufzuerlegen. Dies gilt umso mehr, als dass durch die Annahme einer Grundrechtsbindung nur bei völkerrechtskonformen Auslandshandlungen eine Flucht ins Völkerrecht mit einer Vielzahl an grundrechtsfreien Räumen möglich wäre. Jede völkerrechtswidrige Okkupation würde die betroffene Bevölkerung grundrechtslos gegenüber der deutschen Besatzungsmacht stellen. Die völkerrechtswidrig agierende deutsche Staatsgewalt würde für ihren internationalen Rechtsbruch noch mit einem Erlass an nationalen Rechtspflichten, nämlich der endenden

---

ist vielmehr unter Berücksichtigung von Art. 25 GG aus dem Grundgesetz selbst zu ermitteln."; BVerfG, Beschl. v. 4.5.1971, 1 BvR 636/68, BVerfGE 31, 58, 73 – Spanier-Beschluss; *Yousif*, Extraterritoriale Grundrechtsgeltung, S. 11; ähnlich *Kokott*, ZaöRV 2004, 517, 525.

624 Zum Konsensualprinzip im Völkerrecht als Ausfluss der Souveränität und Gleichheit aller Staaten *Kokott*, ZaöRV 2004, 517, 519.

625 So ausdrücklich das BVerfG, Beschl. v. 4.5.1971, 1 BvR 636/68, BVerfGE 31, 58, 76 – Spanier-Beschluss: „Das der Verfassung vorangestellte Bekenntnis zu unverletzlichen und unveräußerlichen Menschenrechten als der Grundlage jeder menschlichen Gemeinschaft, des Friedens und der Gerechtigkeit in der Welt (Art. 1 Abs. 2 GG) ist nicht zu vereinbaren mit der Vorstellung, die mit den Grundrechten aufgerichtete Wertordnung, besonders die dadurch gewährte Sicherung eines Freiheitsraums für den Einzelnen, könne oder müsse allgemein außer Funktion treten, um der Rechtsordnung anderer Staaten den Vorrang zu lassen."; ähnlich auch *Yousif*, Extraterritoriale Grundrechtsgeltung, S. 24 f, 27; *Huhn*, Amtshaftung im Auslandseinsatz, S. 31; *Elbing*, Grundrechte bei Auslandsbezug, S. 72 f.; *Sachs*, FS Klein (2013), S. 321, 328; *Werner*, Grundrechtsbindung der Bundeswehr, S. 233.

626 Aufgrund der Exekutivbefugnisse in auswärtigen Angelegenheiten, insbesondere beim völkerrechtlichen Vertragsabschluss (der auch mangels innerstaatlicher Ratifikation internationale geltung beanspruchen würde), läge die Entscheidung über den Geltungsumfang des GG nach diesem Verständnis auch in den Händen der Exekutive, was nach den Weimarer Erfahrungen durch das GG unterbunden werden soll.

Grundrechtsbindung, belohnt[627] – ein derartiges Paradoxon kann dem GG, insbesondere in Anbetracht des historisch bedingten Selbstverständnisses, nicht unterstellt werden. Das Völkerrecht zwingt somit nicht, und könnte es normenhierarchisch auch gar nicht, zum Erfordernis einer bestehenden Personal- oder Gebietshoheit.

bb. Bezugnahme in der deutschen Rechtsprechungspraxis

Diese Quintessenz kann nicht zuletzt aus der Rechtsprechung des BVerfG gewonnen werden, das als verbindlicher Verfassungsinterpret keineswegs auf die nach Völkerrecht erlaubte Vornahme einer im Ausland vorgenommenen Staatshandlung für deren Grundrechtsbindung abstellte. Von Beginn an beschränkte das BVerfG den Geltungsanspruch des GG und damit auch der Grundrechtsbindung für die deutsche Staatsgewalt nicht auf das innerstaatliche Territorium, sondern bürdete der öffentlichen Gewalt auch die grundrechtliche Verantwortung für „Wirkungen ihrer Betätigung im Ausland" auf.[628] Diese Entscheidung erging bzgl. der Zurechnung von Grundrechtsbeeinträchtigungen deutscher Staatsangehöriger im Ausland durch die Ratifikation eines völkerrechtlichen Vertrages und warf insofern keine Probleme auf, als dass die Personalhoheit über die Betroffenen zweifelsohne gegeben war. Auch im Bereich der ersten Grundsatzentscheidungen zu Kollisionsfällen ausländischer Rechtsordnungen mit den Wertevorstellungen des GG, die völkerrechtlich keineswegs zum Rückzug angehalten werden könnten,[629] bestand durch die Rechtsanwendung deutscher Gerichte ein klarer territorialer Bezug.

Der Frage nach der Notwendigkeit eines Gebietsbezuges zum deutschen Staatsgebiet widmete sich das BVerfG erstmals explizit bei Grundrechtsbeeinträchtigungen im Rahmen telekommunikativer Auslandsüberwachung des BND. Im Ergebnis wurde die Frage hier offen gelassen, aber ein territorialer

---

627 Ebenfalls ablehnend *Yousif*, Extraterritoriale Grundrechtsgeltung, S. 36 f.; *Werner*, Grundrechtsbindung der Bundeswehr, S. 233; *Lorenz*, Territorialer Anwendungsbereich, S. 161; *von Arnauld*, Menschenrechte im Auslandseinsatz, 61, 66 f., 74; *Globke*, JZ 2012, 370, 372.

628 BVerfG, Beschl. v. 21.3.1957, 1 BvR 65/54, BVerfGE 6, 290, 295 – Washingtoner Abkommen; *Hobe*, FS Klein (2013), 95, 99.

629 BVerfG, Beschl. v. 4.5.1971, 1 BvR 636/68, BVerfGE 31, 58, 72 f. – Spanier-Beschluss; BVerfG, Urt. v. 10.1.1995, 1 BvF 1/90, 1 BvR 342, 348/90, BVerfGE 92, 26, 41 f. – Zweitregister, wo erstmals schon zum Ausdruck kommt, dass größtmöglicher Grundrechtsschutz im Rahmen zumutbarer Praktikabilität bei Auslandsbezug vom deutschen Staat, hier der Legislative, zu fordern ist.

Anknüpfungspunkt nur hilfsweise durch die Datenauswertung im Inland konstruiert.[630] Hieraus kann auf erste Tendenzen geschlossen werden, dass das BVerfG eine etablierte Personal- oder Gebietshoheit nicht als nötige Voraussetzung einer extraterritorialen Grundrechtsbindung ansah, was ähnlich im Varvarin-Nichtannahmebeschluss durchklang. Wenngleich wie bereits erläutert keine Aussage zur inhaltlich maßgeblichen Frage der Anwendbarkeit des Amtshaftungsanspruchs bei Auslandshandeln der Bundeswehr getroffen wurde, helfen die angestellten Vorüberlegungen des BVerfG doch bei der Beantwortung der Frage nach der extraterritorialen Bindung der deutschen Staatsgewalt weiter. So konstatierte das BVerfG abstrakt, dass „die Regeln über die Haftung des Staates für die Folgen einer pflichtwidrigen Ausübung öffentlicher Gewalt" das Instrumentarium des Individuums gegen die Staatsgewalt darstellten und hierbei der „gerichtlichen Durchsetzung von Grundrechtspositionen keine praktisch unüberwindbaren Hindernisse entgegengesetzt [werden dürfen]."[631] Dies lässt jedenfalls den Schluss darauf zu, dass das BVerfG eine Grundrechtsrelevanz durch den NATO-Bombenabwurf auf die serbische Brücke nicht für ausgeschlossen hielt, so denn ein Zurechnungszusammenhang zur Beteiligung der Bundesrepublik bestanden hätte.[632] Denn ansonsten hätte es sich mit den rechtsstaatlichen Anforderungen an die gerichtliche Handhabung des Amtshaftungsanspruchs als Durchsetzungsvehikel der effektiven Rechtsschutzgarantie nicht in der gegebenen Breite beschäftigen müssen. Die Ausführlichkeit der Nichtannahmebegründung spricht für eine grundsätzliche Grundrechtsrelevanz des Falles,[633] derer sich das

630 BVerfG, Urt. v. 14.7.1999, 1 BvR 2226/94, BVerfGE 100, 313, 363 f. – Fernmeldeüberwachung durch BND: „Unter diesen Umständen [der in Deutschland belegenen Empfangsstationen sowie Auswertung im Inland] ist aber auch eine Kommunikation im Ausland mit staatlichem Handeln im Inland derart verknüpft, daß die Bindung durch Art. 10 GG selbst dann eingreift, *wenn man dafür einen hinreichenden territorialen Bezug voraussetzen wollte.*" (Hervorh. d. Verf.).

631 BVerfG, Beschl. v. 13.8.2013, 2 BvR 2660/06 & 2 BvR 487/07, BeckRS 2013, 55213 Rz. 61 – Varvarin, bezogen vor allem auf die Beweislast bzgl. der Beteiligung des Bundesregierung bei der NATO-Zielauswahl, die wohl nicht ohne jede Beweiserleichterung bei den Beschwerdeführern hätte verbleiben dürfen, so denn ansonsten eine hinreichende Erfolgschance bestanden hätte.

632 Diesen schloss das BVerfG für diesen Fall wegen fehlender Kenntnis der Bundesregierung des von der Zielliste ausgewählten Operationsziels mangels eigener Beteiligung an der Ausführung aus, BVerfG, ibid., Rz. 66 – Varvarin.

633 Ähnlich *Lorenz*, Territorialer Anwendungsbereich, S. 140 f., allerdings in Bezug auf die Aussagen des im einstweiligen Rechtsschutz angerufenen VG Köln, Beschl. v. 7.5.1999, 19 L 1104/99, nicht veröffentlicht – Luftangriffe Belgrad, die jedoch denselben Bundeswehreinsatz wie der spätere Varvarin-Beschluss des BVerfG betrafen.

BVerfG zwar bewusst, aufgrund der faktischen, zur Verneinung des materiellen Anspruchs führenden Gegebenheiten jedoch an einer an spezifischem Verfassungsrecht orientierten Entscheidung in der Sache gehindert war.

Die Ausführungen des BVerfG erschöpften sich somit bisher in allgemein gehaltenen Postulaten der Grundrechtsgeltung im Ausland, da es mangels inhaltlicher Entscheidungen noch nicht handfest auf die entsprechenden Voraussetzungen ankam. Die darin zum Ausdruck kommenden Leitlinien zur Aufgabe und zum Selbstverständnis der Grundrechte gaben den Fachgerichten allerdings die nötigen Hilfsmittel zur Einzelfallanwendung an die Hand. Das VG Köln (3. Kammer) führte alle diese Fäden schließlich unter dem Terminus des grundrechtlichen „Schutzmantel[s, der sich] über jeden Menschen [legt]" zusammen und nahm damit eine klare Positionierung gegen das Gegenleistungsmodell ein.[634] Darin spiegelte sich die Tradition der Grundrechte wider, die nicht als Bürgerrechte, sozusagen als Zuckerbrot für die dem staatlichen Gewaltmonopol ausgelieferten Einwohner, konzipiert waren, sondern als starke, die staatliche Macht von vornherein begrenzende Grundwerte, die in ihrer Abstraktheit einen objektiven und auf sämtliche Rechtsverhältnisse ausstrahlenden Gehalt aufweisen sollten.[635] Art. 1 Abs. 3 GG kann dadurch nicht die Funktion einer Kette beigemessen werden, die jene die Staatsmacht bindenden Grundrechte an der Staatsgrenze zurückhält.[636] Viel eher beschreibt das Bild des VG Köln den darin zum Ausdruck kommenden Schutzauftrag, indem sich die Grundrechte wie ein Mantel um jeden Menschen auf der Welt legen, der mit der deutschen Staatsgewalt in Berührung kommt, und dem so Schutz vor deutscher staatlicher Willkür garantiert wird.

c. *Systematische Modifikationen und Differenzierungen*

Wenngleich das grundlegende Verständnis von der Reichweite der Grundrechte durch die Leitnorm des Art. 1 Abs. 3 GG vorgegeben war, stieß auch das BVerfG auf die Problematik, die dogmatischen Einzelheiten ungeklärt

---

634 VG Köln, Urt. v. 27.5.2015, 3 K 5625/14, juris, Rz. 34 = BeckRS 2015, 46138 – Ramstein.

635 Ebenso *Werner*, Grundrechtsbindung der Bundeswehr, S. 99 f.

636 Diese Auffassung – nach Abgabe dieser Arbeit – sowie die Vorinstanz, das zitierte VG Köln im Ramstein-Urteil, dahingehend bestätigend OVG Münster, Urt. v. 19.3.2019, 4 A 1361/15, juris, Rz. 107 ff. – Ramstein, das insbesondere die Ansicht ablehnt, nach der „allenfalls für den Fall zuerkannt wird, dass die Betroffenen deutscher Herrschaftsgewalt etwa deshalb unterworfen sind, weil sie sich im Rahmen eines militärischen Konflikts in einem vom deutschen Staat beherrschten Territorium aufhalten oder in deutsche Gefangenschaft geraten sind."

vorzufinden – und unterließ es, diesen Missstand mit dem Fernmeldeüberwachungs-Urteil zu beseitigen. Allerdings gab das BVerfG in der Entscheidung den abstrakten Rahmen zur Handhabung extraterritorialer Grundrechtsrelevanz vor, indem die Reichweite und Schutzintensität der einzelnen Rechte im Einzelfall zu bestimmen sowie von ihrer internationalen Etablierung abhängig zu machen seien.[637] Daraus lässt sich ableiten, dass je menschenrechtsähnlicher ein deutsches Grundrecht ausgestaltet und je höher die internationale Akzeptanz für dieses Menschenrecht ist, desto weitergehend und intensiver die jeweilige Grundrechtsbindung im Ausland ausfällt. Wenn folglich ein menschenrechtliches Pendant existiert, an das Deutschland aufgrund der *erga omnes*-Geltung ohnehin international gebunden wäre, würde das deutsche Grundrecht dieses Schutzniveau kanalisieren sowie einen bis maximal mit einer Inlandshandlung vergleichbaren Pflichtenkatalog entfalten. Um den Besonderheiten der Auslandssituation und damit der Entfernung von der eigentlichen Wirkungsstätte der Staatsgewalt Rechnung tragen zu können, etablierte das BVerfG das Steuerungsinstrument der „Modifikationen und Differenzierungen".[638] Während der Vergleich mit der Rechtslage des internationalen Menschenrechtsschutzes den rechtsanwendenden Gerichten einen Maßstab an die Hand gab, schuf dieses zweite, weiche Kriterium große Einschätzungsspielräume und dadurch Rechtsunsicherheit. Das BVerfG verpasste es an dieser Stelle leider, die Stellschrauben auslandsbedingter Modifikationen und Differenzierungen dogmatisch zu verorten. Aufgrund dessen eröffneten sich in den Instanzengerichten zahlreiche Wege, auf welche Art und Weise den Modifikationen Rechnung zu tragen sein könnte – von Schutzbereichsverkürzungen über Modifikationen des Eingriffsbegriffs bis hin zu veränderten Rechtfertigungsanforderungen, die es im Folgenden zu erörtern und bewerten gilt.

aa. Schutzbereichsmodifikationen

Auf Ebene des Schutzbereichs war zu beobachten, dass bei einer grundsätzlichen Bejahung der extraterritorialen Grundrechtsbindung diese Grundaussage vom VG Köln dahingehend revidiert wurde, dass völkerrechtsmäßiges auswärtiges Handeln nicht „grundrechtlichen Vorgaben [unterworfen werden soll], deren Einhaltung [...] fernab vom deutschen Hoheitsgebiet schlechthin

637 BVerfG, Urt. v. 14.7.1999, 1 BvR 2226/94, BVerfGE 100, 313, 362 f. – Fernmeldeüberwachung durch BND.

638 BVerfG, ibid. – Fernmeldeüberwachung durch BND.

unmöglich wäre."[639] Hierbei wurden die „Modifikationen und Differenzierungen" jedoch als pauschaler Fluchtweg aus einer ansonsten nötigen dezidierten Auseinandersetzung mit dem Einzelfall genutzt. Nur dann, wenn grundrechtliche Gewährleistungen ohne Schwierigkeiten wie im Inland gewährt werden könnten, bestünde nach dem VG Köln auch eine Auslandsgeltung, nur dann wäre der Schutzbereich eröffnet. Ein derartiger „Praktikabilitätsvorbehalt"[640] der Grundrechte ließe jedoch den vom BVerfG vorgegebenen Spielraum unausgeschöpft und würde sich rein an den Extremen bewegen – voller Grundrechtsschutz oder gar keiner. Haben – wie im vom VG Köln entschiedenen Fall – der Piraterie beschuldigte Personen, die auf hoher See aufgegriffen werden, also *per se* kein Recht auf Freiheit der Person und ein faires Verfahren, wenn sie von der deutschen Marine eingesammelt und an einen Drittstaat weitergereicht werden? Weil sich der deutsche Staat, wenn auch völkerrechtsgemäß, in eine Situation gebracht hat, in der die Einhaltung deutscher Verfahrensgarantien sowie Schutzpflichten „schlechthin unmöglich" sei, sollte der Schutzbereich des Art. 2 Abs. 2 S. 2 GG besser gar nicht zu eröffnen sein?[641]

Derart pauschale Schutzbereichsausnahmen können ersichtlich nicht in Betracht gezogen werden, wenn man eine allumfassende Bindung der deutschen Staatsgewalt an die Grundrechte ernst nehmen möchte. Das oben hergeleitete Verständnis der Leitnorm des Art. 1 Abs. 3 GG zur Begründung von Grundrechtsgarantien im Sinne eines weltweiten Schutzmantels lässt Schutzbereichsbegrenzungen jedweder Art ausscheiden. Denn durch diese würde bestimmten extraterritorial vorgenommenen staatlichen Akten ein bedenkenloser Grundrechtsfreifahrtschein erteilt, der der deutschen Grundrechtsdogmatik fremd ist.[642] Ob ein einzelner Schutzbereich eröffnet ist oder nicht, hat somit auch bei

639 VG Köln, Urt. v. 11.11.2011, 25 K 4280/09, juris, Rz. 42 = JZ 2012, 366 – Pirateriebekämpfung.

640 So bezeichnet und kritisiert von *Talmon*, JZ 2013, 12, 17 f.

641 So die Darstellung der Haltung der Bundesregierung 2009 zum Fall des VG Köln – Pirateriebekämpfung, wonach es sich nicht um eine Festnahme gehandelt habe, sondern völkerrechtlichen Gewahrsams an der Person, wiedergegeben bei *Ladiges*, NZWehrr 2012, 56, 61, sodass also im Ausland gänzlich andere Maßstäben gelten sollen als im Inland; gewisse Schutzbereichsausnahmen bei grenzüberschreitender Gewaltanwendung aus dem Chemiewaffen-Entscheidung des BVerfG herauslesend, in Anbetracht der Ferndmelde-Entscheidung dann aber wieder revidierend *Huhn*, Amtshaftung im Auslandseinsatz, S. 74 f.

642 So auch *Talmon*, JZ 2013, 12, 17 f. mit der Kritik des unzulässigen „Praktikabilitätsvorbehalts", unter den die Grundrechte bei Auslandsbezug zugunsten der Exekutive gestellt würden.

Auslandsbezug nach rein innerstaatlichen Maßgaben beantwortet zu werden.[643] Denn Modifikationen dahingehend, ob es sich um deutsche oder ausländische Staatsangehörige im Ausland handelt, die durch die deutsche Staatsgewalt beeinträchtigt werden, würden zu einer asymmetrischen Bewertung führen. Bei Ausländern kann kein engerer Schutzbereich gelten als bei deutschen Staatsbürgern in derselben Situation, die wegen der Personalhoheit stets in den Genuss des umfassenden Schutzbereichs kämen;[644] ein derart divergierendes Menschenbild liefe Art. 3 Abs. 1 GG völlig zuwider, dessen Grundaussage „Alle Menschen sind vor dem Gesetz gleich" bei Auslandsberührung gänzlich verzerrt werden würde.

Dadurch sollen nicht etwa Beschränkungen des persönlichen Schutzbereichs, wie etwa in Art. 12 Abs. 1 GG aufgeweicht werden, sondern vielmehr ist sowohl der persönliche als auch sachliche Schutzbereich betroffener Grundrechtsgarantien in extraterritorialen Handlungsfällen ebenso zu bestimmen wie bei dem hypothetischen identischen staatlichen Verhalten, denselben Personen gegenüber, im Inland.[645] Wer sich hier auf Grundrechte berufen könnte, muss dies in demselben Maße auch im Ausland tun können, so die deutsche Staatsgewalt dort einwirkt. Der Ansatz des BVerfG, Art. 10 GG mit einer parallelen Gewährleistung des Telekommunikationsgeheimnisses aus Art. 8 EMRK zu vergleichen, kann bei Auslandsbezug folglich auch nicht dahingehend aufgefasst werden, schlicht den menschenrechtlichen Schutzbereich zu übernehmen und dadurch den nationalen grundrechtlichen Schutzbereich zu überlagern.[646] Das würde der Bedeutung der Grundrechte nicht gerecht und bisweilen die Mindestschutzgarantie des Art. 53 EMRK bei einem dadurch begrenzten, eigentlich weiterreichenden nationalen Schutzbereich unterlaufen, somit also einen Völkerrechtsverstoß provozieren. Pauschale Tatbestandsausnahmen sind insofern nicht denkbar – potentielle Modifikationen und Differenzierungen haben an anderen Stellschrauben des Grundrechtsschutzes zu erfolgen.

---

643 So explizit auch – nach Abgabe dieser Arbeit – das OVG Münster, Urt. v. 19.3.2019, 4 A 1361/15, juris, Rz. 193 – Ramstein, wonach „jeweils durch Auslegung der entsprechenden Verfassungsnorm festzustellen [ist], ob sie nach Wortlaut, Sinn und Zweck für jede denkbare Anwendung hoheitlicher Gewalt innerhalb der Bundesrepublik gelten will oder ob sie bei Sachverhalten mit mehr oder weniger intensiver Auslandsbeziehung eine Differenzierung zulässt oder verlangt."

644 Ebenso *Yousif*, Extraterritoriale Grundrechtsgeltung, S. 123 f.

645 Vgl. auch *Fitzpatrick*, 14 EJIL 2003, 241, 256 f.; *Yousif*, Extraterritoriale Grundrechtsgeltung, S. 141.

646 Vgl. hierzu auch *Yousif*, Extraterritoriale Grundrechtsgeltung, S. 122.

bb. *Differenzierter Eingriffsbegriff*

Die nächste Modifikationsmöglichkeit böte sich auf Ebene des Eingriffs. Die deutsche Grundrechtsdogmatik kennt hierbei den – früheren, inzwischen als zu eng angesehenen – klassischen Eingriffsbegriff, der ein förmliches hoheitliches Handeln erfordert, das final und unmittelbar die Grundrechtsbetätigung einschränkt.[647] Demgegenüber reicht nach dem modernen Verständnis jedes staatliche Verhalten aus, das die Grundrechtsausübung auch nur beeinträchtigt oder erschwert.[648] Das VG Köln meinte jedoch in der Somalia-Entscheidung, dass es einer „unmittelbaren Auswirkung deutscher Staatsgewalt im Ausland" bedürfe, um dem deutschen Staat eine extraterritoriale Grundrechtsbeeinträchtigung anlasten zu können.[649] Diese Formulierung lässt erahnen, dass das Gericht ausschließlich klassische Eingriffe hätte genügen lassen, worunter die rein faktische Beeinträchtigung eines Bombenabwurfs mittels einer Drohne bzw. die Beteiligung daran durch eine zur technischen Steuerung nötige Gebietsüberlassung *per se* nicht ausreichen sollten.[650] Teilweise wurde ein solches Verständnis eines modifizierten bzw. reduzierten Eingriffsbegriffs wiederum mit der eingeschränkten Leistungsfähigkeit des deutschen Staates im Ausland begründet. Unter Rückgriff auf das vom EGMR entwickelte Instrument der effektiven Gebietskontrolle solle die Bundesrepublik Deutschland nur dann auch für faktische Grundrechtsbeeinträchtigungen einzustehen haben, wenn es sich hierbei um deren ausschließliche und alleinige Verantwortlichkeit handele.[651] Bei einem Zusammentreffen von Handlungen mehrerer Völkerrechtssubjekte und damit kollidierender Verantwortungssphären solle es dann lediglich auf finale und unmittelbare deutsche Staatshandlungen ankommen, die mittels eines klassischen Eingriffs eine Grundrechtsrelevanz bedeuteten.[652]

Bei einer derartigen Reduktion extraterritorialer Grundrechtsbeeinträchtigungen auf rein klassische Eingriffe würden jedoch dreierlei gewichtige Aspekte verkannt. Zum Ersten kann eine generelle Absenkung des verfassungsrechtlich

---

647 Maunz/Dürig/*Herdegen*, GG, 84. EL 2018, Art. 1 Abs. 3 Rn. 39 f.

648 Maunz/Dürig/*Herdegen*, GG, 84. EL 2018, Art. 1 Abs. 3 Rn. 39; Hömig/Wolff/*Antoni*, GG, 12. Aufl. 2018, Vor Art. 1 Rn. 9.

649 VG Köln, Urt. v. 27.4.2016, 4 K 5467/15, juris, Rz. 84 = BeckRS 2016, 45421 – Somalia.

650 Zu den diesbezüglichen Literaturmeinung vgl. die Darstellungen bei *Lorenz*, Territorialer Anwendungsbereich, S. 170 f.

651 VG Köln, Urt. v. 27.4.2016, 4 K 5467/15, juris, Rz. 86 f. = BeckRS 2016, 45421 – Somalia; so auch *Huhn*, Amtshaftung im Auslandseinsatz, S. 76 ff.; *Krieger*, Gerichtliche Kontrolle, 223, 237.

652 *Huhn*, Amtshaftung im Auslandseinsatz, S. 78.

vorgegebenen Schutzniveaus und damit die pauschale Entlastung deutscher Entscheidungsträger zugunsten der Achtung anderer staatlicher Souveränitätsansprüche dem GG sowie der BVerfG-Rechtsprechung nicht entnommen werden. Zwar hat das BVerfG hergeleitet, dass das GG von der „Notwendigkeit einer Abgrenzung und Abstimmung mit anderen Staaten und Rechtsordnungen aus[geht]".[653] Daraus kann jedoch nicht auf eine ungefilterte Übertragung völkerrechtlicher Grundsätze auf die Wertungen der Verfassung geschlossen werden, da die „Reichweite [der Grundrechte bei Sachverhalten mit Auslandsbezug] [...] vielmehr unter Berücksichtigung von Art. 25 GG *aus dem Grundgesetz selbst* zu ermitteln" sei.[654] Allein die Berührung mit der Staatsgewalt anderer Völkerrechtssubjekte vermag somit eine Zurücknahme des eigenen Geltungsanspruchs des GG nicht zu begründen.

Zum Zweiten, und eng damit verknüpft, ginge es fehl, eine erweiterte Verantwortung der deutschen, auswärtigen Staatsgewalt nach dem modernen Eingriffsbegriff an das Vorliegen einer effektiven Gebietskontrolle iSd EGMR-Rechtsprechung zu knüpfen. Das VG Köln verwies hierbei in seiner Somalia-Entscheidung zur Ausfüllung des Unmittelbarkeitskriteriums der Staatshandlung auf die Entscheidungen in Sachen Bankovic sowie Al-Skeini des EGMR[655] – welche sich im Ergebnis beide nicht aufschlussreich zu den Anforderungen an eine effektive Gebietskontrolle verhielten.[656] Neben der inhaltlich nicht zielführenden Heranziehung gerade dieser Entscheidungen gestaltete sich jedoch die grundlegende Bezugnahme auf die Rechtsprechung eines völkerrechtlichen Spruchkörpers zur Ausfüllung genuin verfassungsrechtlicher Voraussetzungen als problematisch. Allein die innerstaatlichen Rechtsvorstellungen haben über die Ausfüllung der Verfassungsvorschriften zu befinden, daran kann der Auslandsbezug einer Staatshandlung nichts ändern.[657] Durch den Grenzübertritt

653 BVerfG, Urt. v. 14.7.1999, 1 BvR 2226/94, BVerfGE 100, 313, 362 f. – Fernmeldeüberwachung durch BND; diese Aussage des BVerfG zitiert *Huhn*, Amtshaftung im Auslandseinsatz, S. 78, um in Ansehung der völkerrechtlich reduzierten Handlungsoptionen der Bundesrepublik Deutschland diese grundrechtlich zu entlasten.

654 BVerfG, Urt. v. 14.7.1999, 1 BvR 2226/94, BVerfGE 100, 313, 363 – Fernmeldeüberwachung durch BND (Hervorh. d. Verf.); explizit auch noch einmal in BVerfG, Urt. v. 4.5.2011, 2 BvR 2365/09, 740/10, 2333/08, 1152/10, 571/10, BVerfGE 128, 326, 370 – EGMR Sicherungsverwahrung.

655 VG Köln, Urt. v. 27.4.2016, 4 K 5467/15, juris, Rz. 86 f. = BeckRS 2016, 45421 – Somalia.

656 S. o., 4. Teil, A. I. 1. c. cc. sowie d., S. 141 ff.

657 *Lorenz*, Territorialer Anwendungsbereich, S. 171; *Yousif*, Extraterritoriale Grundrechtsgeltung, S. 135; *Elbing*, Grundrechte bei Auslandsbezug, S. 304.

erhält das die auch auswärtig ausgeübte deutsche Staatsgewalt bindende GG kein gewandeltes Selbstverständnis, sodass die für die Grundrechtsauslegung relevante Rezeption der EGMR-Judikatur im Lichte der grundrechtlichen Wertungen zu erfolgen hat,[658] diese aber nicht schlicht ersetzen kann. Das Kriterium der effektiven Kontrolle kann mangels Verankerung in der Verfassung nicht als Argument für den Kunstgriff einer Änderung der Grundrechtsdogmatik in Form eines begrenzten extraterritorialen Eingriffsbegriffs dienen.

Zum Dritten würden zwei verschiedene Fragen unzulässig miteinander vermengt, wenn das Hinzutreten eines weiteren Völkerrechtssubjekts den grundrechtlichen Eingriffsbegriff maßgeblich verändern könnte – diejenige der eigenen grundrechtlichen Bindung mit derjenigen der Zurechnung auswärtiger Individualrechtsverletzungen. Allein wegen des Zusammentreffens diverser Staatsgewaltausübung verschiedener Akteure und einer ggf. schwierigen Bestimmung der maßgeblichen Handlungsanteile der einzelnen Völkerrechtssubjekte *ex post* darf das grundrechtliche Pflichtenprogramm der deutschen Staatsgewalt nicht *ex ante* herab gesetzt werden. Denn die Frage nach dem Vorliegen einer Grundrechtsverletzung betrifft noch nicht die Feststellung, ob diese dem deutschen Staat zuzurechnen und damit innerstaatlich justiziabel ist. Diejenigen Handlungen, die dem deutschen Staat nach den – rein verfassungsrechtlichen – Vorgaben der Zurechnung anzulasten sind, haben sich an den Grundrechten messen zu lassen. Das GG stellt für die Zurechnungsbestimmung in Art. 23 f. GG adäquate Regelungen bereit,[659] sodass sich ein Vorgehen, das sich entweder

658 So explizit das BVerfG, Urt. v. 4.5.2011, 2 BvR 2365/09, 740/10, 2333/08, 1152/10, 571/10, BVerfGE 128, 326, 370 – EGMR Sicherungsverwahrung: „Vor diesem Hintergrund [der Vermeidung von Völkerrechtsverstößen durch Harmonisierung des innerstaatlichen Rechts mit der EMRK] gilt auch für die völkerrechtsfreundliche Auslegung der Begriffe des Grundgesetzes [...], dass Ähnlichkeiten im Normtext nicht über Unterschiede, die sich aus dem Kontext der Rechtsordnungen ergeben, hinwegtäuschen dürfen: Die menschenrechtlichen Gehalte des jeweils in Rede stehenden völkerrechtlichen Vertrags müssen im Rahmen eines aktiven (Rezeptions-)Vorgangs in den Kontext der aufnehmenden Verfassungsordnung „umgedacht" werden [...]."

659 So gestaltete sich das vorbildliche Vorgehen des OVG Münster, Urt. v. 18.9.2014, 4 A 2948/11, juris, Rz. 82 ff., 90 ff. – Pirateriebekämpfung, das die Zurechnung zum deutschen Staat für eine Festnahme auf hoher See im Rahmen der Gemeinsamen Aktion ATLANTA der EU an Art. 24 GG unter Berücksichtigung der potentiell maßgeblichen EGMR-Rechtsprechung prüfte; detailliert behandelt unter 4. Teil, A. II. 2., S. 190 ff.

an völkerrechtlichen Zurechnungsentscheidungen des EGMR[660] oder aber an einer Vereinfachung mittels Rückgriff auf den engen klassischen Eingriffsbegriff[661] orientiert, *contra legem* gestaltet.

Aspekten wie der eingeschränkten Leistungsfähigkeit des deutschen Staates bei auswärtigen Staatshandlungen sowie der faktischen Möglichkeiten einer Grundrechtsgewährung kann auf der Ebene der Rechtfertigung eines erfolgten Grundrechtseingriffs ausreichende Berücksichtigung im Rahmen einer umfassenden Verhältnismäßigkeitsprüfung zugemessen werden. Die pauschale Reduktion auf einen klassischen Eingriffsbegriff, dessen restriktive Voraussetzungen der Verfassung ohnehin an keiner Stelle zu entnehmen sind,[662] ist jedenfalls kein dogmatisch gangbarer Weg.

cc. Angepasster Rechtfertigungsmaßstab

Es bleibt somit die letzte Stufe einer Grundrechtsprüfung, um „Modifikationen und Differenzierungen" rechtssicher handhabbar zu verorten. Bei der klassischerweise in Grundrechtsschranken und Schranken-Schranken unterteilten verfassungsrechtlichen Rechtfertigung kann jedenfalls auf das Vorliegen einer notwendigen gesetzlichen Grundlage als Basis jeder Einschränkung nicht verzichtet werden, wie das OVG Münster im Pirateriefall zutreffend festhielt. Hinsichtlich der Übergabe eines auf hoher See festgenommenen somalischen Piraten an einen Drittstaat (Kenia) korrigierte das OVG das vorinstanzliche VG Köln dahingehend, dass wegen der Grundrechtsrelevanz eine ermächtigende Gesetzesgrundlage zu fordern sei.[663] Das VG Köln hatte implizit angenommen, dass die zur Festnahme berechtigende Norm des Art. 105 S. 1 UNCLOS[664] zudem alle weiteren Verfahrensschritte, wie eine Übergabe zur strafrechtlichen Verfolgung

---

660 Vgl. das Vorgehen des VG Köln, Urt. v. 9.2.2012, 26 K 5534/10, juris, Rz. 70 ff. = BeckRS 2012, 47052 – Kunduz, das auf die Al-Skeini-Rechtsprechung des EGMR zurückgriff.

661 So eben *Huhn*, Amtshaftung im Auslandseinsatz, S. 78; *Krieger*, Gerichtliche Kontrolle, 223, 237 f.

662 *Yousif*, Extraterritoriale Grundrechtsgeltung, S. 124.

663 OVG Münster, Urt. v. 18.9.2014, 4 A 2948/11, juris, Rz. 110 ff. – Pirateriebekämpfung.

664 Die Norm taugt nach hiesiger Ansicht als völkervertragliche Norm als Eingriffsgrundlage zur Festnahme, da sie dazu ihrem Wortlaut nach explizit ermächtigt. Die Auslieferung bzw. Übergabe an einen Drittstaat erwähnt sie hingegen nicht, was völkerrechtlich zwar als Annexkompetenz des aufbringenden Staates angesehen wird, im grundrechtlichen Bereich aufgrund der Bestimmtheitsanforderungen an die Eingriffsgrundlage jedoch nicht ausreichend ist.

der Betroffenen in einem Drittstaat, abdecke.[665] Wenngleich eine gesetzliche Grundlage im Rahmen der Schranken somit auch bei Auslandsberührungen keineswegs entbehrlich sein kann, bleibt zu überlegen, ob die daran zu stellenden Anforderungen in Form des Vorbehaltes des Gesetzes, des Parlamentsvorbehalts und der Wesentlichkeitstheorie Modifikationen zugänglich sein können.

(1) Schranken – Völkergewohnheitsrechtliche Eingriffsgrundlagen

Herkömmlicherweise reicht nach hier vertretener Ansicht aufgrund der parlamentarischen Kontrollfunktion über die Exekutive sowie der Rechtssicherheit für den einzelnen Betroffenen ein bloß völkergewohnheitsrechtlich existierender Rechtssatz nicht zur Einschränkung eines Grundrechts aus.[666] Hinsichtlich der Unwägbarkeiten auswärtigen Staatshandelns, vor allem bei militärischen Auslandseinsätzen der Bundeswehr im Hinblick auf die vielschichtigen und teils nur schwer berechenbaren Fallgestaltungen, könnte die Einbeziehung völkergewohnheitsrechtlich anerkannter Eingriffsgrundlagen jedoch zu erwägen sein.

So stieß die deutsche Rechtsordnung bei der Bereithaltung einer Rechtsgrundlage für eine abseits strafrechtlicher Auslieferungsabkommen intendierte Übergabe eines Individuums an einen Drittstaat im Fall des OVG Münster an ihre Grenzen.[667] Unabhängig von den in Übergabesituationen ggf. zusätzlich zu beachtenden grundrechtlichen Schutzpflichten hätte sich der Fall jedoch allein bzgl. der Festnahmebefugnis komplizierter gestaltet, wenn sich die Festnahme nicht auf hoher See, sondern in somalischen Küstengewässern ereignet hätte. Denn der völkervertragsrechtlich ausgestaltete und damit den herkömmlichen grundrechtlichen Schrankenanforderungen genügende Art. 105 S. 1 UNCLOS wäre allein mithilfe einer UN-Sicherheitsratsresolution auch auf staatliche Küstengewässer anwendbar gewesen. Ob eine Wortlauterweiterung mittels der Resolution die grundrechtlichen Anforderungen an den Vorbehalt des Gesetzes noch erfüllt hätte, hatte das diesen Punkt abschließend beurteilende VG Köln somit nicht zu entscheiden,[668] doch hing dies gewissermaßen vom Zufall des Aufbringungsortes des Piratenschiffs ab. Die für die unproblematische, direkte

---

665 Ähnlich von einer ausreichenden Gesetzesgrundlage in UNCLOS ausgehend, da Art. 105 zu einer rechtmäßigen Übergabe nach Völkerrecht berechtigt, dann aber zusammen mit dem VG Köln die Schutzpflicht bei unmenschlichen Haftbedingungen im Empfangsstaat als verletzt ansehend *Ladiges*, NZWehrr 2012, 56, 63; VG Köln, Urt. v. 11.11.2011, 25 K 4280/09, juris, Rz. 58 ff. = JZ 2012, 366 – Pirateriebekämpfung.

666 S. oben 2. Teil, B. II. 2. a. aa., S. 56 ff.

667 OVG Münster, Urt. v. 18.9.2014, 4 A 2948/11, juris, Rz. 111 ff. – Pirateriebekämpfung.

668 VG Köln, Urt. v. 11.11.2011, 25 K 4280/09, juris, Rz. 31 f. = JZ 2012, 366 – Pirateriebekämpfung.

Anwendung des Art. 105 UNCLOS maßgebliche Grenze des Küstenmeeres (vgl. Art. 2 ff. UNCLOS) wäre an Bord des deutschen Marineschiffes kaum ausmachbar gewesen, sodass eine allein davon abhängige Eingriffsbefugnis erhebliche Rechtsunsicherheit mit sich gebracht hätte – zumal keine innerstaatliche Norm auswärtiges Bundeswehrhandeln erfasst hätte.[669]

Noch weitaus fraglicher würden sich die Befugnisse der Bundeswehr bei einer hypothetischen Festnahme von Terror- statt Piraterieverdächtigen im Ausland oder auf Hoher See gestalten – hierfür bestünde keinerlei völkervertragliche Regelung. Dennoch erscheint eine derartige Fallgestaltung als nicht weit hergeholt, hält man sich das eilige Vorgehen mancher Staaten im *War Against Terror* als Reaktion auf 9/11 oder auch die Staatsgrenzen überschreitenden Aufenthaltswechsel von Terrorverdächtigen im europäischen Schengen-Raum in den vergangenen Jahren vor Augen. Bei einem gezielten Zugriff auf die fraglichen Personen auf fremdem Staatsgebiet, wegen der Eilbedürftigkeit ohne Zustimmung des jeweiligen Staates, stieße man an die Grenzen einer innerstaatlichen oder völkervertragsrechtlich vorgesehenen Festnahmebefugnis. Möchte man in unvorhergesehen Fällen wie der Terrorismusbekämpfung weder eine staatliche Reaktion an fehlenden geschriebenen Eingriffsgrundlagen scheitern lassen noch

---

669 Festnahmeberechtigungen nach § 6 UZwBwG scheitern nicht zuletzt an der örtlichen Begrenzung des Gesetzes auf militärische Anlagen, Einrichtungen und Schiffe, § 2 UZwBwG, wodurch ein Aufgreifen Terrorverdächtiger im Ausland nicht abgedeckt werden kann; dazu *Schott*, Mandatserfüllung in Auslandseinsätzen, 79, 81 f.; auch das Gesetz über den unmittelbaren Zwang bei Ausübung öffentlicher Gewalt durch Vollzugsbeamte des Bundes kann mangels Erfassung von Bundeswehrsoldaten nicht herangezogen werden, vgl. § 6 UZwG; zu § 127 StPO als Eingriffsgrundlage der Verhaftung von Personen auf hoher See durch deutsche Soldaten vgl. *Esser/Fischer*, ZIS 2009, 771, 777 ff., die im Falle von Pirateriebekämpfung Art. 105 UNCLOS für dem Parlamentsvorbehalt nicht genügend halten, was der hier vertretenen Ansicht in Bezug auf Völkervertragsrecht widerspricht. Für den Fall der Festnahme von Terrorverdächtigen auf hoher See, die keine Piraten sind, wäre § 127 StPO allerdings folglich als Ermächtigungsgrundlage in Betracht zu ziehen, wenngleich die frische Betroffenheit bei generellen Bekämpfungsmissionen im Vergleich zu situationsgebundenen Schiffsrettungseinsätzen fraglich erscheint ebenso wie die generelle Anwendbarkeit der StPO über die Staatsgrenzen hinaus, da sie anders als die abwehrrechtliche Funktion der Grundrechte dem Staat Befugnisse erteilt und keine Beschränkungen auferlegt, somit also zu Souveränitätskonflikten führen kann; zur Schaffung einer innerstaatlichen Festnahmebefugnis des Vereinigten Königreichs zur Beteiligung am *War Against Terror* vgl. *Schmahl*, Derogation von Menschenrechtsverpflichtungen, 125, 128.

tatsächlichem, staatlichem Vorgehen einen übergesetzlichen, grundrechtsfreien Raum gewähren, stellt sich die Problematik einer rechtsstaatlich akzeptablen, aber hinreichend flexiblen, modifizierten Schrankenregelung.

Das seinerzeitige Vorgehen der am *War Against Terror* beteiligten Staaten warf vor allem die Frage nach sich spontan entwickelndem Völkergewohnheitsrecht auf,[670] das eine kollektive Selbstverteidigung iSd Art. 51 UN-Charta gegen einen nicht-staatlichen Akteur durch die breite geäußerte Staatenakzeptanz ermöglichen könnte.[671] Die Annahme derartigen Völkergewohnheitsrechts brächte jedoch weitere Folgefragen mit sich. Würden die Mindestgarantien des humanitären Völkerrechts mangels staatlichen Gegenparts Anwendung finden?[672] Und würde derartiges spontanes Völkergewohnheitsrecht zudem eine Festnahmebefugnis enthalten bzw. welche Verfahrensgarantien und -Zuständigkeiten würden daraus erwachsen?[673] Allein dieses hypothetische Beispiel macht deutlich, dass entweder jedwede staatliche Reaktion im Keim zu ersticken wäre oder aber bei der Anerkennung von Völkergewohnheitsrecht als Eingriffsgrundlage für

---

670 Zur Herleitung spontanen Völkergewohnheitsrechts durch das Vorgehen der NATO als Staatspraxis *Walter*, Präventive Terrorismus-Bekämpfung, 23, 26; ähnlich *Heinz*, Terrorismusbekämpfung durch die Bundeswehr, 67, 78.

671 Neben der fraglichen Berechtigung zur generellen militärischen Selbstverteidigung nach Art. 51 UN-Charta ohne nötige Sicherheitsratsermächtigung wegen eines nicht auf staatliche Beteiligung rückführbaren Terrorakts eröffnete sich das Problemfeld der überhaupt angemessenen Reaktionsmöglichkeiten in diesem Rahmen, vgl. *Krajewski*, AVR 2002, 183, 187 ff., 202 f., 205 f.; *Heintschel von Heinegg/Gries*, AVR 2002, 145, 155 ff., 159, 170 ff.; *Fitzpatrick*, 14 EJIL 2003, 241, 247 f.

672 Es fehlte bei der Ausgangskonstellation des *War Against Terror* insofern an der Zurechnung zu einem anderen Staat für einen *internationalen* bewaffneten Konflikt sowie an der innerstaatlichen Begrenzung auf das Gebiet des Staates des Anschlagsortes für einen *nicht-internationalen* bewaffneten Konflikt bei bloßer Aufspürung ausländischer Terroristen im Ausland. Erst bei militärischer Gewalt des Staates des Anschlagsortes gegen den Aufenthaltsstaat der Verdächtigen entstehen die Voraussetzungen eines internationalen bewaffneten Konflikts und damit die Eröffnung des Anwendungsbereichs des humanitären Völkerrechts, hierzu *Heintschel von Heinegg/Gries*, AVR 2002, 145, 159 f.; *Walter*, Präventive Terrorismus-Bekämpfung, 23, 25; *Fitzpatrick*, 14 EJIL 2003, 241, 249 f.; *Gillard*, International Humanitarian Law, 25, 32.

673 Hinsichtlich der fraglichen und erheblich ausufernden Festnahme-, Verhör- und Inhaftierungspraktiken der USA unter Missachtung jedweder internationaler Standards des humanitären Völkerrechts sowie internationaler Menschenrechte und Kreierung eines rechtsfreien Raumes mangels kodifizierter Regelungen, *Ross*, War on Terror, 9, 15 ff.; *Heinz*, Terrorismusbekämpfung durch die Bundeswehr, 67, 68, 74 f.; *Lorenz*, Territorialer Anwendungsbereich, S. 55 ff.

auswärtiges Staatshandeln erhebliche Rechtsfindungs- und Abwägungsprozesse durch die deutschen Gerichte in Kauf zu nehmen wären.

Es lassen sich einige Punkte ins Feld führen, die für letztere Konstruktion sprechen. So würde die Heranziehung einer völkergewohnheitsrechtlichen Eingriffsgrundlage als extraterritoriale Grundrechtsmodifikation einen Großteil des auswärtigen Staatshandelns überhaupt erst mit der nötigen Rechtsgrundlage ausstatten und so grundrechtlich vollumfänglich messbar machen. Ohne diese allein aus praktischen Gesichtspunkten relevante Schrankenmodifikation würde zahlreichem auswärtigem Staatshandeln eine gesetzliche Grundlage fehlen, was dieses entweder *per se* grundrechtswidrig gestalten würde[674] oder aber die Befürwortung einer Ausnahme von der Grundrechtsbindung zur Folge hätte[675]. Beide Konsequenzen stoßen auf Bedenken, da weder eine in Art. 1 Abs. 3 GG zum Ausdruck kommende extraterritoriale Grundrechtsrelevanz auswärtig ausgeübter Staatsgewalt zu einer gänzlichen Handlungsunfähigkeit führen sollte noch eben jene grenzüberschreitende Bindung durch Pauschalausnahmen unterlaufen werden darf. Ohne die Heranziehung völkergewohnheitsrechtlicher Schranken blieben nur diese beiden Extreme, während die Anerkennung dieser Schrankenmodifikation einen Kompromiss vor allem dahingehend böte, ein an die Grundrechte gebundenes auswärtiges Staatshandeln bis hin zur Messung an den Schranken-Schranken unter Berücksichtigung der konkreten Einzelfallumstände verfassungsrechtlich würdigen zu können.

Zwar würde eine derartige Schrankenmodifikation Abstriche beim Grundsatz des Vorbehalts des Gesetzes bedeuten und die parlamentarisch zu bestimmenden, wesentlichen Grenzen eines in Grundrechte eingreifenden auswärtigen Staatshandelns vernachlässigen. Allerdings würde der Rückgriff auf eine völkergewohnheitsrechtliche Eingriffsgrundlage nur subsidiär in Abwesenheit einer innerstaatlichen, gesetzlichen Regelung relevant werden. In Ermangelung eines bereits geforderten parlamentarischen Tätigwerdens zur Schaffung jedenfalls generalklauselartiger Rechtsgrundlagen für gängiges auswärtiges Staatshandeln[676] verspräche eine Lockerung des formalen Gesetzesbegriffs dennoch den gangbarsten Weg, um die durch Art. 1 Abs. 3 GG gesetzte Vorgabe der Bindung auch auswärtig ausgeübter Staatsgewalt an die Grundrechte zu erreichen.

---

674 So *Yousif*, Extraterritoriale Grundrechtsgeltung, S. 188; *Neubert*, Einsatz tödlicher Waffengewalt, S. 268 f.

675 So *N. Wagner*, NZWehrr 2007, 1, 4.

676 Vgl. hierzu die Vorschläge von *Hobe*, FS Klein (2013), 95, 106 ff.; *Yousif*, Extraterritoriale Grundrechtsgeltung, S. 186 f.; eine legislative Verankerung gar nicht für nötig erachtend *Schott*, Mandatserfüllung in Auslandseinsätzen, 79, 89 f.

Eine derartige Schrankenmodifikation stünde zudem mit dem Grundanliegen des BVerfG in Einklang, bei Auslandsbezug eine Parallelisierung zwischen Grund- und Menschenrechtsschutz anzusteuern. Denn im Rahmen menschenrechtlicher Beeinträchtigungen dient Völkergewohnheitsrecht als anerkannte Eingriffsgrundlage, sodass bei internationalen Staatshandlungen auch ein internationaler Gleichlauf der Rechtfertigungsanforderungen erreicht werden könnte.[677]

Daneben relativiert sich der erste Anschein ausufernder Rechtsunsicherheit bei dem Gedanken an in sensible Grundrechtsbereiche einziehendes Völkergewohnheitsrecht auf den zweiten Blick in Anbetracht der Rechtsschutzmöglichkeiten. Denn mit dem Instrument des Art. 100 Abs. 2 GG hält das GG einen Weg bereit, instanzgerichtlicher Überforderung bzw. willkürlicher Rechtsfortbildung Einhalt zu gebieten. Bei Zweifeln über den Bestand oder Unsicherheiten bzgl. die Reichweite einer völkergewohnheitsrechtlichen Rechtsregel, die als Eingriffsgrundlage in Betracht käme, wäre sodann eine Vorlage an das BVerfG geboten.[678] In diesem Vorgehen läge nicht zuletzt der Vorteil begründet, dass durch die verbindliche Entscheidung des BVerfG eine zumindest innerstaatliche Rechtsklarheit über den Stand des aktuellen Völkergewohnheitsrechts bestünde. Neben der dahingehenden Leitfunktion für die verschiedenen, mit extraterritorialen Grundrechtsbeeinträchtigungen befassten Instanzgerichte käme sogar ein sich daran orientierendes Regierungshandeln in Betracht. Damit könnte zumindest eine teilweise Rechtsvereinheitlichung erreicht werden, die aufgrund des

---

677 Den Ansatz der Schrankenausweitung bei extraterritorialem Staatshandeln verfolgt auch der EGMR, der bspw. in Bezug auf Art. 5 EMRK die Festnahmegründe des Abs. 1 S. 2 auf berechtigte Festnahmen nach Art. 22 Genfer Konvention III bzw. Art. 41 f. Genfer Konvention IV iRv bewaffneten internationalen Konflikten abseits des eigenen Territoriums ausweitet, vgl. EGMR, Urt. v. 16.9.2014, 29750/09, ECHR 2014-VI, 1 Rz. 104 – Hassan/Vereinigtes Königreich; vgl. auch *Oeter*, Anwendung militärischer Gewalt, 61, 69.

678 So allgemein die *Ratio* des BVerfG, Beschl. v. 14.5.1968, 2 BvR 544/63, BVerfGE 23, 288, 317 – Kriegsfolgelasten II: „[Die allgemeinen Regeln des Völkerrechts] sind nur in manchen Fällen evident; in vielen Fällen muß ihre Existenz und Tragweite [...] erst festgestellt werden. [...] Bei Zweifeln über Existenz und Tragweite einer allgemeinen Völkerrechtsregel soll nur das Bundesverfassungsgericht, dieses aber allgemeinverbindlich und mit Gesetzeskraft, entscheiden. Vom Fall der Evidenz abgesehen, soll nur das Bundesverfassungsgericht befugt sein, über Bestehen oder Nichtbestehen und über die Tragweite einer allgemeinen Völkerrechtsregel zu entscheiden."; nochmals explizit in BVerfG, Beschl. v. 13.8.2013, 2 BvR 2660/06 & 2 BvR 487/07, BeckRS 2013, 55213 Rz. 50 – Varvarin.

von der internationalen Staatenpraxis abhängigen steten Wandels des Völkergewohnheitsrechts durch regelmäßige Vorlagen gem. Art. 100 Abs. 2 GG zeitgemäß gehalten werden könnte. Eine gesteigerte Inanspruchnahme der Judikative aufgrund der tiefergehenden Befassung sowohl der Instanzgerichte als auch des BVerfG mit den allgemeinen Regeln des Völkerrechts würde durch diese Grundrechtsmodifikation zwar bewirkt. Zur Erreichung des Ziels eines verfassungskonformen auswärtigen Staatshandelns und zugunsten des grundrechtlichen Individualschutzes ist dies jedoch eine hinnehmbare Konsequenz.

Besondere Bedeutung bei der Suche nach einer tauglichen Eingriffsgrundlage erlangen vor allem Tötungshandlungen der Bundeswehr in bewaffneten Konflikten.[679] Eine den praktischen Notwendigkeiten dieser Situationen entsprechende Schrankenmodifikation hat hier dahin zu gehen, die zum Kampfmitteleinsatz ermächtigenden Sicherheitsratsresolutionen zusammen mit dem jeweiligen Truppenentsende-Beschluss des Bundestages dem Gesetzesvorbehalt genügen zu lassen.[680] Denn das Grundgesetz erlaubt in Art. 24 Abs. 2 den Beitritt zu kollektiven Sicherheitssystemen wie den völkerrechtlichen Institutionen der UN oder NATO, sodass in der Folge auch eine grundgesetzkonforme Möglichkeit bestehen muss, an völkerrechtlich rechtmäßigen Militärmaßnahmen dieser Systeme mitzuwirken. Im allgemeinen Völkerrecht sucht man anderweitige Ermächtigungsgrundlagen zum tödlichen Waffeneinsatz insofern vergebens, zumal das humanitäre Völkerrecht für sich genommen keine Rechtfertigungsbasis darstellen kann, da es zwar implizit Tötungshandlungen voraussetzt, aber explizit nur deren Grenzen, nicht die Voraussetzungen derselben regelt.[681] Auch bei den im Kampfeinsatz sowohl auf NATO- als auch nationaler Ebene vorgesehenen *Rules of Engagement* handelt es sich um öffentlich nicht zugängliche, mehr einer internen Weisung anmutende Verhaltenskodizes, die den Anforderungen an eine gesetzliche Grundlage keineswegs ausreichend Rechnung tragen.[682]

---

679 Vgl. die übersichtliche Darstellung über das Meinungsbild bei *Wiefelspütz*, NZWehrr 2008, 89 ff. sowie *Yousif*, Extraterritoriale Grundrechtsgeltung, S. 167 ff.

680 Vgl. die Grundsatzentscheidung des BVerfG, Urt. v. 12.7.1994, 2 BvE 3/92, 5/93, 7/93, 8/93, BVerfGE 90, 286, 345 – Parlamentsbeteiligung NATO-Einsätze: „[Art. 24 Abs. 2 bietet] die verfassungsrechtliche Grundlage für die Übernahme der mit der Zugehörigkeit zu einem solchen System typischerweise verbundenen Aufgaben und damit auch für eine Verwendung der Bundeswehr zu Einsätzen, die im Rahmen und nach den Regeln dieses Systems stattfinden."

681 *Yousif*, Extraterritoriale Grundrechtsgeltung, S. 184 f.

682 Vgl. hierzu *Heinz*, Terrorismusbekämpfung durch die Bundeswehr, 67, 82 f.

Zudem finden sich weder in einfach-gesetzlichen[683] noch grundgesetzlichen[684] Normen ausdrückliche Eingriffsgrundlagen für extraterritoriale Tötungshandlungen, was jedoch in Anbetracht des in Art. 24 GG grundgesetzlich geschaffenen Rahmens nicht als Handlungsverbot deutscher Soldaten mangels förmlicher Gesetzesgrundlage aufgefasst werden sollte.

Vielmehr eröffnet sich durch die vom BVerfG eingeräumten Auslandsmodifizierungen der Weg, die strengen grundrechtlichen Schrankenanforderungen ausnahmsweise zu lockern und in einem zu „*take all necessary measures*" berechtigenden UN-Sicherheitsratsmandat[685] in Zusammenschau mit einem gem. § 1 Abs. 2 ParlBG notwendigen Bundestagsbeschluss für den konkreten Einsatz eine hinreichende Eingriffsgrundlage zu erblicken.[686] Diese Schrankenmodifikation nähme wiederum eine Beschränkung der Wesentlichkeitstheorie sowie des Bestimmtheitsgrundsatzes mangels Ausgestaltungsbefugnis des Bundestages in Kauf. Dennoch ist durch das Parlamentsbeteiligungsgesetz eine Billigung

683 S. die Ausführungen bei *Yousif*, Extraterritoriale Grundrechtsgeltung, S. 171 ff., die §§ 32 StGB, 9 ff. UZwGBw, 7 SG zutreffenderweise mangels inhaltlicher Einschlägigkeit als Eingriffsgrundlagen im bewaffneten Auslandseinsatz ablehnt.

684 Art. 87a GG betrifft lediglich den Bundeswehreinsatz zur Landesverteidigung, worunter Auslandseinsätze ohne konkrete Bedrohung für die Bundesrepublik nicht zu fassen sind; ebenso *Yousif*, Extraterritoriale Grundrechtsgeltung, S. 176 ff.

685 Vgl. z.B. Ziff. 7 der Sicherheitsratsresolution 1244 v. 10.6.1999, in dem die internationale Sicherheitspräsenz im Kosovo KFOR zur Umsetzung des in Ziff. 9 der Resolution ausgeführten Mandats „*with all necessary means*" ausgestattet wird; der Beschluss des Bundestages, BT-Drucks. 14/1133, zur Entsendung deutscher Truppen für die Beteiligung an KFOR enthält in Ziff. 4 folgenden Passus: „Den im Rahmen dieser Operation eingesetzten Kräften wird auch die Befugnis zur Wahrnehmung des Rechts auf bewaffnete Nothilfe zugunsten von Soldaten und Zivilpersonal der internationalen Präsenzen, einer internationalen Polizeitruppe und humanitären Hilfsorganisationen erteilt." Zusammen mit der beigefügten Sicherheitsratsresolution ist dies als ausreichende Eingriffsgrundlage anzusehen, wobei im Falle von Grundrechtsbeeinträchtigungen die Einschränkung der „Nothilfe" beim Einsatz von Waffengewalt zu berücksichtigen ist.

686 Ebenso Maunz/Dürig/*Calliess*, GG, 84. EL 2018, Art. 24 Abs. 2 Rn. 5; *Huhn*, Amtshaftung im Auslandseinsatz, S. *Krieger*, Asymmetrischer Konflikt, 39, 42 f.; *Weingärtner*, Geltung der ICCPR und der Grundrechte, 83, 84, 89; *Fischer-Lescano*/*Tohidipur*, NJW 2009, 1243, 1245 f.; *Schott*, Mandatserfüllung in Auslandseinsätzen, 79, 85 f.; jedenfalls erweiterte Modalitäten bei der Eingriffsgrundlage anerkennend *Kreß*, ZaöRV 1997, 329, 357; a.A. *Yousif*, Extraterritoriale Grundrechtsgeltung, S. 183 f.; *Neubert*, Einsatz tödlicher Waffengewalt, S 334 f.;; *Hobe*, FS Klein (2013), 95, 105; *Zimmermann*, ZRP 2012, 116, 118.

des jeweiligen Bundeswehreinsatzes durch das deutsche Legislativorgan gewährleistet, welches die Umstände der konkreten Entsendung, auch aufgrund der Vorgaben der UN-Sicherheitsratsresolution[687] kennt und so jedenfalls einen Auslandseinsatz verhindern könnte. Die vorgeschlagene Lösung aus Sicherheitsratsresolution plus Bundestagsgenehmigung[688] als Eingriffsgrundlage für Freiheitsrechte beeinträchtigendes (bewaffnetes) Bundeswehrhandeln im Ausland wahrt, wie die Heranziehung von Völkergewohnheitsrecht, jedenfalls Mindestanforderungen: Aufgrund des politischen Kräftemessens der Veto-Mächte im Sicherheitsrat kommt ein bewaffneter Bundeswehreinsatz ohnehin nur in nach mehreren kulturellen Wertvorstellungen für nötig erachteten Interventionen in Betracht. Zu der Einschätzung der weltweiten „*big player*“ tritt die jeweilige Bundestagszustimmung als Legitimationsbasis der konkreten Gewaltanwendung hinzu. Zwar handelt es sich lediglich um eine „Ja/Nein-Wahlmöglichkeit“ des Bundestages, doch gestaltet sich dies auch bei völkerrechtlichen Verträgen, die als Grundrechtsschranken ausreichen, nicht anders.[689] Nur, wenn sich der

687 Eine solche ist Abseits der (kollektiven) Selbstverteidigung gem. Art. 51 UN-Charta stets wegen des völkerrechtlichen Gewaltverbots des Art. 2 Abs. 4 UN-Charta zu fordern, da nur dann die internationale Mission in den Grenzen der Regeln des jeweiligen Sicherheitssystems erfolgt, was das BVerfG, Urt. v. 12.7.1994, 2 BvE 3/92, 5/93, 7/93, 8/93, BVerfGE 90, 286, 345 – Parlamentsbeteiligung NATO-Einsätze, als Grundvoraussetzung formuliert. Zum berechtigten Grundvertrauen in die UN-Sicherheitsratsresolutionen vgl. BVerfG, Urt. v. 3.7.2007, 2 BvE 2/07, BVerfGE 118, 244, 275 – Afghanistan-Einsatz.

688 Die Mitbestimmung des Bundestages ist durch die BVerfG-Rspr. inzwischen gefestigt und weit ausgebaut, hat u.a. zum Parlamentsbeteiligungsgesetz zum Erhalt der grundgesetzlichen Vorgabe der Parlamentsarmee geführt, wodurch nicht nur Kampf-, sondern auch Vorbereitungseinsätze, die in Kampfhandlungen münden können, vom Bundestag zu beschließen sind, BVerfG, Urt. v. 7.5.2008, 2 BvE 1/03, BVerfGE 121, 135, 164 – AWACS-Aufklärungsflüge: „Für den wehrverfassungsrechtlichen Parlamentsvorbehalt kommt es nicht darauf an, ob bewaffnete Auseinandersetzungen sich schon im Sinne eines Kampfgeschehens verwirklicht haben, sondern darauf, ob nach dem jeweiligen Einsatzzusammenhang und den einzelnen rechtlichen und tatsächlichen Umständen die Einbeziehung deutscher Soldaten in bewaffnete Auseinandersetzungen konkret zu erwarten ist und deutsche Soldaten deshalb bereits in bewaffnete Unternehmungen einbezogen sind.“

689 S.o., 2. Teil, B. II. 2. a. bb., S. 58 f.; zur „[maßgeblichen Mitverantwortung der Gesetzgebungsorgane für das] Integrationsprogramm und [der] damit einhergehende[n] politische[n] Bindung der Bundesrepublik Deutschland“ BVerfG, Urt. v. 7.5.2008, 2 BvE 1/03, BVerfGE 121, 135, 157 ff. – AWACS-Aufklärungsflüge; BeckOK-GG/*Heintschel von Heinegg*, 39. Ed. 2018, Art. 24 Rn. 35 f., 40 ff.; insbesondere führt auch eine

konkrete Militäreinsatz auch mit deutschen Wertvorstellungen deckt, eröffnet sich die Möglichkeit einer Truppenentsendung durch einen konstitutiven Bundestagsbeschluss; eine Mitverpflichtung Deutschlands als internationaler Handlanger ist somit ausgeschlossen.

Eine derartige Modifikation der Anforderungen an eine taugliche Schranke birgt letztendlich einen interessengerechten sowie dogmatisch vertretbaren Ausgleich: Weder kann es überzeugen, zulasten des Individuums bei auswärtigem Staatshandeln gar keine gesetzliche Eingriffsgrundlage zu fordern, noch sollte bei Fehlen einer innerstaatlichen Regelung des Sonderfalls eines bewaffneten Konflikts jedwedes Bundeswehrhandeln vor Ort *per se* für rechtswidrig[690] erklärt werden.

(2) Schranken-Schranken – erweiterte Handlungsoptionen

Neben der Erweiterung der Schrankensystematik erscheint zudem die Idee des VG Köln im Ramstein-Fall auf Ebene der Schranken-Schranken als gangbarer Weg, bei Inlands- und Auslandssachverhalten zu differenzieren. Das Gericht schlug vor, den staatlichen Akteuren bei grundrechtsbezogenem Tätigwerden im Ausland eine größere Einschätzungsprärogative zuzugestehen, um den tatsächlichen wie rechtlichen Möglichkeiten mehr Relevanz einräumen zu können.[691] Dort betraf dies die Erfüllung positiver Schutzpflichten in Bezug auf das Rechtsgut Leben, das mittels von deutschem Boden aus gesteuerter Drohnenangriffe der USA im Jemen bedroht wurde. Dem Vorgehen des Gerichts ist insofern zuzustimmen, als dass gerade bei positiven Leistungspflichten im Ausland die Entfernung vom eigenen Staatsgebiet derart Berücksichtigung zu finden hat, als dass bestimmtes Staatshandeln mangels Ressourcen und Infrastruktur schlicht nicht möglich wäre; eine verminderte Grundrechtsbindung, auch an die positiven Garantien, erscheint dahingehend besser als gar keine.[692]

---

ggf. geänderte Strategieausrichtung der NATO nicht zu einer anderen Beurteilung als dies bei allen einmal vom Bundestag gebilligten völkerrechtlichen Verträgen allgemein der Fall ist, vgl. BVerfG, Urt. v. 22.11.2001, 2 BvE 6/99, BVerfGE 104, 151, 209 f. – NATO-Strategiekonzept: „Das Bundesverfassungsgericht kann auf Antrag des Bundestags eine Überschreitung des gesetzlichen Ermächtigungsrahmens nur dann feststellen, wenn die konsensuale Fortentwicklung des NATO-Vertrags gegen wesentliche Strukturentscheidungen des Vertragswerkes verstößt."

690 So aber *Yousif*, Extraterritoriale Grundrechtsgeltung, S. 188; *Neubert*, Einsatz tödlicher Waffengewalt, S. 334 f.

691 VG Köln, Urt. v. 27.5.2015, 3 K 5625/14, juris, Rz. 66 ff. = BeckRS 2015, 46138 – Ramstein.

692 So auch die Herangehensweise des BVerfG hinsichtlich der verfassungsrechtlichen Vorgaben an den Gesetzgeber bei der Kodifikation von Rechtsmaterie mit

Es steht außer Frage, dass deutsche Soldaten bei bewaffneten Kampfeinsätzen im Ausland die Schutzpflichten des deutschen Staates mangels persönlichen Einflusses und Übersicht über das Kampfgeschehen nicht für alle unbeteiligten Zivilisten erfüllen können. Ebensowenig wird kaum stets die Tagesfrist des Richtervorbehalts aus Art. 104 Abs. 3 S. 1 GG bei im Ausland festgenommenen Personen, ggf. mitten im Kampfeinsatz, gewahrt werden können. Wenngleich ein möglichst effektiver Grundrechtsschutz auch gegenüber Ausländern im Ausland durch den deutschen Staat zu wahren ist, darf dieser jedoch nicht gleichzeitig zu einer Fußfessel für den Staat verkommen. Insofern ist dem Vorschlag des VG Köln einerseits durchaus mit Vorsicht zu begegnen, um nicht durch immer weitere Einschätzungsprärogativen doch den befürchteten Freifahrtschein zu produzieren. Andererseits gilt es, die betroffenen Interessen in einen größtmöglichen und schonenden Ausgleich miteinander zu bringen[693] – also genau das Ziel zu erreichen, das die Verhältnismäßigkeit im Rahmen der Schranken-Schranken verfolgt.

Aufgrund dessen ist hinsichtlich der Lockerung des Abwägungsmaßstabes zu differenzieren: Im Bezug auf abwehrrechtliche Grundrechtskomponenten hat die Einräumung eines größeren Handlungsspielraumes

Auslandsbezug, BVerfG, Urt. v. 10.1.1995, 1 BvF 1/90, 1 BvR 342, 348/90, BVerfGE 92, 26, 42 – Zweitregister: „Der deutsche Gesetzgeber steht deswegen vor der Alternative, den deutschen Grundrechtsstandard entweder ungeschmälert zu wahren, ihm damit aber im Bereich der Hochseeschiffahrt praktisch das Anwendungsfeld zu entziehen, oder ihm ein Anwendungsfeld zu erhalten, dann aber eine Minderung des Grundrechtsstandards in Kauf zu nehmen. Unter diesen Umständen ist es dem Gesetzgeber von Verfassungs wegen nicht verwehrt, den zweiten Weg zu wählen [...].“; vgl. auch *Lorenz*, Territorialer Anwendungsbereich, S. 169; *Schäfer*, Menschenrechte und humanitäres Völkerrecht, S. 45; *Huhn*, Amtshaftung im Auslandseinsatz, S. 78; *von Arnauld*, Menschenrechte im Auslandseinsatz, 61, 74 f.; a.A. *N. Wagner*, NZWehrr 2007, 1, 4, der vielmehr jedweden Grund- und Menschenrechtsschutz jedenfalls bei militärischen Auslandseinsätzen versagen möchte.

693 Auch hier läge eine Parallele zur Herangehensweise des EGMR, der den Richtervorbehalt aus Art. 5 Abs. 3 S. 1, Abs. 4 EMRK wegen Entfernung vom eigenen Hoheitsgebiet zeitlich verlängert, sofern der Vertragsstaat die Rückkehr nicht herauszögert, EGMR, Urt. v. 29.3.2010, 3394/03, ECHR 2010-III, 61 Rz. 127 ff., 131 – Medvedyev u.a./Frankreich; ebenfalls an den Gleichlauf mit internationalen Menschenrechtsstandards sowie die staatliche Leistungsfähigkeit iRd Schranken-Schranken anknüpfend das – nach Agabe dieser Arbeit entscheidende – OVG Münster, Urt. v. 19.3.2019, 4 A 1361/15, juris, Rz. 213 ff. – Ramstein.

auszuscheiden[694] – Abwehrrechte sollen staatliche Handlungen einschränken, dadurch werden gerade keine zusätzlich zu erfüllenden positiven Pflichten eingeräumt, sondern das faktisch beeinträchtigende Handeln auf ein Minimum beschränkt. Handelt es sich folglich um einen von deutschen Truppen ausgeführten Angriff, haben schon die Aufklärungsarbeiten im Vorfeld entsprechend gewissenhaft zu erfolgen, um zivile Opfer zu vermeiden. Zudem ist die Ausführung des Militärschlages streng am – so denn einschlägigen – humanitären Völkerrecht bzw. der herkömmlichen verfassungsrechtlichen Rechtfertigung zu messen. Das Staatshandeln entsprechend restriktiv zu gestalten und sich an bestehende Wertemaßstäbe zu halten, erfordert keine Modifikation aufgrund faktischer Unmöglichkeit im Ausland.

Hinsichtlich der positiven Grundrechtsaspekte in Form von Schutz- oder Leistungspflichten ist eine Absenkung des zu gewährenden Standards hingegen denkbar. Eine Kürzung des Pflichtenkatalogs hat jedoch so minimal wie möglich zu erfolgen, bis die objektiv zu bestimmende Grenze der staatlichen Leistungsfähigkeit erreicht ist. Insofern bestünde z.B. die grundrechtliche Pflicht, im Vorfeld absehbare Folgen durch entsprechend vorausschauende Maßnahmen zu verhindern. Der drohenden Unmöglichkeit der Einhaltung einer rechtzeitigen Richtervorführung gem. Art. 104 Abs. 3 S. 1 GG gälte es bspw. mittels Präsenz eines Richters auf einem zwecks Piratenfangmission entsandten Marineschiff vorzubeugen.[695]

Ähnliche, wenngleich aufgrund der Gefährlichkeit tolerantere, Maßstäbe sind sodann auch für Auslandseinsätze der Bundeswehr anzulegen: Dass die Einhaltung des Richtervorbehalts bei Freiheitsentziehungen Probleme bereiten kann, wird bereits im Vorfeld bekannt sein. Dem wäre durch militärisch geschulte Richter vor Ort oder technische Möglichkeiten einer Videoschaltung Abhilfe zu leisten, um das Zeitmoment einhalten zu können. Darüber hinaus haben Einsatzbefehle, aber auch Beschlussfassungen zur Zielauswahl im Rahmen internationaler Missionen (bspw. der NATO) in Abwägung der möglichen Konsequenzen sowie der Grundrechtsbindung zu erfolgen. Eine gänzliche Freizeichnung durch die Mitverantwortlichkeit anderer Staaten sowie

694 Ebenso *Yousif*, Extraterritoriale Grundrechtsgeltung, S. 141; *von Arnauld*, Menschenrechte im Auslandseinsatz, 61, 73 f.; *Krieger*, Gerichtliche Kontrolle, 223, 237, 242; a.A. *Huhn*, Amtshaftung im Auslandseinsatz, S. 79; *Werner*, Grundrechtsbindung der Bundeswehr, S. 235.

695 *Ladiges*, NZWehrr 2012, 56, 60 ff.; für ähnliche Modifikationen, vor allem aber eine zeitliche Erweiterung der Tagesfrist *Globke*, JZ 2012, 370, 372; *Kreß*, Moderne Piraterie und Menschenrechte, 95, 114 ff.

ggf. divergierender Wertvorstellungen kann nicht Ergebnis einer modifizierten Rechtfertigungsprüfung sein. Sofern eine aktive Mitbestimmung bspw. wegen der *Need-to-Know*-Regel im Rahmen von NATO-Einsätzen nicht möglich ist, sind dennoch die aus deutscher Sicht notwenigen Grenzen bei der Zielauswahl zu formulieren[696] – anderenfalls verbietet sich eine Teilnahme an derartigen Missionen. Die Anforderungen an eine Flucht des deutschen Staates in eine faktische oder rechtliche Unmöglichkeit von Handlungsalternativen im Ausland sind folglich hoch anzusetzen – denn die Auslandsbetätigung an sich stellt eine gänzlich freiwillige Entscheidung des deutschen Staates dar,[697] bei welcher die Grundrechtsbindung *ex ante* zu berücksichtigen ist, statt dieser *ex post* mittels Kürzungen Einhalt zu gebieten zu wollen.

dd. Zwischenbilanz zulässiger Modifikationen und Differenzierungen

Somit lässt sich festhalten, dass zur Ausfüllung des BVerfG-Begriffs der „Modifikationen und Differenzierungen" des Grundrechtsschutzes bei Auslandsberührung lediglich die Herangehensweisen des OVG Münster sowie des VG Köln im Fall Ramstein eine dogmatisch haltbare Grundlage bieten. Es wäre verfehlt, Schutzbereichsausnahmen durch eine unterschiedslose Übertragung menschenrechtlicher Pendants oder der EGMR-Rechtsprechung zu Art. 1 EMRK zu konstruieren, da sich die Grundrechte in der Vorgabe ihres Schutzumfangs ausschließlich an der innerstaatlichen Verfassungsauslegung orientieren. Einen völkerrechtlichen Einschlag in Bezug auf auslandsbedingte Modifikationen erhalten

---

696 Vgl. die Ausführungen des BVerfG, Beschl. v. 13.8.2013, 2 BvR 2660/06 & 2 BvR 487/07, BeckRS 2013, 55213 Rz. 56 ff. – Varvarin, zu denen zu ergänzen ist, dass im mehrstufigen Verfahren der Erstellung der Ziellisten nicht nur die Vorgabe eines völkerrechtskonformen, sondern auch grundrechtskonformen Angriffs seitens Deutschland iRe NATO-Mandats zu machen ist, d.h. dass eine Brücke neben einem beliebten Marktplatz schlicht nicht am helllichten Markttage zu bombardieren ist, vgl. auch *Lorenz*, Territorialer Anwendungsbereich, S. 285 f. Eine Schutzpflichtverletzung kann in einem derartigen Unterlassen nach hier vertretener Ansicht durchaus gesehen werden; die Frage nach der haftungsrechtlichen Verantwortung, die das BVerfG zu beantworten hatte, ist i.E. aber wohl (bei hier angenommener Anwendbarkeit des § 839 Abs. 1 BGB iVm Art. 34 S. 1 GG) ebenso mangels ausreichender Zurechnung sowie Verschuldens der tatsächlichen Rechtsgutverletzung durch den deutschen Staat zu verneinen.

697 Dahingehend ebenso, aber Modifikation bei Auslandshandeln auch auf Rechtfertigungsebene nur wegen besonderer Gefahrensituationen, nicht der Extraterritorialität und dadurch bedingten mangelnden Infrastrukturressourcen zulassend *Yousif*, Extraterritoriale Grundrechtsgeltung, S. 138 ff., 144.

die Grundrechte lediglich auf Ebene der verfassungsrechtlichen Rechtfertigung eines staatlichen Eingriffs. Der Eingriffsbegriff selbst ist keiner inhaltlichen Modifizierung, insbesondere nicht einer Reduktion auf klassische Grundrechtseingriffe, zugänglich, kann jedoch auf Basis ausgeweiteter Eingriffsgrundlagen erfolgen. Insofern sind auf Ebene der Grundrechtsschranken die Voraussetzungen einer tauglichen Eingriffsgrundlage sowohl hinsichtlich des Vorbehalts des Gesetzes als auch der Wesentlichkeitstheorie zu lockern. Für auswärtiges, in der innerstaatlichen Rechtsordnung nicht geregeltes Staatshandeln sollte eine im Völkergewohnheitsrecht wurzelnde Eingriffsbefugnis eine ausreichende Ermächtigungsgrundlage bilden. Den Spezialfall extraterritorialer Tötungsakte der Bundeswehr im Rahmen internationaler Missionen vermögen dazu – auch abstrakt – ermächtigende UN-Sicherheitsratsresolutionen, die durch einen Truppenentsendebeschluss des Bundestages entsprechend des ParlBG flankiert werden, abzudecken.

Zudem kann der Handlungsspielraum der Exekutive im Rahmen auswärtiger grundrechtlicher Leistungs- und Schutzpflichten eine Erweiterung erfahren, wenn dies den Notwendigkeiten des grenzüberschreitenden Staatshandelns geschuldet ist. Hierbei ist jedoch in Anbetracht des bewusst freiwilligen Staatshandelns über die Staatsgrenzen hinaus ein restriktiver Maßstab seitens der überprüfenden deutschen Gerichten anzulegen, um keine gänzlich grundrechtsfreien Räume zu kreieren. Rechtfertigungselementen, wie einzuhaltenden Richtervorbehalten, kann durch zeitliche Lockerungen oder technische Modifikationen, wie einer Videoanhörung, eine Erleichterung zuteil werden. Dies darf jedoch nicht darüber hinweg täuschen, dass den Staat zuvor die grundrechtliche Pflicht trifft, sich die Besonderheiten eines auswärtigen Tätigwerdens zu vergegenwärtigen und die nötige Infrastruktur zur Vermeidung der Inanspruchnahme jener Modifikationsmöglichkeiten zu schaffen.

Insofern vollziehen sich die möglichen „Modifikationen und Differenzierungen“ des Grundrechtsschutzes ausschließlich auf Ebene der Rechtfertigung, was eine flexible und feingliedrige Anpassung an internationale Menschenrechtsstandards und völkerrechtliche Mindestwerte ermöglicht.

3. *Zwischenbilanz – Dogmatik der zugelassenen extraterritorialen Garantien*

Die in ihrer Formulierung jeweils äußerst knapp gehaltenen, maßgeblichen Normen des Art. 1 EMRK sowie des Art. 1 Abs. 3 GG waren in der Vergangenheit einer Bandbreite gerichtlicher Auslegungsvariationen zugänglich. Der Weg der für Art. 1 EMRK entscheidenden staatlichen *jurisdiction* führte nach einem zunächst extensiv anmutenden Extraterritorialitätsverständnis der Konvention in Loizidou durch das bankovic'sche Nadelöhr. Die dortige künstliche Begrenzung des Anwendungsbereichs auf einen rein europäisch gedachten *espace juridique* als Ausfluss des historischen Staatenwillens der Gründungsmitglieder stieß an die Grenzen einer dogmatisch sauberen Konventionsauslegung. Die in sich nicht konsistente Abweisung der Rechtssache Bankovic als unzulässig erschien als taktisch gewählter Ausweg aus einer Bewertung der völkerrechtlich kritischen humanitären Intervention, die der Fallgestaltung zugrunde lag. Diese wohl vornehmlich politisch motivierte Rechtsprechung lässt sich daher eher als Ausnahmeentscheidung denn Leiturteil auffassen. Diese These fand ihre Bestätigung im Zugeständnis geteilter und zugeschnittener Konventionsrechte im Fall Al-Skeini, welchen der EGMR gänzlich konträr zu den in Bankovic aufgestellten Leitlinien entschied.

Eine effektive Gebietskontrolle auch außerhalb des europäischen *espace juridique* nicht mehr für nötig erachtend, erkannte der Gerichtshof eine weltweit die Konventionsbindung nach sich ziehende effektive Personenkontrolle als ausreichenden *jurisdictional link* an. Ein Individuum unterstand somit der *jurisdiction* eines Konventionsstaates beispielsweise bei einem gezielten Pistolenschuss, auch wenn dieser bei einem Auslandseinsatz der staatlichen Truppen auf einen Ausländer abgegeben wurde. Das entscheidende Novum bestand überdies in der Anerkennung geteilter und zugeschnittener Konventionsrechte, die sich in der jeweiligen Situation extraterritorial ausgeübter Hoheitsgewalt entfalten. Von einer vollumfänglichen Konventionsgeltung im (außereuropäischen) Ausland im Sinne eines Alles-oder-nichts-Prinzips wurde somit Abstand genommen, wodurch sich die Tür für eine weltweite, handlungsabhängige Konventionsbindung der Vertragsstaaten geöffnet hat. Unter dem Rechtrahmen der EMRK bedingt nun jede Staatsgewaltausübung eine Messung an den betreffenden Konventionsgarantien, sofern die *jurisdictional links* einer effektiven Gebiets- oder auch schon Personenkontrolle gegeben sind.

Den Ansatzpunkt einer der Staatsgewalt auch über die Staatsgrenzen hinaus folgenden Grundrechtsbindung hatte die deutsche Judikatur aufgrund der Grundaussage des Art. 1 Abs. 3 GG nicht erst derart aufwändig herzuleiten wie der EGMR. Diese Grundaussage jedoch mit Leben zu füllen, gestaltete sich allein durch die Fülle der damit befassten Spruchkörper unübersichtlicher und kontroverser. Der extensiv formulierten Vorgabe des BVerfG aus der Fernmeldeüberwachungs-Entscheidung, die eine ggf. Modifikationen und Differenzierungen unterworfene Grundrechtsgeltung bei Auslandsbezug etablierte, folgte eine breite Auffächerung der diesbezüglichen instanzgerichtlichen Umsetzung in den konkret zu entscheidenden Einzelfällen. Nach der hiesigen Analyse vermag jedoch allein die Ebene der verfassungsrechtlichen Rechtfertigung Ansatzpunkte für dogmatisch zulässige Auslandsmodifikationen zu bieten. Dogmatisch tragbar sowie praktisch handhabbar gestaltet sich die Erweiterung der Schrankensystematik zugunsten völkergewohnheitsrechtlicher Eingriffsgrundlagen sowie zu tödlichem Waffeneinsatz berechtigender Resolutionen des UN-Sicherheitsrats, wenn Truppen der Bundeswehr mittels Parlamentsbeschluss ins Ausland entsandt werden. Zudem können Modifikationen der grundrechtlichen Verhältnismäßigkeitsanforderungen in Betracht zu ziehen sein, sofern die objektive staatliche Leistungsfähigkeit dies aufgrund des Auslandsbezuges unvermeidlich erfordert.

Die gerichtlich eingeschlagenen Kurse der extraterritorialen Individualrechtsbindungen für Deutschland als Grundrechtsadressat einerseits sowie Konventionsstaat andererseits nähern sich folglich in ihren Grundzügen sowie dogmatischen Ausgestaltungen einander an. Es wurden schlussendlich keine pauschalen Schutzlücken oder gar individualrechtsfreie Räume für auswärtiges Staatshandeln zugelassen, vielmehr ergibt sich hierbei eine umfassende Rechtsbindung.

II. Zurechnung rechtsverletzenden Verhaltens

Der Komplex der Zurechnung eines auswärtigen Handelns zu den Einzelstaaten als verantwortlicher Völkerrechtssubjekte oder aber einer internationalen Organisationen wurde in den untersuchten Rechtsprechungen teilweise virulent. Während diese Thematik stets zu Beginn der Ausführungen des EGMR zur Klärung der Frage, ob eine mitgliedstaatliche Jurisdiction und damit der Anwendungsbereich der Konvention betroffen ist, berufen ist, kristallisierte sich in der deutschen Judikatur keine einheitliche dogmatischer Verortung heraus. Die Zurechnungsproblematik bildet jedoch eine stets – explizit oder implizit – zu beantwortende Frage, da nur bei einem staatlichen Zurechnungsobjekt, das an die Grund- bzw. Konventionsrechte gebunden ist, eine Prüfung der materiellen Inhalte dieser Bindung ausgelöst wird. Insofern bedarf dieser Komplex eigenständiger Widmung und dogmatischer Klärung.

1. Zurechnungsfragen unter der Konvention

Der EGMR war im Zuge der extraterritorialen Konventionsgeltung bzw. in Verantwortlichkeitskonflikten zwischen mehreren Völkerrechtssubjekten das eine oder andere Mal mit Zurechnungsfragen beschäftigt. In aller Regelmäßigkeit hielt er hierbei fest, dass die EMRK nicht in einem Vakuum zu interpretieren, sondern in den allgemeinen völkerrechtlichen Kontext iSd Art. 31 Abs. 3 lit.

c VCLT einzubinden sei.[698] Insofern verweigerte Gerichtshof eine Lockerung der Konventionspflichten derjenigen Staaten, die anderweitige, ggf. kollidierende völkerrechtliche Verpflichtungen eingingen oder einer internationalen Organisation beitraten. Zwar verbiete die Vertragsstaatseigenschaft beide Handlungsmöglichkeiten nicht, doch könne die Umsetzung dessen nicht zu einer Freizeichnung unter der EMRK führen.[699] In seiner Bosphorus-Entscheidung stellte der EGMR die Faustregel auf, dass im Falle der Übertragung von Hoheitsgewalt auf eine internationale Organisation, die einen vergleichbaren Menschenrechtsstandard gewährleiste, eine widerlegliche Vermutung für konventionsgemäßes Staatshandeln im Rahmen der Organisationsverpflichtungen spreche.[700] Damit ging jedoch lediglich die Klarstellung einher, dass nicht schon mit dem Beitritt zu einer internationalen Organisation die Möglichkeit einer dahingehenden Verantwortung unter der Konvention verlustig ging.

a. Die fünf Saramati-Kriterien

Ungeklärt blieb aber noch die Frage, wann ein Tätigwerden im Rahmen einer Mitgliedschaftsverpflichtung in einer internationalen Organisation dem

698 Vgl. EGMR, Urt. v. 2.5.2007, 71412/01 & 78166/01, NVwZ 2008, 645 Rz. 122 = abrufbar unter: http://hudoc.echr.coe.int/eng?i=001-80830 (zuletzt abgerufen am 28.1.2019) – Behrami & Saramati/Frankreich u.a.

699 So z.B. in EGMR, Urt. v. 18.2.1999, 24833/94, ECHR 1999-I, 251 Rz. 32 – Matthews/Vereinigtes Königreich: „The Court observes that acts of the EC as such cannot be challenged before the Court because the EC is not a Contracting Party. The Convention does not exclude the transfer of competences to international organisations provided that Convention rights continue to be "secured". Member States' responsibility therefore continues even after such a transfer." Ebenso EGMR, Urt. v. 18.2.1999, 26083/94, ECHR 1999-I, 393 Rz. 67 – Waite & Kennedy/Deutschland; *Krieger*, ZaöRV 2002, 669, 684; *Kearney*, 5 Trinity C. L. Rev. 2002, 126, 139.

700 EGMR, Urt. v. 30.5.2005, 45036/98, ECHR 2005-VI, 107 Rz. 155 f. – Bosphorus Hava Yollari Turizm ve Ticaret Anonim Şirketi/Irland, wo es um die Beschlagnahmung eines in jugoslawischem Eigentum stehenden, aber im Besitz einer türkischen Airline befindlichen Flugzeuges durch irische Behörden ging, die durch die Verordnung (EWG) Nr. 990/93 angehalten waren, das durch die Sicherheitsratsresolution 820 v. 17.4.1993 in Kraft gesetzte Wirtschaftsembargo gegen das ehemalige Jugoslawien durchzusetzen. Der Gerichtshof verneinte i.E. eine Verletzung des Art. 1 ZP I durch Irland mit der Begründung, dass der Schutzstandard, den der EuGH für die EG entwickelt habe, ausreichend sei und die damit einhergehende Vermutung konventionsgemäßen Handelns in Umsetzung der EG-Verordnung im konkreten Einzelfall auch nicht erschüttert sei.

Vertragsstaat selbst und wann allein der internationalen Organisation zuzurechnen wäre. Dieser Abgrenzung widmete sich der Gerichtshof erstmals im Fall Behrami & Saramati, in dem er Prinzipien der Zurechnung einer Militärmission zur UN bzw. NATO aufstellte. Im Falle einer erfolgreichen Zurechnung zu einem dieser Völkerrechtssubjekte hätte eine Konventionsbindung der beteiligten Vertragsstaaten mangels eigener Hoheitsgewalt iSd Art. 1 EMRK auszuscheiden.[701]

Hinsichtlich der in einer Entscheidung zusammengefassten, miteinander jedoch nicht in inhaltlichem Zusammengang stehenden zwei Rechtssachen, Behrami einerseits sowie Saramati andererseits, ist zu differenzieren. Zwar betrafen beide Fallgestaltungen die Folgen des Kosovo-Krieges und waren gegen dieselben Konventionsstaaten gerichtet, was den Gerichtshof zu einer Verbindung der Streitgegenstände veranlasste. Allerdings betraf das jeweils gerügte staatliche Verhalten den potentiellen Verantwortungsbereich zweier verschiedener internationaler Zurechnungssubjekte, von welchen eine Abgrenzung zur einzelstaatlichen Hoheitsgewalt zu erfolgen hatte. In der Rechtssache Behrami war die Verantwortungssphäre der unterlassenen Bombenräumung im Kosovo maßgeblich. Diese Aufgabe kam im maßgeblichen Zeitpunkt der Detonation, bei die Söhne des Beschwerdeführers getötet bzw. schwer verletzt worden waren, der vom Sicherheitsrat eingerichteten Übergangsregierung im Kosovo UNMIK zu. Eine potentielle Schutzpflichtverletzung aus Art. 2 EMRK konnte hier mangels einzelstaatlicher *jurisdiction*, die wegen der Verantwortung der als direktes UN-Unterorgan[702] etablierten UNMIK für das ursächliche Unterlassen und der dahingehend vertretbaren Zurechnung zur UN verdrängt wurde, nicht angenommen werden.

Anders stellte sich der Sachverhalt bei der Festnahme des Beschwerdeführers Saramati durch die in die NATO-Mission KFOR eingebundenen mitgliedstaatlichen Soldaten dar, die gerade nicht im Verantwortungsbereich eines primären UN-Unterorgans dessen Verpflichtungen wahrnahmen,[703] sondern im Rahmen einer internationalen Stabilisierungstruppe tätig wurden. Unter Rückgriff auf die prinzipiell unverbindlichen *ILC Draft Articles on the Responsibility of*

701 Vgl. EGMR, Urt. v. 2.5.2007, 71412/01 & 78166/01, NVwZ 2008, 645 Rz. 121 = abrufbar unter: http://hudoc.echr.coe.int/eng?i=001-80830 (zuletzt abgerufen am 28.1.2019) – Behrami & Saramati/Frankreich u.a.

702 Vgl. *Lorenz*, Territorialer Anwendungsbereich, S. 251; *Krieger*, 13 J. Int'l Peacekeep. 2009, 159, 160; *Milanović/Papić*, 58 Int'l & Comp. L. Q. 2009, 267, 275.

703 So explizit auch *Krieger*, 13 J. Int'l Peacekeep. 2009, 159, 169 dazu, dass KFOR anders als UNMIK gerade kein UN-Unterorgan war.

International Organizations[704] entwickelte der Gerichtshof eine aus fünf Merkmalen bestehende Zurechnungsdogmatik einer durch den Sicherheitsrat mandatierten Militäraktion zur UN. Sofern der Sicherheitsrat nach dem VII. Kapitel der UN-Charta vorgehe (1) und eine übertragbare Befugnis (2) ausdrücklich auf ein anderes Völkerrechtssubjekt übertrage (3), während dabei die Mandatsgrenzen so klar wie möglich abgesteckt würden (4) und eine regelmäßige Berichtspflicht etabliert wäre (5), behalte der Sicherheitsrat die effektive Kontrolle und die UN damit das Zurechnungsmoment über den Einsatz.[705] Dem fügte der EGMR hinzu, dass eine derartige Mandatierung der Normalfall sei, wodurch die Lücke der mangelnden Sonderabkommen zur Bereitstellung des direkten Zugriffs des Sicherheitsrats zugänglicher Truppenkontingente nach Art. 43 UN-Charta geschlossen werde.[706]

Insofern verkannte der Gerichtshof jedoch das Regel-Ausnahme-Verhältnis der Kommandostrukturen und die sich hinter der Truppenstellung verbergende Intention der Mitgliedstaaten. Dass die vollständige Kontrolle durch die Berichtspflicht und damit vorgeblich jederzeitige Einwirkungsmöglichkeit des Sicherheitsrats bei diesem verbleibe, obwohl die Entsendestaaten für den tatsächlichen Unterhalt ihrer jeweiligen Kontingente aufkamen sowie die Disziplinarhoheit behielten, widersprach der gängigen Praxis.[707] Denn der durch die

704 Während die beklagten Staaten auf eine effektive Kontrolle durch die internationale Organisation nach Art. 7 der *ILC Draft Articles on the Responsibility of International Organizations* (2011) – in der Entscheidung wird noch der wortgleiche Art. 5 der damaligen unveröffentlichten Version der *Draft Articles* zitiert – abstellten, benannte der Gerichtshof die maßgebliche Norm nicht explizit, sondern leitete lediglich die Kriterien aus allgemeinen Erwägungen her, s. EGMR, Urt. v. 2.5.2007, 71412/01 & 78166/01, NVwZ 2008, 645 Rz. 83, 121 ff. = abrufbar unter: http://hudoc.echr.coe.int/eng?i=001-80830 (zuletzt abgerufen am 28.1.2019) – Behrami & Saramati/Frankreich u.a.

705 EGMR, ibid., Rz. 134 – Behrami & Saramati/Frankreich u.a.

706 EGMR, ibid., Rz. 133 – Behrami & Saramati/Frankreich u.a.: „This delegation model is now an established substitute for the Article 43 [UN-Charta] agreements never concluded."

707 Vgl. auch *Lüder*, NZWehrr 2001, 107, 113 f.; *von Arnauld*, Menschenrechte im Auslandseinsatz, 61, 65; *Krieger*, ZaöRV 2002, 669, 678; *Kearney*, 5 Trinity C. L. Rev. 2002, 126, 139; *Lorenz*, Territorialer Anwendungsbereich, S. 285; *Werner*, Grundrechtsbindung der Bundeswehr, S. 191 ff. diefferenziert lediglich für Friedenssicherungsmissionen, die eine völkerrechtliche Organleihe der nationalen Truppen an die UN seien. Da diese dem Oberkommando eines vom UN-Generalsekretär ernannten Befehlshabers unterstünden, seien die Handlungen auch deutscher Soldaten iRd eines sog. Blauhelmeinsatzes allein der UN als verantwortlichem Völkerrechtssubjekt zuzurechnen.

Letztentscheidungsbefugnis gekennzeichnete *full command* soll gerade – mangels Abschluss der Sonderabkommen nach Art. 43 UN-Charta[708] – bei den Entsendestaaten verbleiben, denen weiterhin die Organisationshoheit über ihre Truppenkontingente zukommt und die diese somit jederzeit zurückziehen können. Der EGMR charakterisierte diese bei den Mitgliedstaaten verbleibenden Einwirkungsbefugnisse hingegen als mit der NATO, die die Missionsausführung vor Ort koordinierte, geteilten *operational command*.[709]

b. Vereinbarkeit mit allgemeinem Völkerrecht

Nach der Herangehensweise des Gerichtshofs würde somit jede mit Berichtspflichten verbundene, inhaltlich umrissene Mandatierung einer internationalen bewaffneten Militäraktion nach dem VII. Kapitel der UN-Charta eine ausschließliche völkerrechtliche Zurechnung zur UN nach sich ziehen. Nicht nur dem Punkt, dass daraus erhebliche Rechtsschutzlücken mangels verklagbaren Völkerrechtssubjekts entstünden, sondern vor allem der unberücksichtigten völkerrechtlichen Zurechnungsdogmatik gilt die hiesige Kritik an dieser EGMR-Entscheidung.

Unabhängig von der Frage der Geltung der als Völkergewohnheitsrecht anerkannten *ILC Draft Articles on Responsibility of States for Internationally Wrongful Acts* (2001) sowie der *ILC Draft Articles on the Responsibility of International Organizations* (2011)[710] vollzieht sich völkerrechtliche Zurechnung

---

708 S. *Werner*, Grundrechtsbindung der Bundeswehr, S. 179 f., wonach nur im Falle der Sonderabkommen iRd Art. 43 UN-Charta die „Kommandogewalt über [die staatlichen] Truppen vollständig auf den Sicherheitsrat [übertragen würde]".

709 EGMR, Urt. v. 2.5.2007, 71412/01 & 78166/01, NVwZ 2008, 645 Rz. 138 = abrufbar unter: http://hudoc.echr.coe.int/eng?i=001-80830 (zuletzt abgerufen am 28.1.2019) – Behrami & Saramati/Frankreich u.a.; anders *Krieger*, ZaöRV 2002, 669, 680 f.; hinzu kommt vor allem, dass die NATO selbst mangels intensiver Menschenrechtsbindung wie die UN oder EU kein tragfähiges Verantwortungsvehikel zum aufrecht zu erhaltenden Menschenrechtsschutz iSd Bosphorus-Formel ist, also von den Staaten auch nicht alternativ herangezogen werden könnte, *Kearney*, 5 Trinity C. L. Rev. 2002, 126, 141.

710 Als in bloß unverbindlichen Resolutionen der ILC verabschiedete *soft law*-Dokumente stellt sich die Frage, inwieweit die maßgeblichen Art. 6 *ILC Draft Articles on Responsibility of States for Internationally Wrongful Acts* (2001) sowie Art. 7 *ILC Draft Articles on the Responsibility of International Organizations* (2011) bereits Völkergewohnheitsrecht iSd Art. 38 Abs. 1 lit. b IGH-Statut repräsentieren. Auf die einzelnen Voraussetzungen jener Normen kommt es allerdings wegen des darin verkörperten, allgemein anerkannten Effektivitätsgedankens für die völkerrechtliche Zurechnung im Folgenden gar nicht an.

dem Weisungs- und Abhängigkeitsgrad zu einem Völkerrechtssubjekt entsprechend.[711] Es kommt demnach auf die finanzielle, institutionelle sowie faktische Letztentscheidungsbefugnis an. In Bezug auf die Truppenbereitstellung bedeutet dies, dass Art. 43 UN-Charta die Möglichkeit eines UN-Heeres unter Abtretung all jener Befugnisse an die UN eröffnete, von den UN-Mitgliedstaaten jedoch bisher nicht wahrgenommen wurde. Aufgrund der finanziellen Unterhaltung der zur UN-Mandatsausführung bereitgestellten Truppen allein durch die Mitgliedstaaten, verbunden mit der bestehen bleibenden jederzeitigen Entscheidung über den Rückruf der eigenen Soldaten und damit impliziten Möglichkeit der Befehlsverweigerung im Rahmen eines internationalen Mandats, besteht die Zurechnung der Ausführungshandlungen allein zum Entsendestaat des jeweiligen Soldaten.[712] Die Berichtspflicht dem Sicherheitsrat gegenüber ändert hieran nicht das Geringste, da sie den konkreten Handlungen lediglich nachgelagert ist, eine Einsatzleitung in Echtzeit mit der Wirkung eines Geltungsvorranges vor nationalen Weisungen also nicht in Betracht kommt.

Kein anderes Ergebnis ergibt sich in Bezug auf eine ggf. zwischen Sicherheitsratsmandat und Soldatenhandlung geschaltete NATO-Beteiligung, die über

---

711 Von *Lüder*, NZWehrr 2001, 107, 112 als „Effektivitätsprinzip“ bezeichnet; ähnlich *Milanović/Papić*, 58 Int'l & Comp. L. Q. 2009, 267, 282; *Krieger*, 13 J. Int'l Peacekeep. 2009, 159, 167 f.; *dies.*, ZaöRV 2002, 669, 680 ff.; *McCorquodale/Simons*, 70 MLR 2007, 598, 601 f.; der IGH, Entsch. v. 27.6.1986, ICJ Reports 1986, 14 Rz. 109 – Military and Paramilitary Activities in and against Nicaragua (Nicaragua/USA) umriss die Frage der Zurechnung der Gewaltakte der paramilitärischen Organisation der *Contras* durch bspw. finanzielle Zuwendungen der USA zu dieser als verantwortlichem Völkerrechtssubjekt wie folgt: „What the Court has to determine at this point is whether or not the relationship of the *contras* to the United States Government was so much one of dependence on the one side and control on the other that it would be right to equate the *contras*, for legal purposes, with an organ of the United States Government, or as acting on behalf of that Govemment." (Hervorh. im Orig.).

712 *Milanović/Papić*, 58 Int'l & Comp. L. Q. 2009, 267, 286; *Werner*, Grundrechtsbindung der Bundeswehr, S. 181, die in Bezug auf *peacekeeping*-Missionen zunächst noch wegen der hierbei dem Generalsekretär übertragenen operativen Leitung hinsichtlich einer engeren Bindung an die UN differenzieren möchte, schließlich aber auch dort den bei den Mitgliedstaaten verbleibenden *full command* feststellt, S. 187, und somit insgesamt zu einer Verantwortung der Entsendestaaten gelangt; ebenso *Huhn*, Amtshaftung im Auslandseinsatz, S. 205; *Lüder*, NZWehrr 2001, 107, 113 f.; dem Grunde nach ebenso *Krieger*, 13 J. Int'l Peacekeep. 2009, 159, 166; *dies.*, ZaöRV 2002, 669, 687, wobei hinsichtlich Handlungen von *peacekeeping*-Truppen, die zumeist als UN-Unterorgan gem. Art 29 UN-Charta errichtet werden, diese ausschließlich der UN zuzurechnen seien.

Art. 48 Abs. 2 UN-Charta möglich ist. Zwar ist diese Organisation gerade mit der Infrastruktur eines Oberbefehlskommandos im konkreten Kampfeinsatz in Gestalt des SACEUR ausgestattet, doch fehlt es nichtsdestotrotz auch hier an der Durchschlagswirkung gegenüber ggf. entgegenstehenden nationalen Vorgaben.[713] Auch die der NATO zur Verfügung gestellten nationalen Truppenkontingente verbleiben unter der Finanz- wie Disziplinarhoheit, also dem *full command*, der Entsendestaaten, haben daher im Kollisionsfall den nationalen Weisungen gegenüber dem Befehl des SACEUR den Vorzug einzuräumen.[714]

Völkerrechtswidrige Militäraktionen sind damit den Entsendestaaten der beteiligten Soldaten zuzurechnen, mangels vollständiger Unterstellung unter fremde Kommandostrukturen im Sinne eines *full command* auch unabhängig von einer Einbindung in UN- oder NATO-Missionen. Der Befugnis der Sicherheitsrates, die UN-Mitgliedstaaten bei Bedrohungen des Weltfriedens zu einem militärischen Vorgehen zu ermächtigen, die Bedeutung beizumessen, dadurch die fehlenden Sonderabkommen nach Art. 43 UN-Charta zu ersetzen, verletzt die mitgliedstaatliche Integrität sowie das völkerrechtliche Konsensprinzip.[715] Vielmehr ist es den Entsendestaaten derzeit freigestellt, ihre eigenen Truppenkontingente im Falle völkerrechtswidriger Beschlüsse der UN- oder NATO-Missionskoordinierungsorgane jederzeit abzuziehen, um nicht für die völkerrechtswidrige Umsetzung dieser verantwortlich zeichnen zu müssen.

c. *Unerheblichkeit der Saramati-Kriterien im Meilenstein Al-Jedda*

In Ansehung dessen reihte sich die Behrami & Saramati-Entscheidung des EGMR gleichsam in die Liste ergebnisorientierter Rechtsprechung direkt hinter dem Fall Bankovic ein. Auch der Kontext beider Entscheidungen war mit dem Kosovo-Konflikt derselbe, in dem den Konventionsstaaten aufgrund der internationalen Kontrolle der Region inzwischen jedoch eine stabilisierte

---

713 *Werner*, Grundrechtsbindung der Bundeswehr, S. 199; *Krieger*, ZaöRV 2002, 669, 681 f.; *Dutta*, AöR 133 (2008), 191, 227.

714 *Lüder*, NZWehrr 2001, 107, 116; *Krieger*, 13 J. Int'l Peacekeep. 2009, 159, 171 f.; *Dutta*, AöR 133 (2008), 191, 227 f.; so auch *Werner*, Grundrechtsbindung der Bundeswehr, S. 199 ff. sowohl für die im Bündnisfall iSd Art. 5 NATO-Vertrag zur Verfügung gestellten Truppenkontingente (Hauptverteidigungskräfte, S. 200, 204 f.) als auch hinsichtlich der dauerhaft bereit gestellten Krisenreaktionskräfte zur bedarfsweisen Ausführung der Sicherheitsratsmandate (S. 205).

715 Ebenso *Krieger*, 13 J. Int'l Peacekeep. 2009, 159, 165; *Milanović*/*Papić*, 58 Int'l & Comp. L. Q. 2009, 267, 278.

Gebietskontrolle und damit *jurisdiction* hätte zugesprochen werden müssen.[716] Doch auch hinsichtlich der Folgen der als humanitäre Intervention bezeichneten Bombardierung Jugoslawiens scheute der Gerichtshof vor einer Entscheidung in weltpolitisch brisanten Fragestellungen zurück. Nicht zuletzt ist anzunehmen, dass es hier gleichfalls das Anliegen des EGMR war, mittels der Unzulässigkeit der Beschwerden, die über den Weg der verneinten Zurechnung zu den Konventionsstaaten erreicht wurde, einer Auslegung und Anwendung der UN-Charta in der Begründetheit aus dem Weg zu gehen.[717] Als nichts anderes denn ein dahingehender Abschreckungsversuch gegenüber dem EGMR, sich einer Entscheidung über den Rechtsrahmen der UN zu enthalten, ist der Verweis der beklagten Staaten auf die *Monetary Gold*-Entscheidung des IGH zu verstehen.[718] Diesem Wink folgte der EGMR zu Recht mangels im Raum stehender Verurteilungen zu Lasten Dritter nicht,[719] wand sich jedoch wie oben beschrieben auf anderen

---

716 So der EGMR selbst ausdrücklich, EGMR, Urt. v. 2.5.2007, 71412/01 & 78166/01, NVwZ 2008, 645 Rz. 69 ff. = abrufbar unter: http://hudoc.echr.coe.int/eng?i=001-80830 (zuletzt abgerufen am 28.1.2019) – Behrami & Saramati/Frankreich u.a.; dazu *Krieger*, 13 J. Int'l Peacekeep. 2009, 159, 163.

717 *Krieger*, 13 J. Int'l Peacekeep. 2009, 159, 176 f.; *Milanović/Papić*, 58 Int'l & Comp. L. Q. 2009, 267, 275; ein „[Zurückweichen] gegenüber dem Sicherheitsrat in *Behrami und Saramati*" ebenso bedauernd *von Arnauld*, Menschenrechte im Auslandseinsatz, 61, 76; diese Zurückhaltung des EGMR hingegen in klarer Abgrenzung zu den Kompetenzen des IGH fordernd *N. Wagner*, NZWehrr 2007, 1, 4; der EGMR selbst erkannte die inzidente Prüfung auch der UN-Charta als notwendiges Übel einer vollständigen Kontrolle des Handelns der Konventionsstaaten unter der EMRK später an, EGMR, Urt. v. 7.7.2011, 27021/08, ECHR 2011-IV, 305 Rz. 76 – Al-Jedda/Vereinigtes Königreich.

718 EGMR, Urt. v. 2.5.2007, 71412/01 & 78166/01, NVwZ 2008, 645 Rz. 67 = abrufbar unter: http://hudoc.echr.coe.int/eng?i=001-80830 (zuletzt abgerufen am 28.1.2019) – Behrami & Saramati/Frankreich u.a.

719 Die Feststellungsurteile des EGMR sind klar von der *Monetary Gold*-Entscheidung des IGH zu trennen: In Letzterer verweigerte der IGH eine implizite Entscheidung über einen Rechtsstreit zwischen Italien und Albanien, der sich auf die eigentlich zu entscheidende Frage, ob Italien einen Anspruch auf Herausgabe des Goldes gegen die beklagten Staaten habe, ausgewirkt hätte. Der Herausgabeanspruch des Goldes hätte Italien für einen potentiellen von Albanien zu verantwortenden Schaden kompensieren sollen; vom Bestehen dieses Schadensersatzanspruchs hing der Erfolg des italienischen Herausgabeverlangens ab, was der IGH in Abwesenheit Albaniens nicht zu entscheiden vermochte. Zu einer derartigen Konfliktsituation kann es bei EGMR-Urteilen aufgrund der ausschließlichen Betrachtung individueller Staatenverantwortlichkeit der verklagten Vertragsstaaten unter der Konvention nicht kommen. Selbst wenn es sich um Verhalten im Rahmen multinationaler Kampfeinsätze mit faktischer

Wegen aus einer expliziten Stellungnahme zum Verhältnis zwischen UN-Mitgliedschaft und EMRK-Verantwortlichkeit heraus.

Allerdings blieb auch in dieser Problematik die Möglichkeit der Korrektur ergebnisorientierter Zurückhaltung nicht ungenutzt. Während das Al-Skeini-Urteil den maßgeblichen Wendepunkt in der durch Bankovic zu restriktiv beantworteten *jurisdiction*-Frage bildete, nutzte die identisch besetzte Große Kammer die am selben Tag entschiedene Rechtssache Al-Jedda für eine Abkehr von der in Behrami & Saramati zu eng gezogenen Definition der Staatenverantwortlichkeit. Sowohl der Fall Al-Skeini als auch jener Al-Jeddas drehten sich um Fragen der britischen Verantwortung für Handlungen ihrer Soldaten gegenüber Irakis im Irak im Zuge der dortigen Militärinvasion ab März 2003. Jene im Mai 2003 mit der Errichtung einer provisorischen Übergangsregierung (sog. CPA) abgeschlossene Militäroffensive der maßgeblich beteiligten USA zusammen mit dem Vereinigten Königreich wurde durch die Sicherheitsratsresolutionen 1511 v. 16.10.2003 sowie 1546 v. 8.6.2004 nachträglich flankiert. Hinsichtlich der zwischen Mai und November 2003 erfolgten Tötungshandlungen, die den Streitgegenstand im Fall Al-Skeini bildeten, konnte der Gerichtshof die Frage nach einer potentiellen alternativen Zurechnung zur UN dahingehend offen lassen, als dass die beklagte Regierung mit diesem Einwand mangels Vorbringens in den nationalen Gerichtsverfahren präkludiert war.[720] Dennoch sicherte sich der EGMR implizit argumentativ dadurch ab, dass er auf die Tötungszeitpunkte abstellte, die vor den maßgeblichen oben genannten Sicherheitsratsresolutionen lagen,[721] mittels derer frühestens eine Zurechnung zur UN nach der Saramati-Rechtsprechung hätte erfolgen können. Ein erneuter Rückgriff auf die Subsidiarität der auf nationalen Gerichtsverfahren aufbauenden Menschenrechtsbeschwerde kam in Al-Jedda nicht in Betracht, da die Regierung des Vereinigten Königreichs ihren Fehler in letzter nationaler Instanz vor dem *House*

Beteiligung anderer Nicht-Konventionsstaaten wie der USA oder eben einer Einbindung der UN dreht, stellt die Feststellung einer EMRK-Verletzung im Rahmen dieses Einsatzes durch den EGMR noch lange keine Gerichtsentscheidung zulasten Dritter dar. Auch eine finanzielle Ausgleichspflicht kann lediglich den unmitelbar betroffenen Konventionsstaat treffen und selbst über die Verantwortung anderer beteiligter Nicht-Konventionsstaaten ist mangels Bindung an die Konvention und Unterwerfung unter die Jurisdiktion des EGMR keinerlei Aussage getroffen. Das *Monetary Gold*-Argument ist folglich in Gänze deplatziert vor dem EGMR.

720 EGMR, Urt. v. 7.7.2011, 55721/07, ECHR 2011-IV, 99 Rz. 99 – Al-Skeini u.a./Vereinigtes Königreich.

721 EGMR, ibid., Rz. 150 – Al-Skeini u.a./Vereinigtes Königreich.

of Lords nicht noch einmal wiederholte.[722] Im Ergebnis vermochte sie mit dem Vergleich zur Behrami & Saramati-Rechtsprechung allerdings nicht durchzudringen, was der EGMR an zwei maßgebliche Punkte knüpfte.

Zum einen sei die Situation im Irak von jener im Kosovo für den Saramati-Fall maßgeblichen faktischen Lage zu unterscheiden. Denn der Einmarsch im Kosovo seitens der KFOR sei durch die Sicherheitsratsresolution 1244 v. 10.6.1999 von Anfang an legitimiert gewesen und habe unter der ausschließlichen Kontrolle des Sicherheitsrates gestanden. Im Irak hingegen habe das eigenmächtige Vorgehen der USA und des Vereinigten Königreichs zum Status von Besatzungsmächten iSd Art. 42 der Haager Landkriegsordnung ab Mai 2003 geführt, was der Sicherheitsrat lediglich nachträglich anerkannt, aber zu keiner Zeit eigene Kontrolle über die Situation etabliert habe.[723] Demnach schied ein nachträgliches Zueigenmachen einer von Staaten geschaffenen Situation durch den Sicherheitsrat aus – mehr noch, auch ein späteres An-sich-Ziehen und Weiterentwickeln der Lage in alleiniger Zurechnung zur UN wurde nicht für möglich befunden. Denn zum anderen führte der EGMR aus, dass die alleinige Schaffung der *multinational force* mitsamt regelmäßigen Berichtspflichten zum Sicherheitsrat keinesfalls ausreiche, um dessen umfassende Kontrolle über die Geschehnisse vor Ort und damit eine Zurechnung zur UN zu begründen.[724] Dies jedoch waren die entscheidenden Überlegungen, die der Gerichtshof in seiner Saramati-Rechtsprechung bzgl. der Zurechnungskriterien aufstellte – nun aber reichte die regelmäßige Berichtspflicht über die vom Sicherheitsrat ins Leben gerufene Sicherungstruppe für dessen Verantwortlichkeit ab Gründung dieser nicht mehr aus?

Hätte der Gerichtshof dem in Behrami & Saramati vorgezeichneten Weg folgen wollen, hätte er mit Festlegung der Mandatsgrenzen der zuvor ins Leben gerufenen *multinational force* durch die Sicherheitsratsresolution 1546 v. 8.6.2004 die ab dort geltende Zurechnung zur UN festhalten können.[725] Denn durch die explizite Übertragung der Stabilisierungsaufgaben im Irak an die *multinational force* im Rahmen eines eng umrissenen Mandats[726] unter dem VII. Kapitel der UN-Charta waren zumindest die ersten vier Saramati-Kriterien

722 EGMR, Urt. v. 7.7.2011, 27021/08, ECHR 2011-IV, 305 Rz. 66 f., 75 – Al-Jedda/Vereinigtes Königreich.

723 EGMR, ibid., Rz. 77 ff. – Al-Jedda/Vereinigtes Königreich.

724 EGMR, ibid., Rz. 80 – Al-Jedda/Vereinigtes Königreich; ebenso *Milanović/Papić*, 58 Int'l & Comp. L. Q. 2009, 267, 285 f.

725 Ebenso *Milanović/Papić*, 58 Int'l & Comp. L. Q. 2009, 267, 291.

726 S. Ziff. 10, 13 der Sicherheitsratsresolution 1546 v. 8.6.2004.

zwanglos erfüllt. In sehr pauschaler Art und Weise differenzierte der EGMR nun in Al-Jedda hinsichtlich des fünften Punktes, nämlich dass die Berichtspflichten dem Sicherheitsrat gegenüber diesen in keinerlei Kontrollposition über die Mission erhöben.[727] Im Zuge vergleichender Lektüre der Sicherheitsratsresolutionen 1244 sowie 1546 fällt auf, dass Erstere in Bezug auf KFOR ein zeitlich engeres Berichtsnetz, angefangen mit 30 Tagen, als Letztere mit quartalsweisen Informationsblöcken fordert.[728] Der EGMR vermied es jedoch, die Anforderungen an die Berichtspflichten auch nur ansatzweise festzuzurren, sondern verlagerte seine Argumentation auf die jedenfalls feststehende Verantwortlichkeit der ortsnäheren Konventionsstaaten zu den eigenen Truppen.[729] Dieses Vorgehen war insofern nur folgerichtig, als dass allein die Zurechnung zur UN hinsichtlich UNMIK aus der Behrami-Rechtsprechung zu überzeugen vermochte. In der Sache Saramati hingegen entbehrte die Kontrolle der UN über das Agieren der KFOR-Sicherheitstruppen, die gerade nicht UNMIK unterstanden, sondern einem eigenständigen NATO-Mandatsaufbau folgten, einer nachvollziehbaren rechtlichen Grundlage.

Statt die fehlgehenden Saramati-Rechtsausführungen jedoch inhaltlich endgültig und ausdrücklich zu korrigieren, folgte der Gerichtshof jener notgedrungenen Begründung der finalen nationalen Entscheidungsinstanz des *House of Lords*, dass die Sicherheitsratsresolution für den Irak zeitlich später erging als seinerzeit bzgl. des Kosovo.[730] Da die Saramati-Kriterien jedoch davon abgesehen auch auf die dem ersten Einmarsch nachfolgende, UN-autorisierte Besetzung des Irak gepasst hätten, hatte das *House of Lords* einen Ausweg aus der Bindungs- bzw. Ausstrahlungswirkung der EGMR-Rechtsprechung zu finden, ohne sich in offenen Widerspruch zum Gerichtshof zu setzen.[731] Der Behelfskonstruktion einer künstlichen Differenzierung zwischen zwei faktisch gleich

727 EGMR, Urt. v. 7.7.2011, 27021/08, ECHR 2011-IV, 305 Rz. 80 ff. – Al-Jedda/Vereinigtes Königreich.

728 Vgl. Ziff. 20 der Sicherheitsratsresolution 1244 v. 10.6.1999 sowie Ziff. 31 der Sicherheitsratsresolution 1546 v. 8.6.2004.

729 EGMR, Urt. v. 7.7.2011, 27021/08, ECHR 2011-IV, 305 Rz. 80, 85 – Al-Jedda/Vereinigtes Königreich.

730 Die Entscheidungsbegründung des *House of Lords* wird widergegeben in EGMR, ibid., Rz. 18 – Al-Jedda/Vereinigtes Königreich.

731 So explizit *Milanović*/*Papić*, 58 Int'l & Comp. L. Q. 2009, 267, 291 f.: „In distinguishing [*Al-Jedda* from] *Behrami* [and *Saramati*] the House of Lords avoided telling their fellow judges in Strasbourg [i.e. the European Court of Human Rights] they got it wrong." (Hervorh. im Orig.).

gelagerten Sachverhalten hätte der Gerichtshof selbst hingegen mittels einer geradlinigen Rechtsprechungsänderung begegnen können.

Die dennoch zu erkennende Abkehr von der zweiten, die Geltung und Überprüfung der Konvention erheblich einschränkenden Einzelfallrechtsprechung, vollzog sich in Al-Jedda folglich ebenso stillschweigend wie kurz zuvor in Al-Skeini. Erneut nannte der Gerichtshof die vorherige *benchmark*-Entscheidung, hier Behrami & Saramati, und divergierte dann ohne jeden Hinweis auf eine folgende Rechtsprechungsänderung sowohl in Definition als auch Subsumtion der für den Fall relevanten Konventionsprinzipien. Als Quintessenz aus Al-Jedda ist somit festzuhalten, dass die herkömmliche Mandatserteilung durch den Sicherheitsrat unter dem VII. Kapitel der UN-Charta gerade keine automatische Verantwortung der UN bzgl. der jeweiligen Mission mit sich bringt. Vielmehr bleiben die sach- und ortsnäheren, mit der Missionsausführung befassten Mitgliedstaaten für ihre eingesetzten Soldaten, und damit auch unter der EMRK, verantwortlich. In Anbetracht der ähnlichen Resolutionsfassung bzgl. des Irak im Vergleich zum Kosovo[732] seinerzeit wäre es dem Gerichtshof ein Leichtes gewesen, die Flucht des Konventionsstaates in dic UN-Oberaufsicht ab Sicherheitsratsresolution 1546 zu begründen. So führte es schließlich das beklagte Vereinigte Königreich anhand der Saramati-Rechtsprechung aus und allzu oft war der EGMR in der Vergangenheit den Staatenausführungen in dieser Hinsicht gefolgt. Die maßgebliche gerügte Inhaftierung des Beschwerdeführers Al-Jedda vollzog sich schließlich auch erst nach der Sicherheitsratsresolution 1546, sodass sich das Vereinigte Königreich menschenrechtsfrei in militärischen Bündnissen hätte betätigen können und auch der Gerichtshof nicht über die Umstände der Kampfhandlungen im Irak hätte befinden müssen. Offensichtlich ist ein Zurückschrecken vor einer menschenrechtlichen Positionierung in international brisanter Politik allerdings einer begrüßenswerten Protektion individueller Rechte auch im Geflecht der internationalen Staatengemeinschaft gewichen.

732 Zwar divergierte wie dargestellt der Handlungszeitpunkt des Sicherheitsrates, der im Irak nicht von vornherein den Truppeneinmarsch in Form einer gemeinsamen multinationalen Einsatztruppe plante und genehmigte. Hierbei spielen aufgrund der Veto-Mächte im Sicherheitsrat jedoch auch stets politische Aspekte eine nicht zu unterschätzende Rolle, sodass jedenfalls aber mit dem Zeitpunkt einer eingesetzten *multinational force* im Irak und der Anerkennung der notwendigen Besetzung des Gebiets durch die USA sowie das Vereinigte Königreich eine mit der Resolution 1244 und den Befugnissen der KFOR vergleichbare Situation vorgelegen hat.

d. Einklang mit allgemeinem Völkerrecht in Jaloud

Die Frage nach den Regeln der Zurechnung staatlichen Verhaltens war in der folgenden Rechtsprechung des EGMR vermehrt im Einklang mit allgemeinem Völkerrecht[733] zu beantworten. Insoweit drängte der Effektivitätsgrundsatz dergestalt in den Vordergrund, dass die Truppenverantwortlichkeit auch in multinationalen Truppenverbänden so lange bei den Einzelstaaten verblieb, bis besondere Umstände wie eine allumfassende Einsatzleitung mit nur einem Minimum an einzelstaatlichem Einfluss auf die eigenen Truppen hinzu traten.

Dieses Ergebnis bestätigte der Gerichtshof erneut im Fall Jaloud, in welchem er eine UN-Verantwortlichkeit für militärisches Tätigwerden der Konventionsstaaten im Irak weiterhin konsequent verneinte[734] – insoweit blieb es bei der an Art. 7 *ILC Draft Articles on the Responsibility of International Organizations* (2011) orientierten Prüfung der durchschlagenden Wirkung und Kontrolle der Internationalen Organisation. Hinsichtlich der Einbindung der verklagten Niederlande in die *multinational force* unter Oberbefehl des Vereinigten Königreichs griff der Gerichtshof sodann auf Art. 6 *ILC Draft Articles on Responsibility of States for Internationally Wrongful Acts* (2001) zurück.[735] Eine Flucht in die vordringliche Verantwortung des Vereinigten Königreichs als Kommandostaat ließ der Gerichtshof nicht zu, da der *full command* und damit die

---

733 Der Gerichtshof nimmt nunmehr selbst Bezug auf Art. 7 *ILC Draft Articles on the Responsibility of International Organizations* (2011) (im Urteil wird der wortgleiche Art. 5 der Version der *Draft Articles* aus 2004 zitiert), wo es auf die Ausübung „*effective control over that conduct*“ seitens der internationalen Organisation ankommt, vgl. EGMR, Urt. v. 7.7.2011, 27021/08, ECHR 2011-IV, 305 Rz. 84 – Al-Jedda/Vereinigtes Königreich; zu dieser vom Gerichtshof zuvor verkannten Grundregel des Völkerrechts *Lawson*, Life After Bankovic, 83, 85 f.; ein Eingeständnis des EGMR zur Abweichung von völkerrechtlichen Grundsätzen durch die Behrami & Saramati-Entscheidung thematisiert auch *Kreß*, Moderne Piraterie und Menschenrechte, 95, 107.

734 In EGMR, Urt. v. 24.11.2014, 47708/08, ECHR 2014-VI, 229 Rz. 144 f. – Jaloud/Niederlande spricht der EGMR den Sicherheitsratsresolutionen keinerlei Kontrollfunktion mehr zu, wobei sich die beklagte niederländische Regierung darauf auch gar nicht berief.

735 Den Rückgriff auf Art. 6 der *ILC Draft Articles on Responsibility of States for Internationally Wrongful Acts* (2001) als Basis einer Analogie für die Zurechnung ausgeführten Staatshandelns zu einer internationalen organization, wie dies später in den *ILC Draft Articles on the Responsibility of International Organizations* (2011) auch vorgenommen wurde, begründend *Milanović/Papić*, 58 Int'l & Comp. L. Q. 2009, 267, 285.

Letztentscheidungsbefugnis über das Truppenverhalten zu jeder Zeit bei den Niederlanden verblieben sei.[736]

Die Grenzen der eigenen staatlichen Verantwortlichkeit sind damit auch unter der Konvention schließlich zugunsten allgemeiner völkerrechtlicher Prinzipien zu verstehen. Die Zurechnung zum Entsendestaat endet erst dort, wo es sich um eine völkerrechtliche Organleihe[737] unter Übertragung des *full command* auf eine internationale Organisation oder einen anderen Staat handelt – und selbst dann käme keine gänzliche Flucht aus menschenrechtlichen Bindungen in Betracht. Denn die Sicherstellung menschenrechtskonformen Verhaltens des beliehenen Völkerrechtssubjekts hätte der die *manpower* zur Verfügung stellende Entsendestaat in sekundärer Verantwortlichkeit zu gewährleisten.[738] Unterhalb dieser hoch anzusetzenden Schwelle bleibt ein Staat völkerrechtlich jedenfalls für seine in bewaffnete Konflikte involvierten Soldaten verantwortlich und kann sich somit auch nicht pauschal seinen Konventionsverpflichtungen entziehen.

2. *Zurechnung zur deutschen Staatsgewalt*

Ein Blick auf die deutsche Rechtsprechung verrät, dass die Frage der Zurechnung einer Auslandshandlung zur deutschen Staatsgewalt gänzlich uneinheitlich dogmatisch eingeordnet und inhaltlich entschieden wurde. Von pauschalen Bereichsausnahmen mittels undifferenzierter und fehlgehender Verweise auf EGMR-Rechtsprechung bis hin zu im Verfassungsrecht fußenden, eingehenden Auseinandersetzungen mit der Frage der Verantwortungszurechnung war der Kreativität deutscher Gerichte keine Grenze gesetzt. Interessant ist jedoch, dass insbesondere die heiklen Bundeswehreinsätze im Ausland bisher an

---

736 EGMR, ibid., Rz. 146, 151 – Jaloud/Niederlande.

737 So explizit auch *Lorenz*, Territorialer Anwendungsbereich, S. 283; *Milanović/Papić*, 58 Int'l & Comp. L. Q. 2009, 267, 282; *Krieger*, ZaöRV 2002, 669, 682 unter Hinweis auf die gerade in EGMR, Urt. v. 26.6.1992, 12747/87, Series A 240 Rz. 96 – Drozd & Janousek/Frankreich & Spanien vorliegende Konstellation einer Organleihe französischer und spanischer Richter an Andorra, die keinerlei Hoheitsgewalt mehr für ihre Entsendestaaten, sondern einzig für Andorra ausübten, was für die Truppeneinsätze iRv UN-Mandaten nicht gleichfalls gelte; nochmals *dies.*, Gerichtliche Kontrolle, 223, 238; ebenso *Lawson*, Life After Bankovic, 83, 85; *Lorenz*, Territorialer Anwendungsbereich, S. 11 f.; *Jankowska-Gilberg*, Extraterritorialität der Menschenrechte, S. 128 ff.; unterhalb dieser Schwelle eine Analogie zu Amtshilfekonstellationen erwägend zu Recht verwerfend *Oeter*, Anwendung militärischer Gewalt, 61, 64 f.

738 *Lorenz*, Territorialer Anwendungsbereich, S. 281; *Yousif*, Extraterritoriale Grundrechtsgeltung, S. 56 ff.; *Milanović/Papić*, 58 Int'l & Comp. L. Q. 2009, 267, 289.

keinem einheitlichen Maßstab gemessen wurden. Vor allem in den diesbezüglich höchst umstrittenen Amtshaftungsfragen wurde überraschenderweise eher der umständliche Weg über die Unanwendbarkeit des deutschen Haftungsinstituts eingeschlagen, als mangels „deutscher" Amtspflichtverletzung schlicht den Tatbestand zu verneinen. Letzteren Weg der absoluten Verneinung deutscher Verantwortlichkeit für extraterritoriales Handeln durch Kappung der Zurechnung schienen hingegen präferiert die Verwaltungsgerichte zu wählen. Einen dezidierten Überblick über den Ideenreichtum der deutschen Judikatur mitsamt dogmatischer Einbettung bieten die folgenden Ausführungen.

a. Zurechnungsfragen in der deutschen Rechtsprechung

Im Zuge der Varvarin-Entscheidungen der deutschen Instanzen, die Schadensersatzforderungen wegen ziviler Todesfälle aufgrund eines NATO-Brückenbombardements im Kosovo betrafen, wäre eine alleinige Zurechnung zur NATO ein möglicher Ausweg gewesen. Das BVerfG, ebenso wie die Vorinstanzen, ließ sich jedoch einzig über den Grad einer potentiellen Mitverantwortung der Bundesrepublik an den ohne ihr explizites Zutun ausgeführten Luftschlägen aus, die schlussendlich mangels möglicher Einflussnahme infolge der *need-to-know*-Regel der NATO verneint wurde.[739] Daraus ging aber jedenfalls hervor, dass allein die Beteiligung an multinationalen Kampfmissionen unter Einbindung weiterer Staaten sowie internationaler Organisationen eine weiterhin bestehen bleibende nationale Verantwortung für die eigenen Soldatenhandlungen nicht ausschloss.

Den Ausweg in einer vermiedenen Zurechnung zum deutschen Staat suchte hingegen das VG Köln,[740] als es über die Rechtswidrigkeit des Bombenabwurfs

739 BVerfG, Beschl. v. 13.8.2013, 2 BvR 2660/06 & 2 BvR 487/07, BeckRS 2013, 55213 Rz. 66 – Varvarin. So eine Kenntnis von der exakten Zielauswahl und Durchführung des Luftschlages bei deutschen Amtsträgern bestanden hätte, wäre diese Beteiligung an der Zielauswahl auch vollumfänglich gerichtlich überprüfbar gewesen (Rz. 55), eine Flucht in die Beteiligung an einem internationalen Einsatz unter Leitung einer internationalen Organisation ließ das BVerfG also in Gänze nicht zu.

740 So auch bereits in einem Eilantrag gegen die Entsendung deutschen Militärs zur Unterstützung der geplanten Luftschläge im Rahmen der humanitären Intervention der NATO in Jugoslawien entschieden, den das VG Köln mangels Zurechnung zur deutschen Staatsgewalt, ohne sich freilich mit den Zurechnungsregeln auseinander zu setzen, als unzulässig abwies, VG Köln, Beschl. v. 7.5.1999, 19 L 1104/99, nicht veröffentlicht – Luftangriffe Belgrad: „Denn die befürchtete Bombardierung – und erst diese kann zu einer Rechtsgutverletzung führen – wird nicht von der Antragsgegnerin, sondern der NATO, einem eigenständigen Völkerrechtssubjekt, durchgeführt."; dazu *Krieger*, Gerichtliche Kontrolle, 223, 240.

auf mutmaßlich von Taliban-Kämpfern kontrollierte Tanklastwagen im afghanischen Kunduz zu urteilen hatte. Aufgrund der Einbindung in die internationale ISAF-Mission unter NATO-Kommando auf Grundlage der Sicherheitsratsresolution 1368 v. 20.12.2001 handele es sich nicht um deutsche ausgeübte Staatsgewalt, sondern jene der vor deutschen Gerichten Immunität genießenden UN, wie das Gericht mit einem Hinweis auf die Al-Skeini-Entscheidung des EGMR festzustellen meinte.[741] Weder der allgemeine Verweis auf EGMR-Rechtsprechung und damit nicht zuletzt völkerrechtliche Grundsätze noch jene konkrete Anspielung auf das Al-Skeini-Urteil hätten jedoch verfangen dürfen.

Zum einen stand zunächst die Zurechnungsproblematik im Rahmen der deutschen Rechtsordnung, hier vor allem Art. 1 Abs. 3 GG für die grundrechtliche Bindung, im Raum. Diese kann sich jedoch allein aus innerstaatlichen Kriterien heraus bestimmen, denn als Quintessenz aus der Lotus-Entscheidung des StIGH[742] belässt das Völkerrecht jeder nationalen Rechtsordnung die Bestimmung ihrer Reichweite, kann dieser maximal Grenzen aufgrund der Staatensouveränität setzen, ihr aber jedenfalls nicht von außen die inneren Zurechnungsmechanismen aufoktroyieren. Wie von anderen deutschen Gerichten somit jeweils zutreffend festgehalten, bestimmt sich die Zurechnungsgrenze zur deutschen Staatsgewalt iSd Art. 1 Abs. 3 GG aus der deutschen Verfassung heraus,[743] nicht jedoch durch die Anwendung völkerrechtlicher Prinzipien oder gar einer EGMR-Entscheidungsübertragung.[744] Zum anderen trat in jenem Fall noch hinzu, dass die Al-Skeini-Entscheidung des EGMR keinerlei inhaltlich voranbringende Aussage beizusteuern vermochte, da sich der Gerichtshof aufgrund der dahingehenden Präklusion des beklagten Vereinigten Königreichs mit Zurechnungsfragen nicht auseinandersetzte, sondern dessen Verantwortlichkeit im Irak schlicht unterstellen konnte.[745]

741 VG Köln, Urt. v. 9.2.2012, 26 K 5534/10, juris, Rz. 70 ff. = BeckRS 2012, 47052 – Kunduz.

742 StIGH, Entsch. v. 7.9.1927, PCIJ Series A No. 10, 4, 19 – The Case of the S.S. "Lotus" (Frankreich/Türkei).

743 Vgl. OVG Münster, Urt. v. 18.9.2014, 4 A 2948/11, juris, Rz. 92 – Piraterriebekämpfung; OLG Köln, Urt. v. 30.4.2015, 7 U 4/14, BeckRS 2015, 08151 Rz. 27 f. – Kunduz; ebenso *Yousif*, Extraterritoriale Grundrechtsgeltung, S. 11 f., 36 f.; *Huhn*, Amtshaftung im Auslandseinsatz, S. 203; *Globke*, JZ 2012, 370.

744 So wurde bereits an anderer Stelle in dieser Arbeit das Vorgehen in VG Köln, Urt. v. 27.4.2016, 4 K 5467/15, juris, Rz. 86 = BeckRS 2016, 45421 – Somalia kritisiert, s.o. unter 4. Teil, A. I. 2. c. bb., S. 159 ff.

745 EGMR, Urt. v. 7.7.2011, 55721/07, ECHR 2011-IV, 99 Rz. 100 – Al-Skeini u.a./Vereinigtes Königreich; s. auch oben, 4. Teil, A. II. 1. c., S. 183 f.

In beiderlei Hinsicht ging die Herangehensweise des VG Köln folglich fehl, wie auch aus einem Vergleich mit dem Vorgehen des OLG Köln im parallelen Amtshaftungsverfahren in Sachen Kunduz ersichtlich wird.[746] Dort meinte das Gericht, dass aufgrund maßgeblicher bei der Bundesrepublik Deutschland als Anstellungskörperschaft verbleibender Einwirkungsmöglichkeiten, vor allem der jederzeitigen Rückrufbefugnis ihrer Truppenkontingente selbst im Rahmen von NATO-geführten UN-Sicherheitsratsmandaten, die innerstaatliche Verantwortlichkeit und damit Zurechnung bei der deutschen Staatsgewalt liege.[747] Darüber hinaus trug das OVG Münster in seiner Pirateriebekämpfungsentscheidung den maßgeblichen Punkt zur Diskussion bei, dass eine Freizeichnung in Zurechnungsfragen ohnehin nur in eng begrenzten Ausnahmefällen durch das GG vorgegeben sei. Lediglich über Art. 23 Abs. 1 sowie Art. 24 Abs. 1 GG sei eine vollständige Übertragung von Hoheitsgewalt an ein anderes Völkerrechtssubjekt überhaupt möglich, wobei das Vorliegen der Voraussetzungen nach nationalen Vorgaben zu klären und nicht in der Erfüllung seitens des EGMR aufgestellter Kriterien zu suchen sei.[748]

b. Übertragungsmöglichkeiten von Hoheitsbefugnissen

Ausgehend von dieser Grundprämisse besteht so lange deutsche Staatsgewalt und damit eine Zurechnung zum deutschen Staat, wie die ausgeübten Hoheitsbefugnisse nicht vollumfänglich und nach den Anforderungen des GG auf ein anderes Völkerrechtssubjekt übertragen wurden. Nach dem oben Gesagten ist es insoweit irrelevant, ob wegen geringerer Anforderungen eine völkerrechtliche Zurechnung zur Bundesrepublik Deutschland unterbrochen wäre. Denn solange nach innerstaatlichen Maßgaben das jeweilige hoheitliche Verhalten dem deutschen Staat zurechenbar ist, ist eine vollumfängliche, ggf. Modifikationen oder

---

746 OLG Köln, Urt. v. 30.4.2015, 7 U 4/14, BeckRS 2015, 08151, Rz. 15, 28 f. – Kunduz, worin das OLG zum einen eine komplette Freizeichnung der Bundesrepublik mangels Tätigwerden der deutschen Hoheitsgewalt untersagte, was auch gerade nicht vom VG Köln zu einer Unzulässigkeit der Klage führen könne (Rz. 15), sowie darüber hinaus die faktischen Vorgaben einer vollständigen Hoheitsgewaltsübertragung an die NATO verneinte (Rz. 28 f.).

747 OLG Köln, ibid., Rz. 29 – Kunduz, insbesondere noch die Abgrenzung von der Behrami & Saramati-Entscheidung des EGMR betreibend, dass in Afghanistan jedenfalls „keine endgültige Entscheidungsgewalt" des Sicherheitsrates, anders als ggf. seinerzeit im Kosovo, vorgelegen habe.

748 OVG Münster, Urt. v. 18.9.2014, 4 A 2948/11, juris, Rz. 92 ff. – Pirateriebekämpfung.

Differenzierungen auf Rechtfertigungsebene unterworfene Grundrechtsbindung zu fordern.

Das GG kennt insofern ausgewählte Möglichkeiten, originäre staatliche Hoheitsbefugnisse auf eine andere Institution zu übertragen, was ausschließlich im Wege des Art. 23 Abs. 1 S. 2 GG in Bezug auf die EU sowie in Art. 24 Abs. 1 GG auf andere zwischenstaatliche Einrichtungen[749] möglich ist. Die Einbettung Deutschlands in ein System kollektiver Sicherheit gem. Art. 24 Abs. 2 GG geht hingegen mit „Beschränkungen seiner Hoheitsrechte" einher, nicht jedoch mit Übertragung deutscher Hoheitsgewalt.[750] Allein aus letzterer Differenzierung des Verfassungstextes selbst wird deutlich, dass die Beteiligung an kollektiven Sicherheitssysteme keine Übertragung deutscher Hoheitsgewalt nach sich zieht.[751] Vielmehr geht das GG davon aus, dass durch die Eingliederung in derartige kollektive Sicherheitssysteme zwar eine Anpassung der deutschen Staatsgewalt an deren Regelungen erfolgt. Durch die Beteiligung kann jedoch

749 So qualifizierte das BVerfG bspw. den separaten Stationierungsbeschluss der zuständigen Minister der NATO-Staaten, auch Deutschlands, für US-amerikanische Atomwaffen auf deutschem Boden als Übertragung von Hoheitsgewalt iSd Art. 24 Abs. 1 GG an den US-Präsidenten in seiner dahingehenden Sonderfunktion des NATO-Bündnisses, da er den jederzeitigen Einsatz der Waffen befehlen und damit deutscher Hoheitsgewalt vorgehende Exekutivbefugnisse ausüben könne, BVerfG, Urt. v. 18.12.1984, 2 BvE 13/83, BVerfGE 68, 1, 91 f. – Atomwaffenstationierung. Diese Entscheidung bezog sich allerdings auf jenen Sonderbeschluss im Rahmen des NATO-Bündnisses und ist keinesfalls auf die Einbindung in die NATO als generelle dahingehende Einräumung von Hoheitsgewalt zu verstehen, so die Klarstellung in BVerfG, Urt. v. 12.7.1994, 2 BvE 3/92, 5/93, 7/93, 8/93, BVerfGE 90, 286, 350 – Parlamentsbeteiligung NATO-Einsätze.

750 So das BVerfG, Urt. v. 12.7.1994, 2 BvE 3/92, 5/93, 7/93, 8/93, BVerfGE 90, 286, 346 – Parlamentsbeteiligung NATO-Einsätze: „Zur Friedenswahrung darf die Bundesrepublik Deutschland auf der Grundlage dieser Vorschrift in eine „Beschränkung" ihrer Hoheitsrechte einwilligen, indem sie sich an Entscheidungen einer internationalen Organisation bindet, ohne dieser damit schon im Sinne des Art. 24 Abs. 1 GG Hoheitsrechte zu übertragen."; BeckOK-GG/*Heintschel von Heinegg*, 39. Ed. 2018, Art. 24 Rn. 37 f.

751 Bei BeckOK-GG/*Heintschel von Heinegg*, 39. Ed. 2018, Art. 24 Rn. 28, wird darauf hingewiesen, dass eine strikte Trennung der Rechtsfolgen nach Art. 24 Abs. 1 und 2 GG lediglich durch zusätzliche völkerrechtliche Abkommen, die die Voraussetzungen des Art. 24 Abs. 1 GG erfüllen, aufgehoben werden kann. Danach kam eine Einordnung der NATO als zwischenstaatliche Einrichtung iSd Art. 24 Abs. 1 GG durch das BVerfG in der Atomwaffenstationierungsentscheidung in Betracht, was jedoch keinesfalls den Regelfall bei der Beteiligung an NATO-Missionen darstellt, vgl. dazu auch die differenzierenden Ausführungen oben in Fn. 749.

nicht wie bei der bewussten Transferierung ausgewählter Kompetenzen an zwischenstaatliche Einrichtungen iSv Art. 24 Abs. 1 GG die deutsche, vor allem an die Grundrechte gebundene, Staatsgewalt den kollektiven Wertvorstellungen untergeordnet und in ihrem Geltungsanspruch zurückgenommen werden. Das GG stellt es den betreffenden Staatsgewalten – hier maßgeblich Exekutive sowie Legislative – folglich frei, eine Beteiligung an kollektiven Sicherheitssystemen wahrzunehmen, verhindert jedoch gleichzeitig eine Flucht in derartige Institutionen aus den sonstigen Bindungen der Verfassung.[752] Selbst hinsichtlich übertragener Hoheitsrechte iSd Art. 23 Abs. 1 sowie Art. 24 Abs. 1 GG hat das BVerfG einen dahingehenden Notanker ausgeworfen und einen mindestens gleichwertigen Grundrechtsschutz durch die Zielinstitution gefordert.[753] Individualschützende Garantien auf dem Niveau des GG sind folglich in jedem Fall zu gewähren, da sich ansonsten die nationalen Grundrechte mitsamt der entsprechenden Rechtsschutzgarantie vor deutschen Gerichten weiterhin durchsetzen.

Für Fälle wie die im Rahmen dieser Arbeit behandelten ist zunächst festzuhalten, dass sowohl die UN[754] als auch die NATO[755] aus deutscher Perspektive kollektive Sicherheitssysteme iSd Art. 24 Abs. 2 GG darstellen – eine vollständige Übertragung von Hoheitsgewalt mitsamt Unterbrechung der Zurechnung zum deutschen Staat hat nach Art. 24 Abs. 1 GG generell nicht stattgefunden.[756] Aufgrund dessen verblieb der *full command* bisher und hat auch weiterhin für jegliche dahingehende Truppenentsendungen beim deutschen Staat zu verbleiben. In der Konsequenz sind Sicherheitsratsresolutionen über Art. 24 Abs. 2 GG iVm Art. 25 UN-Charta für Deutschland zwar bindend und umzusetzen, um

---

752 Zur stets bestehen bleibenden Grundrechtsbindung bei der Einbettung in die UN/NATO vgl. auch *Huhn*, Amtshaftung im Auslandseinsatz, S. 76; *Werner*, Grundrechtsbindung der Bundeswehr, S. 193; *Lüder*, NZWehrr 2001, 107, 113 ff.; *von Arnauld*, Menschenrechte im Auslandseinsatz, 61, 66; zusätzlich den deutschen Verantwortungscharakter durch die nötige Zustimmung des Bundestages zu jedem einzelnen Militäreinsatz auch im Rahmen kollektiver Missionen betonend *Schneider*, Mitwirkungsrechte des Bundestages, 159, 163.

753 BVerfG, Beschl. v. 22.10.1986, 2 BvR 197/83, BVerfGE 73, 339, 377 ff. – Solange II; *von Arnauld*, Menschenrechte im Auslandseinsatz, 61, 76.

754 BVerfG, Urt. v. 12.7.1994, 2 BvE 3/92, 5/93, 7/93, 8/93, BVerfGE 90, 286, 349 – Parlamentsbeteiligung NATO-Einsätze; Maunz/Dürig/*Calliess*, GG, 84. EL 2018, Art. 24 Abs. 2 Rn. 12.

755 BVerfG, ibid., S. 351 – Parlamentsbeteiligung NATO-Einsätze.

756 Hömig/Wolff/*Wolff*, GG, 12. Aufl. 2018, Art. 24 Rn. 2; zur Ausnahme von eng begrenzten Zusatzabkommen innerhalb der NATO, die sich nach Art. 24 Abs. 1 GG richteten, vgl. Fn. 749.

sich nicht völkerrechtswidrig zu verhalten. Jedoch kommt ihnen keine unmittelbare innerstaatliche Wirkung zu,[757] anders als dies bspw. bei EU-Verordnungen wegen Art. 23 Abs. 1 S. 2 GG iVm Art. 288 UAbs. 2 AEUV der Fall ist.

Insofern verfängt das teilweise vorgebrachte Argument nicht, dass Art. 103 UN-Charta Vorrang vor anderweitigen rechtlichen Pflichten entfalten müsse, da sonst kein Mitgliedstaat in völkerrechtskonformer Weise seinen Verpflichtungen im Rahmen von Sicherheitsratsresolutionen nachkommen könne.[758] Zum einen entfalten Sicherheitsratsresolutionen keinen innerstaatlichen Anwendungs- oder gar Geltungsvorrang, sodass sie eine nationale Grundrechtsbindung jedenfalls in Deutschland nicht zu verdrängen vermögen. Zum anderen werden die zu bewaffneten Kampfeinsätzen berechtigenden Sicherheitsratsresolutionen – für die besonders argumentiert wird, zu deren Zweckerreichung müsse auf andere beschränkende Recht verzichtet werden[759] – nach hier vertretener Ansicht als Eingriffsgrundlage im grundrechtsrelevanten Bereich herangezogen. Damit sind anderweitige rechtliche Bindungen durch das ausgesprochene Sicherheitsratsmandat gerade nicht zu ignorieren, sondern dadurch erst zu rechtfertigen. Was im ersten Moment wie ein Paradoxon klingt, löst sich mit dem zweiten Gedanken dahingehend auf, dass auch die UN in erster Linie dem Menschenrechtsschutz verschrieben ist.[760] Jedenfalls individualschützende Rechte wie das Recht auf Leben oder das Folterverbot gelten rein völkerrechtlich als *ius cogens*-Normen (und damit innerstaatlich über Art. 25 GG), sodass ein menschenrechtsfreier Raum keineswegs vorstellbar ist.[761] Durch die zusätzlichen Bindungen des GG obliegt es den deutschen Soldaten sodann, das sie überhaupt zur Waffengewalt ermächtigende Sicherheitsratsmandat ggf. zurückhaltender auszuführen als Soldaten eines nicht derart grundrechtsbewussten Staates.[762]

---

757 Vgl. BVerfG, ibid., S. 346 f., 349 f. – Parlamentsbeteiligung NATO-Einsätze.

758 So z.B. *N. Wagner*, Menschenrechtliche Schutzpflichten bei Friedenseinsätzen, 157, 169; für eine Suspendierung von Grund- und Menschenrechten durch Sicherheitsratsresolutionen über Art. 103 UN-Charta *Schilling*, ZaöRV 2004, 343, 350.

759 *N. Wagner*, NZWehrr 2007, 1, 4.

760 S. zur generellen Vermutung der Völkerrechtskonformität und damit auch Achtung eines Mindestmaßes an Individualschutz der UN-Sicherheitsratsmandate BVerfG, Urt. v. 3.7.2007, 2 BvE 2/07, BVerfGE 118, 244, 275 – Afghanistan-Einsatz; zu diesem Punkt auch *Fremuth*, NZWehrr 2012, 89, 98 f.; *von Arnauld*, Menschenrechte im Auslandseinsatz, 61, 75 f.

761 Ähnlich Maunz/Dürig/*Herdegen*, GG, 84. EL 2018, Art. 1 Abs. 3 Rn. 74.

762 So auch *Werner*, Grundrechtsbindung der Bundeswehr, S. 224 ff.; *von Arnauld*, Menschenrechte im Auslandseinsatz, 61, 79 f.; in diesem Sinne eine grundrechtskonforme Lesart ggf. menschenrechtswidriger UN-Sicherheitsratsresolutionen fordernd

Um beim Gedanken der Freiwilligkeit zu bleiben, ist das der Kompromiss, den die deutsche Verfassung für eine Beteiligung an kollektiven Sicherheitssystemen bereit ist, einzugehen. Darüber hinaus ist eine grundrechtliche Freizeichnung aus vermeintlich zwingenden Gründen des Art. 103 UN-Charta überdies aus dem Grund zu verwerfen, dass kein Mitgliedstaat der UN verpflichtet ist, Sicherheitsresolutionen mit Waffengewalt auszuführen – auch diese Beteiligung bewegt sich auf dem Parkett der Freiwilligkeit.

c. *Konsequenzen für die deutsche Spruchpraxis*

In der Folge bleibt festzuhalten, dass die deutschen Gerichte bisweilen zu voreilig in der Zurechnungsunterbrechung aufgrund einer zu ausgedehnten Völkerrechtsfreundlichkeit agierten. Während über Art. 25 GG iVm völkergewohnheitsrechtlicher Anerkennung der Zurechnung des Verhaltens diplomatischer Vertreter als Staatsorgane zum Entsendestaat selbstverständlich war,[763] wurde das Völkerrecht bezüglich staatlicher Streitkräfte nur allzu gerne herangezogen, um deren Staatsorganstatus in Frage zu stellen. Die Begründung einer Zurechnung mittels Völkerrecht stellte dabei aus rechtsstaatlicher Perspektive ein weitaus geringeres Problem dar, als das Abstreifen grundsätzlich gegebener Verantwortlichkeit für Organe der vollziehenden Gewalt wie das Militär. Hierbei wäre jedoch aufgrund der primär verfassungsrechtlichen Vorgaben der Art. 23 f. GG für die Grundrechtsbindung sowie innerstaatlichen Haftungsfragen der *deutschen* Staatsgewalt erst dann auf Völkerrecht gem. Art. 25 GG zurückzugreifen gewesen, wenn die vorrangigen Voraussetzungen des GG Raum dafür belassen würden. Dieser Raum ist bzgl. Zurechnungsfragen allerdings gerade nicht gegeben, denn mithin erlaubt Art. 24 Abs. 2 GG für die Beteiligung an kollektiven Sicherheitssystemen keine gänzliche Freizeichnung staatlicher Verantwortlichkeit. Eine Übertragung von Hoheitsrechten iSd Art. 24 Abs. 1 GG, die eine Zurechnung zur Bundesrepublik Deutschland unterbrechen könnte, gleichzeitig jedoch nicht von der Sicherstellung deutscher Grundrechtsstandards befreit, wurde bisher nur in engen Ausnahmenfällen einzelner NATO-Zusatzabkommen relevant,[764] keinesfalls aber hinsichtlich der generellen Integration in das

---

Maunz/Dürig/*Herdegen*, GG, 84. EL 2018, Art. 1 Abs. 3 Rn. 74; a.A. *Huhn*, Amtshaftung im Auslandseinsatz, S. 80, der eine Anpassung an internationale Standards und ein Zurücktreten der grundrechtlichen Maßstäbe befürwortet.

763 Vgl. Schoch/Schneider/Bier/*Ehlers*, VwGO, 34. EL 2018, Vor § 40 Rn. 31.

764 Vgl. BVerfG, Urt. v. 18.12.1984, 2 BvE 13/83, BVerfGE 68, 1, 91 ff. – Atomwaffenstationierung.

Verteidigungsbündnis. Ein Rückgriff der deutschen Gerichte auf – teilweise gar veraltete – EGMR-Rechtsprechung gestaltete sich somit redundant, um nicht zu sagen *contra* den verfassungsrechtlichen Vorgaben.

Aus verfassungsrechtlicher Sicht bleibt es folglich bei der Verantwortung und damit Zurechnung des Verhaltens originärer Staatsorgane zum Entsendestaat, sofern diese nicht, aus rein innerstaatlicher Perspektive betrachtet, rechtmäßig einem anderen Völkerrechtssubjekt überantwortet wurden. Für die Einsätze der Bundeswehr bedeutet dies, dass solange der *full command* mitsamt Disziplinar-, Finanz- und Letztentscheidungshoheit bei der deutschen Exekutive verbleibt, der deutsche Staat das alleinige Zurechnungssubjekt bleibt. Aufgrund der Vorgaben des Art. 24 GG kommt die Übertragung gerade dieses *full command* auf internationale Organisationen wie die UN oder NATO nicht *per se*, sondern wenn überhaupt in eng begrenzten und vom Bundestag zu genehmigenden Ausnahmefällen in Betracht. Durch die Übertragung von dahingehenden Hoheitsrechten gem. Art. 24 Abs. 1 GG wären die Befugnisse des jeweiligen Völkerrechtssubjekts von unmittelbarer Durchgriffskraft auf die nationale Rechtsordnung gekennzeichnet, was bis *dato* in Bezug auf Rechtsakte der UN und NATO ersichtlich nicht der Fall ist. Hinsichtlich derzeit inexistenter Sonderabkommen im Rahmen des Art. 43 UN-Charta wäre eine dies innerstaatlich umsetzende Übertragung von Hoheitsrechten an den Sicherheitsrat grundsätzlich denkbar, entspricht jedoch wie dargestellt keinesfalls der bisherigen Ausgestaltung multinationaler Kampfeinsätze.

3. *Zwischenbilanz – Zurechnungsfragen*

Trotz einiger Unsicherheiten in der Rechtsprechungsentwicklung auf deutscher Seite wie auch in der Linie des EGMR liegen die derzeitigen Endergebnisse in Sachen Zurechnung extraterritorialer Staatsgewaltausübung dicht beieinander. Aufgrund der – erneut stillschweigenden – Rechtsprechungsanpassung des EGMR weg von ergebnisorientierter Vermeidung einer Stellungnahme zu kritikbehafteten UN-Missionen in Behrami & Saramati hin zu einem Bild verantwortungsbasierter Rechtsgewährleistung durch die Konventionsstaaten in Al-Jedda und zuletzt Jaloud setzte der EGMR auf allgemeines Völkerrecht bei der Konventionsauslegung. Zu Recht wurde der Grundsatz der einzelstaatlichen Verantwortung für die eigenen Truppenkontingente als Regel auch im multinational geleiteten Kampfeinsatz auf UN-Sicherheitsratsmandatsbasis anerkannt. Nur bei vollständiger Kontrolle eines anderen Staates oder einer internationalen Organisation über die entsandten nationalen Soldaten, welche mittels bloßer Berichtspflichten an den Sicherheitsrat oder eines das Oberkommando führenden Staates nicht generiert zu werden vermag, wechselt das völkerrechtliche Zurechnungssubjekt.

Im Endergebnis deckt sich die nach Art. 23 f. GG mögliche, wenn auch seltene Zurechnungsunterbrechung zum deutschen Staat bisweilen mit dieser völkerrechtlichen Herangehensweise. Das GG spricht somit ebenfalls die Grundaussage aus, dass eine primär nationale Verantwortung für Staatsgewalt ausübende Organe, so auch für die im multinationalen Auslandseinsatz tätige Bundeswehr, besteht. Hier wie dort erlaubten schließlich weder EGMR noch BVerfG die staatliche Freizeichnung von individualschützenden Rechtsgarantien durch die bloße Beteiligung an internationalen Organisationen. Die eng begrenzten Ausnahmefälle einer Zurechnungsunterbrechung befinden sich im deutschen Rechtskontext aufgrund der hohen Anforderungen an eine gänzliche Übertragung von Hoheitsrechten nach Art. 24 Abs. 1 GG in einem noch schmaleren Korridor als im grundsätzlich staatenfreundlicheren Völkerrecht. Doch selbst dieses gestaltet sich nach der EGMR-Rechtsprechung nicht mehr als Fluchtweg durch die Hintertür aus dem umfassenden Schutz der EMRK. Über die Frage der Zurechnung militärischen Tätigwerdens in klassischen mandatsstrukturen vermag folglich weder auf europäischer noch deutscher Rechtsschutzebene ein Haftungsausschluss eines Staates konstruiert zu werden.

III. Umfang der Grundsatzentscheidungen zugunsten der Extraterritorialität

Infolge der mehrfachen Befassung des EGMR mit der Frage der extraterritorialen Konventionsgeltung, vor allem im Rahmen militärischer Auslandsmissionen diverser Vertragsstaaten, nutzte der Gerichtshof – wenn auch nie ausdrücklich – die sich dadurch bietenden Möglichkeiten für eine Rechtsprechungskorrektur. Nicht zuletzt dadurch entstand allerdings auch Verwirrung hinsichtlich der Frage der den mitgliedstaatlichen Rechtsraum sowie eigene Staatsgrenzen überschreitenden Geltung der EMRK. Für ein vollständiges Verständnis des vergangenen EGMR'schen Zick-Zack-Kurses, der sich über mehrere Dekaden zog, ist zum einen dieser zeitliche Aspekt zu berücksichtigen. Zwischen den ergangenen Entscheidungen gewechselte Richterbänke, durch die verschiedene Rechtsansichten Einzug in die Rechtsprechungsentwicklung erhalten haben, sowie Änderungen im gem. Art. 31 VCLT zu berücksichtigenden allgemeinen Völkerrecht vermochten die langwierige Rechtsprechungsentwicklung mit zu prägen. Neben den rein rechtlichen Erwägungen sind zum anderen jedoch auch politische Motive nicht außer Acht zu lassen, die den erst seit 1998 mit obligatorischer Gerichtsbarkeit ausgestatteten EGMR in Anbetracht einer international brisanten Situation ggf. anfangs zur Vorsicht bei einer streitbaren Positionierung anhielten. Aufgrunddessen gestaltete sich das Herauslesen einer *stare decisis*-Linie, zu der der Gerichtshof zwar nicht verpflichtet ist, diese aus Gründen der Rechtssicherheit allerdings bevorzugt zu verfolgen versucht, in den dargestellten Fällen der extraterritorialen Geltung der Konvention bzw. einzelner Konventionsrechte als schwierig.

Völlig zu Recht basierte das Verständnis der Konvention durch den EGMR nicht auf der Vorstellung von einem isolierten Vertragswerk im eigenen Vakuum. Die Konvention wurde vielmehr stets als Bestandteil multinationalen Zusammenlebens aufgefasst, verbunden mit der Unterwerfung unter den ständigen Wandel der Ansichten der Völkerrechtsgemeinschaft. Insofern ist die auf dem historischen Staatenwillen basierende Bankovic-Entscheidung als einsame Ausnahme denn bestätigte Regel anzusehen – die Ausprägung eines dynamischen Verständnisses der EMRK als *living instrument* und Auffangnetz bedrohter Individualrechte erweist sich in Fällen wie Loizidou und Al-Skeini als beständiger. Durch die Anerkennung effektiver Personenkontrolle als ausreichenden *jurisdictional link* zu einem Vertragsstaat hat der Gerichtshof den Anwendungsbereich der Konvention vermutlich weiter gezogen als dies die Gründungsstaaten ursprünglich ersonnen hatten. Dahingehend geübte Kritik an dieser Rechtsprechung verkennt jedoch, dass dies einerseits nicht (allein) maßgeblich ist sowie andererseits der zweite historisch beachtliche Pol des *European Movement*, dessen Mitglieder der Konvention gerade eine umfassende individualschützende Funktion gegenüber den Vertragsstaaten zugedacht hatten, das moderne, umfassende EMRK-Verständnis stützt. Der Gerichtshof hat es somit zu Wege gebracht, aus dem unbestimmten Wortlaut des Art. 1 EMRK den größtmöglichen Schutz herauszulesen und Individuen weltweit eine menschenrechtliche Handhabe gegen das den Vertragsstaaten nach allgemeinem Völkerrecht zuzurechnende Verhalten einzuräumen – ohne dabei die dogmatischen Grenzen der Konvention zu übertreten.

Während der EGMR erst nach und nach zu jener Grundaussage einer mondialen Konventionsbindung der Vertragsstaaten gelangte, war diese für die deutsche Verfassungsauslegung durch Art. 1 Abs. 3 GG gesetzt. Nirgendwo sollte es für die Betätigung der deutschen Staatsgewalt mehr eine (grund)rechtsfreie Zone geben, da die Grundrechte nicht nur zuvörderst, sondern vor allem im inhaltlichen Zentrum des Bonner Grundgesetzes standen. Grundrechte sind gerade keine Gegenleistung des Staates für die Unterwerfung der Bürger unter das staatliche Gewaltmonopol, sodass keine hinreichende Manifestierung von Staatsgewalt, bspw. in Form von Gebiets- oder Personalhoheit, für ihre Anwendbarkeit vonnöten wäre. Mangels Vorfrage der Anwendbarkeit hätten es die deutschen Gerichte insofern bei der Entwicklung einer extraterritorialen grundrechtsdogmatik einfacher gehabt als der vom Staatenwillen abhängige EGMR. Aufgrund von Rechtswegzersplitterung schon desselben Falles hinsichtlich ordentlicher sowie verwaltungsgerichtlicher Entscheidungsbefugnisse haben sich aber in der deutschen Judikatur unzählige Ausprägungen dieser Grundmaxime angesammelt. Die verbindliche Rechtsprechung des BVerfG erschöpfte sich bisher in dem *obiter dictum* eines „Modifikationen und Differenzierungen" unterlegenen auswärtigen Grundrechtsschutzes. In Zusammenschau mit dem Varvarin-Nichtannahmebeschluss kann der Linie des BVerfG allerdings mit Sicherheit entnommen werden, *dass* eine in territorialer Hinsicht unbegrenzte Grundrechtsgeltung vorauszusetzen ist. Diesen Erkenntnissen Kontur zu verleihen, konnte jedenfalls nicht durch einen von den Instanzgerichten bisweilen versuchten unterschiedslosen Rezeptionsprozess von EGMR-Entscheidungen erfolgen. Bestehende historische wie auch dogmatische Ähnlichkeiten zwischen Grund- und Konventionsrechten, die durch die Verzahnung der Rechtsschutzsysteme, wie eingangs dieser Arbeit beschrieben, Einfluss aufeinander nehmen können, erteilen allerdings keinen Freibrief zu Gleichsetzung beider Individualschutzsysteme oder der Ausfüllung von Verfassungsbegriffen durch völkerrechtliche Konventionsrechtsprechung. Einzug konnten Modifikationen und Differenzierungen allein auf Rechtfertigungsebene eines extraterritorialen Grundrechtseingriffs erhalten.

Unabhängig von den Übertragungsmöglichkeiten herrscht jedoch hinsichtlich der extraterritorialen Grundsatzentscheidung bzgl. der Grund- und Konventionsrechte größerer Einklang als auf den ersten Blick ersichtlich. Während das BVerfG aufgrund des dahingehenden Grundanliegens des GG seit jeher von einer allumfassenden, jede Situation staatlichen Tätigwerdens erfassenden Grundrechtsgeltung ausging, fasste der EGMR die Konvention zunächst als kompaktes Gesamtpaket auf, das nur dann Geltung beanspruchen könne, wenn der betroffene Staat aufgrund ausreichend vorhandener Staatsgewalt alle Konventionsrechte garantieren könne und dann auch müsse. Die Konvention fand dann zwar uneingeschränkt Anwendung – also hinsichtlich des Schutzumfanges im Ausland weitergehend als die deutschen „modifizierbaren" Grundrechte – jedoch in nominell weitaus weniger Einzelfällen als die Grundrechte es täten. Denn unterhalb der vom EGMR festzustellenden Schwelle der „effektiven Kontrolle" über das vorübergehend zur Konventionsenklave mutierende fremde Gebiet herrschte EMRK-freier Raum. Wenngleich die nunmehr hinzugetretene effektive Personenkontrolle für eine Hoheitsgewaltbegründung iSd Art. 1 EMRK nach einem dogmatisch einzigartigen Konzept der Konvention klingt, bewirkt sie faktisch nahezu einen Gleichlauf mit dem deutschen

Grundrechtsverständnis: Denn gleich, wo auf der Welt Staatsgewalt Menschen jedweder Staatsangehörigkeit tangiert, sei es durch Festnahme und Inhaftierung, Beschuss oder Beschlagnahme von Eigentum, ist ein an den Maßstäben der garantierten Individualrechte gemessenes Staatshandeln zuzusichern. Die aus deutscher Perspektive selbstverständlich an die jeweilige beeinträchtigende Staatshandlung angepasste Grundrechtsbetroffenheit schuf der EGMR mittels der Anerkennung „geteilter und zugeschnittener Konventionsrechte", die zudem mit einem gesenkten Schutzniveau einhergehen können, um der nicht vorhandenen umfassenden Gebietskontrolle des jeweiligen Vertragsstaates Rechnung zu tragen.

Licht in das verbleibende Dunkel der situationsspezifischen grundrechtlichen „Modifikationen und Differenzierungen" sowie der spiegelbildlich „geteilten und zugeschnittenen Konventionsrechte" zu bringen, ist Aufgabe der folgenden Analyse.

B. Fallgruppen extraterritorialer Rechtsverletzungen

Spätestens seit der Anerkennung effektiver Personenkontrolle zur Begründung extraterritorialer Hoheitsgewalt iSd Art. 1 EMRK für geteilte und auf den Einzelfall zugeschnittene Konventionsrechte hätten Rechtssicherheit und Berechenbarkeit Einzug in die Konvention halten können. Doch mit der weiterhin beständigen Betonung der Bankovic-Rechtsprechung und des Ausnahmecharakters extraterritorialer Menschenrechtsverpflichtungen durch den EGMR bleiben Fragezeichen nach einer einheitlichen Dogmatik zurück. Welche *jurisdictional links* sind vonnöten, um extraterritorial ausgeübte Staatsgewalt in Hoheitsgewalt, also *jurisdiction* iSd Art. 1 EMRK zu überführen? Und welche konkreten Konventionspflichten würden dadurch begründet?

Damit korreliert die Fragestellung des noch verbleibenden Schutzniveaus hinsichtlich der deutschen Grundrechte, die abhängig von der extraterritorial ausgeübten deutschen – eigentlich allumfassend gebundenen – Staatsgewalt „Modifikationen und Differenzierungen" unterliegen. Laufen die Schutzniveaus auf dasselbe hinaus, obwohl auf Seiten der EMRK der extraterritoriale Schutz erst begründet werden muss, während der umfassende Schutz deutscher Grundrechte bei Auslandsberührungen reduziert wird? Die Prämisse dieses finalen Vergleichs liegt darin, die nachzuverfolgenden Begründungsansätze der Rechtsprechung in eine zwar flexible, aber auf erkennbaren Eckpunkten beruhende und damit vorhersehbare, Rechtssicherheit schaffende Kasuistik einzupassen.

I. Die vermeintlichen „Klassiker"

Zu Beginn einer jeden Auseinandersetzung mit extraterritorialer Hoheitsgewalt unter der Konvention nannte der EGMR einleitend die unproblematischen, da im allgemeinen Völkerrecht anerkannten, „klassischen" Fälle, namentlich Handlungen diplomatischer Vertreter sowie Handlungen auf unter der eigenen Flagge fahrenden Schiffen bzw. Flugzeugen.[765] Mangels eigener Fallgruppenbildung in der bisherigen deutschen Judikatur wird im Folgenden zunächst den Vorgaben des EGMR gefolgt und dessen Fallgruppenmodell auf seine Konsistenz überprüft. Hinsichtlich der soeben genannten Untergruppen der „klassischen" Fälle extraterritorialer Hoheitsgewalt gestaltet sich deren Herleitung wie auch Darstellung als völkerrechtlich anerkanntes Dogma im Einzelnen durchaus fraglich.

1. *Diplomatische und konsularische Auslandsvertreter*

Recht zu geben ist dem EGMR hinsichtlich dieser Fallgruppe dahingehend, dass im Falle durch einen diplomatischen Vertreter ausgeübter Staatsgewalt auf fremdem Boden die Verantwortung für selbige dem Entsendestaat zugerechnet wird.[766] Es handelt sich jedoch zugleich anerkanntermaßen um territorial nicht verankerte Staatsgewalt auf fremdem Boden – denn vor allem das Botschaftsterritorium ist nicht etwa eine Entsendestaatsenklave im Aufenthaltsstaat, sondern allein souveränes Staatsgebiet des Letzteren.[767] Wie passt diese schon früh und

765 Vgl. EGMR, Urt. v. 12.12.2001, 52207/99, ECHR 2001-XII, 333 Rz. 59, 73 – Bankovic u.a./Belgien u.a.

766 So auch *King*, 9 HRLR 2009, 521, 525 unter Hinweis auf das traditionelle völkerrechtliche Verständnis, dass es sich nur deshalb um eine extraterritorial anerkannte Hoheitsgewaltausübung handele, da diese rechtmäßig im Rahmen der gewährten Zustimmung des Aufenthaltsstaates für die Interaktion des Entsendestaates mit seinen Staatsangehörigen stattfinde. Auf das Kriterium der Rechtmäßigkeit bzw. der Zustimmung des Aufenthaltsstaates kommt es jedoch nicht mehr an, allein die faktische Präsenz ist maßgeblich, vgl. dahingehend auch EGMR, Urt. v. 18.12.1996, 15318/89, ECHR 1996-VI, 2217 Rz. 52 – Loizidou/Türkei (judgment merits), wo es jedenfalls auf die (Un-)Rechtmäßigkeit einer Militäraktion im Ausland für die Hoheitsgewaltbegründung nicht ankommen soll.

767 *Gondek*, NILR 2005, 349, 384; *King*, 9 HRLR 2009, 521, 541 unter Verweis auf EKMR, Entsch. v. 14.10.1992, 17392/90, Rz. 2 – M./Dänemark, abrufbar unter: http://hudoc.echr.coe.int/eng?i=001-1390 (zuletzt abgerufen am 28.1.2019); die souveränen Rechte des Territorialstaates sind jedoch erheblich eingeschränkt, vgl. IGH, Entsch. v. 24.5.1980, ICJ Reports 1980, 3 Rz. 77 – United States Diplomatic and Consular Staff in Tehran (USA/Iran).

unproblematisch etablierte Fallgruppe in die schwankende Extraterritorialitäts-Systematik des EGMR – und wie passt sie sich in die deutsche Grundrechtsdogmatik ein?

Der Umfang dieses „Paradebeispiels" grenzüberschreitenden Staatshandelns hat sich völkerrechtlich von dem Ausgangspunkt aus entwickelt, dass auf die üblichen konsularischen Aufgaben, wie Pass- oder sonstige öffentliche Dokumentenausstellung, grund- und menschenrechtliche Ansprüche auf Leistung bestehen. Daneben treten Abwehrrechte z.B. hinsichtlich willkürlicher Behandlung.[768] Zugleich sind den grund- und menschenrechtlichen Verpflichtungen diplomatischer Vertreter im Ausland jedoch auch faktische Grenzen gesetzt, die aus der Befindlichkeit auf fremdem Staatsgebiet und der damit einhergehenden Staatssouveränität des Aufenthaltsstaates resultieren.[769] Leistungs- und Schutzpflichten für eigene Staatsangehörige des Entsendestaates auf dem Gebiet des Aufenthaltsstaates können nicht entgegen der Rechtslage im Aufenthaltsstaat verlangt und durchgesetzt werden.[770]

---

768 CCPR, Auffassung v. 23.3.1982, 57/1979, CCPR/C/15/D/57/1979, Rz. 7 – Sophie Vidal Martins/Uruguay bzgl. einer Verletzung des Art. 12 Abs. 2 ICCPR (Freizügigkeit) wegen der grundlosen Weigerung des diplomatischen Vertreters Uruguays in Mexiko, der Passverlängerung einer uruguayischen Staatsangehörigen zuzustimmen: „Moreover, a passport is a means of enabling [a person] „to leave any country, including his own", as required by article 12 (2) of the Covenant. It therefore follows from the very nature of the right that, in the case of a citizen resident abroad it imposes obligations both on the State of residence and on the State of nationality. Consequently, *article 2 (1) of the Covenant cannot be interpreted as limiting the obligations of Uruguay under article 12 (2) to citizens within its own territory.*" (Hervorh. d. Verf.) Hier wird neben der Primärpflicht Uruguays zur Erfüllung der Leistungspflichten und Abwehrrechte seiner eigenen Staatsangehörigen auch eine ggf. nötige Kooperationspflicht mit dem Aufenthaltsstaat Mexiko (bzw. aus Sicht des nicht mit angegriffenen mexikanischen Staates eine Schutzpflicht) begründet, wodurch sich ein umfassender Schutz hinsichtlich des betroffenen Menschenrechts auf Freizügigkeit ergibt. Nochmals bestätigt in CCPR, Auffassung v. 31.3.1983, 77/1980, CCPR/C/OP/2 at 102 (1990), Rz. 6.1 – Samuel Lichtensztejn/Uruguay.

769 EKMR, Entsch. v. 14.10.1992, 17392/90, Rz. 2 – M./Dänemark, abrufbar unter: http://hudoc.echr.coe.int/eng?i=001-1390 (zuletzt abgerufen am 28.1.2019), wobei jedoch die mangelnde rechtliche Territoriumskontrolle über die eigene Botschaft im Ausland keine generelle Verantwortlichkeit für die dort vorgenommenen Handlungen der diplomatischen Vertreter ausschließt, sondern dieser lediglich Grenzen in faktischer Hinsicht auferlegt.

770 EGMR, Urt. v. 14.5.2002, 48205/99, Rz. 20 – Gentilhomme u.a./Frankreich, abrufbar unter: http://hudoc.echr.coe.int/fre?i=001-65008 (zuletzt abgerufen am 28.1.2019), wo

Freilich besteht hier gegenüber eigenen Staatsangehörigen des Entsendestaates stets auch der traditionelle *jurisdictional link* der Personalhoheit. Allerdings kann kaum bestritten werden, dass in dem Fall, dass der deutsche Botschafter einen US-Bürger faktisch am Verlassen des Botschaftsgebäudes in Russland hindern und diesen so seiner Freiheit berauben würde, auch mangels Personalhoheit eine Deutschland zurechenbare Staatsgewaltausübung anzunehmen wäre. Jedenfalls nach der deutschen oben ausgeführten Grundrechtsdogmatik gehen unabhängig von der Rechtmäßigkeit des Festhaltens mit der Berührung durch die deutsche Staatsgewalt automatisch grundrechtliche Abwehrrechte, Art. 1 Abs. 3, 2 Abs. 2 S. 2 GG zugunsten des US-Bürgers gegen den deutschen Staat einher.

Auch in den Formulierungen des EGMR wurde die Fallgruppe der diplomatischen Vertreter ohne einen zu fordernden *jurisdictional link* in Form der Personalhoheit definiert,[771] sodass eine vertragsstaatliche Verantwortung auch gegenüber fremden Staatsangehörigen in Betracht kommt. Läge der *jurisdictional link* hier also im völkerrechtlichen Konsens über diplomatische Vertreter als verlängerter Arm des Entsendestaates? Oder bedürfte es im obigen Beispielsfall einer effektiven Personenkontrolle für eine Verantwortlichkeit nach Art. 1 EMRK? Auf eine effektive Gebietskontrolle des „Gebiets Botschaft" könnte es mangels Okkupationsstatus kaum ankommen, zudem wäre auch ein sich-Bemächtigen einer Person durch den Botschafter außerhalb der Botschaftsräume nicht anders zu beurteilen – die Handlung des Staatsorgans ist maßgeblich, nicht der zufällige Aufenthaltsort.

Das genannte Beispiel macht hinsichtlich der EGMR-Rechtsprechung zweierlei deutlich: Zum einen führt der *jurisdictional link* einer effektiven Gebietskontrolle im Rahmen der EMRK oftmals zu absurden Ergebnissen, wohingegen die eingeführte effektive Personenkontrolle, die sich nunmehr dem deutschen grundrechtlichen Ausgangspunkt annähert, sachgerechtere Lösung zu produzieren

---

die Verantwortlichkeit Frankreichs für die Weigerung einer französischen Schule in Algerien, die Kinder dreier in Algerien lebender Französinnen mit doppelter Staatsangehörigkeit aufzunehmen, aufgrund der dahingehenden geänderten Rechtslage in Algerien verneint wurde. Gegen die souveräne Entscheidung Algeriens, wer auf dem Staatsgebiet welche Schule besuchen solle, bestünde für Frankreich keine rechtliche Handhabe, sodass Frankreich keine eigene Kontrolle über den Sachverhalt habe; s. hierzu auch IGH, Entsch. v. 24.5.1980, ICJ Reports 1980, 3 Rz. 84 – United States Diplomatic and Consular Staff in Tehran (USA/Iran).

771 Vgl. EGMR, Urt. v. 7.7.2011, 55721/07, ECHR 2011-IV, 99 Rz. 134 – Al-Skeini u.a./ Vereinigtes Königreich.

vermag. Zum anderen zeigt sich hier ganz allgemein die Unberechenbarkeit der vom EGMR vorgenommenen Einteilung: Es soll klassische Fälle geben, die kraft allgemeinen Völkerrechts frei von weiteren Voraussetzungen auf die Konvention zu übertragen sind. Für die nicht klassischen, im Zuge der konkreten Konstellationen auftretenden Fälle wurden wahlweise territoriumsbasierte oder auf die konkrete Handlung bezogene *jurisdictional links* gefordert – die wiederum nicht ausdifferenziert definiert und angewendet wurden. Wenn also im obigen Beispiel der deutsche Botschafter mit der Freiheitsberaubung einen *ultra-vires*-Akt vornimmt, wäre er dann immer noch unter die „klassische" Fallgruppe des EGMR zu fassen oder bedürfte es eines Rückgriffs auf einen der *jurisdictional links* und wenn ja, auf welchen? Dass allein die Kompetenzüberschreitung eines Staatsorgans die Zurechnung sowie extraterritoriale Staatsverantwortlichkeit für dessen Verhalten nicht unterbrechen können sollte, steht hierbei außer Frage.[772]

Für eine nachvollziehbare Handhabung extraterritorialer Hoheitsgewalt iSd Art. 1 EMRK sind die bisherigen Fallgruppen des EGMR aufzuweichen und anhand eines einheitlichen Merkmals neu zu bestimmen, nämlich nach der Kategorisierung der vorgenommenen staatlichen *Handlung*.[773] Abhängig vom dadurch bewirkten Kontrollgrad über Personen ist die grundsätzliche Verantwortlichkeit (Begründung der „Hoheitsgewalt") sowie das Ausmaß der zu gewährenden Garantien („geteilte und zugeschnittene Rechte") zu bestimmen. Hierbei soll es nicht darauf ankommen, welches Staatsorgan gehandelt hat, ob es sich um einen „klassischen" Fall staatlichen Auslandshandelns drehte oder nicht, ob das Handeln völkerrechtlich anerkannt bzw. erlaubt war oder ob ein territorialer Bezug vorlag. Denn bei Fragen nach extraterritorialer Staatenverantwortung tritt in individualschützender Hinsicht stets ein *clash of responsibilities* auf – so kommen im obigen Beispiel unweigerlich Zweifel auf, ob nicht auch Russland menschenrechtliche (Schutz-)Pflichten dahingehend träfen, die

772 *Yousif*, Extraterritoriale Grundrechtsgeltung, S. 39 f.; *Jankowska-Gilberg*, Extraterritorialität der Menschenrechte, S. 108.

773 So zu verstehen ist wohl auch die weiter formulierte Herangehensweise der EKMR, Entsch. v. 14.10.1992, 17392/90 – M./Dänemark, abrufbar unter: http://hudoc.echr.coe.int/eng?i=001-1390 (zuletzt abgerufen am 28.1.2019): „It is clear, in this respect, from the constant jurisprudence of the Commission that *authorised agents of a State, including diplomatic or consular agents*, bring other persons or property within the jurisdiction of that State *to the extent that they exercise authority over such persons or property*. In so far as they affect such persons or property by their acts or omissions, the responsibility of the State is engaged." (Hervorh. d. Verf.).

auf seinem Staatsgebiet stattfindende Freiheitsberaubung zu beenden.[774] Es dreht sich folglich stets um die Fragen der Reichweite sowie Abgrenzung staatlicher Verantwortungen, die nach Handlungen und Handlungsoptionen zu beantworten sind. Auch die „klassischen" Fälle folgen somit keinen eigenen Regeln, sondern der Gesamtdogmatik des extraterritorialen Grund- und Menschenrechtsschutzes.

2. Schiffe, Flugzeuge – und Satelliten?

Auch die ansonsten als „klassische Fälle" staatlicher Hoheitsgewalt im Ausland bezeichneten Kategorien, namentlich Flugzeuge oder Schiffe, sind als solche nicht einfach hinzunehmen, sondern anhand der im Einzelfall vorgenommenen Handlung der staatlichen Akteure als hinreichende Hoheitsgewalt zu qualifizieren.

Anfänglich führte der EGMR auch diese Fälle schlicht als völkerrechtlich vorgegebene Ausnahmetatbestände zugunsten einer extraterritorialen Menschenrechtsbindung an, verband sie jedoch zudem mit dem *jurisdictional link* der Gebietshoheit, indem er sie als Gebietsenklaven des Flaggstaates verstand.[775] Probleme bereiteten sodann diejenigen Varianten, in denen konventionsstaatliche Vertreter ein unter fremder Flagge fahrendes Schiff enterten. Vollkommen zu Recht bejahte der Gerichtshof auch hier die ausgeübte Hoheitsgewalt über das fremde Schiff, wollte sich aber mit der Aussage „*[France] exercised full and exclusive control over the [foreign ship]* Winner *and its crew*" offensichtlich noch nicht zwischen effektiver Gebiets- oder Personenkontrolle festlegen.[776] Richtigerweise hätte es hier ausschließlich auf das Handeln in Form der faktischen Kontrollausübung staatlicher Vertreter über an Bord befindliche Personen ankommen müssen; das Vehikel selbst war nicht als „Gebiet" anzusehen, wie der EGMR

774 Zu den Schutzpflichten des Territorialstaates allgemein (insbesondere aber hinsichtlich der dem Botschaftspersonal gegenüber zu gewährleistenden Freiheiten) IGH, Entsch. v. 24.5.1980, ICJ Reports 1980, 3 Rz. 61 ff. – United States Diplomatic and Consular Staff in Tehran (USA/Iran).

775 Erstmals explizit in EGMR, Urt. v. 12.12.2001, 52207/99, ECHR 2001-XII, 333 Rz. 73 – Bankovic u.a./Belgien u.a.; dieses Verständnis noch einmal betonend in EGMR, Urt. v. 23.3.2012, 27765/09, ECHR 2012-II, 97 Rz. 75 – Hirsi Jamaa u.a./Italien.

776 EGMR, Urt. v. 29.3.2010, 3394/03, ECHR 2010-III, 61 Rz. 67 – Medvedyev u.a./Frankreich, wonach sich Frankreich für ausgeübte Hoheitsgewalt über ein von der französischen Marine geentertes Schiff unter kambodschanischer Flagge zu verantworten hatte.

selbst später mittels *obiter dictum* festhielt.[777] Dass es sogar im eigentlich unproblematischen „klassischen" Fall eines unter eigener Flagge eines Konventionsstaates fahrenden Schiffs nicht auf einen territorialen Bezug mittels Gebietsenklave, sondern vornehmlich die Kontrolle über die darauf befindlichen ausländischen Personen ankommt, ließ die dahingehend argumentative Absicherung des Gerichtshofs im Fall Hirsi Jamaa gegen Italien erahnen, wo neben Verantwortlichkeit *de jure* über das Flaggschiff noch eine Personenkontrolle *de facto* betont wurde.[778] Insofern sind die vermeintlich „klassischen" Fälle aus der Fallgruppenbildung des Gerichtshofs als eigene Kategorie zu eliminieren und vielmehr in das System der handlungsabhängigen Konventionsgewährung geteilter und zugeschnittener Rechte mit einzupassen.

Ein ähnliches Bild des aufgegebenen territorialen Bezugs lässt sich auch für die deutsche Judikatur zeichnen – und sollte konsequent in allen Instanzen umgesetzt werden. So wurde die Festnahme somalischer Soldaten auf hoher See schon vor Verbringen und Festhalten auf ein deutsches Marineschiff als deutsche Staatsgewaltausübung charakterisiert.[779] Die damit einhergehenden grundrechtlichen Pflichten richteten sich folgerichtig nach der jeweiligen vorgenommenen Handlung gegenüber den betroffenen Individuen. Ein Abstellen auf das deutsche Schiff als Gebietsenklave ist der deutschen Rechtsprechung in Anbetracht der territorial ungebundenen Grundaussage des Art. 1 Abs. 3 GG fremd. Dieses Argument lässt sich mit den Worten des BVerfG noch weiter generalisieren, welches auf die Entwicklungen einer globalisierten Welt abstellte, die durch den „Einsatz von Satelliten [auch] die Erfassung von Kommunikationsvorgängen außerhalb Deutschlands ohne Inanspruchnahme fremden Territoriums [zulassen]."[780] Das BVerfG führte zwar noch weiter aus, dass „wenn

777 EGMR, Urt. v. 7.7.2011, 55721/07, ECHR 2011-IV, 99 Rz. 136 – Al-Skeini u.a./Vereinigtes Königreich: „The Court does not consider that jurisdiction in the above cases [e.g. Medvedyev et al./France] arose solely from the control exercised by the Contracting State over the buildings, aircraft or ship in which the individuals were held. What is decisive in such cases is the exercise of physical power and control over the person in question."

778 EGMR, Urt. v. 23.3.2012, 27765/09, ECHR 2012-II, 97 Rz. 81– Hirsi Jamaa u.a./Italien.

779 Vgl. in erster Instanz VG Köln, Urt. v. 11.11.2011, 25 K 4280/09, juris, Rz. 30 ff., 50 = JZ 2012, 366 – Pirateriebekämpfung; hinsichtlich der (von Art. 105 UNCLOS gedeckten) Festnahme der Somalier nahm das OVG Münster mangels Inhalt der Berufung der beklagten Bundesrepublik Deutschland keine Stellung mehr.

780 BVerfG, Urt. v. 14.7.1999, 1 BvR 2226/94, BVerfGE 100, 313, 362 – Fernmeldeüberwachung durch BND.

man [für die Bindung an Art. 10 GG] einen hinreichenden territorialen Bezug voraussetzen wollte", dieser durch die Datenauswertung auf deutschem Boden gegeben sei – es erachtete einen solchen für die grundrechtliche Anwendbarkeit aber erkennbar nicht für notwendig.[781] Die deutsche Grundrechtsdogmatik kennt folglich keine „klassischen" Fälle deutscher Staatsgewaltausübung im Ausland, da vielmehr jede Staatsgewaltausübung „klassisch" den grundrechtlichen Vorgaben zu genügen hat. In einer globalisierten und technisierten Welt, in der grenzüberschreitendes Staatshandeln weder den Ausnahmefall wie seinerzeit durch entsandte diplomatische Vertreter oder Verantwortung für eigene Schiffe bildete noch einen irgendwie gearteten Gebietsbezug voraussetzt, ist diese Herangehensweise auch nur konsequent.

3. *Zwischenbilanz – Anerkannte „Klassiker"?*

Wenngleich sich der EGMR anfangs scheute, Hoheitsgewalt iSd Art. 1 EMRK mit genereller Staatsgewalt eines Mitgliedstaates gleichzusetzen, führte die bisherige Fallgruppenbildung nicht zu einem dahingehenden Mehrwert an Erkenntnissen. Vielmehr ist aus der Anerkennung einer effektiven Personenkontrolle die Konsequenz einer Verabschiedung antiquierter Fallgruppen zu ziehen. Weder diplomatische Vertreter im Ausland noch Schiffe oder Flugzeuge, die durch die Flagge mit dem Herkunftsstaat verbunden sind, sind als „klassische" Konstellationen des allgemeinen Völkerrechts eigenen Regeln zu unterstellen. Sicherlich mag es einmal nötig gewesen sein, diese völkerrechtlichen Grundprinzipien zur Begründung einer auch darüber hinausgehenden extraterritorialen Hoheitsgewalt hervorzuheben – mit der in Al-Skeini herausgearbeiteten flexibleren Herangehensweise des EGMR entfiel die Notwendigkeit einer derartigen Aufspaltung allerdings. Stellt man die effektive Personenkontrolle in das Zentrum des Art. 1 EMRK, relativiert sich die Feststellung, welches Staatsorgan gehandelt hat oder wo es dies tat – allein der faktische Kontrollgrad bestimmt über die dadurch ausgelösten Konventionspflichten. Zur Bestimmung des Umfangs von Letzteren tragen die pauschal und voraussetzungslos benannten „Klassiker" keineswegs bei. Hierbei könnte vielmehr eine Fallgruppenbildung am Maßstab der im Ausland getätigten Handlungen weiterhelfen, die es im Folgenden anhand der Rechtsprechungsbeispiele zu entwerfen gilt.

781 BVerfG, ibid., S. 363 f. – Fernmeldeüberwachung durch BND.

II. Festnahmen und Inhaftierungen

Differenziert man mitunter nach den vorgenommenen Handlungen anstelle der handelnden Akteure oder Handlungsorten, bilden Festnahmen und Inhaftierungen fernab des eigenen Staatsgebiets die praktisch wohl am häufigsten auftretende Berührung mit fremder Staatsgewalt. Eine Gegenüberstellung der jeweiligen diesbezüglichen Rechtsprechung vermag die Unterschiede und Gemeinsamkeiten der Behandlung jener Staatshandlungen zu verdeutlichen sowie den Grundstein zur Bewertung dieser Herangehensweisen zu legen.

1. Notwendigkeit eines territorialen Bezuges

Aus den anfänglichen EGMR-Entscheidungen Festnahmen im Ausland betreffend kann ein territorialer Bezugspunkt durchaus herausgelesen werden, wenngleich der Gerichtshof einen solchen nicht explizit forderte. So kann die Öcalan-Entscheidung des EGMR dahingehend verstanden werden, dass die Festnahme des Beschwerdeführers durch türkische Beamte in Kenia nicht nur kraft dieser Handlung die Konventionsverantwortlichkeit der Türkei begründete, sondern vor allem das sofortige anschließende Verbringen in die Türkei zur dort betriebenen Strafverfolgung maßgeblich sei.[782] Hätte die Türkei den Beschwerdeführer aber in US-Manier in ein Terrorgefängnis in Kuba verbracht, hätte türkische Hoheitsgewalt ausscheiden müssen? Über diese Hürde käme man ggf. noch mit dem in Al-Jedda erwähnten Ansatzpunkt hinweg, dass über eine effektive Kontrolle des Gebiets „Gefängnis" die nötige Hoheitsgewalt iSd Art. 1 EMRK bestehe.[783] Als problematisch geriert sich jedoch schließlich auch dieser Ansatz, wenn das außerhalb des eigenen Staatsgebiets liegende Gefängnis unter gemeinsamer Kontrolle und Verwaltung mehrerer Staaten, Nicht-Konventionsstaaten inbegriffen, stünde.[784]

---

782 EGMR, Urt. v. 12.5.2005, 46221/99, ECHR 2005-IV, 131 Rz. 91 – Öcalan/Türkei; die Kurzzusammenfassung des Falles findet sich in Fn. 430; ein derartiges Verständnis wird zu Recht als zu eng kritisiert von *Miller*, 20 EJIL 2009, 1223, 1244; *Gondek*, NILR 2005, 349, 373 f.

783 EGMR, Urt. v. 7.7.2011, 27021/08, ECHR 2011-IV, 305 Rz. 85 – Al-Jedda/Vereinigtes Königreich: „The internment took place within a detention facility in Basra City, controlled exclusively by British forces, and the applicant was therefore within the authority and control of the United Kingdom."

784 In diese Richtung ging der seinerzeit von der EKMR entschiedene Fall, in dem der frühere Nazi-Funktionär Rudolf Hess in Berlin in einem von allen alliierten Mächten verwalteten Gefängnis inhaftiert war. Die von seiner Frau angestrengte Menschenrechtsbeschwerde gegen die anhaltende Inhaftierung konnte lediglich gegen

In Umsetzung des im Al-Skeini'schen *obiter dictum*[785] angesprochenen Abschieds von derart starren territorialen Ansatzpunkten in Form von kontrollierten Schiffen oder Gebäuden stellte der Gerichtshof im Fall Hassan allein auf die Personenkontrolle ab.[786] Da es sich im letztgenannten Fall um die verzwickte Konstellation eines von den USA und dem Vereinigten Königreich gemeinsam kontrollierten Militärgefängnisses im Irak, noch vor deren offiziell anerkannten Besatzungsmachtstatus ab Mai 2003, handelte, war der EGMR genötigt, Farbe zu bekennen. In konsequenter Anwendung allein des Merkmals der effektiven Personenkontrolle hielt der Gerichtshof zu Recht die Verantwortung des Vereinigten Königreichs unter der Konvention vom Zeitpunkt der Festnahme bis zum Moment der Freilassung aus dem Militärgefängnis für begründet.[787] Hierbei waren zu britischen Militärs hinzutretende irakische oder US-amerikanische Entscheidungsträger bei der Haftüberprüfung und Befragung ebenso irrelevant wie die maßgeblich von den USA ausgehende Gefängnisverwaltung.[788]

Dies trifft den Kern des hier angenommenen Schutzumfangs der EMRK: Hoheitsgewalt bzw. *jurisdiction* iSd Art. 1 EMRK betrifft die reine Frage der Verantwortungsbegründung sowie Verhaltenszurechnung zu einem Vertragsstaat;[789] die (nachgelagerte) Frage nach der faktischen Leistungsfähigkeit der

---

das Vereinigte Königreich gerichtet werden, welches einzig das Rechtsmittel der Individualbeschwerde zugelassen hatte, und wurde mangels alleiniger Entscheidungsbefugnis und somit faktischer Handlungsunfähigkeit des beklagten Staates abgewiesen, EKMR, Entsch. v. 28.5.1975, 6231/73 – Hess/Vereinigtes Königreich, abrufbar unter: http://hudoc.echr.coe.int/eng?i=001-70003 (zuletzt abgerufen am 28.1.2019): „The Commission is of the opinion that the joint authority cannot be divided into four separate jurisdictions and that therefore the United Kingdom's participation in the exercise of the joint authority and consequently in the administration and supervision of Spandau Prison is not a matter 'within the jurisdiction' of the United Kingdom, within the meaning of Art. 1 of the Convention."

785 EGMR, Urt. v. 7.7.2011, 55721/07, ECHR 2011-IV, 99 Rz. 136 – Al-Skeini u.a./Vereinigtes Königreich; die unvollkommene Argumentation hinsichtlich der Notwendigkeit eines territorialen Bezuges in Al-Skeini kritisierend *Lubell*, 92 IRRC 2012, 317, 321.

786 EGMR, Urt. v. 16.9.2014, 29750/09, ECHR 2014-VI, 1 Rz. 76 – Hassan/Vereinigtes Königreich.

787 EGMR, ibid., Rz. 76, 79 – Hassan/Vereinigtes Königreich.

788 EGMR, ibid., Rz. 78 – Hassan/Vereinigtes Königreich.

789 So auch *Lawson*, Life After Bankovic, 83, 86, der von dem schlagwortartigen Grundsatz "control entails responsibility" ausgeht; ähnlich *Kearney*, 5 Trinity C. L. Rev. 2002, 126, 130, wonach "[a] State should be held accountable for the treatment of

im Einzelfall zu gewährenden Garantien ist sodann im Rahmen der materiellen Verletzungsprüfung jedes einzelnen betroffenen Rechts zu berücksichtigen. Im Hinblick auf Inhaftierungssituationen stellen sich die betroffenen geteilten und zugeschnittenen Rechte zumeist als Gewährleistung der Art. 2, 3 und 5 EMRK dar, die auch im Fall Hassan maßgeblich waren und grundsätzlich umfassende Anwendung fanden.[790]

Versteht man die EGMR-Rechtsprechung in einer derartigen handlungsbasierten Lesart, verläuft die Konventionssystematik weitestgehend parallel mit derjenigen der deutschen Grundrechte. Von der ausgeübten deutschen Staatsgewalt in Form der Festnahme mitsamt Inhaftierung ausgehend, erstrecken die davon betroffenen Grundrechte zunächst ihr Schutzspektrum in alle Richtungen. D.h. die mit dem beeinträchtigten Freiheitsrecht des Art. 2 Abs. 2 S. 2 über S. 3 iVm Art. 104 Abs. 3 GG korrelierende Leistungspflicht einer Richtervorführung ist ebenso zu achten wie die durch die Kontrollerlangung über die Person begründeten Schutzpflichten einer menschenwürdigen Behandlung. Allerdings ist durch den Auslandsbezug bereits Ausschau nach nötigen Modifikationen und Differenzierungen zu halten, die sich nach hiesiger Ansicht lediglich auf einen zu lockernden Rechtfertigungsmaßstab konzentrieren können. Das VG Köln führte diesbezüglich aus, dass bei Festnahmen fernab des eigenen Staatsgebiets jedenfalls der zeitliche Maßstab des Art. 104 Abs. 3 GG in eine „unverzügliche" Richtervorführung umzumünzen sei und es sich dabei auch nicht um die Person eines deutschen Richters handeln müsse. Im Falle einer Übergabe der festgenommenen Person an einen Drittstaat ohne vorherigen Umweg über deutsches Territorium genüge auch eine unverzügliche Richtervorführung im Drittstaat den grundgesetzlichen Anforderungen.[791]

Dies überspannte jedoch den hier festgelegten Bogen zulässiger Auslandsmodifizierungen des grundrechtlichen Schutzes, die sich allein auf die notwendigen

---

any individuals who fall within its control."; *Lubell*, 92 IRRC 2012, 317, 321 f.; *Papp*, Extraterritoriale Schutzpflichten, S. 70 f.

790 EGMR, Urt. v. 16.9.2014, 29750/09, ECHR 2014-VI, 1 Rz. 59 ff. – Hassan/Vereinigtes Königreich, wobei die Anschuldigungen gegen das Vereinigte Königreich hinsichtlich der Folter, Verstümmelung und Verantwortlichkeit für den zu einem unbestimmten Zeitpunkt nach der Haftentlassung eingetretenen Tod mangels hinreichender Beweise vom Gerichtshof abgewiesen wurden; zustimmend ebenso *Papp*, Extraterritoriale Schutzpflichten, S. 78 f.; zu den stets zu achtenden Verfahrensgarantien auch *Schmahl*, Derogation von Menschenrechtsverpflichtungen, 125, 132 f.

791 VG Köln, Urt. v. 11.11.2011, 25 K 4280/09, juris, Rz. 42 ff., 47 = JZ 2012, 366 – Pirateriebekämpfung.

und dem Abstand vom Staatsgebiet geschuldeten erweiterten Handlungsoptionen beziehen dürfen. Zwar ist einer zeitlichen Aufweichung des Richtervorbehalts, wie vom VG Köln erwogen, im Einklang mit den menschenrechtlichen Anforderungen des Art. 5 Abs. 2 EMRK sowie Art. 9 Abs. 3 S. 1 ICCPR dem Grunde nach beizupflichten, zumal hierdurch der vom BVerfG angestrebte Gleichklang zwischen Grund- und Menschenrechten bei internationalen Sachverhalten erreicht werden kann. Gleichzeitig sind jedoch für gezielt mit Festnahmen verbundene Auslandstätigkeiten auch Vorsorgemaßnahmen des deutschen Staates zu fordern, um keine nutzbare Lücke im Grundrechtsbereich entstehen zu lassen. Folglich wäre für die im Urteil des VG Köln in Rede stehende gezielte Piratenfang-Mission vor der Küste Somalias eine zeitnahe Videovorführung oder aber die Präsenz eines Richters an Bord der deutschen Fregatte zu fordern gewesen.[792]

Das Gericht schoss aber jedenfalls über die grundrechtlichen Ziele hinaus, als es eine faktische Unmöglichkeit der Zugänglichmachung zu einem deutschen Richter annahm und damit der kurzfristig beschlossenen politischen Entscheidung, die Festgenommenen an den kenianischen Staat zu übergeben, Vorzug vor den grundrechtlichen Pflichten infolge der Festnahme einräumte. Unabhängig vom Akt der Übergabe als solchem und deren Rechtmäßigkeit, die nämlich eigene grundrechtliche Fragestellungen aufwarf, waren die grundrechtlichen Verpflichtungen, die sich aus der Festnahme ergaben, zu diesem Zeitpunkt schlicht noch nicht abgeschlossen. Die nach Art. 104 Abs. 3 GG mit der Freiheitsentziehung zwangsläufig einhergehende richterliche Überprüfung[793] des deutschen Staatshandelns allein nach deutschen Rechtsvorschriften und innerstaatlichem Rechtsverständnis kann nicht durch einen ausländischen Richter vorgenommen und durch kenianische Rechtmäßigkeitsanforderungen ersetzt werden. Die deutsche Entscheidung, sich Personen zu bemächtigen, kann in ihren Konsequenzen nicht durch eine neuerliche Entscheidung des deutschen Staates, die Verantwortung an einen anderen Staat durch Übergabe der Individuen abzugeben, verkürzt werden.

Hier ist vielmehr in Einklang mit den Erkenntnissen des EGMR in Hassan festzuhalten, dass ein späteres Hinzutreten anderer staatlicher Mächte keine

792 Ähnlich *Ladiges*, NZWehrr 2012, 56, 62; *von Arnauld*, Menschenrechte im Auslandseinsatz, 61, 71; *Talmon*, JZ 2013, 12, 17 f.; eher zurückhaltend bei der Auferlegung zu strenger Maßstäbe *Kreß*, Moderne Piraterie und Menschenrechte, 95, 114 f.

793 Vgl. auch Maunz/Dürig/*Dürig*, GG, 84. EL 2018, Art. 104 Rn. 1, wonach „Art. 104 in *untrennbarem Zusammenhang* mit Art. 2 II Satz 2 und 3 [steht]." (Hervorh. d. Verf.).

Auswirkung auf die einmal begründeten grund- bzw. menschenrechtlichen Pflichten nehmen kann. Eine ihrerseits grundrechtsrelevante Übergabe beendet nicht die mit der Festnahme einhergehenden grundrechtlichen Anforderungen, kann also keinen Ausweg aus der nötigen Rechtfertigung deutschen Staatshandelns nach deutschem Recht durch einen deutschen Richter bedeuten. Eine Übergabe sollte demnach erst nach Abschluss des ersten grundrechtsgebundenen Staatshandelns erfolgen.

In eine ähnliche Richtung gingen die Ausführungen des OVG Münster, welches mangels Anschlussberufung der Kläger nur noch mit der Rechtmäßigkeit der Übergabe befasst war. Wenngleich die Festnahme und deren grundrechtliche Verpflichtungen somit nicht zum Streitgegenstand im Berufungsverfahren zählten, wies das OVG Münster dennoch darauf hin, dass „die Beklagte [Bundesrepublik Deutschland] den Vorfall [des Piraterieverdachts] nach nationalem Recht [hätte] verfolgen können, ohne dass dies in irgendeiner Weise Rechte Kenias berührt hätte“[794] – die vom VG Köln konstruierte faktische Unmöglichkeit eines weiteren innerstaatlichen Vorgehens erscheint danach fernliegend. Denn die Übergabe war von Kenia keineswegs initiiert oder gar als Auslieferungsgesuch formuliert worden, sondern die Aufnahme der Festgenommenen somalischen Piraten erfolgte vielmehr auf deutsches Bitten hin.[795] Durch den Schachzug der Verlagerung der strafrechtlichen Folgen nach Kenia hatte sich die deutsche Exekutive die Ausrede somit selbst geschaffen, dass eine Richtervorführung auf deutschem Boden zu großen Aufwand produziere, unzumutbar sei oder gar wegen der Übergabe an Kenia unmöglich erscheine. Anstatt einem solchen Ausweichen grundrechtlicher Pflichten Raum zu gewähren, sollte die gerichtliche Überprüfung deutschen Staatshandelns zu einer grundrechtlichen Pflichterfüllung anhalten. Ob die Wahrung des Richtervorbehalts dabei durch eine entsprechende Missionsorganisierung im Vor- oder Nachhinein bedacht wird, ob diese mit oder ohne Umweg über das deutsche Staatsgebiet vorgenommen wird, liegt dabei im grundrechtlichen Ermessensspielraum der Exekutive. Ein territorialer Bezug ist somit nicht vonnöten, kann also auch nicht als Kriterium einer faktischen Unmöglichkeit extraterritorialen Grundrechtsschutz als Folge von Festnahmen ausschließen.

---

794 OVG Münster, Urt. v. 18.9.2014, 4 A 2948/11, juris, Rz. 119 – Pirateriebekämpfung.

795 OVG Münster, ibid. – Pirateriebekämpfung: „Kenia [hatte sich] nicht aus einem originär eigenen Interesse, sondern auf Veranlassung der EU und ihrer Mitgliedstaaten zur Strafverfolgung bereit erklärt […].“

2. Besonderheiten bei militärisch Handelnden

Nach der Anerkennung der vom Staatsgebiet sowie jedem anderen gefestigten territorialen Bezugspunkt gelösten Verantwortlichkeit für festgehaltene Personen stellt sich im Folgenden die Frage nach den Auswirkungen eines hinzutretenden militärischen Kontextes.

Denn wenngleich der EGMR keine generellen Auslandsmodifikationen der Konventionsrechte hinnahm, verlangten die beklagten Konventionsstaaten jedenfalls bei militärischen Auslandsakten bisweilen nach Ausnahmen von den Konventionsverpflichtungen.[796] Klarstellung erhielt dieser Widerstreit dahingehend, dass der EGMR ausdrücklich auch bei militärisch ausgeübter Hoheitsgewalt eine pauschale Beeinflussung der Konventionsrechte strikt ablehnte. Weder zwinge wegen Art. 103 UN-Charta ein Handeln in Erfüllung eines UN-Sicherheitsratsmandates zur Vernachlässigung der Konventionspflichten noch würden diese bei Vorliegen eines bewaffneten Konflikts durch das damit anwendbare humanitäre Völkerrecht suspendiert.[797] Folglich hat die obige These Bestand, dass es nicht darauf ankommt, *welches* Staatsorgan handelt.

Mit diesem Ergebnis konvergiert auch die deutsche Grundrechtsdogmatik, denn einen generellen „Soldatenbonus“ als Pauschalausnahme lässt die umfassende Bindung des Art. 1 Abs. 3 GG nicht zu. Allerdings ist durch die besondere Gefährlichkeit militärischer Auslandsmissionen eine Erweiterung

796 So z.B. lautet das immer wiederkehrende Argument der beklagten Staaten, dass andere internationale Verpflichtungen sie zu dem vorgenommenen militärischen Handeln zwingen würden, weswegen die Konvention sich diesen unterzuordnen habe; das Vereinigte Königreich argumentierte bspw. mit Festnahmepflichten durch Sicherheitsratsresolutionen, welche wegen Art. 103 UN-Charta vorrangig zu beachten seien und Art. 5 EMRK dahingehend suspendierten, vgl. EGMR, Urt. v. 7.7.2011, 27021/08, ECHR 2011-IV, 305 Rz. 89, 91 – Al-Jedda/Vereinigtes Königreich; Italien verwies auf eine vermeintliche Pflicht zur Seenotrettung resultierend aus UNCLOS, die einer Hoheitsgewaltausübung iSd Art. 1 EMRK bei Aufbringen und Rückführen der Flüchtlingsboote vorgehe und die Konventionsrechte folglich ausschließe, vgl. EGMR, Urt. v. 23.3.2012, 27765/09, ECHR 2012-II, 97 Rz. 65 – Hirsi Jamaa u.a./Italien.

797 EGMR, Urt. v. 7.7.2011, 27021/08, ECHR 2011-IV, 305 Rz. 102 – Al-Jedda/Vereinigtes Königreich: „[T]he Court considers that, in interpreting its resolutions, there must be a presumption that the Security Council does not intend to impose any obligation on member States to breach fundamental principles of human rights.“; bzgl. des Verhältnisses zum humanitären Völkerrecht vgl. EGMR, Urt. v. 16.9.2014, 29750/09, ECHR 2014-VI, 1 Rz. 76 f. – Hassan/Vereinigtes Königreich.

der Rechtfertigungserfordernisse im Ausland anzuerkennen,[798] die neben einer potentiellen zeitlichen Verlängerung des Richtervorbehalts aus Art. 104 Abs. 3 S. 1 GG vor allem die Anforderungen an die Ermächtigungsgrundlage im Rahmen der Schranken betrifft. Ebenso hat auch der EGMR in der jüngeren Rechtsprechung zum Fall Hassan anerkannt, dass die Rechtfertigungsanforderungen des Art. 5 EMRK im militärischen Kontext in engen Grenzen zu modifizieren sein können.

a. Rechtfertigungserweiterung des Art. 5 EMRK

Den Einstieg in diesen dogmatischen Kunstgriff fand der EGMR durch eine gesteigerte Berücksichtigung der Auslegungsregeln des Art. 31 Abs. 3 lit. b. und c VCLT.[799] Denn im Einklang mit der IGH-Rechtsprechung[800] galt es, die Wertungen der vier Genfer Konventionen in die menschenrechtlich bestehen bleibenden Verpflichtungen während bewaffneter Konflikte zu überführen. Um eine kurzweilige Inhaftierung von Personen, die das humanitäre Völkerrecht vorsieht, unter der Konvention zu rechtfertigen, bedurfte es der Anerkennung eines ungeschriebenen Rechtfertigungsgrundes für diese keiner der abschließenden Kategorien des Art. 5 Abs. 1 S. 2 EMRK unterfallenden Konstellation. Diesbezüglich stellte der Gerichtshof die Kriterien auf, dass es sich jedoch um die Situation eines bewaffneten Konflikts handeln und das humanitäre Völkerrecht gerade einen Festnahmegrund für die konkrete Situation vorsehen müsse, was der beklagte Staat vor dem EGMR darzulegen und sich ausdrücklich auf eine derartige konventionsexterne Rechtfertigung zu berufen habe[801] – Auswegen aus

---

798 Ebenso *Yousif*, Extraterritoriale Grundrechtsgeltung, S. 185 f.; *Schott*, Mandatserfüllung in Auslandseinsätzen, 79, 92; s. auch oben 4. Teil, A. I. 2. c. cc., S. 162 ff.

799 EGMR, Urt. v. 16.9.2014, 29750/09, ECHR 2014-VI, 1 Rz. 102 ff.– Hassan/Vereinigtes Königreich.

800 Angefangen in IGH, Gutachten v. 8.7.1996, ICJ Reports 1996, 226 Rz. 25 – Legality of the Threat or Use of Nuclear Weapons (Advisory Opinion) und schließlich im Detail ausgeführt in IGH, Gutachten v. 9.7.2004, ICJ Reports 2004, 136 Rz. 106 – Legal Consequences of the Construction of a Wall in the Occupied Palestinian Territory (Advisory Opinion): "More generally, the Court considers that the protection offered by human rights conventions does not cease in case of armed conflict [...]. As regards the relationship between international humanitarian law and human rights law, there are thus three possible situations: some rights may be exclusively matters of international humanitarian law; others may be exclusively matters of human rights law; yet others may be matters of both these branches of international law."

801 EGMR, Urt. v. 16.9.2014, 29750/09, ECHR 2014-VI, 1 Rz. 104 ff., 107 – Hassan/Vereinigtes Königreich.

den Konventionsverpflichtungen sollte nicht von Amts wegen der Boden bereitet werden.

Begleitet wurde jener neu geschaffene Rechtfertigungsgrund durch eine prozedurale Absicherung der Gefangenenrechte. Die gem. Art. 5 Abs. 3 EMRK nötige Richtervorführung einer im Verdacht einer begangenen Straftat stehenden Person sei auf den neuen Rechtfertigungsgrund nicht anwendbar. Denn das Kombattantenprivileg des humanitären Völkerrechts verhindere eine Festnahme aufgrund herkömmlicher Straftatbestände.[802] Insofern sähe jedoch auch das humanitäre Völkerrecht Verfahrensgarantien vor, die es von den Konventionsstaaten einzuhalten gelte. Hierbei griff der Gerichtshof auf die Art. 43, 78 der 4. Genfer Konvention zurück, wonach ein *competent body* die aus Sicherheitsgründen unbedingt erforderliche Internierung geschützter Zivilisten nach Art. 42 der 4. Genfer Konvention zu überwachen habe.[803]

Zwei Punkte stoßen hierbei auf Bedenken: Zum einen reicht nach humanitärem Völkerrecht gerade ein *competent body*, der nicht notwendigerweise ein staatlicher Richter des Festnahmestaates zu sein hat, aus. Dies ist im humanitären Völkerrecht den Umständen der Situation eines bewaffneten Konflikts und des Ziels einzuhaltender Mindeststandards geschuldet. Hier fragt sich allerdings, ob dies auf den menschenrechtlichen Kontext ohne weiteres zu übertragen sein sollte oder ob nicht in Anbetracht staatlicher Schutzpflichten bei freiwilligem extraterritorialen Handeln strengere Anforderungen einzuhalten sein müssten. In anderen Fällen extraterritorialer Festnahmen ließ der EGMR immerhin kompetente und unabhängige Organe der Rechtspflege wegen ihrer Nähe zur Exekutive als Richterersatz nicht ausreichen.[804] Hinsichtlich der Internierungsüberprüfung im Fall Hassan genügten dem Gerichtshof jedoch „*two interviews by United States and United Kingdom military intelligence officers*“,[805] deren Unabhängigkeit und menschenrechtliche Kompetenz zumindest fraglich gestellt werden kann.

---

802 EGMR, ibid., Rz. 97, 106 – Hassan/Vereinigtes Königreich.

803 EGMR, ibid., Rz. 106 – Hassan/Vereinigtes Königreich.

804 EGMR, Urt. v. 23.10.1990, 12794/87, Series A 188 Rz. 42 f. – Huber/Schweiz; vgl. auch die Darstellungen in EGMR, Urt. v. 29.3.2010, 3394/03, ECHR 2010-III, 61 Rz. 110 – Medvedyev u.a./Frankreich; dazu auch *Lorenz*, Territorialer Anwendungsbereich, S. 222 ff.; Meyer-Ladewig u.a./*Meyer-Ladewig*/*Harrendorf*/*König*, EMRK, 4. Aufl. 2017, Art. 5 Rn. 76 f.

805 EGMR, Urt. v. 16.9.2014, 29750/09, ECHR 2014-VI, 1 Rz. 109 – Hassan/Vereinigtes Königreich.

Zum anderen äußerte sich der Gerichtshof nicht dazu, ob die Überprüfung des Internierungsgrundes nach humanitärem Völkerrecht ihm oder dem *competent body* obläge.[806] Problematisch ist hierbei, dass der EGMR sowohl die Inhaftierung Kriegsgefangener, also Kombattanten, nach Art. 21 der 3. Genfer Konvention zuließ, als auch jene geschützter Zivilpersonen nach Art. 42 der 4. Genfer Konvention.[807] Nur im zweiten Fall findet eine Überprüfung durch einen *competent body* nach den Regeln des humanitären Völkerrechts überhaupt statt, sodass sich den Konventionsstaaten ggf. der Ausweg aus Verfahrensgarantien mittels einer Kombattanteninhaftierung böte.[808] Zugunsten eines effektiven Menschenrechtsschutzes wird an dieser Stelle also anzunehmen sein, dass der Gerichtshof die materiellen Voraussetzungen des humanitären Völkerrechts umfassend selbst zu würdigen hat, insbesondere aufgrund der ohnehin fragwürdigen Verfahrensgarantien mittels des *competent body*.

Wenngleich die inhaltlichen Grenzen der ungeschriebenen Rechtfertigung vom Gerichtshof äußerst eng gezogen wurden, erscheinen verfahrensrechtliche Schutzlücken hingegen denkbar. Die hierin zu erblickende staatenfreundliche Tendenz der Öffnung der Konvention zugunsten der Mindeststandards des humanitären Völkerrechts wird jedoch durch einen zeitlichen Aspekt relativiert. Der EGMR erkannte in Hassan lediglich eine kurzweilige Internierung nach humanitärem Völkerrecht als konventionskonform an – es handelte sich um ca. eine Woche.[809] Längerfristige Verdachtsinhaftierungen – wie im Fall Al-Jedda über drei Jahre hinweg, sogar ohne jedwede Richteranhörung – vermögen darüber nicht zu rechtfertigen zu sein. Dies müsste umso mehr gelten, da bei einer dreijährigen, stabilisierten Bemächtigung der Person die *positive obligations* unter der Konvention die Schaffung der nötigen Infrastruktur zur Einhaltung

806 Der Gerichtshof meinte in seiner – überaus knappen – Prüfung zur Sache lediglich, dass „ the United Kingdom authorities had reason to believe that [Hassan] might be either a person who could be detained as a prisoner of war or whose internment was necessary for imperative reasons of security, both of which provided a legitimate ground for capture and detention", EGMR, ibid., Rz. 109 – Hassan/Vereinigtes Königreich.

807 EGMR, ibid., Rz. 102 – Hassan/Vereinigtes Königreich.

808 Dahingehend auch die maßgebliche Kritik des abweichenden Sondervotums (*partly dissenting opinion*) der Richter Spano, Nicolaou, Bianku und Kalaydjieva in Rz. 5, angehängt an EGMR, Urt. v. 16.9.2014, 29750/09, ECHR 2014-VI, 1 – Hassan/Vereinigtes Königreich; ähnlich *Borelli*, 16 QIL 2005, 25, 41.

809 Der EGMR geht von einer Haftdauer zwischen dem 23.4.2003 bis 2.5.2003 aus, EGMR, ibid., Rz. 50, 55 – Hassan/Vereinigtes Königreich.

rechtsstaatlicher Garantien vor Ort voraussetzen würden. In Hassan scheint die Modifikation des Art. 5 EMRK durch den Einfluss des humanitären Völkerrechts vor allem durch die Umstände der akuten Kampfhandlungen erwogen worden zu sein. Denn das Vereinigte Königreich war zu diesem Zeitpunkt noch keine selbst ernannte Besatzungsmacht und alle weiteren in Betracht kommenden Konventionspflichten – Art. 2 sowie 3 EMRK, die jedoch keine Verfahrensgarantien beinhalten – hätten dem herkömmlichen Maßstab unterlegen.[810] Die vorgenommene Rechtfertigungserweiterung ist folglich nicht als genereller Auslandsbonus der handelnden Soldaten zu verstehen, wie das beklagte Vereinigte Königreich dies in den Verteidigungsausführungen darstellte, sondern eine Anpassung an die situationsbedingte Leistungsfähigkeit der Vertragsstaaten.[811]

Wie die Beschwerdeführer in Bankovic seinerzeit, jedoch wenig beachtet, ausführten, solle es nicht das Ziel sein, den Vertragsstaaten schlicht unmöglich einzuhaltende Verpflichtungen aufzuerlegen,[812] wohl aber ihrem Auslandshandeln rechtlich einhaltbare Grenzen aufzuzeigen. Für den Sonderfall des bewaffneten Konflikts hat sich das humanitäre Völkerrecht als vereinbarter Mindeststandard bewährt, dessen moderate Einbeziehung in die Konventionsauslegung den Unwägbarkeiten der Situation Rechnung trägt.[813] Im – wohl seltenen – Extremfall einer möglichen Derogation einzelner Konventionspflichten bestünde selbst dann gem. Art. 15 Abs. 1 a.E., Abs. 2 EMRK eine Bindung an humanitäres Völkerrecht, sodass dessen vorheriges Hineinlesen in die EMRK-Pflichten einer Konventionsflucht entgegenwirken kann. Nicht zuletzt ist die partielle Verengung

---

810 EGMR, ibid., Rz. 63 f. – Hassan/Vereinigtes Königreich, wobei der Gerichtshof jene Rügen bzgl. des Todes und der Verstümmelung des zuvor inhaftierten Bruders des Beschwerdeführers mangels Beweisen dafür, dass sich diese während der Zeit der Gefangennahme und Inhaftierung durch das Vereinigte Königreich ereigneten, abwies; dazu ebenfalls anhand der EGMR-Entscheidung in Jaloud *Borelli*, 16 QIL 2005, 25, 30 f.

811 EGMR, Urt. v. 16.9.2014, 29750/09, ECHR 2014-VI, 1 Rz. 88, 102, 106 – Hassan/Vereinigtes Königreich; ähnlich *Schmahl*, Derogation von Menschenrechtsverpflichtungen, 125, 135.

812 EGMR, Urt. v. 12.12.2001, 52207/99, ECHR 2001-XII, 333 Rz. 47 – Bankovic u.a./Belgien u.a.

813 So auch *De Koker*, 31 Utrecht J. Int'l & Eur. L. 2015, 90, 94; die Einbeziehung humanitären Völkerrechts wurde jedoch auch scharf als Verwischung menschenrechtlicher Standards kritisiert, so vor allem im abweichenden Sondervotum (*partly dissenting opinion*) der Richter Spano, Nicolaou, Bianku und Kalaydjieva in Rz. 8 ff., 18 angehängt an EGMR, Urt. v. 16.9.2014, 29750/09, ECHR 2014-VI, 1 – Hassan/Vereinigtes Königreich; *Borelli*, 16 QIL 2005, 25, 40.

des Konventionsschutzes nicht als Freibrief für *jedes militärische Handeln* aufzufassen. Zwar ließ sich der Gerichtshof im zuvor entschiedenen Fall Hirsi Jamaa durch die Beteiligung der italienischen Marine zunächst auf eine Anknüpfung an die militärisch handelnden Akteure durch einen Bezug zur restriktiven Bankovic-Rechtsprechung ein, schlug dann jedoch den Haken zu einer allgemeinen effektiven Personenkontrolle durch staatliche Vertreter.[814] Auch das Argument einer gesteigerten Gefährlichkeit der Situation der Seenotrettung und das diese abschließend regelnde Rechtsregime UNCLOS – ähnlich also der Konstellation eines bewaffneten Konflikts – verwarf der EGMR unter Hinweis auf die von anderen Rechtspflichten unberührten Konventionsgarantien.[815]

Folglich ist eine militärische Komponente nur unter dem Aspekt der Unwägbarkeiten eines bewaffneten Konflikts für eine völkerrechtskonforme Auslegung der Konvention über Art. 31 Abs. 3 lit. b und c VCLT iVm den Genfer Konventionen relevant. Diese eng begrenzte, für kurzweilige Zeiträume etablierte und lediglich partielle Diffusion der Konvention mit dem humanitären Völkerrecht führt aber nicht zu einer generellen Erschütterung der Konventionsdogmatik bei jedwedem militärischen Auslandshandeln.

b. Militärischer Modifikationsgrad der Art. 2, 104 GG

Die Rechtfertigung eines grundrechtsrelevanten staatlichen Auslandshandelns, jenes der Bundeswehr inbegriffen, unterliegt nach der Aussage des BVerfG Modifikationen und Differenzierungen. Ähnlich wie in den Ausführungen des EGMR sollte die Überschaubarkeit des Handlungsszenarios im Ausland das Maß an zuzulassenden Lockerungen im Grundrechtsschutz vorgeben. Insofern ist bei gezielten Seemanövern zum Piratenfang eine geringere Toleranzgrenze für Abweichungen vom Inlandsstandard anzuerkennen als bei sich bewaffneten Konflikten annähernden militärischen Großeinsätzen. Wie bereits angesprochen, kann in ersterer Konstellation schon bezweifelt werden, ob eine „verspätete" Richtervorführung notwendigerweise durch eine Modifikation des Art. 104 Abs. 3 S. 1 GG zu retten ist oder nicht vielmehr die Schaffung der notwendigen Infrastruktur auf dem deutschen Marineschiff im Vorhinein anzudenken sein sollte.[816] Handelt es sich hingegen um die Gefangennahme von

---

814 EGMR, Urt. v. 23.3.2012, 27765/09, ECHR 2012-II, 97 Rz. 73 f., 80 ff. – Hirsi Jamaa u.a./Italien.

815 EGMR, ibid., Rz. 79, 81 – Hirsi Jamaa u.a./Italien.

816 Vgl. *Ladiges*, NZWehrr 2012, 56, 60 ff.; *Globke*, JZ 2012, 370, 372; *Kreß*, Moderne Piraterie und Menschenrechte, 95, 114 ff.

Ausländern während eines bewaffneten Konflikts, liegt eine Modifikation der zeitlichen Grenzen aufgrund einer deutlich verschobenen Prioritätensetzung bei einem sich um Leben und Tod drehenden Konflikt wesentlich näher. Auch der Rechtsgedanke des im innerstaatlichen Krisenfall anwendbaren Art. 115c Abs. 2 Nr. 2 GG stützt diese Herangehensweise der weitergehenden zeitlichen Ausdehnung des Richtervorbehalts vor allem bei einer akut militärischen Komponente.

Die Übernahme der EGMR-Rechtsprechung im Fall Medvedyev zur zeitlichen Interpretation des Richtervorbehalts durch das VG Köln im Pirateriefall[817] erschien zwar zunächst unproblematischer als es bspw. ein Rückgriff auf die Rechtssachen Bankovic oder Behrami gewesen wäre, hätte sich aber dennoch vermehrt mit den primär grundrechtlichen Pflichten vor der Bezugnahme auf Vökerrecht auseinander setzen müssen. So darf nicht verkannt werden, dass es sich sogar um eine doppelte Modifikation handelte, indem zunächst die Tagesfrist des Art. 104 Abs. 3 S. 1 GG in eine „unverzügliche" Vorführung iSd Art. 3 Abs. 3 S. 1 EMRK umgedeutet und diese dann mit der Rechtsprechung eines internationalen Gerichts ausgefüllt wurde. Unter dem Aspekt eines Gleichlaufs extraterritorialer Grundrechtsbindung mit anerkannten Menschenrechten bot sich die Anpassung der zeitlichen Grenzen hier somit durchaus an, hätte jedoch keinesfalls pauschal und unter Missachtung der einzelfall- und situationsbedingten Gefährdungsmaßstäbe erfolgen dürfen.

Die gleichen Erwägungen gelten hinsichtlich der hier vorgeschlagenen gelockerten Anforderungen an eine Ermächtigungsgrundlage für den jeweiligen Grundrechtseingriff: Während eine räumliche Erweiterung der expliziten Festnahmebefugnis des Art. 105 UNCLOS auch auf Küstengewässer mittels einer dahingehenden Sicherheitsratsresolution eine zulässige grundrechtliche Auslandsmodifikation darstellen könnte,[818] würden kompetentielle Erweiterungen der deutschen Marinesoldaten zu weit gehen. Weder grundrechtliche Schutzpflichten missachtende Übergabebefugnisse an Drittstaaten noch eine Rechtsgrundlage für tödlichen Waffeneinsatz – ohne flankierenden Bundestagsbeschluss – könnten aus einer Sicherheitsratsresolution konstruiert werden.[819] Die hier angenommene weitergehende Bedeutung von

---

817 VG Köln, Urt. v. 11.11.2011, 25 K 4280/09, juris, Rz. 44 ff. = JZ 2012, 366 – Pirateriebekämpfung.

818 Dies erwägend, mangels Entscheidungserheblichkeit wegen des Tätigwerdens auf Hoher See aber offen lassend VG Köln, ibid., Rz. 32 = JZ 2012, 366 – Pirateriebekämpfung.

819 Das gilt umso mehr, da noch nicht einmal die im Pirateriebekämpfungsurteil zugrunde liegenden UN-Sicherheitsratsresolutionen, v.a. Resolution 1816 v. 2.6.2008, derartigen Waffeneinsatz in Kauf genommen hätten, da der Terminus „take all necessary

UN-Sicherheitsratsresolutionen in bewaffneten Konflikten, die auch zu Tötungen berechtigen, beruht auf dem Gedanken, dass der die Truppenentsendung flankierende Bundestagsbeschluss gerade die ggf. zwangsläufig nötigen militärischen Tötungshandlungen vorsieht, was im Fall der inhaltlich begrenzten Piratenfang-Mission nicht der Fall war.[820]

„Modifikationen und Differenzierungen" des Grundrechtsschutzes im Ausland dürfen folglich nicht dazu führen, die Grundfesten der Verfassung, insbesondere das Demokratieprinzip, zu erschüttern. Es sind ausschließlich Parameter wie die Gefährlichkeit des Auslandshandelns und die Überschaubarkeit der Situation für den Grad der Lockerungen der staatlichen Bindungen maßgeblich. Soldatenhandeln im Ausland ist daher nicht stets den gleichen grundrechtlichen Maßstäben unterworfen, sondern divergiert für jede einzelne situationsbedingte Grundrechtsbeeinträchtigung. Je überschaubarer und geregelter das Auslandshandeln, desto geringer die notwendigen Differenzierungen zu einem vergleichbaren Inlandssachverhalt. Je gefährlicher und notwendigerweise umfassender das Auslandshandeln, desto weitreichender die Modifikationen, sogar hinsichtlich der Anforderungen an die Ermächtigungsgrundlage.

3. Zwischenbilanz – Anforderungen an extraterritoriale Festnahmen

Die Ergebnisse hinsichtlich der Individualrechtsbindungen bei extraterritorialen Festnahmen nähern sich auf deutscher wie auch europäischer Rechtsprechungsebene immer weiter aneinander an. Festnahmen, die dem deutschen Staat zuzurechnen sind, unterliegen überall auf der Welt einer grund- wie menschenrechtlichen Kontrolle. Das *Credo* der jeder Staatsgewaltausübung innewohnenden Grundrechtsbindung stellt die Anwendbarkeit der deutschen Grundrechte nicht fraglich, wohl aber die konkrete Reichweite aufgrund der ggf. nötigen Auslandsmodifikationen. Die möglichen Erweiterungen der Rechtfertigungsgründe bewegen sich von einer großzügigen Lesart des Zeitmoments des Art. 104 Abs. 3 S. 1 GG bis hin zu einer durch spontanes Völkergewohnheitsrecht bzw.

---

means" kontextbezogen interpretiert lediglich polizeiliche denn militärische Befugnisse erfasste, *Kreß*, Moderne Piraterie und Menschenrechte, 95, 100.

820 Vgl. die Auflistung der Befugnisse, die die Bundesregierung für den Entsendebeschluss des Bundestages zur Mission ATLANTA vorschlug, die keinerlei tödliche militärische Gewalt beinhalteten, BT-Drucks. 16/11337, S. 2; gänzlich anders hingegen der Wortlaut und die Reichweite der eingeräumten Befugnisse in BT-Drucks. 14/1133, 3, der Vorlage der Bundesregierung zum Entsendebeschluss zur Beteiligung der deutschen Bundeswehr an KFOR.

Sicherheitsratsresolutionen inhaltlich erweiterten bis gar ersetzten Eingriffsgrundlage – unter Modifikation der Anforderungen des Parlamentsvorbehalts für einschränkende Gesetzesgrundlagen. In abwehrrechtlicher Hinsicht ist jedweder Verzicht auf eine Eingriffsgrundlage nicht hinnehmbar, während die leistungsrechtlichen Garantien im Rahmen des unbedingt Nötigen ausnahmsweise verzerrt, nicht aber gänzlich gestrichen werden dürfen. In welchem Bereich dieser Skala die Einschnitte im Grundrechtsschutz hinzunehmen sind, ist allein nach der Gefährlichkeit und Unübersichtlichkeit der Lage *ex ante* zu bestimmen – die mit dem Entsendebeschluss des Bundestages vorhergesehenen Missionsgrenzen geben den Ton der möglichen und sodann vom Staat einzuhaltenden Handlungsoptionen vor. Eine mit Festnahmeintention vorgenommene Auslandsentsendung birgt weniger Modifikationserfordernisse als eine Reise ins Ungewisse eines bewaffneten Konflikts.

Für Deutschland als Vertragsstaat der EMRK ergeben sich zu beachtende Grenzen bei Auslandsfestnahmen nunmehr in ähnlicher Form aus der Konvention. Auch ohne Territorialkontrolle iSe Besatzungsmacht oder Beherrschung eines gesamten Gefängnisses im Ausland werden die Konventionsgarantien durch die Bemächtigung des Verdächtigen mittels effektiver Personenkontrolle ausgelöst. Mangels Anerkennung eines generellen Auslandsbonus bei extraterritorial verübter Hoheitsgewalt finden die betroffenen Konventionsrechte zunächst in ihrer vollen Entfaltung Anwendung, werden jedoch hinsichtlich des tatsächlich Leistbaren der Vertragsstaaten in der konkreten Situation zugeschnitten. So erkannte auch der EGMR eine dehnbare Interpretation der „unverzüglichen" Richtervorführung an, sofern die tatsächlichen Umstände und nicht eine Verschleppungstaktik des Vertragsstaates dafür verantwortlich waren. Anderweitige Vorsorgemaßnahmen forderte der EGMR bisher nicht, dahingehend fiel die Konventionsbindung schwächer als die hier vertretene Ansicht zum grundrechtlichen Pflichtenkatalog aus. Aufgrund der dogmatisch vorgesehenen, abschließend aufgezählten Rechtfertigungsgründe für eine Festnahme und Inhaftierung in Art. 5 Abs. 1 S. 2 EMRK kam der Gerichtshof den Vertragsstaaten mit einer nach Art. 31 Abs. 3 VCLT möglichen Einführung einer Rechtfertigung nach humanitärem Völkerrecht entgegen. Neben der Besonderheit der Konvention als völkerrechtliches Vertragswerk, das ausdrücklich mittels der Auslegungsregeln der Rezeption allgemeinen Völkerrechts in den Konventionstext zugänglich ist, spielte auch die flexiblere Handhabung der staatlichen Pflichten in bewaffneten Konflikten hierfür eine bedeutende Rolle.

Während die deutschen grundrechtlichen Auslandsmodifikationen teilweise empfindlich an den dogmatischen Grundgegebenheiten rütteln, gerade im Bereich der an eine Eingriffsgrundlage zu stellenden Anforderungen, gestaltet sich der völkerrechtliche Zuschnitt des Art. 5 EMRK wesentlich organischer. Trotz bisweilen vergleichbarer Ergebnisse sollten diese nicht über die auf dem Weg dahin an unterschiedlichen Stellen der beiden Systeme zu überwindenden Hürden hinweg täuschen.

III. Militärische Kampfeinsätze

1. Besatzungszustände

Zwar erfordern bspw. Festnahmesituationen keinen Territorialbezug iSe Kontrolle über das gesamte Gefängnis (mehr), um den betroffenen Individuen grund- sowie menschenrechtlichen Schutz gegen den Festnahmestaat zukommen zu lassen. Die von der Staatshandlung betroffenen Rechtsgarantien, vor allem in ihrer abwehrrechtlichen Komponente, stehen der ausgeübten Staatsgewalt gegenüber, sind jedoch ggf. geteilt und zugeschnitten bzw. extraterritorial modifiziert. Ändert sich an diesem Schutzniveau jedoch etwas, wenn die Kontrolle des Festnahmestaates zunimmt, also neben die Personenkontrolle effektive Gebietskontrolle über das Gefängnis oder gar ganze Auslandsterritorien tritt?

a. Staatliches Kontrollsystem in der EGMR-Rechtsprechung

Ganz in diesem Sinne einer gestuften extraterritorialen Verantwortung kann man jedenfalls die EGMR-Rechtsprechung auffassen. Ordnet man die Fallgestaltungen abhängig von einer territorialen Kontrollsteigerung, findet sich eine damit einhergehende zu gewährende Steigerung an Rechtsgarantien.

Angefangen mit einer einzelnen auswärtigen Staatshandlung ohne gefestigte, ausschließliche Kontrolle über fremde Territorien oder auch nur räumlich abgrenzbare Bereiche wie ein Gefängnis, vollzieht sich die Konventionsbindung als auferlegtes Minimum des Leistbaren, auch unter Berücksichtigung der Sondersituation eines bewaffneten Konflikts – wie im Fall Hassan.[821]

Wird der Kontrollverlust des Territorialstaates auf seinem Staatsgebiet durch einen faktisch intervenierenden Staat bewirkt, ohne dass Letzterer jedoch eine effektive Gebietskontrolle ausübt, bestehen parallele Konventionspflichten beider Staaten: der intervenierende Staat wird Adressat aller durch seine Handlungen tangierten Menschenrechte, während der Territorialstaat aus positiven

821 EGMR, Urt. v. 16.9.2014, 29750/09, ECHR 2014-VI, 1 Rz. 75, 78 – Hassan/Vereinigtes Königreich.

Leistungs- und Schutzpflichten zu diplomatischem Tätigwerden bis hin zur Rückerlangung der Gebietskontrolle angehalten wird – wie im Fall Ilaşcu.[822]

Handelt es sich um eine faktische Besatzungssituation mit einer gewissen Verfestigung im ausländischen Gebiet, hat der intervenierende Staat zudem einige positive Leistungspflichten zu erfüllen, insbesondere der Herstellung vernünftiger Lebensverhältnisse und Infrastrukturen im Besatzungsgebiet nachzukommen – wie im Fall Al-Jedda.[823]

Das große Finale auswärtiger Gebietskontrolle mitsamt einer vollständigen Bindung an jedwede Konventionsgarantie in all ihren Ausprägungen findet sich im Falle einer gefestigten, länger anhaltenden und ohne Intention des Rücktransfers der Staatsgewalt an den Territorialstaat erfolgenden Gebietsokkupation – wie im Fall Loizidou.[824]

Nach dieser Darstellung bestätigt sich zugleich die These, dass graduelle Lockerungen der Konventionspflichten bei extraterritorialer *jurisdiction* von der situationsbedingten Gefährlichkeit und daraus resultierenden Leistungsfähigkeit des Staates abhängig gemacht werden sollten. Denn gesteigerte Gebietskontrolle bedeutet oftmals geringere Gefährlichkeit vor Ort und zieht folglich eine gesteigerte Konventionsbindung nach sich. Je fester ein Konventionsstaat auf ausländischem Territorium im Sattel sitzt, desto geringer sind in der Regel die andauernden Kampfhandlungen und damit die Unwägbarkeiten eines bewaffneten Konflikts.[825] Effektive Gebietskontrolle und somit ein territorialer Bezug stellen damit aber weder eine notwendige Voraussetzung für Hoheitsgewalt iSd Art. 1 EMRK noch eine eigene Fallgruppe dar, sondern knüpfen allein an die situationsbedingten Begebenheiten an. Die Anzahl der zu gewährenden geteilten und zugeschnittenen Rechte wächst abhängig von der über effektive Personenkontrolle im Einzelfall hinausgehenden effektiven Gebietskontrolle.

---

822 EGMR, Urt. v. 8.7.2004, 48787/99, ECHR 2004-VII, 179 Rz. 316 ff., 330 f., 382 f. – Ilaşcu u.a./Moldawien & Russland.

823 EGMR, Urt. v. 7.7.2011, 27021/08, ECHR 2011-IV, 305 Rz. 77, 107 – Al-Jedda/Vereinigtes Königreich.

824 EGMR, Urt. v. 18.12.1996, 15318/89, ECHR 1996-VI, 2217 Rz. 56 – Loizidou/Türkei (judgment merits).

825 Vgl. die eigenen Aussagen des Vereinigten Königreichs zur Lage im Irak ab Mai 2003, als die „major combat operations" abgeschlossen waren und man sich der Aufgabe der Errichtung einer zivilen Übergangsverwaltung widmete, EGMR, Urt. v. 7.7.2011, 27021/08, ECHR 2011-IV, 305 – Al-Jedda/Vereinigtes Königreich; ebenso *Lubell*, 92 IRRC 2012, 317, 319.

Erschöpft sich die extraterritoriale Staatsgewalt in einer punktuellen effektiven Personenkontrolle, beschränkt sich die Konventionsbindung zumeist auf abwehrrechtliche Komponenten sowie rechtsstaatlich essentielle positive Verpflichtungen – Kontrollstufe 1. Wird z.B. ein gesamtes Gefängnis im Ausland effektiv mitsamt der dortigen Insassen kontrolliert, sind positive Verpflichtungen weniger restriktiv zu handhaben, denn mithin gestaltet sich die Hoheitsgewaltausübung weitaus weniger punktuell – Kontrollstufe 2. Handelt es sich hingegen um einen Besatzungszustand, können kaum Einschränkungen des Konventionsschutzes hingenommen werden, da sich mit der umfassenden Gebietskontrolle das Abhängigkeitsverhältnis der dort befindlichen Personen weg vom Territorial- und hin zum Besatzungsstaat ändert – Kontrollstufe 3. Abhängig von dem personellen und vor allem territorialen Kontrollgrad wächst also die Zahl der Konventionspflichten, sodass die ursprüngliche Negierung eines proportionalen Verhältnisses in der Bankovic-Rechtsprechung[826] spätestens seit Einführung und Ausgestaltung der geteilten und zugeschnittenen Rechte in Al-Skeini als überholt anzusehen ist.

Das beste diesbezügliche Beispiel ist in der Situation des schon früh entschiedenen[827] Ilaşcu-Falles zu sehen, in dem weder der Territorialstaat Moldawien effektive Gebietskontrolle über die sezessionistische Provinz Transnistrien (MRT) hatte, noch Russland als Protektor des Rebellenregimes mangels Besatzungsmachtstatus derartige ausübte. Der Lösungsweg des EGMR verlief hier über eine von Kontrollgraden abhängige Aufteilung der Konventionsrechte auf die beiden beteiligten Konventionsstaaten. Bemerkenswert ist hierbei, dass Russland trotz geringer Truppenstärke vor Ort allein aufgrund der „besseren“ Kontrolle über die Beschwerdeführer für ausgeübte Hoheitsgewalt unter der Konvention verantwortlich zu zeichnen hatte.[828] Wenngleich Russland zu

---

826 EGMR, Urt. v. 12.12.2001, 52207/99, ECHR 2001-XII, 333 Rz. 75 – Bankovic u.a./Belgien u.a.; ebenfalls eine graduelle Pflichtensteigerung befürwortend *Lubell*, 92 IRRC 2012, 317, 328; *Gondek*, NILR 2005, 349, 369.

827 Nochmals ausdrücklich bestätigt in EGMR, Urt. v. 16.6.2015, 13216/05, ECHR 2015-III, 135 Rz. 167 f. – Chiragov u.a./Armenien sowie EGMR, Urt. v. 23.2.2016, 11138/10, Rz. 101 ff. – Mozer/Moldawien & Russland, abrufbar unter: http://hudoc.echr.coe.int/eng?i=001-161055 (zuletzt abgerufen am 28.1.2019).

828 EGMR, Urt. v. 8.7.2004, 48787/99, ECHR 2004-VII, 179 Rz. 393 f. – Ilaşcu u.a./Moldawien & Russland; die Anforderungen des IGH für die Verantwortlichkeit für sämtliche Handlungen einer Terrormiliz waren vor allem in beweistechnischer Hinsicht höher, wobei es zwar an einer Truppenpräsenz im fremden Gebiet fehlte, diese aber offensichtlich nicht nötige Voraussetzung gewesen wäre, vgl. IGH, Entsch. v. 27.6.1986, ICJ Reports 1986, 14 Rz. 109 ff., 116 – Military and Paramilitary

keinem Zeitpunkt als Besatzungsmacht galt, rechnete der Gerichtshof die Handlungen der Rebellenregimes der MRT eins zu eins der Protektionsmacht zu,[829] was über die sonst anerkannte Verantwortlichkeit für von Konventionsstaaten selbst errichtete Satellitenregimes in Zypern oder dem Irak hinausging[830]. Die ohne russische Unterstützung nicht lebensfähige Verwaltung der MRT bildete den Ausgangspunkt für die Annahme russischer Hoheitsgewalt,[831] die Begründung hierbei glich einer *conditio-sine-qua-non*-Formel: Wer sich derart auf fremdem Territorium einmische, dass sein Beitrag nicht hinweggedacht werden könne, ohne dass der Territorialstaat ansonsten selbst verantwortlich wäre, habe sich die Ausübung eigener extraterritoriale Hoheitsgewalt vorhalten zu lassen.[832]

Zudem kontrollierten die vor Ort anwesenden russischen Soldaten das zur Internierung der Beschwerdeführer genutzte Gefängnis.[833] Der Gerichtshof konnte somit nach der herausgestellten generellen russischen Hoheitsgewalt eine genaue Einordnung der Konventionsbindung unterlassen. Für die argumentative Begründung der hier benannten Kontrollstufe 3 hätte der Gerichtshof an die Kriterien des Nordypernkonflikts anknüpfen müssen, was zum einen aufgrund der geringeren Soldatenanzahl schwierig und zum anderen wegen der dadurch sinkenden parallelen Konventionsbindung des Territorialstaates Moldawien tückisch gewesen wäre.[834] Das Abstellen auf die gefestigte Gefängniskontrolle erschien somit als der vorzugswürdige Weg.

Activities in and against Nicaragua (Nicaragua/USA); diese selbst ohne Truppenpräsenz grundsätzlich auskommende Herangehensweise des IGH wurde in der Literatur als zu eng und hoch angesetzt angesehen, s. *McCorquodale/Simons*, 70 MLR 2007, 598, 609.

829 EGMR, Urt. v. 8.7.2004, 48787/99, ECHR 2004-VII, 179 Rz. 382 – Ilaşcu u.a./Moldawien & Russland; dazu auch *McCorquodale/Simons*, 70 MLR 2007, 598, 609.

830 Vgl. für die von der Türkei errichtete Verwaltung der TRNC die Ausführungen in EGMR, Urt. v. 10.5.2001, 25781/94, ECHR 2001-IV, 1 Rz. 13 ff. – Zypern/Türkei; bzgl. der Übergangsverwaltung CPA im Irak s. EGMR, Urt. v. 7.7.2011, 27021/08, ECHR 2011-IV, 305 Rz. 77 ff. – Al-Jedda/Vereinigtes Königreich.

831 Vgl. EGMR, Urt. v. 8.7.2004, 48787/99, ECHR 2004-VII, 179 Rz. 392 – Ilaşcu u.a./Moldawien & Russland; nochmals explizit bestätigt in EGMR, Urt. v. 23.2.2016, 11138/10, Rz. 110 – Mozer/Moldawien & Russland, abrufbar unter: http://hudoc.echr.coe.int/eng?i=001-161055 (zuletzt abgerufen am 28.1.2019).

832 EGMR, Urt. v. 8.7.2004, 48787/99, ECHR 2004-VII, 179 Rz. 393 – Ilaşcu u.a./Moldawien & Russland.

833 EGMR, ibid., Rz. 383 f. – Ilaşcu u.a./Moldawien & Russland.

834 Bei einer Festlegung hinsichtlich der effektiven Gebietskontrolle Russlands (die jedoch auch faktisch schwer zu begründen wäre), hätte der Gerichtshof vor allem die weiterhin bestehende Verantwortlichkeit Moldawiens zur Rückerlangung der Staatsgewalt

Nach der hiesigen Einteilung der EGMR-Rechtsprechung hätte eine Verortung der Hoheitsgewalt auf der 2. oder 3. Kontrollstufe für die konkret betroffenen Beschwerdeführer insofern keine Unterschiede mit sich gebracht, als dass Modifikationen des Schutzniveaus der betroffenen Rechte jeweils nicht in Frage kämen – diese sind nur auf Kontrollstufe 1 anzuerkennen. Kontrollstufe 2 beinhaltet die Verpflichtung zur Gewährung der betroffenen Rechte in allen Ausprägungen gegenüber den konkret kontrollierten Personen. Kontrollstufe 3 erweitert letztlich den territorialen Anwendungsbereich der gesamten Konvention über das originäre Staatsgebiet des Konventionsstaates hinaus auf Besatzungsgebiete. Wann eine solche Gewährleistungsgebietserweiterung in Betracht kommt, kann mangels Festlegung des EGMR auf eine bestimmte Truppenstärke bisher nicht nominell bestimmt werden.[835] Jedenfalls lösten weder allein die rechtliche Einstufung iSd Art. 42 der Haager Landkriegsordnung[836] noch eine eigene Anerkennung als Besatzungsmacht die Pflichten auf Kontrollstufe 3 aus.[837] Das entscheidende Kriterium der – allemal hoch anzusetzenden – tatsächlichen

auch dort ausschließen müssen und dadurch ggf. vollendete Fakten geschaffen, sodass die unterbliebene Festlegung auch politischen Erwägungen diente, *Lawson*, Life After Bankovic, 83, 103; ähnlich *Kearney*, 5 Trinity C. L. Rev. 2002, 126, 132.

835 EGMR, Urt. v. 16.11.2004, 31821/96, Rz. 75 – Issa u.a./Türkei, abrufbar unter: http://hudoc.echr.coe.int/eng?i=001-67460 (zuletzt abgerufen am 28.1.2019), wonach 30.000 Bodensoldaten wohl eine ausreichende Quantität besitzen, wenngleich die Referenzgröße des damit zu besetzenden Gebiets fehlt, und zudem eine zeitliche Komponente gefordert wird, die jedoch nicht weiter definiert wird.

836 So explizit in EGMR, Urt. v. 24.11.2014, 47708/08, ECHR 2014-VI, 229 Rz. 142 – Jaloud/Niederlande; die Differenzierung zwischen rechtlicher Besetzung iSd Art. 42 der Haager Landkriegsordnung sowie den höheren faktischen Anforderungen für die Konventionsgeltung auf der hier entwickelten Kontrollstufe 3 ergibt sich wohl aus dem Erfordernis einer rein *potentiell* allumfassenden Staatsgewaltausübung im Besatzungsvölkerrecht, vgl. *Benvenisti*, Law of Occupation, 2. Aufl. 2012, S. 47, was für die vollständige Konventionsgewährleistung unter Einbindung aller Rechte und Pflichten jedoch nicht ausreichend wäre; ebenso *Lubell*, 92 IRRC 2012, 317, 322; hinsichtlich der potentiellen Kontrolle, die bei Einrichtung einer eigenen Übergangsverwaltung der Besatzungsmacht vermutet wird auch IGH, Entsch. v. 19.12.2005, ICJ Reports 2005, 168 Rz. 173 – Armed Activities on the Territory of the Congo (Kongo/Uganda); ebenso auf eine zusätzlich zur faktischen auch rechtlichen Kontrolle für die volle Konventionsgewährleistung abstellend *King*, 9 HRLR 2009, 521, 543 f.

837 So sind wohl die nachträglichen Aussagen des Gerichtshofs über die Situation im Irak zu verstehen, wo sich das Vereinigte Königreich gemeinsam mit den USA als Besatzungsmächte bezeichnete und vom UN-Sicherheitsrat später auch als solche iSd Art. 42 der Haager Landkriegsordnung anerkannt wurde, was jedoch die 3.

Vorherrschaft auf ausländischem Gebiet ist vor allem daher restriktiv zu handhaben, da es wegen der alleinigen Hoheitsgewalt des Handlungsstaates eine parallele menschenrechtliche Bindung des Territorialstaates ausschließen würde. Diese Konstruktion erkannte der EGMR lediglich einmalig im Nordzypernkonflikt an.[838]

Demnach ist der Begriff der Hoheitsgewalt iSd Art. 1 EMRK nicht als „Staatsgewalt + X" zu verstehen,[839] die mittels „Territorialbezug = X" die Eintrittshürde der Konventionsgeltung überwinden muss, sondern als abhängig von der jeweils ausgeübten Staatsgewalt zu bestimmende Konventionsreichweite.

b. Grundrechtliche Bindungen als Besatzungsmacht

Eine Rechtsprechungsanalyse zu den grundrechtlichen Pflichten als Besatzungsmacht scheidet mangels diesbezüglicher Judikatur aus, sodass allein die rechtlichen Rahmenbedingungen des Grundrechtsschutzes in derartigen Situationen nach den entwickelten Kriterien vorgegeben werden können.

Kontrollstufe einer effektiven Gebietskontrolle nicht begründen könne, vgl EGMR, Urt. v. 16.9.2014, 29750/09, ECHR 2014-VI, 1 Rz. 75 – Hassan/Vereinigtes Königreich: „In the light of this finding, it was unnecessary to determine whether jurisdiction also arose on the ground that the United Kingdom was in effective military control of South East Iraq during that period. However, the statement of facts in Al-Skeini included material which tended to demonstrate that the *United Kingdom was far from being in effective control of the south-eastern area which it occupied* […]." (Hervorh. d. Verf.). Nur so macht auch die Einführung der geteilten und zugeschnittenen Rechte für die 1. und vor allem 2. Kontrollstufe in Al-Skeini Sinn, denn für Kontrollstufe 3 bedarf es diese ja gerade nicht.

838 Vgl. EGMR, Urt. v. 18.12.1996, 15318/89, ECHR 1996-VI, 2217 Rz. 52, 56 – Loizidou/Türkei (judgment merits); *King*, 9 HRLR 2009, 521, 540. Zum Gedanken der aufrecht zu erhaltenden geteilten Konventionspflichten zwischen Territorial- und Handlungsstaat zugunsten eines Meistbegünstigungsprinzips pro menschenrechtlicher Bindungen, *Lawson*, Life After Bankovic, 83, 103.

839 S. auch *Fontaine*, Anwendbarkeit Unionsgrundrechte, S. 350 ff.; anders aber wohl z.B. *Heinz*, Terrorismusbekämpfung durch die Bundeswehr, 67, 109 f.; *N. Wagner*, Menschenrechtliche Schutzpflichten bei Friedenseinsätzen, 157, 170 sowie *Jankowska-Gilberg*, Extraterritorialität der Menschenrechte, S. 133 ff., wonach jeweils die einem Staat zurechenbare, extraterritorial ausgeübte Staatsgewalt für eine Jurisdiktionsbegründung iSd Art. 1 EMRK nicht ausreichen solle, sondern es eines darüber hinausgehenden „unter die Jurisdiktion Bringens" bedürfe. Was hingegen hinzutreten müsse, um eine Hoheitsgewalt nach Art. 1 EMRK aus der „normalen" Staatsgewalt zu machen, bleibt offen.

Die deutschen Bundeswehreinsätze wiesen bisher keinen auch nur besatzungsähnlichen Charakter auf. Zwar wurde Deutschland im Rahmen des ISAF-Mandats in Afghanistan ein eigener territorialer Verantwortungsbereich zugeordnet, doch war die dortige Stabilisierungsarbeit von der anfänglichen, vornehmlich den USA zuzurechnenden Gebietsbesetzung im Zuge der für den *War Against Terror* initiierten *Operation Enduring Freedom* weit entfernt.[840] Insofern fallen die betrachteten Entscheidungen bzgl. des Bombenabwurfs auf die vermeintlichen Taliban-Tanklastwagen nahe Kunduz aus einem grundrechtlichen Blickwinkel heraus nicht in den Kontext einer Besatzungssituation. Dennoch ist auch diese – bisher hypothetische – Situation in den Gesamtkontext der zulässigen Modifikationen und Differenzierungen bei deutschem Staatshandeln im Ausland einzupassen.

Dem Ansatz einer gefährdungsbasierten Anpassung des Grundrechtsschutzes folgend ergibt sich bei einer potentiellen Gebietsokkupation durch die Bundeswehr bzw. unter deutscher Beteiligung ein Bild engerer grundrechtlicher Bindungen als bei sonstigem – kurzweiligeren – Auslandshandeln. Je weiter und vor allem fester der deutsche Fuß im Ausland in der Tür steht, desto strikter entfallen die grundrechtlichen Bindungen, was sich auch mit dem Zusammenspiel völkerrechtlicher Verpflichtungen als Besatzungsmacht deckt. Art. 43 der Haager Landkriegsordnung erlegt es Besatzungsmächten auf, die öffentliche Ordnung im Besatzungsgebiet möglichst zügig und effektiv und, soweit nicht zwingend anders nötig, nach Maßgabe der dortigen Landesgesetze (wieder-) herzustellen. Der Okkupationszustand bringt also gerade keinen rechtsfreien Raum der Auslandsbetätigung mit sich, sondern birgt in erster Linie Pflichten, die vornehmlich im Interesse der dort lebenden Bevölkerung zu erfüllen sind. Hierbei sind insbesondere die lokalen Gepflogenheiten zu berücksichtigen, die jedoch keinesfalls zu menschenrechtlichen Vernachlässigungen führen dürfen, sodass bspw. geschlechterspezifische Ungleichbehandlungen oder unmenschliche Bestrafungen, z.B. im Zuge des Schariastrafrechts, seitens der Besatzungsmacht nicht zuzulassen sind.[841] Insofern lässt das Besatzungsvölkerrecht Raum

840 Vgl. zu der nur in den Anfängen der Intervention als Gebietsbesetzung zu bezeichnenden Situation in Afghanistan und späteren Aufhebung dieses Zustandes *Benvenisti*, Law of Occupation, 2. Aufl. 2012, S. 187 f.; *N. Wagner*, Menschenrechtliche Schutzpflichten bei Friedenseinsätzen, 157, 166; Fragen des Besatzungsrechts als aus deutscher grundrechtlicher Perspektive „nicht in den jüngsten Erfahrungen der Praxis, sondern überwiegend in der Theorie“ stattfindend bezeichnet von *Werner*, Grundrechtsbindung der Bundeswehr, S. 134.

841 *Benvenisti*, Law of Occupation, 2. Aufl. 2012, S. 92; *King*, 9 HRLR 2009, 521, 544 f.; *Lubell*, 92 IRRC 2012, 317, 329; *Krieger*, Asymmetrischer Konflikt, 39, 55 ff.; in diesem

für internationale sowie heimische Rechtsansichten der Besatzungsmacht, nicht zuletzt über die Anerkennung eines Tests zum Gleichlauf erlassener Gesetze im Besatzungsgebiet mit jenen auf eigenem Staatsgebiet.[842] Weder kommt es dabei zu einer Transformierung des Besatzungsgebiets in Staatsgebiet der Besatzungsmacht, noch handelt es sich bei der Befolgung eigener Rechtsvorstellungen um einen Akt der Missionierung, sondern vielmehr einer Selbstbindung aufgrund internationaler und heimischer Rechtsverpflichtungen.[843] Einen Ausländer im Besatzungsgebiet so zu behandeln wie einen eigenen Staatsangehörigen in derselben Situation, resultiert aus denselben menschen- bzw. grundrechtlichen Verpflichtungen des handelnden staatlichen Akteurs[844] – unabhängig vom Handlungsort.

Mit dem Aufbau einer effektiven Besatzungsverwaltung iSd Art. 43 der Haager Landkriegsordnung würden zugleich auch die grundrechtlichen Auslandsbindungen anwachsen, denn je überschaubarer und kontrollierbarer die Situation wird, desto geringer fallen die anzuerkennenden Handlungsspielräume und

---

Sinne auch das BVerfG, Beschl. v. 15.2.2006, 2 BvR 1476/03, NJW 2006, 2542 Rz. 25 – Distomo: „[E]s [wird] regelmäßig gewohnheitsrechtlich anerkannten Grundsätzen des humanitären Völkerrechts zuwiderlaufen, wenn dem rechtswidrig geschädigten Einzelnen jeder Ersatz versagt wird", im Hinblick auf eine unterschiedliche Behandlung von In- und Ausländern durch einen Staat; für Differenzierungen zwischen Deutschen und Ausländern unter Wertvorstellungen fremder Rechtsordnungen offener plädierend *Yousif*, Extraterritoriale Grundrechtsgeltung, S. 142 f.

842 *Benvenisti*, Law of Occupation, 2. Aufl. 2012, S. 92 f.; so auch *Lorenz*, Territorialer Anwendungsbereich, S. 169.

843 Vgl. auch *Yousif*, Extraterritoriale Grundrechtsgeltung, S. 158 f., die allgemein individuelle Schutzpositionen im Ausland nicht mit den dortigen Souveränitätsrechten in Kollision sieht; ähnlich auch *King*, 9 HRLR 2009, 521, 544 f., der trotz Besatzung unterschiedliche Schutzniveaus zwischen Heimatterritorium und Besatzungsgebiet zulässt, jedoch keine generellen menschenrechtlichen Suspendierungen; ebenso *Lubell*, 92 IRRC 2012, 317, 326 f., 335 f. unter Hinweis darauf, dass die Achtung der lokalen Begebenheiten ggf. auch zur Einhaltung eines höheren Menschenrechtsstandards zwingen kann, wenn der Territorialstaat stärker gebunden ist als die Besatzungsmacht; anders *N. Wagner*, Menschenrechtliche Schutzpflichten bei Friedenseinsätzen, 157, 170 f., der eine unzulässige Drittbelastung des Territorialstaats und iRv völkerrechtlichen Verträgen einen unzulässigen Vertrag zulasten Dritter sieht; eine Bindung an Menschen-, aber nicht Grundrechte erwägend, da die Bundeswehr keine deutsche Hoheitsgewalt ausübe, sondern diese nur repräsentiere, *Werner*, Grundrechtsbindung der Bundeswehr, S. 146 ff.

844 So auch die Wertung des OVG Münster, Urt. v. 18.9.2014, 4 A 2948/11, juris, Rz. 159 – Pirateriebekämpfung.

Modifikationen aus. Sicherlich wäre hinsichtlich der Eingriffsgrundlagen weiterhin vermehrt auf Völkerrecht, ggf. auch in gewohnheitsrechtlichen Ausprägungen oder durch Sicherheitsratsresolutionen erweitert, zurückzugreifen, da die deutsche Rechtsordnung dahingehend keine Regelungsmaterie vorsieht. Insbesondere im Rahmen der Schranken-Schranken wären weitergehende Lockerungen jedoch verfehlt, da die Festnahme eines Deutschen oder eines Afghanen im deutschen Besatzungsgebiet für die weiterreichende grundrechtliche Behandlung, sei es in Bezug auf ordnungsgemäße richterliche Überprüfung, angemessene Haftbedingungen oder Auslieferungen an Drittstaaten, keinen Unterschied machen kann.[845] Denn sieht man diese positiven Leistungs- und Schutzverpflichtungen als an die Möglichkeit der Rechtsdurchsetzung und Gesetzgebung gekoppelt an,[846] liegen diese über den Besatzungsmachtstatus und die sich über Art. 43 der Haager Landkriegsordnung ergebende Organisationshoheit gerade vor. Unabhängig davon, dass Völkerrecht den Anwendungsbereich der nationalen Verfassungsbindungen gar nicht vorgeben könnte, bestünde hier jedoch auch kein Konflikt bei der Grundrechtsgeltung als Besatzungsmacht. Die extraterritoriale Grundrechtsdogmatik füllt den völkerrechtlichen Rahmen der Besatzungsverpflichtungen gerade mittels staatlicher Bindungen und individualrechtlicher Rechtspositionen aus, sieht jedoch keine dem Besatzungsvölkerrecht zuwider laufenden staatlichen Handlungspflichten vor.

Diese Rolle vermochte die während der Besetzung Griechenlands, mündend im Massaker von Distomo 1944, in grundrechtlicher Hinsicht nur noch lückenhaft bestehende Rumpfverfassung der WRV mangels Akzeptanz und Durchschlagkraft zur Bändigung der Staatsgewalt nicht auszufüllen. Unabhängig von der viel diskutierten Frage eines durchsetzbaren Schadensersatzanspruchs[847] in

845 Ähnlich *Yousif*, Extraterritoriale Grundrechtsgeltung, S. 162; a.A. *N. Wagner*, Menschenrechtliche Schutzpflichten bei Friedenseinsätzen, 157, 163 ff.

846 So z.B. *Yousif*, Extraterritoriale Grundrechtsgeltung, S. 160; *King*, 9 HRLR 2009, 521, 543 f.; *von Arnauld*, Menschenrechte im Auslandseinsatz, 61, 73, 75 der auf die fehlende *jurisdiction to enforce* des Territorialstaates für eine volle Schutzpflichtgeltung des Besatzungsstaates abstellt; *N. Wagner*, Menschenrechtliche Schutzpflichten bei Friedenseinsätzen, 157, 171, der Schutz- und Leistungspflichten herkömmlich als reine „Bemühenslast" versteht, da diese nicht entgegen der Staatsgewalt des Territorialstaates durchgesetzt werden könnten.

847 Vgl. die Aussage des BGH, dass jedenfalls Art. 131 WRV keine verfassungsimmanente Wertung zugunsten eines Individualschadensersatzanspruchs bei Grundrechtsrelevanz entnommen werden könne, BGH, Urt. v. 6.10.2016, III ZR 140/15, BGHZ 212, 173 Rz. 25 – Kunduz.

Fällen von Rechtsverletzungen während bewaffneter Konflikte ist jedoch maßgeblich, aus welcher Rechtsquelle die bindenden Amtspflichten herrühren und wie weit diese reichen. Anders als noch bei der Beurteilung des vorkonstitutionellen Distomo-Geschehens anhand von – potentiell drittschützenden[848] – Maßgaben des humanitären Völkerrechts ist nun vorrangig auf die – zweifelsfrei drittschützenden[849] – Grundrechte des GG abzustellen, die ihren Anwendungsbereich über die Staatsgrenzen hinaus ziehen und jedenfalls ausdifferenzierter zu handhaben sind als die vagen völkerrechtlichen Mindestschutzgarantien.

2. *Gezielte Schüsse/Bombardierungen*

Während die Abgabe von Schüssen in der *jurisdiction*-Frage inzwischen vom EGMR eine klare Bejahung erfahren hat, steht hinsichtlich Luftbombardements nach wie vor die restriktive Bankovic-Entscheidung im Raum. Dabei kann eine derartige Differenzierung aus vielerlei Gründen nach der bisherigen Analyse keinen Sinn und vor allem keine rechtlich tragbare Existenzberechtigung mehr für sich beanspruchen. Zwar wurde die Abgabe von Schüssen auf einzelne Personen, die dadurch unter die Hoheitsgewalt iSd Art. 1 EMRK des ausführenden Staates fielen, explizit in Fällen anerkannt, welche mit Bodentruppen in Verbindung standen und somit einen – wenn auch fernab einer effektiven Gebietskontrolle befindlichen – Territorialbezug beinhalteten. So reichten in Al-Skeini sowie Jaloud die momentanen, in Schusswaffengebrauch endenden Konfrontationen auf fremdem Staatsgebiet für die Hoheitsgewalt der beklagten Staaten aus, ohne dass diese zu diesem Zeitpunkt als Besatzungsmacht mit effektiver Gebietskontrolle zu bezeichnen gewesen wären[850] – eine körperliche Präsenz der staatlichen Truppen auf demselben Grund und Boden wie die betroffenen Personen war jedenfalls gegeben.

Doch weder diese Tatsache des geteilten Bodens noch die Einbindung in multinationale Einsatzverbände, die auf Grundlage einer Sicherheitsratsresolution agierten, spielten nach Bankovic eine Rolle. Dahingehende Staateneinwände

848 Vgl. die aufwändige Herleitung des OLG Köln, Urt. v. 28.7.2005, 7 U 8/04, juris, Rz. 93 ff. = NJW 2005, 2860 – Varvarin.

849 BeckOGK-BGB/*Dörr*, 2018, § 839 Rn. 282.

850 EGMR, Urt. v. 7.7.2011, 55721/07, ECHR 2011-IV, 99 Rz. 149 f. – Al-Skeini u.a./Vereinigtes Königreich, zur mangelnden effektiven Gebietskontrolle des Vereinigten Königreichs zur Zeit des Al-Skeini-Vorfalls vgl. EGMR, Urt. v. 16.9.2014, 29750/09, ECHR 2014-VI, 1 Rz. 75 – Hassan/Vereinigtes Königreich; EGMR, Urt. v. 24.11.2014, 47708/08, ECHR 2014-VI, 229 Rz. 152 f. – Jaloud/Niederlande.

wurden entweder entschieden vom Gerichtshof zurückgewiesen[851] oder in der Entscheidungsbegründung schlicht ignoriert[852]. Nun könnte selbstverständlich eingewandt werden, dass eben jene körperliche Verankerung der präsenten Truppen auf fremdem Staatsgebiet vorlag, sodass ein engerer Bezug zur betroffenen Bevölkerung bestand als bei dem bloßen Luftanschlag in Belgrad seinerzeit, wo keiner der Konventionsstaaten zuvor ein Truppenkontingent in der Nähe stationiert hatte.[853] Diese Überlegung lässt sich jedoch mit zweierlei Argumenten angreifen: Zum einen stellten auch Schussabgaben aus der Luft auf Individuen auf fremdem Territorium in Fällen wie Issa und Mansur Pad kein Hindernis für den Gerichtshof dar, eine Hoheitsgewalt der schussabgebenden Staaten in Betracht zu ziehen.[854] Wo aber soll der Unterschied zwischen einzelnen Schüssen aus einem Helikopter und einer von militärischen Kampfflugzeugen abgeworfenen Bombe bestehen? Hätten die türkischen Soldaten im Fall Mansur Pad Handgranaten auf die Individuen geworfen, hätte sich dann irgendetwas an der Begründung der Hoheitsgewalt ändern können? Für eine Bejahung dieser Frage fehlt jeder rein logisch zu begründende Ansatzpunkt.

Zum anderen würde die Kehrseite einer über Bodenkontakt zu fordernden Nähebeziehung zur dortigen Bevölkerung, um eine Konventionsanwendung zu deren Gunsten zu rechtfertigen, Staaten bei einem Luftangriff zu Unrecht einseitig privilegieren. Der Bodenkontakt mag für die Gewährung von *positive obligations* als Anknüpfungsmoment sinnhaft erscheinen, erfüllt für die abwehrrechtliche Komponente jedoch keinen Zweck. Denn gerade die mangelnde Gebietsverantwortung bei reinen Luftschlägen legt eine gesteigerte Sorglosigkeit der handelnden Staaten nahe. Schutz für die anwesende Bevölkerung lässt sich allein durch eine rechtliche Verpflichtung zur Zurückhaltung bei schnell und

851 EGMR, ibid., Rz. 149 ff. – Jaloud/Niederlande.

852 Vgl. die Ausführungen des Gerichtshofs in EGMR, Urt. v. 28.6.2007, 60167/00, Rz. 54 – Mansur Pad u.a./Türkei, abrufbar unter: http://hudoc.echr.coe.int/eng?i=001-81672 (zuletzt abgerufen am 28.1.2019), wonach ein körperlicher Bezug zum Grund und Boden für gänzlich irrelevant befunden wurde.

853 Wobei *Kearney*, 5 Trinity C. L. Rev. 2002, 126, 139 darauf hinweist, dass sich italienische Luftstützpunkte sowie Flugzeugträger der beteiligten NATO-Staaten im Adriatischen Meer aufhielten, ein gewisser territorialer Bezug in der Region vor dem Luftschlag selbst also nicht von der Hand gewiesen werden konnte.

854 EGMR, Urt. v. 16.11.2004, 31821/96, Rz. 72 ff. – Issa u.a./Türkei, abrufbar unter: http://hudoc.echr.coe.int/eng?i=001-67460 (zuletzt abgerufen am 28.1.2019); EGMR, Urt. v. 28.6.2007, 60167/00, Rz. 54 – Mansur Pad u.a./Türkei, abrufbar unter: http://hudoc.echr.coe.int/eng?i=001-81672 (zuletzt abgerufen am 28.1.2019); dazu ebenso *Kearney*, 5 Trinity C. L. Rev. 2002, 126, 138; *Lorenz*, Territorialer Anwendungsbereich, S. 186 f.

punktuell erfolgenden Luftschlägen erreichen, zumal kaum Zeit für eine Evakuierung bliebe und damit völliges Ausgeliefertsein die Folge wäre. Die Lücke dieser rechtlichen Verpflichtung mangels Gebietsverantwortlichkeit vermag allein die menschenrechtliche Abwehrkomponente einzunehmen. Dieser Notwendigkeit hat der EGMR durch die schließlich eingeschlagene Schüsse-aus-der-Luft-Rechtsprechungslinie in Mansur Pad und Issa entsprochen. Durch die Erfassung dieser klassischerweise kurzweiligen Berührungen mit fremder Staatsgewalt als ausreichende *jurisdiction* iSd Art. 1 EMRK ist es dem EGMR gelungen, die Konventionsrechte als obligatorisches Faktum statt fakultatives Optimum zu etablieren. In diesem Sinne ist auch der letzte Hemmschuh der Bankovic-Rechtsprechung aufzugeben, dass die Menschenrechte der EMRK nicht als „*cause-and-effect-notion*“ zu verstehen sein dürften.[855] Ein Ursache-Wirkungs-Zusammenhang mit beeinträchtigender Staatsgewaltausübung im Ausland als Ursache und dadurch ausgelöster menschenrechtlicher Verantwortlichkeit ist nämlich judikative Realität geworden – insofern haben Schüsse (und auch Bomben) aus heiterem Himmel ebenso dem Konventionsregime zu genügen wie jede Schussabgabe am Boden.

Da es sich bei Luftschlägen regelmäßig um Handlungen auf Kontrollstufe 1 handeln würde, blieben, angelehnt an den Fall Hassan, Rechtfertigungserweiterungen der betroffenen Konventionsrechte zu bedenken. Für den Fall Bankovic wäre somit ggf. die Ausnahmesituation einer humanitären Intervention als spontan entwickeltes Völkergewohnheitsrecht in den Rechtfertigungskatalog des Art. 2 Abs. 2 EMRK hineinzulesen gewesen.[856] Dies würde jedoch nichts daran ändern, dass bei den NATO-Luftschlägen die Vorgaben des humanitären Völkerrechts zur angemessenen Zielauswahl jedenfalls entsprechend heranzuziehen und zu beachten gewesen wären. Art. 52 Abs. 2 des 1. Zusatzprotokolls zu den Genfer Konventionen hätte somit für die Rundfunkanstalt als ziviles Ziel einen „eindeutigen militärischen Vorteil“ durch den Angriff bzw. ihre Nutzung zu militärischen Zwecken durch den Zielstaat vorausgesetzt. Wenngleich Letzteres mit der Begründung, dass der Sender RTS Propaganda-Programme für die Regierung, eine ethnische Säuberung befürwortend, ausstrahlte, im Gegensatz zu ersterem Grund noch anzunehmen sein mag, dürfte die Bombardierung jedenfalls an der nötigen Verhältnismäßigkeitsabwägung scheitern. Die

---

855 EGMR, Urt. v. 12.12.2001, 52207/99, ECHR 2001-XII, 333 Rz. 75 – Bankovic u.a./ Belgien u.a.

856 Ebenfalls eine humanitäre Intervention zur Erfüllung extraterritorialer Menschenrechtsverpflichtungen erwägend *Papp*, Extraterritoriale Schutzpflichten, S. 280 ff.

Schonung von Zivilisten vermag bei einem Angriff auf eine Rundfunkanstalt mit Arbeitszeiten rund um die Uhr, also auch nachts anwesenden Personen, nicht als oberstes Gut gewichtet worden zu sein, zumal der tatsächliche militärische Nutzen überschaubar gewesen sein dürfte.[857]

Die Problematik um die Einbeziehung – spontan entwickelten – Völkergewohnheitsrechtes stellt sich nach der hiesigen Analyse durch zuzulassende Modifikationen auf Ebene der Schranken ebenso im deutschen Grundrechtsschutz, sodass in diesem Punkt ein Gleichlauf zwischen extraterritorialem Grund- und Menschenrechtsschutz entwickeln könnte.[858] Um zu dieser Parallelisierung der Rechtfertigungsanforderungen zu gelangen, ist jedoch auch für die deutschen Grundrechte die Frage nach deren Relevanz beim Einsatz von Waffengewalt sowie Bombenabwürfen im Ausland zu erörtern.

Die unter dem Aspekt des Amtshaftungsrechts diesbezüglich ergangenen Gerichtsentscheidungen vernachlässigten grundrechtliche Fragen in weiten Teilen. Zur Begründung drittschützender Amtspflichtverletzungen deutscher Soldaten fanden Auseinandersetzungen lediglich mit aus humanitärem Völkerrecht

857 In einer umfassenden Rechtfertigungsprüfung wäre der Eingriff in das Recht auf Leben zu beachten gewesen, vgl. *Kearney*, 5 Trinity C. L. Rev. 2002, 126, 148 ff.; vgl. auch den Bericht des Committee Established to Review the NATO Bombing Campaign Against the Federal Republic of Yugoslavia zur Empfehlung einer Anklageerhebung an den Staatsanwalt des Internationalen Strafgerichtshofs für das ehemalige Jugoslawien, Rz. 76 f. (abrufbar unter: http://www.icty.org/en/press/final-report-prosecutor-committee-established-review-nato-bombing-campaign-against-federal, zuletzt abgerufen am 28.1.2019), das eine nötige Anklageerhebung i.E. zwar verneinte, jedoch mit nur schwammigen Ausführungen die rein zivilen Opfer des Luftschlages über eine aufgrund der gesendeten Staatspropaganda nicht willkürliche Einstufung als zulässiges militärisches Ziel zu rechtfertigen versuchte: „While stopping such propaganda may serve to demoralize the Yugoslav population and undermine the government's political support, it is unlikely that either of these purposes would offer the „concrete and direct" military advantage necessary to make them a legitimate military objective. […] The committee finds that if the attack on the RTS was justified by reference to its propaganda purpose alone, its legality might well be questioned by some experts in the field of international humanitarian law. It appears, however, that NATO's targeting of the RTS building for propaganda purposes was an incidental (albeit complementary) aim of its primary goal of disabling the Serbian military command and control system and to destroy the nerve system and apparatus that keeps Milosević in power. […] Assuming the station was a legitimate objective, the civilian casualties were unfortunately high but do not appear to be clearly disproportionate."

858 S. o. unter 4. Teil, A. I. 2. c. cc. (1), S. 163 ff.

herrührenden Pflichten statt.[859] Bei diesem Vorgehen wurde jedoch verkannt, dass die deutschen Grundrechte selbst in ihrer extraterritorialen Anwendbarkeit an feingliedrigere Voraussetzungen geknüpft sind als die unexakt gefassten Mindestschutzanforderungen des humanitären Völkerrechts, sodass die Vorgaben der primär individualschützenden Grundrechte vordringlich bei der Formulierung einer Amtspflicht zu rechtmäßigem Verhalten zu beachten gewesen wären. Zur Prüfung der Grundrechte hätte nicht zuletzt auch die Normenhierarchie angehalten, da deren Verfassungsrang selbst für die über Art. 25 S. 1 GG inkorporierten völkergewohnheitsrechtlichen Regelungen nicht gleichermaßen gilt; eine Betrachtung allein Letzterer könnte somit weder inhaltlich noch normenhierarchisch eine grundrechtliche Bindung der Amtswalter suspendieren, sodass die bisherigen Ausführungen der Gerichte keineswegs als vollständig anzusehen sind.[860] Sofern vor allem auf die nach kriegsvölkerrechtlichen Maßgaben zulässige Zielauswahl zur Verneinung einer Amtspflicht abgestellt wurde,[861] ist dem hinzuzufügen, dass die abwehr- sowie schutzrechtliche Komponente der Grundrechte die Zielauswahlkriterien weiteren Einschränkungen unterworfen hätte. Den weiten Erforderlichkeitsmaßstab des humanitären Völkerrechts, nach dem vor allem ein unmittelbarer militärischer Vorteil durch den Angriff des ausgewählten Ziels relevant ist, engen die grundrechtlichen Verhältnismäßigkeitsanforderungen selbst bei modifizierter Auslandsgeltung erheblich ein.[862]

Nach der Grundaussage des Art. 1 Abs. 3 GG ist eine Grundrechtsbindung bei punktueller Schussabgabe im Ausland oder einem Bombenabwurf nicht zu verneinen. So wären bspw. hinsichtlich der 1997 durch die deutsche Bundeswehr in Albanien durchgeführten Luftrettungsaktion, bei der Schüsse auf Rebellen abgegeben wurden, grundrechtliche Standards zu beachten gewesen – auch

859 Vgl. LG Bonn, Urt. v. 1.12.2013, 1 O 460/11, juris, Rz. 58 ff. = JZ 2014, 411 – Kunduz; OLG Köln, Urt. v. 28.7.2005, 7 U 8/04, juris, Rz. 100 = NJW 2005, 2860 – Varvarin.

860 *Werner*, Grundrechtsbindung der Bundeswehr, S. 131, weist jedoch zu Recht darauf hin, dass die Gerichte den Bogen um die grundrechtlichen Fragen oftmals auch schlagen konnten, da diese aufgrund vorgelagterter Prüfungspunkte, an denen die Klagen bereits scheiterten, nicht mehr entscheidungserheblich waren.

861 BVerfG, Beschl. v. 13.8.2013, 2 BvR 2660/06 & 2 BvR 487/07, BeckRS 2013, 55213 Rz. 56 – Varvarin, wobei eine weitere Einzelfallbewertung mangels Zurechnung der Bombardierung zum deutschen Staat i.E. nicht ausgeführt wurde.

862 Ein Indiz in diese Richtung ist vor allem in den vor dem LG Bonn als Beweis angeführten Tagebuchsaufzeichnungen des deutschen Verteidigungsministers zu erblicken, der ursprünglich eine „sorgfältigere Zielauswahl" als jene nach den humanitären Mindestvorgaben angestrebt hatte, vgl. LG Bonn, Urt. v. 10.12.2003, 1 O 361/02, juris, Rz. 17 = NJW 2004, 525 – Varvarin.

wenn dieser Fall keine Begutachtung durch deutsche Gerichte fand.[863] Nichts anderes hätte für den Bombenabwurf über Kunduz gelten dürfen, bei dem das Staatshandeln sowohl bei der Entscheidungsfindung im Vorfeld als auch bei der Ausführung durch die betreffenden Soldaten neben der völkerrechtlichen Zulässigkeit durch grundrechtliche Anforderungen hätte abgedeckt sein müssen. Während im ersten Fall der heikle Punkt einer Ermächtigungsgrundlage für die Luftrettung nur über erweiterte Schranken unter Anerkennung einer völkergewohnheitsrechtlichen humanitären Intervention hätte überwunden werden können[864] und sodann gelockerte Schranken-Schranken aufgrund der Gefährlichkeit der Situation Einzug gefunden hätten, hätte sich im zweiten Fall vor allem die Zielauswahl an den grundrechtlichen Anforderungen der nötigen vorherigen Aufklärungsmöglichkeiten zu orientieren gehabt.

Das LG Bonn setzte sich in Sachen Kunduz jedoch ausschließlich mit der militärischen Zielauswahl nach Maßgabe des humanitären Völkerrechts auseinander. Da nach den Ausführungen eines Afghanistan-Experten als gerichtlichem Sachverständigen der Rückschluss auf eine Versammlung von Taliban-Verantwortlichen um die gestrandeten Tanklastwagen im Bereich des Möglichen gelegen hätte, obwohl die große Anzahl erkennbar anwesender Personen auf dem Infrarot-Videomaterial der Aufklärungsflugzeuge keine Einzelheiten erkennen ließ, wertete das LG Bonn die Bombardierungsentscheidung als vertretbar.[865] Denn es habe an der sicheren Kenntnis der deutschen Verantwortlichen vor Ort gefehlt, dass bei den 50-70 auszumachenden Personen auch Zivilisten hätten betroffen sein können, wodurch ein Verstoß gegen Art. 57 des 1. Zusatzprotokolls zu den Genfer Konventionen auszuschließen sei.[866] Wenngleich ein trotz Unsicherheiten über die Einordnung der betroffenen Personen befohlener Bombenabwurf unter Inkaufnahme menschlicher Opfer völkerrechtlich zulässig sein mag,[867] was im

---

863 *Werner*, Grundrechtsbindung der Bundeswehr, S. 228 f.

864 Vgl. hierzu *Kreß*, ZaöRV 1997, 329, 334 ff., 348, bzw. aus verfassungsrechtlicher Perspektive eine Erweiterung des Verteidigungsfalles des Art. 87a GG als Eingriffsermächtigung als Ausweg aus der völkerrechtlich fraglichen Zulässigkeit einer humanitären Intervention befürwortend, S. 354 f.

865 LG Bonn, Urt. v. 1.12.2013, 1 O 460/11, juris, Rz. 68 ff. = JZ 2014, 411 - Kunduz.

866 LG Bonn, ibid., juris, Rz. 58, 62 ff. - Kunduz.

867 Wenngleich die Zielauswahl der Tanklastwagen als Objekt iSd Art. 52 Abs. 2 S. 2 des 2. Zusatzprotokolls zu den Genfer Konventionen nicht zu beanstanden ist, trifft dies auf die anerkanntermaßen im unmittelbaren Umkreis befindlichen 50-70 Personen als zulässiges militärisches Ziel nicht zu. Mittels der Zweifelsregelung des Art. 50 Abs. 1 S. 2 iVm Art. 52 Abs. 1 des 2. Zusatzprotokolls zu den Genfer Konventionen stellt sich das Vorgehen nach hiesiger Auffassung also selbst völkerrechtlich zweifelhaft dar.

Hinblick auf die Erforderlichkeit dennoch bezweifelt werden kann,[868] hätte wohl jedenfalls die grundrechtliche Komponente der einzuhaltenden Amtspflicht zur Ausschöpfung im Raum stehender milderer Mittel verpflichtet. Die militärische Notwendigkeit der Unschädlichmachung der Tanklastwagen hätte in einer grundrechtlichen Verhältnismäßigkeitsprüfung die Inkaufnahme vermeidbarer menschlicher Kollateralschäden aufgrund der mit Art. 2 Abs. 2 S. 1 GG einhergehenden Schutzpflichten nicht rechtfertigen zu können. Aus einer grundrechtlichen Perspektive, die das Gericht außen vor ließ,[869] liegt somit der Schluss nahe, dass die Maßnahme eines *show-of-force*-Fluges zur Vertreibung der anwesenden Personen[870] vorrangig zu ergreifen gewesen wäre.

Nach den dargestellten Modifikationen auf Rechtfertigungsebene eines Grundrechtseingriffs ist zwar aufgrund der Gefahrensituation eines militärischen Auslandseinsatzes eine erweiterte Einschätzungsprärogative zuzulassen, die jedoch nicht zu einer Versagung jeder Erforderlichkeitsprüfung führen kann. Mangels unmittelbar drohender Gefahr für das sieben Kilometer entfernte deutsche Militärlager durch die feststeckenden Tanklastwagen,[871] deren Zerstörung nach der Vertreibung anwesender Personen nichts im Wege gestanden hätte,

---

868 Vgl. Die grundlegenden Ausführungen zu den Anforderungen an die militärische Erforderlichkeit bei *Neubert*, Einsatz tödlicher Waffengewalt, S. 125 f., wonach insbesondere auch ein Vorgehen gegen Kombattanten selbst einzuschränken ist, wenn „ihre Tötung […] keinen Vorteil in der Erreichung des verfolgten legitimen militärischen Zwecks mit sich bringt", welcher vorliegend primär in der Anschlagsverhinderung durch die Tanklastwagen, nicht aber in der Ausmerzung sämtlicher Taliban-Kämpfer, deren Anwesenheit auch nicht bestätigt war, lag.

869 Eine grundrechtliche Einschätzung des Sachverhalts kann ausschließlich anhand der Sachverhaltsangaben des Urteils abgegeben werden, da die einzelnen Beweismittel, wie die in Bezug genommenen Infrarot-Fotos, nicht öffentlich zugänglich sind. Die hier getätigten Ausführungen *ex post* sollen daher in keinster Weise die militärischen Besonderheiten der Gefahrensituation und Entscheidungsfindung *ex ante* schmälern, sondern lediglich aufgrund der bekannten Fakten die grundrechtlichen Maßstäbe skizzieren, die sowohl Entscheidungsverantwortliche als auch überprüfende Gerichte nach hiesiger Ansicht zu berücksichtigen haben.

870 Das Gericht führt hierzu aus, dass die die Abschreckungsflüge vorschlagenden Piloten nicht auf Zivilisten hingewiesen hätten, sodass der deutsche Kommandeur davon weiterhin nicht hätte ausgehen müssen und daher die Hinweise auf die *show-of-force*-Flüge lediglich als „[aufgezeigte] Handlungsoptionen, nicht als Empfehlung" zu verstehen gewesen sein sollen, LG Bonn, Urt. v. 1.12.2013, 1 O 460/11, juris, Rz. 74 = JZ 2014, 411 – Kunduz.

871 S. die Sachverhaltsdarstellungen bei LG Bonn, ibid., juris, Rz. 9 – Kunduz sowie das Argument der afghanischen Kläger, dass nach stundenlangem Feststecken auf der

wären grundrechtliche Modifikationen in diesem konkreten Fall ohnehin restriktiv zu handhaben gewesen.

Als Quintessenz bleibt festzuhalten, dass die deutschen Gerichte, sofern mit Fragen Militäreinsätze im Ausland betreffend konfrontiert, Aspekte der extraterritorialen Grundrechtsgeltung nicht nur trotz, sondern gerade wegen der damit verbundenen dogmatischen Feinheiten nicht ignorieren sollten. Die deutsche Grundrechtsdogmatik bietet einen dem Einzelfall gerecht werdenden Rahmen, den die groben Mindestschutzvorgaben des humanitären Völkerrechts in dieser Form nicht leisten können. Der gleichfalls im Fall des Bombenabwurfs nahe Kunduz angerufene EGMR wird sich zu gegebener Zeit lediglich zur Vereinbarkeit der Einstellung der strafrechtlichen Schritte gegen den deutschen Kommandanten mit den Ermittlungspflichten iRd Art. 2 EMRK beschäftigen.[872] Eine menschenrechtliche Überprüfung der Abwurfentscheidung an sich, die eine Übertragung des vom Gerichtshof eingeschlagenen extensiven Verständnisses extraterritorialer Konventionsverantwortung auf Luftschläge hätte bedeuten können, bleibt somit jedoch aus.

3. *Zwischenbilanz – Einteilung handlungsbasierter Fallgruppen*

Die Fallgruppeneinteilung des EGMR ist, wie sich insbesondere an den vielfältigen Fallkonstellationen in einem militärischen Umfeld zeigt, für eine systematische und rechtssichere Handhabung extraterritorialer EMRK-Geltung umzustrukturieren. Anstelle einer Einteilung nach effektiver Gebiets- sowie Personenkontrolle mitsamt Einzelfällen herausgestellter Staatsvertreter sowie „Gebietsenklaven" wie Schiffen ist eine Abstufung der Konventionsgewährung nach faktischen Kontrollstufen sachdienlicher. Da der Hoheitsgewalt iSd Art. 1 EMRK in der Rechtsprechungsentwicklung *post* Bankovic eine *cause-and-effect-notion* zu entnehmen ist, sind kurzweilige Berührungen mit der Staatsgewalt eines Konventionsstaates im Ausland auf Kontrollstufe 1 anzusiedeln.

Sandbank keine unmittelbare Gefährdung für das deutsche Militärlager bestand, Rz. 19.

872 Die am 13.1.2016 erhobene Individualbeschwerde wurde der deutschen Regierung seitens des EGMR am 2.9.2016 zugeleitet und ist anhängig unter EGMR, 4871/16 – Hanan/Deutschland, abrufbar unter: http://hudoc.echr.coe.int/eng?i=001-166884 (zuletzt abgerufen am 28.1.2019), nachdem das BVerfG eine gegen die Einstellung der Ermittlungen gerichtete Verfassungsbeschwerde mangels Verletzung der aus Art. 2 Abs. 2 S. 1 GG resultierenden Schutzpflicht zu effektiver Strafverfolgung nicht zur Entscheidung angenommen hatte, BVerfG, Beschl. v. 19.5.2015, 2 BvR 987/11, NJW 2015, 3500 – Kunduz.

Diese bspw. Schussabgaben sowie sonstige Luftschläge umfassende Fallgruppe geht mit der Gewährung akut betroffener Menschenrechte, vor allem in deren abwehrrechtlicher Komponente, einher. Hier sind vereinzelt Rechtfertigungsmodifikationen durch die Einbeziehung allgemeinen bzw. insbesondere humanitären Völkerrechts zuzulassen, was vor allem aus der Gefährlichkeit und Unübersichtlichkeit bewaffneter Konflikte resultiert. Bei zeitlich andauernder Kontrollausübung über Personen oder ausländische Gebietsabschnitte ergibt sich auf Kontrollstufe 2 eine auf die betreffende Situation zugeschnittene Konventionsgewährung, wobei in Bezug auf zu gewährende Leistungspflichten wie Richtervorführungen nach Festnahmen nur geringe Spielräume anzuerkennen sind. Ausgesprochen selten dürfte eine vollständige und umfassende Konventionsgewährung auf Kontrollstufe 3 auftreten, die bei einer tatsächlichen wie rechtlichen Besatzungssituation unter Ausschluss einer eigenen Hoheitsgewaltausübung und damit Menschenrechtsverpflichtung des Territorialstaates denkbar ist.

Die militärische Fallkonstellationen behandelnde deutsche Judikatur lässt sich mittels auslandsbezogener Grundrechtsmodifikationen ähnlich situationsangepasst handhaben. Aufgrund der auf Rechtfertigungsebene zuzulassenden Lockerungen des Schranken- sowie Schranken-Schranken-Maßstabes gilt insbesondere aufgrund der erhöhten Gefährlichkeit militärischer Betätigung im Ausland ein hinsichtlich Eingriffsgrundlage sowie Handlungsoptionen erweiterter staatlicher Spielraum. Nichtsdestotrotz haben sich Schüsse wie auch Luftschläge an den deutschen Grundrechten messen zu lassen, deren Bindung umso weiter ansteigt, je geplanter und vorhersehbarer das militärische Handeln ausfällt. Insofern erfordern Bombenabwürfe, sowohl in eigener Ausführung als auch bei Beteiligung im Rahmen eines multinationalen Mandats, eine über die Mindestanforderungen des humanitären Völkerrechts hinausgehende Ausrichtung an grundrechtlichen Verhältnismäßigkeitsanforderungen, nicht zuletzt hinsichtlich des Erforderlichkeitsgebots zur Ergreifung milderer Mittel.

IV. Reichweite extraterritorialer Schutzpflichten

Wie der EGMR selbst ausdrücklich festgehalten hat, stellen bspw. klassische Auslieferungsfälle insofern zunächst kein Problem der *jurisdiction* dar, als dass sich die betreffende inhaftierte Person meistens unter der unproblematischen Gebietshoheit des Vertragsstaates befindet[873] – schon nach althergebrachtem

873 EGMR, Urt. v. 12.12.2001, 52207/99, ECHR 2001-XII, 333 Rz. 68 – Bankovic u.a./ Belgien u.a.; *Miller*, 20 EJIL 2009, 1223, 1234.

Völker- bzw. Grundrechtsverständnis ist somit staatliche Hoheitsgewalt begründet. Hält man sich jedoch vor Augen, dass jene Konstellationen eine grund- bzw. menschenrechtliche Verantwortung zu begründen vermögen, die sich über die eigenen Staatsgrenzen hinaus, nämlich zur Verhinderung einer erwarteten, durch einen Drittstaat zu begehenden Rechtsverletzung erstreckt, stellt sich die folgenreiche Frage nach extraterritorialen Schutzpflichten und deren Grenzen. Gänzlich den Bereich der Extraterritorialität betreten diejenigen Fallgestaltung, in denen die auszuliefernden Personen vom Vertragsstaat auf fremdem Territorium oder bspw. Hoher See festgenommen und -gehalten werden. Ebenfalls unter die hier zu betrachtende Fragestellung extraterritorialer Schutzpflichten fallen zudem die Fälle der durch Drittstaaten vom Territorium eines Vertragsstaates aus gesteuerten Militärschläge, insbesondere Drohnenangriffe. Auch hier stellt sich die Frage der – aus Schutzpflichten resultierenden – Mitverantwortung für das Handeln eines Drittstaates, welches zu unterbinden in der Macht des Vertragsstaates gestanden hätte.

1. EMRK-Schutzpflichten

Der EGMR entwarf den Dreh- und Angelpunkt der extraterritorialen Schutzpflichtbegründung bereits früh in seiner Rechtsprechung zum Fall Soering. Danach endeten die Konventionsverpflichtungen auch dann nicht vollständig, wenn ein Konventionsstaat selbst keine Kontrolle mehr über die betreffenden Individuen ausübte. Dieser hatte vielmehr im Sinne positiver Handlungsobligationen sicher zu stellen, dass die Betroffenen nicht in eine menschenrechtswidrige Behandlung durch Drittstaaten entlassen würden.[874] Damit war nicht gesagt, dass Konventionsstaaten die für sie geltenden Konventionsstandards unbeteiligten Drittstaaten aufzuoktroyieren hätten,[875] sondern vielmehr, dass sie trotz der primären Handlungsverantwortlichkeit des agierenden Drittstaates eine sekundäre Mitverantwortlichkeit behielten.[876] Der ehemalige EGMR-Richter Matscher

---

874 EGMR, Urt. v. 7.7.1989, 14038/88, Series A 161 Rz. 86 ff. = NJW 1990, 2183 – Soering/Vereinigtes Königreich: "[T]he Contracting Parties [cannot be absolved] from responsibility under Article 3 [...] for all and any foreseeable consequences of extradition suffered *outside their jurisdiction.*" (Hervorh. d. Verf.).

875 So explizit EGMR, ibid., Rz. 86 – Soering/Vereinigtes Königreich: „Further, the Convention does not govern the actions of States not Parties to it, nor does it purport to be a means of requiring the Contracting States to impose Convention standards on other States."; dazu *Papp*, Extraterritoriale Schutzpflichten, S. 233 f.

876 *Papp*, Extraterritoriale Schutzpflichten, S. 80; so auch *Breitenmoser/Wilms*, 11 Mich. J. Int'l L. 1990, 845, 869, die vielmehr ein Souveränitätsproblem darin sehen, dass

verallgemeinerte dieses anhand der Auslieferungsfälle vor allem für Art. 3 EMRK entwickelte Ergebnis dahingehend, dass eine solche sekundäre Mitverantwortlichkeit eminentes Fehlverhalten des Drittstaates voraussetzte, wodurch die für den Konventionsstaat bestehen bleibenden Wirkungen des betroffenen EMRK-Rechts nur noch abgeschwächt bestünden bzw. eine indirekte und dadurch verminderte Geltung beanspruchen würden.[877]

Mittels dieses Ansatzes ergaben sich somit *positive obligations*, insbesondere Schutzpflichten, der Konventionsstaaten für absehbare sowie erhebliche Menschenrechtsverstöße auch außerhalb ihrer eigenen Einflusssphäre.[878] Um

---

der Aufnahmestaat vom Konventionsstaat eine Übergabe verlangt, aus der Rechtsfolgen resultieren, die auf dem Territorium des Letzteren rechtlich unzulässig wären, unter Hinweis auf das zustimmende Sondervotum des Richters De Meyer zu EGMR, Urt. v. 7.7.1989, 14038/88, Series A 161 – Soering/Vereinigtes Königreich, der meint: „When a person's right to life is involved, no requested State can be entitled to allow a requesting State to do what the requested State is not itself allowed to do. If, as in the present case, the domestic law of a State does not provide the death penalty for the crime concerned, that State is not permitted to put the person concerned in a position where he may be deprived of his life for that crime at the hands of another State. That consideration may already suffice to preclude the United Kingdom from surrendering the applicant to the United States."

877 So Richter Matscher in seinem zustimmenden Sondervotum zu EGMR, Urt. v. 26.6.1992, 12747/87, Series A 240 – Drozd & Janousek/Frankreich & Spanien: „The same argument [as in Soering] applies in reverse, so to speak; a contracting State may incur responsibility by reason of assisting in the enforcement of a foreign judgment, originating from a contracting or a non-contracting State which has been obtained in conditions which constitute a breach of Article 6 [...]. This must clearly be a flagrant breach of Article 6 [... or, to put it differently, Article 6 [...] has in *its indirect applicability only a reduced effect*, less than that which it would have if directly applicable [...]." (Hervorh. d. Verf.); ähnlich auch hinsichtlich extraterritorialer Schutzpflichten in Bezug auf Verfahrensgarantien *Lillich*, 85 AJIL 1991, 128, 143; *Heinz*, Terrorismusbekämpfung durch die Bundeswehr, 67, 115.

878 EGMR, Urt. v. 7.7.1989, 14038/88, Series A 161 = NJW 1990, 2183, Rz. 91 – Soering/Vereinigtes Königreich; dazu *Lillich*, 85 AJIL 1991, 128, 133, 139; *Papp*, Extraterritoriale Schutzpflichten, S. 90 f.; ebenso EGMR, Urt. v. 23.3.2012, 27765/09, ECHR 2012-II, 97 Rz. 114 – Hirsi Jamaa u.a./Italien; *Breitenmoser/Wilms*, 11 Mich. J. Int'l L. 1990, 845, 867; CCPR, Auffassung v. 5.11.1993, 469/1991, CCPR/C/49/D/469/1991 (1994) Rz. 6.2 – Charles Chitat Ng/Kanada: „Article 2 of the [ICCPR] requires States parties to guarantee the rights of persons within their jurisdiction. If a person is lawfully expelled or extradited, the State party concerned will not generally have responsibility under the [ICCPR] for any violations of that person's rights that may later occur in the other jurisdiction. In that sense a State party clearly is not required

gerade keine unmöglichen Handlungspflichten,[879] wie die Verhinderung einer menschenunwürdigen Steinigung eines gefangen genommenen und überstellten Afghanen in Afghanistan entgegen der Souveränität des handelnden afghanischen Staates aufzuerlegen, griffen extraterritorialen Schutzpflichten oftmals im Vorfeld ein. Die Aushändigung eines Individuums, das sich unter der effektiven Personenkontrolle eines Konventionsstaates befand, gestaltete sich als maßgeblicher Anknüpfungspunkt – die Vorhersehbarkeit[880] der drittstaatlichen Menschenrechtsverletzung, die durch die freiwillige Überstellung seitens des Konventionsstaates erst ermöglicht wurde, war im Zeitpunkt der Übergabeentscheidung zu bestimmen. An eben jene eigene konventionsstaatliche Entscheidung wurde die menschenrechtliche Bindung angelegt, aus der eine spätere sekundäre Mitverantwortlichkeit im Falle der drittstaatlichen vollendeten Menschenrechtsverletzung resultieren könnte.[881]

---

to guarantee the rights of persons within another jurisdiction. However, if a *State party takes a decision relating to a person within its jurisdiction, and the necessary and foreseeable consequence is that this person's rights under the [ICCPR] will be violated in another jurisdiction, the State party itself may be in violation of the [ICCPR].* […] For example, a State party would itself be in violation of the [ICCPR] if it handed over a person to another State in circumstances in which it was foreseeable that torture would take place. The foreseeability of the consequence would mean that there was a present violation by the State party, even though the consequence would not occur until later on." (Hervorh. d. Verf.).

879 Vgl. EGMR, Urt. v. 8.7.2004, 48787/99, ECHR 2004-VII, 179 Rz. 332 – Ilaşcu u.a./ Moldawien & Russland: „In determining the scope of a State's positive obligations, regard must be had to the fair balance that has to be struck between the general interest and the interests of the individual, the diversity of situations obtaining in Contracting States and the choices which must be made in terms of priorities and resources. Nor must these obligations be interpreted in such a way as to impose an impossible or disproportionate burden […]."; *Papp*, Extraterritoriale Schutzpflichten, S. 93, 187 f.

880 Bzgl. der an die Vorhersehbarkeit zu stellenden Anforderungen hält der EGMR fest, dass „[…] that situation was well known and easy to verify on the basis of multiple sources. It therefore considers that when the applicants were removed, the Italian authorities knew or should have known that, as irregular migrants, they would be exposed in Libya to treatment in breach of the Convention and that they would not be given any kind of protection in that country", EGMR, Urt. v. 23.3.2012, 27765/09, ECHR 2012-II, 97 Rz. 131 – Hirsi Jamaa u.a./Italien; von einem "realen und unmittelbaren" Risiko ausgehend *Papp*, Extraterritoriale Schutzpflichten, S. 195.

881 EGMR, ibid., Rz. 115 – Hirsi Jamaa u.a./Italien; *Lillich*, 85 AJIL 1991, 128, 142; ähnlich *Schäfer*, MRM 2002, 149, 157 f.; *Papp*, Extraterritoriale Schutzpflichten, S. 90 ff.; *Jankowska-Gilberg*, Extraterritorialität der Menschenrechte, S. 78.

Ob es sich um einen in Afghanistan von einem Konventionsstaat gefangen genommenen Afghanen, einen afghanischen Asylsuchenden auf dem Territorium des Konventionsstaates oder auch einen deutschen, in den USA straffällig gewordenen Staatsangehörigen handelt, kann für die menschenrechtliche Entscheidungsbindung keinen Unterschied machen.[882] Denn in allen Fällen wäre eine für Art. 1 EMRK maßgebliche *jurisdiction* – durch effektive Personenkontrolle oder den *jurisdictional link* der Gebietshoheit – begründet, die eine Konventionsverantwortlichkeit nach sich zöge. Der Zuschnitt der durch eine kurzfristige Personenkontrolle einschlägigen Konventionsrechte enthielte dabei jedenfalls den steten Schutzauftrag, keine Menschenrechtsverletzungen durch andere Akteure zuzulassen oder gar zu fördern. Bei Kenntnis des Konventionsstaats von anhaltenden Menschenrechtsverletzungen im Aufnahmestaat dürfte sich Ersterer daher weder mit bloßen diplomatische Zusicherungen noch sonstigen Lippenbekenntnissen einer rein formalen Vertragsstaateigenschaft zu Menschenrechtskonventionen des Letzteren zufrieden geben, vielmehr gälte es, durch diplomatische Mittel handfeste Garantien der zuständigen und entscheidungsbefugten Staatsorgane des Aufnahmestaates zu erwirken.[883]

Trotz auf Kontrollstufe 1 ggf. zuzulassender Rechtfertigungserweiterungen dürfte der staatliche Akt der Entscheidungsfindung zur Übergabe eines

882 Vgl. *Papp*, Extraterritoriale Schutzpflichten, S. 264 f., 277, wonach eine Abwägung zugunsten der Standards des Aufenthaltsstaates „ein großes Hindernis [des globalen Interesses am Menschenrechtsschutz] überwinden" müsste; *Gondek*, NILR 2005, 349, 379; anders aber *N. Wagner*, Menschenrechtliche Schutzpflichten bei Friedenseinsätzen, 157, 167f., 170 f., der in einer verweigerten Auslieferung eines gefangen genommenen Afghanen durch deutsche Soldaten in Afghanistan einen unzulässigen Vertrag zulasten Dritter, nämlich dem Nicht-Konventionsstaat Afghanistan, erblickt, dem auf seinem Territorium entgegen seiner Staatssouveränität eine Duldungspflicht auferlegt würde; Art. 34 VCLT lautet: „A treaty does not create either obligations or rights for a third State without its consent." Dem ist aufgrund der alleinigen Selbstbindung der Konventionsstaaten ohne Missionierungsgedanken, den Konventionsstandard generell in Afghanistan durchsetzen zu wollen, zu wiedersprechen.

883 EGMR, Urt. v. 23.3.2012, 27765/09, ECHR 2012-II, 97 Rz. 127 ff. – Hirsi Jamaa u.a./Italien; *Lehnert/Markard*, ZAR 2012, 194, 196; vgl. auch *Breitenmoser/Wilms*, 11 Mich. J. Int'l L. 1990, 845, 872, 877 f., wonach auch im Soering-Fall eine spätere Auslieferung seitens des Vereinigten Königreichs an die USA nur nach einer Zusicherung der kompetenten Justizbehörden erfolgte, dass die Todesstrafe nicht gegen den Angeklagten verhängt würde; *Papp*, Extraterritoriale Schutzpflichten, S. 279 ff. geht sogar so weit, im Zweifel zur Erfüllung der Schutzpflicht ein militärisches Eingreifen iSe humanitären Intervention oder wirtschaftliche Sanktionen zu erwägen.

Individuums mangels erhöhter situationsbedingter Gefährlichkeit keinen gelockerten Maßstäben unterfallen. Der mit der faktischen Kontrollbegründung über ein Individuum einhergehenden Verantwortung für dessen unmittelbares Schicksal vermag sich ein Konventionsstaat nicht durch diplomatisches Verhandlungsgeschick mit einem Aufnahmestaat zu entziehen. Denn Kontrolle begründet zwar Verantwortung unter der EMRK, durch den Übergang der faktischen Kontrolle allein endet aber gerade nicht jede rechtliche Verantwortung.

Zu jener Schlussfolgerung kam der EGMR bereits im Fall Ilaşcu, in dem neben der nach hiesigen Maßstäben angenommenen Kontrollstufe 2 Russlands über die Handlungen der MRT-Rebellen den Territorialstaat Moldawien gleichfalls „extra"territoriale Schutzpflichten trafen. Zwar übte Moldawien selbst keine effektive Gebietskontrolle mehr über das separierte Territorium der MRT auf moldawischem Staatsgebiet aus, dennoch endete durch diese eingebüßte Kontrolle keinesfalls sämtliche Konventionsverantwortung.[884] Mehr noch als in anderen genannten Fallgruppen extraterritorialer Geltung der EMRK handelte es sich bei grenzüberschreitenden Schutzpflichten um eine Abgrenzung von kollidierenden Staatenverantwortlichkeiten, wobei sich durch die weite Grenzziehung einer auch sekundären, schutzverpflichteten Staatenbindung der Grundsatz des EGMR, dass durch Kontrollabgabe sowohl an internationale Organisationen als auch Staatenkooperationen keine Konventionsflucht eröffnet werden könne, durchsetzte.[885] Darüber hinaus hielt der Gerichtshof zum Umfang extraterritorialer Schutzpflichten fest, dass es in seine Entscheidungskompetenz falle, die möglichen und angemessenen positiven Handlungsschritte der Vertragsstaaten zu eruieren und auf ihre Umsetzung hin zu überprüfen. Je gewichtiger das von der zu erwartenden drittstaatlichen Menschenrechtsverletzung betroffene Gut, insbesondere bei Verstößen gegen Art. 2, 3 EMRK, desto engmaschiger falle die

---

884 EGMR, Urt. v. 8.7.2004, 48787/99, ECHR 2004-VII, 179 Rz. 313, 317, 330 ff. – Ilaşcu u.a./Moldawien & Russland; dazu *Papp*, Extraterritoriale Schutzpflichten, S. 84.

885 EGMR, Urt. v. 23.3.2012, 27765/09, ECHR 2012-II, 97 Rz. 129 – Hirsi Jamaa u.a./Italien: „Furthermore, the Court observes that Italy cannot evade its own responsibility by relying on its obligations arising out of bilateral agreements with Libya. Even if it were to be assumed that those agreements made express provision for the return to Libya of migrants intercepted on the high seas, the Contracting States' responsibility continues even after their having entered into treaty commitments subsequent to the entry into force of the Convention or its Protocols in respect of these States."; diesen Punkt anreißend *Lillich*, 85 AJIL 1991, 128, 143; *Lehnert/Markard*, ZAR 2012, 194, 197; ähnlich *Papp*, Extraterritoriale Schutzpflichten, S. 199.

Verhaltenskontrolle durch den EGMR aus.[886] Insofern war den Konventionsstaaten oft nur ein geringer Einschätzungsspielraum belassen, wie sie die extraterritorialen Schutzpflichten unter der Konvention auszufüllen hatten, wobei sich diese Frage gerade in Auslieferungsfällen nur bedingt stellte: Bestand die Gefahr einer Menschenrechtsverletzung im Aufnahmestaat, hatte eine Übergabe zu unterbleiben.[887]

Insgesamt lässt sich die Haltung des EGMR bzgl. der Anforderungen an die Erfüllung von *positive obligations* im Einklang mit allgemeinem Völkerrecht, das sich hier in Form der sog. *no-harm-rule* auch auf menschenrechtliche Garantien übertragen lässt,[888] so zusammenfassen, dass die Konventionsstaaten im Rahmen ihrer – vom Gerichtshof zu überprüfenden – Möglichkeiten dafür Sorge zu tragen haben, dass durch ihr Verhalten und ihre Entscheidungen keine Schädigungen von Individualrechtsgütern ihren Lauf nehmen können.

2. *Grundrechtliche Schutzpflichten*

Auch die deutschen Grundrechte beinhalten anerkanntermaßen schutzrechtliche Komponenten, die in dieser Ausprägung seither mit einem gesteigerten Einschätzungsspielraum der handelnden Staatsorgane einhergingen, wodurch die Forderung eines bestimmten staatlichen Verhaltens zur Erfüllung einer

---

886 EGMR, Urt. v. 8.7.2004, 48787/99, ECHR 2004-VII, 179 Rz. 334 – Ilaşcu u.a./Moldawien & Russland: „[T]he Court's task is to determine to what extent a minimum effort was nevertheless possible and whether it should have been made. Determining that question is especially necessary in cases concerning an alleged infringement of absolute rights such as those guaranteed by Articles 2 and 3 of the Convention."; zur Reduzierung des vertragsstaatlichen Ermessensspielraums *Papp*, Extraterritoriale Schutzpflichten, S. 226 f.

887 EGMR, Urt. v. 23.3.2012, 27765/09, ECHR 2012-II, 97 Rz. 116 ff. – Hirsi Jamaa u.a./Italien, wobei der Gerichtshof die Menschenrechtslage im Aufnahmestaat unter Ausschluss eines Beurteilungsspielraumes des verpflichteten Konventionsstaates eigenmächtig würdigte.

888 *McCorquodale/Simons*, 70 MLR 2007, 598, 617 f. unter Hinweis auf die u.a. in der *Trail Smelter-Arbitration* entwickelte *no-harm-rule* „[that] no State has the right to use or permit the use of its territory in such a manner as to cause injury [...] to the territory of another or the properties or persons therein [...]", s. PCA, Entsch. v. 16.4.1938, 3 RIAA, 1905, 1965 – Trail Smelter Case (USA/Kanada); ähnlich *Papp*, Extraterritoriale Schutzpflichten, S. 205; *Schäfer*, MRM 2002, 149, 157 f.

Schutzpflicht ausgeschlossen ist.[889] Hinsichtlich der Extraterritorialität dieser grundrechtlichen Ausprägung führte das BVerfG aus, dass der deutsche Staat nicht für das rechtswidrige Handeln eines Drittstaates grundrechtlich zur Verantwortung gezogen werden könne, aber dennoch verpflichtet sei, „[nicht] die Hand […] zu Verletzungen der Menschenwürde durch andere Staaten [zu] reichen".[890] Die Frage nach extraterritorialen Schutzpflichten stellt sich im Bereich der deutschen grundrechtlichen Judikatur einerseits hinsichtlich der mit den EGMR-Konstellationen vergleichbaren Auslieferungs- und Überstellungsfälle sowie andererseits bzgl. Liegenschaftsüberlassungen, die zur Steuerung militärischer Luftschläge durch Drittstaaten genutzt wurden.

a. Grundsätze bei Auslieferungen

Hinsichtlich grundrechtlicher Schutzpflichten in Bezug auf Auslieferungen setzte das BVerfG anfangs einen eher moderaten Maßstab an, indem es die Übergabe eines Strafgefangenen lediglich dann untersagte, wenn Elemente des Art. 1 Abs. 1 GG oder zwingende völkerrechtliche Gründe über Art. 25 GG hinsichtlich der im Aufnahmestaat zu verbüßenden Strafe betroffen waren.[891] Dies umfasste neben menschenunwürdigen Haftbedingungen[892] auch die Unangemessenheit des Strafmaßes, welches in eklatanter Weise gegen „unabdingbare Grundsätze der deutschen verfassungsrechtlichen Ordnung" verstoßen müsse.[893] Während diese Schwelle bei einer lebenslangen Freiheitsstrafe, die in den USA ohne Aussetzungsmöglichkeit, also anders als in Deutschland gem. § 57a Abs. 1 StGB, zu verbüßen gewesen wäre, nicht erreicht war,[894] fand die Soering-Rechtsprechung des EGMR zum Art. 3 EMRK verletzenden Todeszellensyndrom in einem anderen Fall Berücksichtigung bei der Auslegung des Art. 1 Abs. 1 GG und führte zu einem Versagungsgrund der Auslieferung[895]. Die deutsche

889 BVerfG, Urt. v. 16.10.1977, 1 BvQ 5/77, BVerfGE 46, 160, 164 f. – Schleyer; BVerfG, Beschl. v. 29.10.1987, 2 BvR 624, 1080, 2029/83, BVerfGE 77, 170, 214 f. – Chemiewaffen; Maunz/Dürig/*Di Fabio*, GG, 84. EL 2018, Art. 2 Abs. 2 S. 1 Rn. 41.

890 BVerfG, Beschl. v. 15.12.2015, 2 BvR 2735/14, BVerfGE 140, 317, 347 – Schuldgrundsatz; ebenso *Maurer*, JZ 1999, 689, 694, der gerade auch die schutzrechtlichen Ausprägungen der Grundrechte beim internationalen Tätigwerden des deutschen Staates für essentiell hält.

891 BVerfG, Beschl. v. 31.3.1987, 2 BvM 2/86, BVerfGE 75, 1, 19 – Auslieferung Türkei.

892 BVerfG, Beschl. v. 8.4.2004, 2 BvR 253/04, juris, Rz. 18 f. – Auslieferung Weißrussland.

893 BVerfG, Beschl. v. 6.7.2005, 2 BvR 2259/04, BVerfGE 113, 154, 162 – Auslieferung USA.

894 BVerfG, ibid., S. 163 f. – Auslieferung USA.

895 BVerfG, Beschl. v. 4.5.2018, 2 BvR 632/18, NVwZ 2018, 1390 Rz. 48 ff. – Auslieferung Tunesien, wobei eine dahingehend unmenschliche Behandlung im dortigen

Rechtsprechung ließ sich folglich durch die im Rahmen der als grundrechtlichen Auslegungshilfe herangezogenen EGMR-Judikatur in Sachen extraterritorialer Schutzpflichten beeinflussen, was sich weiterhin bei den Anforderungen an die Überprüfung angemessener Haftbedingungen im Aufnahmestaat fortführte. Insofern reichten bloße diplomatische Zusicherungen des Aufnahmestaates nicht aus,[896] wenngleich das BVerfG, aufgrund der begrenzten Überprüfung von Verletzungen lediglich spezifischen Verfassungsrechts, seinen Prüfungsmaßstab auf eine Willkürkontrolle der gerichtlichen Einschätzungen von den Bedingungen im Aufnahmestaat beschränkte[897]. Das Entscheidungsspektrum des EGMR, der die menschenrechtliche Situation im Aufnahmestaat eigenständig und vollumfänglich würdigte, war an dieser Stelle umfassender, sodass der Gerichtshof deutschen Auslieferungspraktiken genauer auf die Finger schauen könnte als das im Instanzenzug zuvor eingebundene BVerfG.

Das BVerfG leitete diese beschränkte gerichtliche Überprüfung konkreter Auslieferungsentscheidungen zudem aus einer erweiterten Einschätzungsprärogative der Auslieferungsabkommen abschließenden Bundesregierung ab. Denn durch den Bezugspunkt der Funktionsfähigkeit der internationalen Strafverfolgung sei ein außenpolitisch erhöhter Handlungsspielraum anzuerkennen, der mit einer Evidenzkontrolle bezogen nur auf essentielle Grundrechtsverletzungen im Einzelfall einhergehe.[898] Diese Herangehensweise begegnet zwar in Anbetracht der engmaschigeren, die deutsche Grundrechtsdogmatik beeinflussenden EGMR-Überprüfungssystematik Zweifeln, wurde jedoch dadurch relativiert, dass das BVerfG die Berufung auf ein pauschales Vertrauen in menschenrechtskonformes Verhalten des Aufnahmestaates ausschloss. In dem Fall einer geplanten Überstellung einer mittels europäischen Haftbefehls gesuchten Person an Italien, wo eine Verurteilung in Abwesenheit des Verdächtigen ergangen war, ließ das BVerfG die EU-Mitgliedschaft und EMRK-Bindung Italiens als Nachweis

---

Fall mangels zu erwartender Vollstreckung aufgrund eines seit 1991 andauernden Moratoriums in Tunesien nicht zu befürchten war, sodass das BVerfG kein Auslieferungshindernis annahm.

896 BVerfG, Beschl. v. 8.4.2004, 2 BvR 253/04, juris, Rz. 19 f. – Auslieferung Weißrussland.

897 BVerfG, Beschl. v. 4.5.2018, 2 BvR 632/18, NVwZ 2018, 1390 Rz. 35 – Auslieferung Tunesien; BVerfG, Beschl. v. 20.12.2007, 2 BvR 1996/07, juris, Rz. 19 – Auslieferung Russland.

898 BVerfG, Beschl. v. 6.7.2005, 2 BvR 2259/04, BVerfGE 113, 154, 163 – Auslieferung USA; dazu auch *Hofmann*, Grundrechte und grenzüberschreitende Sachverhalte, S. 61 f.

der eingehaltenen Anforderungen der europäischen Wertegemeinschaft[899] nicht genügen.[900] Denn die dem Haftbefehl zugrunde liegende Abwesenheitsverurteilung widerspreche dem in Art. 1 Abs. 1 GG verankerten Grundsatz *nulla poene sine lege*, sodass selbst im europäischen Rechtsraum gesonderte Sicherheiten vom Aufnahmestaat einzuholen seien, dass eine rechtsstaatlich einwandfreie Wiederaufnahme des Verfahrens unter Einräumung der vollen Beweismöglichkeiten zugunsten des Angeklagten erfolge.[901] Derartige Feststellungen hatte das BVerfG den deutschen Auslieferungsgerichten in der Vergangenheit nicht zumuten wollen, zumal es die Einhaltung verfahrensrechtlicher Garantien im Empfangsstaat auch nicht als sonderlich gewichtig angesehen hatte.[902]

Die Berücksichtigung auch verfahrensrechtlicher Maßstäbe im Rahmen eines verschärften Schutzpflichtenprogramms bei Auslieferungen stellt eine begrüßenswerte Annäherung an die strengen Anforderungen des EGMR zugunsten des betroffenen Individuums dar. Diesen Ansatz entwickelte das OVG Münster für Übergabesituationen außerhalb strafrechtlicher Auslieferungsverfahren weiter. Die Übergabe eines festgenommenen Individuums an einen Drittstaat ohne dessen Verlangen hatte nach Auffassung des Gerichts ungekürztem Grundrechtsschutz zu unterliegen, da der eine grundrechtliche Beschränkung auf eine

899 Das BVerfG, Beschl. v. 15.12.2015, 2 BvR 2735/14, BVerfGE 140, 317, 349 – Schuldgrundsatz, sprach dahingehend davon, dass „[g]erade im europäischen Auslieferungsverkehr […] der Grundsatz des gegenseitigen Vertrauens [gilt]. Dieses Vertrauen kann jedoch erschüttert werden."

900 Anders noch in einem früher entschiedenen Fall, in dem das BVerfG hinsichtlich eines vom Beschwerdeführer gerügten, ihn in Russland erwartenden Schauprozesses mitsamt unmenschlichen Haftbedingungen und drohender Folter noch schlicht auf die Vertragsstaateigenschaft Russlands bzgl. der EMRK sowie der ICCPR verwies, sodass keine Menschenrechtsverletzungen zu befürchten seien, BVerfG, Beschl. v. 20.12.2007, 2 BvR 1996/07, juris, Rz. 22 f. – Auslieferung Russland.

901 S. BVerfG, Beschl. v. 15.12.2015, 2 BvR 2735/14, BVerfGE 140, 317, 358 f. – Schuldgrundsatz, unter Verweis auf EGMR, Urt. v. 12.2.1985, 9024/80, Series A 89, Rz. 30 f. – Colozza/Italien, der das Berufungsverfahren in Italien nach erstinstanzlichen Abwesenheitsverurteilungen für Art. 6 EMRK nicht genügend befand.

902 BVerfG, Beschl. v. 15.12.2015, 2 BvR 2735/14, BVerfGE 140, 317, 350 f. – Schuldgrundsatz; anders noch in BVerfG, Urt. v. 13.6.1952, 1 BvR 137/52, BVerfGE 1, 332, 346 f. – Abwesenheitsverurteilung, wo Abwesenheitsverurteilungen noch für gänzlich unbeachtlich gehalten wurden sowie in BVerfG, Beschl. v. 20.12.2007, 2 BvR 1996/07, juris, Rz. 22 f. – Auslieferung Russland, wo keine Nachweise seitens des rechtsstaatliche Grundsätze wahrscheinlich verletzenden Aufnahmestaates gefordert wurden; dazu, dass diese Urteile im zeithistorischen Kontext zu verstehen sind, s. *Lorenz*, Territorialer Anwendungsbereich, S. 130 f.

ordre public-Prüfung rechtfertigende, völkerrechtliche *comitas*-Gedanke, resultierend aus den Auslieferungsabkommen, fehle.[903] Nach ungekürzten grundrechtlichen Maßstäben sei auf die EGMR-Rechtsprechung zu Art. 3 EMRK zurückzugreifen,[904] die, wie aufgezeigt, die Schutzpflichten mangels exekutiver Einschätzungsprärogative deutlich enger zog als das BVerfG. Dem OVG Münster ist darin zuzustimmen, dass ein reduzierter grundrechtlicher Schutzpflichtmaßstab bei einer selbst initiierten Übergabe an einen Drittstaat nicht in Betracht gezogen werden kann, da es sich ansonsten um eine offene Flanke des Grundrechtsschutzes handeln würde, wenn dieser durch einen Akt der Entledigung des Individuums umgangen werden könnte. Weder der bewusst hergestellte Auslandsbezug durch die angetragene Übergabe noch die ausländische Staatsangehörigkeit der betroffenen Person vermögen eine Grundrechtsmodifikation zu rechtfertigen. Denn insbesondere die Tatsache, dass der Heimatstaat der festgenommenen Person ein geringeres Schutzniveau bspw. hinsichtlich der Haftbedingungen gewährleisten würde, dürfte dem handelnden deutschen Staat nicht die eigenen grundrechtlichen Pflichten erleichtern.[905]

Diese neueren Tendenzen des OVG Münster, und auch des BVerfG bei klassischen Auslieferungsfällen, lassen darauf schließen, dass der bisher hinter dem extraterritorialen Schutzpflichtenprogramm des EGMR zurückbleibenden deutschen Rechtsprechungslinie ein Schulterschluss gelingen mag. Insbesondere, da selbst in der innerstaatlichen Schutzpflichtendogmatik bereits Einschätzungsprärogativen vorgesehen sind, sind im Fall von Auslandsbezug keine weiteren Modifikationen und Differenzierungen zuzulassen, um extraterritoriale Schutzpflichten nicht gänzlich konturlos werden zu lassen. Überdies handelt es sich zumeist um staatliche Entscheidungen, die im Inland ohne die erhöhte Gefährlichkeit eines unmittelbar wütenden bewaffneten Konflikts getroffen werden,

---

903 OVG Münster, Urt. v. 18.9.2014, 4 A 2948/11, juris, Rz. 126 – Pirateriebekämpfung: „Etwaige Einschränkungen des Menschenrechtsschutzes im Hinblick auf die Achtung des innerstaatlichen Rechts des Empfangsstaates müssen deshalb von vornherein außer Betracht bleiben."

904 OVG Münster, ibid., Rz. 127 f. – Pirateriebekämpfung, wobei das Gericht zu dem Ergebnis kam, dass sich auch die reduzierte Evidenzkontrolle mit den Anforderungen des Art. 3 EMRK zumeist decke, vgl. Rz. 132.

905 So auch explizit das OVG Münster, Urt. v. 18.9.2014, 4 A 2948/11, juris, Rz. 159 – Pirateriebekämpfung: „Von einem ‚Einheimischenabschlag' hinsichtlich der menschenwürdigen Behandlung ist indes an keiner Stelle die Rede. Im Falle einer Strafverfolgung in Deutschland hätte ein Mindeststandard ebenfalls nicht mit Hinweis auf die Lebensumstände in Somalia oder Kenia unterschritten werden dürfen."

sodass weder die Entfernung vom eigenen Staatsgebiet noch eine situationsbedingte Eilbedürftigkeit derartige Abweichungen vom herkömmlichen Schutzstandard gebieten.

b. Liegenschaftsüberlassungen

Gemessen an diesem extraterritorialen Schutzpflichtenprogramm sind die beiden Entscheidungen des VG Köln, die über von US-amerikanischen Militärstationen auf deutschem Teritorium gesteuerte Drohnenangriffe im Jemen sowie Somalia befunden haben, kritisch zu würdigen. Während die 3. Kammer des VG Köln die auf die Überprüfung des Drohnenangriffs in Jemen gerichtete Feststellungsklage mangels Anspruch auf eine bestimmte, sich aus Schutzpflichten ergebende staatliche Handlung als unbegründet abwies, ließ die 4. Kammer die Klage beim Angriff in Somalia bereits an der Zulässigkeit mangels ein Feststellungsinteresse begründender, grundrechtlicher Schutzpflicht scheitern.[906] An den bereits im Ansatzpunkt divergierenden Auffassungen der Kammern trotz gleich gelagerter Fallkonstruktionen lässt sich die konfuse deutsche Rechtsprechungslandschaft im Bereich der extraterritorialen Geltung der Grundrechte aufzeigen.[907] Hier waren sich zwei Kammern desselben Gerichts in der gleichen Rechtsfrage nicht annähernd einig, ob eine grundrechtliche Schutzpflicht für die Fallkonstellation von Relevanz wäre.[908] Umso mehr sind die beiden Entscheidungen an den bisher

906 VG Köln, Urt. v. 27.5.2015, 3 K 5625/14, juris, Rz. 47 f. = BeckRS 2015, 46138 – Ramstein; VG Köln, Urt. v. 27.4.2016, 4 K 5467/15, juris, Rz. 100 = BeckRS 2016, 45421 – Somalia.

907 So auch die mangelnde Übernahme der Vorgaben des EGMR zu Art. 3 EMRK iRd der deutschen Rechtsordnung durch die Verwaltungsgerichte kritisierend *Unkel*, Berücksichtigung der EMRK durch dt. Verwaltungsgerichte, S. 212 f.

908 Zwar entschied auch das OVG Münster als Berufungsinstanz – nach Abgabe dieser Arbeit – beide Fälle unterschiedlich, indem es die allgemeine Leistungsklage im Fall Ramstein entgegen der Vorinstanz aufgrund Verletzung grundrechtlicher Schutzpflichten als erfolgreich ansah, vgl. OVG Münster, Urt. v. 19.3.2019, 4 A 1361/15, juris – Ramstein, die Feststellungsklage im Fall Somalia jedoch als unzulässig abwies, vgl. OVG Münster, Urt. v. 19.3.2019, 4 A 1072/16, juris – Somalia. Die Unzulässigkeit der Feststellungsklage ergab sich jedoch einerseits aus dem formellen Aspekt der Unstatthaftigkeit aufgrund Subsidiarität gegenüber einer allgemeinen Leistungsklage sowie andererseits aus mangelndem Sachvortrag des somalischen Klägers, OVG Münster, ibid., Rz. 50 ff., 85 – Somalia. Der Kläger vermochte aufgrund widersprüchlicher Angaben nicht zur Überzeugung des Gerichts darzulegen, dass ein Kausalzusammenhang zwischen einem US-Drohnenangriff und dem Tod seines Vaters vorlag bzw. die Bundesregierung hinreichend Anhaltspunkte aus den Medien über völkerrechtswidrige Drohnenangriffe der USA, die über in Deutschland positionierte

entwickelten Maßgaben zu messen, um so Licht in das Dunkel der entstandenen Rechtsunsicherheit zu bringen.

Die 4. Kammer des VG Köln führte hinsichtlich einer den deutschen Staat treffenden Schutzpflicht aus Art. 2 Abs. 2 S. 1 GG zur Verhinderung der Drohnenschläge durch die USA aus, dass eine Mitverantwortlichkeit Deutschlands für das Schicksal eines Ausländers nur bei einer „bestimmenden Mitwirkung" beim vorrangig kausalen drittstaatlichen Handeln in Betracht käme.[909] Dass die „grundrechtsneutrale Überlassung der Liegenschaften an die US-Streitkräfte" hierzu nicht ausreichend und folglich keinerlei Grundrechtsrelevanz gegeben sein soll,[910] begegnet in dieser Pauschalität Bedenken. Nimmt man den obigen Ausspruch des BVerfG, dass die schutzrechtlichen Ausprägungen der Grundrechte den Staat dazu anhielten, nicht die Hand zu Grundrechtsverletzungen zu reichen,[911] ernst, so kann die Kontrollabgabe über einen Teil des eigenen Staatsgebiets keine Flucht aus jeder Verantwortung bedeuten. Die Konstruktion erinnert an den Fall Ilaşcu des EGMR, wobei es sich im Somalia-Urteil des VG Köln noch nicht einmal um eine erzwungene Einbuße an Gebietskontrolle, sondern eine vertragsmäßig geregelte und somit freiwillige Gebietsüberlassung an einen anderen Staat handelte.[912] Jedenfalls fehlgehend ist insofern die Heranziehung der Bankovic-Entscheidung durch das VG Köln,[913] da es sich keineswegs um einen selbst ausgeführten Luftschlag in Somalia handelte. Dem Gericht ist zweifelsohne darin Recht zu geben, dass die Primärverantwortung für die durch den

---

Relais-Stationen gelenkt würden, gehabt habe, um diese im maßgeblichen Zeitpunkt wirksam unterbinden zu können, OVG Münster, ibid., Rz. 104 ff., 125 ff. – Somalia. Anders habe die Situation im Ramstein-Fall bzgl. der US-Drohnenangriffe im Jemen und die dahingehende Kenntnislage der Bundesregierung ausgesehen, OVG Münster, Urt. v. 19.3.2019, 4 A 1361/15, juris, Rz. 252 ff. – Ramstein. Die divergierenden Entscheidungen des OVG Münster sind folglich – anders als in den Vorinstanzen – nicht auf eine unterschiedliche rechtliche Bewertung der staatlichen grundrechtlichen Verpflichtungen zurückzuführen, sondern auf formale Probleme bei der Wahl der statthaften Klageart einerseits sowie die zugrundeliegende faktische Grundlage und entsprechenden Parteivortrag vor Gericht andererseits.

909 VG Köln, Urt. v. 27.4.2016, 4 K 5467/15, juris, Rz. 94 = BeckRS 2016, 45421 – Somalia.

910 VG Köln, ibid., Rz. 92 – Somalia.

911 Vgl. BVerfG, Beschl. v. 15.12.2015, 2 BvR 2735/14, BVerfGE 140, 317, 347 – Schuldgrundsatz.

912 Die völkervertraglichen Grundlagen bilden der Vertrag über den Aufenthalt ausländischer Streitkräfte in der Bundesrepublik Deutschland sowie das NATO-Truppenstatut.

913 VG Köln, Urt. v. 27.4.2016, 4 K 5467/15, juris, Rz. 86 f. = BeckRS 2016, 45421 – Somalia.

Drohnenschlag verursachten zivilen Kollateralschäden die USA traf.[914] Allerdings bindet Art. 2 des NATO-Truppenstatuts, nach dem sich die Bedingungen des Aufenthalts ausländischer Truppen auf deutschem Boden richten, die ausländischen Streitkräfte an das Heimatrecht des Aufenthaltsstaates, hier also die deutsche Rechtsordnung. Diese untersagt über Art. 25 GG bzw. die innerstaatliche Geltung des Art. 35 Abs. 2 des 1. Zusatzprotokolls zu den Genfer Konventionen unterschiedslose Militärschläge[915]. Wenn somit der deutsche Staat sein Staatsgebiet in der Kenntnis derartiger von den USA ausgeführter und aufgrund technischer Notwendigkeiten deutschen Boden benötigender Drohnenschläge preisgibt, können vor grundrechtlichen Schutzpflichten nach hiesiger Ansicht nicht die Augen verschlossen werden. Von einer Grundrechtsneutralität der Gebietsüberlassung kann keine Rede sein, wenn man sich vor Augen führt, dass diese erst im Sinne eines *sine-qua-non* die Möglichkeit und die Voraussetzungen für die Drohneneinsätze der USA in Somalia geschaffen hat.

Orientiert man sich an den vom EGMR in Sachen Ilaşcu sowie von deutschen Gerichten in Auslieferungsfällen aufgestellten Kriterien zur Erfüllung derartiger Schutzpflichten, stößt auch das immerhin die Begründetheit der Klage erreichende Urteil der 3. Kammer des VG Köln, den Drohnenangriff im Jemen betreffend, an diese Grenzen. Das Gericht bejahte zwar grundsätzlich eine Grundrechtsrelevanz wegen Schutzpflichten, die den deutschen Staat bei von seinem Territorium ausgehenden, drittstaatlichen Handlungen trafen, erweiterte dann jedoch die ohnehin bestehende Einschätzungsprärogative durch zuzulassende Auslandsmodifikationen.[916] In diesem Rahmen genügte es dem Gericht, dass die beklagte Bundesregierung ausführte, man könne mangels Kenntnis der genauen Abläufe auf der US-Militärstation keine völkerrechtliche

914 So explizit auch – nach Abgabe dieser Arbeit – das OVG Münster, Urt. v. 19.3.2019, 4 A 1361/15, juris, Rz. 141 ff., 147, 182 ff. – Ramstein, das aus diesem Grund zwar eine abwehrrechtliche grundrechtliche Relevanz verneinte, jedoch Schutzpflichten des deutschen Staates neben dem primärverantwortlichen Handeln der USA erhebliches Gewicht beimaß.

915 Zur Völkerrechtswidrigkeit von Drohnenangriffen, wie von den USA ausgeführt, s. *Neubert*, Einsatz tödlicher Waffengewalt, S. 120; anders das VG Köln, Urt. v. 27.5.2015, 3 K 5625/14, juris, Rz. 85 = BeckRS 2015, 46138 – Ramstein, das unter Hinweis auf die streng geheime Zielauswahl der US-Amerikaner und daraus resultierende Unmöglichkeit der Überprüfung des Einzelfalls schlicht davon ausging, dass „bei den Angriffen auch Unbeteiligte getötet wurden, [was] […] nicht ohne weiteres zu einer Völkerrechtswidrigkeit des Angriffs [führt].“

916 VG Köln, Urt. v. 27.5.2015, 3 K 5625/14, juris, Rz. 66 = BeckRS 2015, 46138 – Ramstein.

Rechtmäßigkeitseinschätzung abgeben, vertraue aber auf ein entsprechendes Handeln der USA.[917] Das Gericht war folglich der Ansicht, dass die beklagte Bundesrepublik Deutschland „nicht gänzlich untätig" geblieben sei und mit der Einholung eines diplomatischen Lippenbekenntnisses zum völkerrechtskonformen Handeln der US-amerikanischen Regierung den grundrechtlichen Schutzpflichten nachgekommen sei.[918] In Anlehnung an die für Auslieferungen aufgestellten Kriterien kann dieser angelegte Maßstab des Gerichts jedoch nicht überzeugen. Wenn bloße diplomatische Zusicherungen des völkerrechtskonformen Handelns im Drittstaat den grundrechtlichen Anforderungen schon nicht genügen, kann dies erst recht nicht für drittstaatliches Handeln auf deutschem Grund und Boden genügen.[919] Hier wäre vielmehr die vorherige diplomatische Erwirkung effektiver Verbürgungen der kompetenten Organe des Drittstaates zu fordern gewesen, das deutsche Staatsgebiet nicht zu Handlungen zu nutzen, die dem Heimatstaat selbst nicht zustünden. Eine Überprüfungsmöglichkeit dessen sowie die Drohung der Kündigung des Aufenthalts gem. Art. 19 des NATO-Truppenstatuts wäre sich vorzubehalten gewesen, um die sekundäre grundrechtliche Mitverantwortung für die anhaltenden drittstaatlichen Individualrechtsverletzungen von deutschem Boden aus zu beenden.[920]

---

917 VG Köln, ibid., Rz. 82 f. – Ramstein.

918 VG Köln, ibid., Rz. 87 ff. – Ramstein.

919 So auch explizit das – nach Abgabe dieser Arbeit – entscheidende OVG Münster, Urt. v. 19.3.2019, 4 A 1361/15, juris, Rz. 568 – Ramstein, wonach „sich die Bundesregierung nicht mit der allgemeinen Zusicherung der US-Seite begnügen [darf], dass Aktivitäten in US-Militärliegenschaften in Deutschland mit geltendem Recht im Einklang stünden." Das Gericht ist der Auffassung, dass „[u]m ihrer grundrechtlichen Schutzpflicht gegenüber den Klägern nachzukommen, [die Bundesregierung] den bestehenden generellen Zweifeln an der Völkerrechtskonformität der Drohneneinsatzpraxis im Jemen nachgehen [muss] und erforderlichenfalls gegenüber den USA konkret darauf hinwirken, dass deutsche Liegenschaften ausschließlich für völkerrechtsgemäße Einsätze genutzt werden." (ibid, Rz. 568). Dem Urteil des OVG Münster ist seitens der Verfasserin vollumfänglich zuzustimmen.

920 Den Hilfsargumenten des Gerichts, VG Köln, Urt. v. 27.5.2015, 3 K 5625/14, juris, Rz. 92 ff. – Ramstein, dass aufgrund der einjährigen Kündigungsfrist keine effektive Gefährdungsbeseitigung bzw. eine in Italien errichtete alternative US-Militärstation dieselben Individualrechtsverletzungen, dann ohne deutsche Beteiligung, herbeiführen würde und daher keine Notwendigkeit für eine deutsche Untersagungsdurchsetzung ggü. den USA bestehe, kann nicht gefolgt werden. Sinn der Schutzpflicht ist schließlich nicht die Missionierung der USA zur generellen Einhaltung deutscher Grundrechtsstandards, sondern allein die Freizeichnung von einer deutschen Beteiligung, die eben durch die umfassende Bindung des Art. 1 Abs. 3 GG die Verfassung,

Diesen Ansatz weiter gedacht, vermag auch die Berufung auf Nichtwissen hinsichtlich der konkreten Ausführung eines Luftschlages auf ein an sich zulässiges militärisches Ziel nicht zu einer ausreichenden Erfüllung von grundrechtlichen Schutzpflichten zu führen. Das dahingehende Argument des BVerfG in der Varvarin-Entscheidung bedarf somit eines Überdenkens, ob ein unterbliebenes Veto Deutschlands bei der Aufnahme einer zivil genutzten Brücke in die Ziellisten nicht mit dem einschränkenden Hinweis auf die Vermeidung ziviler Kollateralschäden durch einen Angriff am helllichten Tage hätte verknüpft werden müssen.[921] Eine ähnliche Herangehensweise wurde auch für die Beurteilung des Bankovic-Falles des EGMR vorgeschlagen, indem der Moment der Beschlussfassung des Luftschlages als ausgeübte Hoheitsgewalt verbunden mit menschenrechtlichen Schutzpflichten hätte herangezogen werden können.[922] Dies gilt umso mehr, da eine gewisses territoriales Kontrollbedürfnis der den Luftschlag ausführenden NATO-Staaten wegen der in der Nähe postierten Flugzeugträger und Marineschiffe nicht gänzlich verneint werden kann.[923] In diesem Sinne bleibt die Entscheidung des EGMR in der bereits 2014 erhobenen und Mitte 2016 an die beklagte ukrainische Regierung weitergeleiteten Beschwerde bzgl. des Flugzeugabschusses MH17 über umkämpftem ukrainischem Territorium mit Spannung zu erwarten.[924] Die Beschwerdeführer rügen eine Verletzung aus Art. 2 EMRK herrührender Schutzpflichten mangels partieller Schließung des Luftraumes in den krisengeschüttelten ukrainischen Gebieten – der Abschuss selbst fällt zweifelsohne nicht in die Primärverantwortung der Ukraine, doch die sich in sekundärer Mitverantwortung auswirkenden Schutzpflichten gilt es zu erörtern.[925]

---

insbesondere für Vorgänge auf dem eigenen Staatsgebiet, fordert. Ausflüchte in alternative Kausalverläufe vermögen die grundrechtlichen Schutzpflichten somit nicht zum Verstummen zu bringen.

921 S. BVerfG, Beschl. v. 13.8.2013, 2 BvR 2660/06 & 2 BvR 487/07, BeckRS 2013, 55213 Rz. 56 ff. – Varvarin; vgl. auch *Lorenz*, Territorialer Anwendungsbereich, S. 285 f.

922 Vgl. *Schäfer*, MRM 2002, 149, 157 f.; *Kearney*, 5 Trinity C. L. Rev. 2002, 126, 139; *Jankowska-Gilberg*, Extraterritorialität der Menschenrechte, S. 79 f., 143.

923 *Kearney*, 5 Trinity C. L. Rev. 2002, 126, 139.

924 EGMR, 73776/14 – Ioppa u.a./Ukraine, abrufbar unter: http://hudoc.echr.coe.int/eng?i=001-165535 (zuletzt abgerufen am 28.1.2019).

925 Aufgrund der bisher nur sehr knappen Sachverhaltsmitteilungen des EGMR kann eine rechtliche Einschätzung an dieser Stelle nicht abgegeben werden. In Anlehnung an die Ilaşcu-Rechtsprechung des Gerichtshofs könnte aber jedenfalls die Vorhersehbarkeit von Flugzeugabschüssen durch Rebellengruppen sowie der Umfang der eigenen

3. *Zwischenbilanz – Einigkeit über extraterritoriale Schutzpflichten*

Sowohl der EGMR als auch die deutsche Rechtsprechung erkennen extraterritoriale Schutzpflichten dem Grunde nach an. Während der EGMR in der Beurteilung der von der Mitgliedstaaten zur Schutzpflichterfüllung strengere Maßstäbe ansetzt als bisher das BVerfG, ist das Zugeständnis eines über den schutzrechtlichen Einschätzungsspielraum der Exekutive hinausgehenden auslandsmodifizierten Handlungsspielraumes jedoch verfehlt. Diesbezüglich fehlt es jedenfalls hinsichtlich auf eigenem Staatsgebiet getroffener Entscheidungen bzw. von dort auszuliefernder Personen an den Voraussetzungen eingeschränkter Handlungsoptionen, die oben als Grundlage einer Rechtfertigungserweiterung benannt wurden. Hinsichtlich der Anknüpfungspunkte sowie Rechtsfolgen einer extraterritorialen Schutzverpflichtung zeichnet sich eine aktive Rezeption der umfassenderen EGMR-Rechtsprechung insbesondere in Auslieferungsfällen zu Art. 3 EMRK im Rahmen des Art. 1 Abs. 1 GG ab, sodass ein Ausweg aus der Verantwortung für ein Individuum durch Verbringen in einen Drittstaat nicht mehr konstruiert werden kann.

Neben drohender unmenschlicher körperlicher Behandlung haben sich zudem eklatante verfahrensrechtliche Missstände im Drittstaat als grund- wie menschenrechtliches Übergabehindernis konstatiert. In den in der deutschen Rechtsprechung zuletzt aufgetretenen Fällen völkerrechtlich bedenklicher Drohnenangriffe im Ausland, ausgeführt durch US-Militär mittels technischer Steuerung über in Deutschland befindlicher Militärstationen, sollten dieselben Maßstäbe zur Erfüllung grundrechtlicher Schutzpflichten angelegt werden. Wenngleich in keiner der schutzrechtlichen Fallkonstruktionen eine primäre Handlungsverantwortung des deutschen Staates bestand, galt die Grundregel, grund- und menschenrechtswidrig agierenden Drittstaaten nicht die Hand zu Individualrechtsverletzungen zu reichen. Einem derartigen drittstaatlichen Handeln und einer dahingehenden sekundären Mitverantwortung, insbesondere für von eigenem Territorium ausgehender drittstaatlicher Akte, ist durch Ergreifen effektiver diplomatischer Mittel im Vorfeld sowie Vergewisserungsmaßnahmen zu begegnen. Durch die Überlassung von Staatsgebiet oder unter staatlicher Kontrolle befindlicher Personen dürfen keine Schutzlücken geschaffen werden, die von Drittstaaten mangels eigener Grundrechts- bzw. Konventionsbindung ausgefüllt werden. Auch hier gilt schließlich die Devise: Keine Flucht aus der individualrechtlichen Verantwortung mittels Abgabe von Kontrolle an andere Staaten oder internationale Organisationen.

Territorialkontrolle und -Absicherung für die potentielle Schutzpflichterfüllung durch die Ukraine eine bedeutende Rolle spielen.

5. Teil: Zusammenfassung und Fazit

Eingangs der Betrachtung stellte sich die Rechtsprechungsanalyse dergestalt dar, dass die deutschen Grundrechte stets, überall und gegenüber jedem Menschen bei Berührungen mit deutscher Staatsgewalt einschlägig sind, im jeweiligen Einzelfall aufgrund auslandsbedingter Herabsetzung des Schutzniveaus allerdings Modifikationen unterworfen sein können. Demgegenüber fand die EMRK wenn, dann in all ihren Schutzgewährleistungen Anwendung, dafür jedoch nur in einer überschaubaren Anzahl extraterritorial ausgeübter Hoheitsgewalt, die vornehmlich über eine stabilisierte effektive Gebietskontrolle im Ausland definiert wurde. Damit fanden die Grundrechte zwar häufiger, aber inhaltlich abgeschwächt im Falle extraterritorial ausgeübter Staatsgewalt Anwendung, während sich die EMRK erheblich seltener, dafür mit wesentlich stärkeren Bindungen und Verpflichtungen entfalten sollte.

Dieser Ausgangspunkt einer divergierenden Herangehensweise zwischen der Wirkkraft deutscher Grundrechte sowie der EMRK ist jedoch nicht mehr haltbar. Nicht nur hat der EGMR seit der Entscheidung in Sachen Al-Skeini bei auswärtigem Staatshandeln den Territoriumsbezug zugunsten einer effektiven Personenkontrolle aufgegeben und zudem eine geteilte und zugeschnittene Rechtsgewährung, nämlich auf die situative Betroffenheit der Individuen angepasst, zugelassen, wodurch das vorherige Alles-oder-nichts-Prinzip abgelöst wurde. Darüber hinaus erfahren die Vertragsstaaten situationsbedingt – wenn auch in engen Grenzen und nicht von Amts wegen zu berücksichtigen – materielle Gewährleistungserleichtungen in Form von zusätzlichen, mit allgemeinem Völkerrecht ein Einklang stehenden, erweiterten Rechtfertigungsmöglichkeiten. Um das so entwickelte geteilte und zugeschnittene Konventionsmodell für Fälle extraterritorialen Staatshandelns handhabbar auszugestalten, ist jedoch von dem antiquierten Fallgruppensystem des EGMR, das nach verschiedenen völkerrechtlich anerkannten sowie in der vergangenen Judikatur auftretenden Fallkonstellationen differenzierte, Abstand zu nehmen. Hingegen bietet sich aufgrund der verabschiedeten reinen Gebietskontrolle eine in der Verpflichtungsdichte davon abhängige Fallgruppengestaltung nach Kontrollstufen an.

Denn nachdem sich der EGMR dahingehend positionierte, dass jede Staatsgewaltausübung im Ausland auch eine Konventionsverantwortung nach sich ziehen könne, ist es konsequent, das Ausmaß der zu gewährenden geteilten und zugeschnittenen Rechte vom Gebietsbezug im Ausland abhängig zu machen. Die Fälle bloßer effektiver Personenkontrolle ohne Gebietsbezug (*cause-and-effect*-Fälle) befinden sich auf Kontrollstufe 1, der niedrigsten, und ziehen lediglich die grundlegendsten, zumeist abwehrrechtlichen Konventionsgewährleistungen nach sich, an denen die Rechtmäßigkeit des Staatshandelns zu messen ist. Hierzu zählen stets die Achtung des Lebens und der körperlichen Unversehrtheit, aber auch Schutzpflichten in diesen Ausprägungen, die mit der staatlichen Kontrolle über eine Person einhergehen. Leistungspflichten wie Rechtsgewährungen in Form von Verfahrensgarantien können aufgrund der *ad hoc*-Situation modifiziert oder durch außerhalb der Konvention liegendes allgemeines Völkerrecht gerechtfertigt, jedoch keinesfalls gänzlich ausgeschlossen sein. Tritt zu jener geringen Stufe der Personenkontrolle eine territoriale Verankerung hinzu, sei es die Kontrolle über ein Gefängnis, ein (Militär-)Schiff bzw. einen militärischen Stützpunkt oder beispielsweise auch Botschaftsterritorium, handelt es sich um Kontrollstufe 2. Der Aufbau einer, wenn auch verminderten, staatlichen Infrastruktur des handelnden Staates auf fremdem Gebiet erscheint möglich und verpflichtet somit zur Gewährleistung eines Konventionsschutzes in abwehrrechtlicher wie auch positiver Hinsicht gegenüber den jeweils betroffenen Personen. Insbesondere auch eine parallele Verpflichtung des Territorialstaates, sofern dieser an die Konvention gebunden ist, besteht, alle Maßnahmen einzuleiten, um den auf seinem Territorium von der anderen Staatsgewalt betroffenen Personen die Konventionsgarantien zusichern zu können. Erst Kontrollstufe 3 lässt diese Verpflichtungen des Territorialstaates entfallen und verschiebt sämtliche Konventionsgarantien auf den Handlungsstaat, der alleinige Hoheitsgewalt iSe den Territorialstaat gänzlich von seiner Staatsgewaltausübung ausschließenden Vorherrschaft inne haben muss. Erst bei letzterer Ausnahmesituation der 3. Kontrollstufe kommt es zum Alles-oder-nichts-Prinzip der Konventionsgeltung, da der Handlungsstaat die Konvention in allen Ausprägungen auf einem fremden Territorium zu achten und den dort befindlichen Personen zu gewähren hat, während der Territorialstaat auf diesem Gebiet keiner Konventionsbindung aufgrund faktischer Unmöglichkeit mehr unterliegt.

Diese wenngleich nicht derart benannte, aber faktisch judizierte extraterritoriale Konventionssystematik nähert sich der extraterritorialen Grundrechtshandhabung merklich an. Den Ausgangspunkt einer der Staatsgewaltausübung folgenden Grundrechtsverpflichtung, die durch die Besonderheit einer Entfernung vom eigenen Staatsgebiet auf ihre reale Umsetzbarkeit hin beschränkt wird, hatte das BVerfG mittels im Ausland zuzulassender „Modifikationen und Differenzierungen" entwickelt. Diese sind allein auf der Ebene der Rechtfertigung zu berücksichtigen, um eine inkonsistente Grundrechtsdogmatik mangels aufklaffender Auslandsschutzlücken zu verhindern. Eine Verortung der Modifikationen allein auf dieser Grundrechtsebene trägt zudem zu einem Einklang mit dem u.a. vom EGMR vorgezeichneten Menschenrechtsschutz bei und erfüllt damit zusätzlich die Bestrebung des BVerfG, Grundrechtsschutz bei Auslandsbezug parallel zu menschenrechtlichen Gewährleistungen auszugestalten. Denn unter Anerkennung auch völkergewohnheitsrechtlicher Eingriffsgrundlagen bei Auslandsbezug stellt sich eben diese Parallelität zum Menschenrechtsschutz ein, der diese Rechtsquelle ohnehin berücksichtigt. Im Rahmen militärischer Auslandseinsätze ist daneben vordringlich Bezug auf UN-Sicherheitsratsresolutionen zu nehmen, die aufgrund der extraterritorialen Grundrechtsmodifikationen mittels Art. 24 Abs. 2 GG iVm § 3 Abs. 3 ParlBG ausnahmsweise Eingriffsgrundlagencharakter erhalten. Durch eine abhängig von der Gefährlichkeit und Unüberschaubarkeit der Situation zuzulassende Lockerung des Verhältnismäßigkeitsgrundsatzes können einheitliche Rechtfertigungsanforderungen, wie bspw. mit den Grundsätzen der EGMR-Rechtsprechung zum zeitlich einzuhaltenden Aspekt bei Richtervorführungen konvergierende Maßstäbe für Art. 104 Abs. 3 S. 1 GG infolge extraterritorialer Festnahmen hergestellt werden.

Eine Rezeption der die Grundrechtsauslegung beeinflussenden EGMR-Rechtsprechung kann und soll somit gerade auch in Fragen der extraterritorialen Grundrechtsgeltung betrieben werden, nicht zuletzt da eine potentielle Letztentscheidung des Gerichtshofs über den konkreten Fall stets – auch für eine Deutschland betreffende Situation – zu erwarten sein kann. Hierbei dürfen jedoch die Grenzen der autonomen Grundsätze des GG nicht überschritten werden, sodass sich eine Heranziehung völkerrechtlicher Rechtsprechung zu Fragen der Übertragung von Hoheitsgewalt oder generellen Anwendbarkeit der deutschen Grundrechte verbietet. Die jüngeren Entscheidungen des EGMR verheißen derzeit eine stabile Linie des vor staatlicher Willkür und Ausflüchten vorrangigen Individualschutzes, die inhaltlich konsequent Eingang in diejenigen völkerrechtsfreundlichen Öffnungstore des extraterritorialen Grundrechtsschutzes finden sollte. Nach den historischen Ansprüchen an das GG, so auch ausgedrückt in Art. 1 Abs. 2 GG, sind menschenrechtliche Garantien, wie jene der EMRK in Ausprägung der EGMR-Rechtsprechung, als grundrechtlicher Mindeststandard anzusehen. Darüber hinaus zu gehen steht den deutschen Gerichten im Rahmen einer verhältnismäßigen und die extraterritoriale Leistungsfähigkeit des deutschen Staates objektiv beurteilenden Abwägung frei – ein geringeres Schutzniveau zu konstruieren, lässt jedoch das Selbstverständnis der deutschen Verfassung nicht zu. Dahingehend bedarf es auch zukünftig eines wachsamen Auges der mit in Auslandsbezug verstrickten Fälle befassten deutschen Gerichte. Denn insgesamt darf eines hinsichtlich Grund- und Menschenrechten, auch in ihrer ggf. verminderten extraterritorialen Wirkung nicht vergessen werden: „*Yet they are the world of the individual person.*“[926]

---

926 A. Eleanor Roosevelt vor den Vereinten Nationen am 27.3.1953, abgedruckt bei *Black*, Courage in a Dangerous World, S. 190.

Quellenverzeichnis

Literaturübersicht

Ackermann, Tobias: Anmerkung zu BGH, Urt. v. 6.10.2016, III ZR 140/15, BGHZ 212, 173 – Kunduz, Neue Zeitschrift für Verwaltungsrecht 2017, 95. (zitiert: *Ackermann*, NVwZ 2017, 95)

Alston, Philip:The Historical Origins of the Concept of 'General Comments' in Human Rights Law, in: *Boisson de Chazournes, Laurence/Gowlland-Debbas, Vera* (Hrsg.), The International Legal System in Quest of Equity and Universality, Liber Amicorum Georges Abi-Saab, Den Haag 2001, S. 763. (zitiert: *Alston*, General Comments, 763)

ders./Goodman, Ryan: International Human Rights. The Successor to International Human Rights in Context, Oxford 2013. (zitiert: *Alston/Goodman*, International Human Rights)

von Arnauld, Andreas: Das (Menschen-)Recht im Auslandseinsatz. Rechtsgrundlagen zum Schutz von Grund- und Menschenrechten, in: *Weingärtner, Dieter* (Hrsg.), Streitkräfte und Menschenrechte, Baden-Baden 2008, S. 61. (zitiert: *von Arnauld*, Menschenrechte im Auslandseinsatz, 61)

Artz, Markus et al. (Hrsg.): beck-online.Großkommentar BGB, Stand 2018, München. (zitiert: BeckOGK-BGB/*Bearbeiter*, 2018)

Baderin, Mashood A./Ssenyonjo, Manisuli: Development of International Human Rights Law Before and After the UDHR, in: *Baderin, Mashood A./Ssenyonjo, Manisuli* (Hrsg.), International Human Rights Law. Six Decades after the UDHR and Beyond, Farnham 2010, S. 3. (zitiert: *Baderin/Ssenyonjo*, Development of Human Rights Law, 3)

Bates, Ed: The Evolution of the European Convention on Human Rights. From its Inception to the Creation of a Permanent Court of Human Rights, Oxford 2010. (zitiert: *Bates*, Evolution of the ECHR)

Benvenisti, Eyal: Margin of Appreciation, Consensus, and Universal Standards, New York University Journal of International Law and Politics, Vol. 31 (1999), 843. (zitiert: *Benvenisti*, 31 N.Y.U. J. Int'l L. & Pol. (1999), 843)

ders.: The International Law of Occupation, 2. Aufl., Oxford 2012. (zitiert: *Benvenisti*, Law of Occupation, 2. Aufl. 2012)

Bernhardt, Rudolf: Die Europäische Menschenrechtskonvention und die deutsche Rechtsordnung, Europäische Grundrechte-Zeitschrift 1996, 339. (zitiert: *Bernhardt*, EuGRZ 1996, 339) *ders.*: Völkerrechtskonforme Auslegung der Verfassung? Verfassungskonforme Auslegung völkerrechtlicher Verträge?, *Cremer, Hans-Joachim et al.* (Hrsg.), Tradition und Weltoffenheit des Rechts. Festschrift für Helmut Steinberger, Berlin 2002, S. 391. (zitiert: *Bernhardt*, FS Steinberger (2002), 391)

Bettendorf, Susanne: Die Geltung der Europäischen Menschenrechtskonvention bei militärischen Auslandseinsätzen. Die Dimensionen des Art. 1 EMRK, Hamburg 2014. (zitiert: *Bettendorf*, Geltung der EMRK bei Auslandseinsätzen)

Black, Allida M. (Hrsg.): Courage in a Dangerous World. The Political Writings of Eleanor Roosevelt, New York 1999. (zitiert: *Black*, Courage in a Dangerous World)

von Bogdandy, Armin: Das Öffentliche im Völkerrecht im Lichte von Schmitts "Begriff des Politischen", Zeitschrift für ausländisches öffentliches Recht und Völkerrecht 2017, 877. (zitiert: *von Bogdandy*, ZaöRV 2017, 877)

Borelli, Silvia: Jaloud v Netherlands and Hassan v United Kingdom: Time for a Principled Approach in the Application of the ECHR to Military Action Abroad, Questions of International Law, Vol. 16 (2005), 25. (zitiert: *Borelli*, 16 QIL 2005, 25)

Bothe, Michael: Die Anwendung der Europäischen Menschenrechtskonvention in bewaffneten Konflikten – eine Überforderung?, Zeitschrift für ausländisches öffentliches Recht und Völkerrecht 2005, 615. (zitiert: *Bothe*, ZaöRV 2005, 615)

Breitenmoser, Stephan/Wilms, Gunter E.: Human Rights v. Extradition: The *Soering* Case, Michigan Journal of International Law, Vol. 11 (1990), 845. (zitiert: *Breitenmoser/Wilms*, 11 Mich. J. Int'l L. 1990, 845)

Buergenthal, Thomas: The Normative and Institutional Evolution of International Human Rights, Human Rights Quarterly, Vol. 19, No. 4 (1997), 703. (zitiert: *Buergenthal*, 19 Hum. R. Q. 1997, 703)

ders.: International Human Rights in an Historical Perspective, in: *Symonides, Janusz* (Hrsg.), Human Rights: Concept and Standards, Aldershot 2002, S. 3. (zitiert: *Buergenthal*, Human Rights in History, 3)

ders.: The Evolving International Human Rights System, American Journal of International Law, Vol. 100 (2006), 783. (zitiert: *Buergenthal*, 100 AJIL 2006, 783)

Chirwa, Danwood M.: State Responsibility for Human Rights, in: *Baderin, Mashood A./Ssenyonjo, Manisuli* (Hrsg.), International Human Rights Law. Six Decades after the UDHR and Beyond, Farnham 2010, S. 398. (zitiert: *Chirwa*, State Responsibility for Human Rights, 397)

Conrad, Hermann: Rheinbund und Norddeutscher Reichsbund – Eine Episode der deutschen Verfassungsgeschichte des 19. Jahrhunderts?, in: *Conrad*,

Hermann et al. (Hrsg.), Gedächtnisschrift Hans Peters, Heidelberg 1967, S. 50. (zitiert: *Conrad*, GS Peters (1967), 50)

Constantin, Dana/Tams, Christian J.: Kosovo in Karlsruhe? – Der KFOR-Einsatz vor dem Bundesverfassungsgericht –, Neue Zeitschrift für Wehrrecht 2008, 244. (zitiert: *Constantin/Tams*, NZWehrr 2008, 244)

Council of Europe (Hrsg.): Collected Edition of the „Travaux Préparatoires", Vol. I–VIII, Den Haag 1975. (zitiert: EMRK Travaux Préparatoires)

Crawford, James: Brownlie's Principles of Public International Law, 8. Aufl., Oxford 2012. (zitiert: *Crawford*, Brownlie's Int'l Law, 8. Aufl. 2012)

Czerner, Frank: Inter partes- versus erga omnes-Wirkung der EGMR-Judikate in den Konventionsstaaten gemäß Art. 46 EMRK. Eine Problemanalyse auch aus strafverfahrensrechtlicher Perspektive, Archiv des Völkerrechts 46 (2008), 345. (zitiert: *Czerner*, AVR 46 (2008), 345)

De Koker, Cedric: Hassan v United Kingdom: The Interaction of Human Rights Law and International Humanitarian Law with Regard to the Deprivation of Liberty in Armed Conflicts, Utrecht Journal of International and European Law, Vol. 31 (2015), 90. (zitiert: *De Koker*, 31 Utrecht J. Int'l & Eur. L. 2015, 90)

de Zayas, Alfred M.: Follow-up Procedure of the UN Human Rights Committee, International Commission of Jurists Review, Vol. 47 (1991), 28. (zitiert: *de Zayas*, 47 ICJ Rev. 1991, 28)

Denninger, Erhard: Über das Verhältnis von Menschenrechten zum positiven Recht, Juristenzeitung 1982, 225. (zitiert: *Denninger*, JZ 1982, 225)

Diestelkamp, Bernhard: Verfassunggebung unter der Besatzungsherrschaft in Westdeutschland 1945-1949 – Die Länderverfassungen und das Grundgesetz, in: *Mohnhaupt, Heinz* (Hrsg.), Rechtsgeschichte in den beiden deutschen Staaten (1988-1990). Beispiele, Parallelen, Positionen, Frankfurt a.M. 1991, S. 650. (zitiert: *Diestelkamp*, Verfassunggebung, S. 650)

Donnelly, Jack: International Human Rights: Universal, Relative or Relatively Universal?, in: *Baderin, Mashood A./Ssenyonjo, Manisuli* (Hrsg.), International Human Rights Law. Six Decades after the UDHR and Beyond, Farnham 2010, S. 31. (zitiert: *Donnelly*, Universal International Human Rights, 31)

Dutta, Anatol: Amtshaftung wegen Völkerrechtsverstößen bei bewaffneten Auslandseinsätzen deutscher Streitkräfte, Archiv des öffentlichen Rechts 133 (2008), 191. (zitiert: *Dutta*, AöR 133 (2008), 191)

Dzehtsiarou, Kanstantsin: European Consensus and the Evolutive Interpretation of the European Convention on Human Rights, German Law Journal, Vol. 12 (2011), 1730. (zitiert: *Dzehtsiarou*, 12 GLJ 2011, 1730)

Elbing, Gunther: Zur Anwendbarkeit der Grundrechte bei Sachverhalten mit Auslandsbezug, Berlin 1992. (zitiert: *Elbing*, Grundrechte bei Auslandsbezug)

Epping, Volker/Hillgruber, Christian (Hrsg.): Beck'scher Online-Kommentar Grundgesetz. 39. Ed. Stand 15.11.2018, München. (zitiert: BeckOK-GG/*Bearbeiter*, 39. Ed. 2018)

Espiell, Héctor G.: Humanitarian Law and Human Rights, in: *Symonides, Janusz* (Hrsg.), Human Rights: Concept and Standards, Aldershot 2002, S. 345. (zitiert: *Espiell*, Humanitarian Law, 345)

Esser, Robert/Fischer, Sebastian: Festnahme von Piraterieverdächtigen auf Hoher See. Geltung des § 127 StPO im Rahmen der Operation Atalanta, Zeitschrift für Internationale Strafrechtsdogmatik 2009, 771. (zitiert: *Esser/Fischer*, ZIS 2009, 771)

Feldman, David: The Human Rights Act 1998 and Constitutional Principles, Legal Studies, Vol. 19 (1999), 165. (zitiert: *Feldman*, 19 Legal Stud. (1999), 165)

Fischer-Lescano, Andreas/Tohidipur, Timo: Rechtsrahmen der Maßnahmen gegen die Seepiraterie, Neue Juristische Wochenschrift 2009, 1243. (zitiert: *Fischer-Lescano/Tohidipur*, NJW 2009, 1243)

Fitzpatrick, Joan: Speaking Law to Power: The War Against Terrorism and Human Rights, European Journal of International Law, Vol. 14 No. 2 (2003), 241. (zitiert: *Fitzpatrick*, 14 EJIL 2003, 241)

Fontaine, Anna: Die Anwendbarkeit und Durchsetzbarkeit der Unionsgrundrechte bei militärischen Operationen der Europäischen Union. Eine Untersuchung am Beispiel des EU-NAVFOR Somalia Einsatzes der RU (ATLANTA), Baden-Baden 2018. (zitiert: *Fontaine*, Anwendbarkeit Unionsgrundrechte)

Fremuth, Michael Lysander: Humanität an die Front? Von Menschenrechten als Grundlage und Grenze des Einsatzes militärischer Gewalt, Neue Zeitschrift für Wehrrecht 2012, 89. (zitiert: *Fremuth*, NZWehrr 2012, 89)

Frowein, Jochen A.: Probleme des allgemeinen Völkerrechts vor der Europäischen Kommission für Menschenrechte, in: *von Münch, Ingo* (Hrsg.), Staatsrecht – Völkerrecht – Europarecht. Festschrift für Hans-Jürgen Schlochauer zum 75. Geburtstag am 28. März 1981, Berlin 1981, S. 289. (zitiert: *Frowein*, FS Schlochhauer (1981), 289)

ders.: Das Bundesverfassungsgericht und die Europäische Menschenrechtskonvention, in: *Fürst, Walther et al.* (Hrsg.), Festschrift für Wolfgang Zeidler, Bd. 2, Berlin 1987, S. 1763. (zitiert: *Frowein*, FS Zeidler II (1987), 1763)

Geiger, Rudolf: Grundgesetz und Völkerrecht mit Europarecht, 6. Aufl., München 2013. (zitiert: *Geiger*, GG und Völkerrecht)

Geiger, Willi: Zur europäischen Geschichte der Grundrechte, in: *Fürst, Walther et al.* (Hrsg.), Festschrift für Wolfgang Zeidler, Bd. 2, Berlin 1987, S. 1401. (zitiert: *W. Geiger*, FS Zeidler II (1987), 1401)

Giegerich, Thomas: The German Federal Constitutional Court's Misguided Attempts to Guard the European Guardians in Luxemburg and Strasbourg, in: *Breuer, Marten et al.* (Hrsg.), Der Staat im Recht. Festschrift für Eckart Klein zum 70. Geburtstag, Berlin 2013, S. 49. (zitiert: *Giegerich*, FS Klein (2013), 49)

Gillard, Emanuela-Chiara: International Humanitarian Law and Extraterritorial State Conduct, in: *Coomans, Fons/Kamminga, Menno T.* (Hrsg.), Extraterritorial Application of Human Rights Treaties, Antwerpen/Oxford 2004, S. 25. (zitiert: *Gillard*, International Humanitarian Law, 25)

Gillmeister, Ferdinand: Auslieferung und Auslieferungshaft – mit Berücksichtigung des Betäubungsmittelrechts, Neue Juristische Wochenschrift 1991, 2245. (zitiert: *Gillmeister*, NJW 1991, 2245)

Globke, Christina: Anmerkung zu VG Köln, Urt. v. 11.11.2011, 25 K 4280/09, juris = JZ 2012, 366 – Pirateriebekämpfung, Juristenzeitung 2012, 370. (zitiert: *Globke*, JZ 2012, 370)

Gondek, Michael: Extraterritorial Application of the European Convention on Human Rights: Territorial Focus in the Age of Globalization?, Netherlands International Law Review (2005), 349. (zitiert: *Gondek*, NILR 2005, 349)

Grabenwarter, Christoph/Pabel, Katharina: Europäische Menschenrechtskonvention, 6. Aufl., München 2016. (zitiert: *Grabenwarter/Pabel*, EMRK)

Graf, Jürgen-Peter (Hrsg.): Beckscher Online Kommentar StPO mit RiStBV und MiStra, 29. Ed. Stand 1.1.2018, München. (zitiert: BeckOK-StPO/*Bearbeiter*, 29. Ed. 2018)

Green, Maria: What We Talk about When We Talk about Indicators: Current Approaches to Human Rights Measurement, Human Rights Quarterly, Vol. 23 (2001), 1062. (zitiert: *Green*, 23 Hum. R. Q. 2001, 1062)

Greer, Steven: The European Convention on Human Rights. Achievements, Problems and Prospects, Cambridge 2006. (zitiert: *Greer*, ECHR)

Grimm, Dieter: Recht und Staat der Bürgerlichen Gesellschaft, Frankfurt am Main 1987. (zitiert: *Grimm*, Recht und Staat)

Grimmer, Klaus: Demokratie und Grundrechte. Elemente zu einer Theorie des Grundgesetzes, Berlin 1980. (zitiert: *Grimmer*, Demokratie und Grundrechte)

Haratsch, Andreas: Die Geschichte der Menschenrechte, 4. Aufl., Potsdam 2010. (zitiert: *Haratsch*, Geschichte der Menschenrechte)

Harris, David/O'Boyle, Michael/Warbrick, Colin (Hrsg.): Law of the European Convention on Human Rights, 3. Aufl., Oxford 2014. (zitiert: *Harris/O'Boyle/Warbrick*, Law of the ECHR, 3. Aufl. 2014)

Haß, Solveig: Die Urteile des Europäischen Gerichtshofs für Menschenrechte. Charakter, Bindungswirkung und Durchsetzung, Frankfurt am Main 2006. (zitiert: *Haß*, Urteile des EGMR)

Heckötter, Ulrike: Die Bedeutung der Europäischen Menschenrechtskonvention und der Rechtsprechung des EGMR für die deutschen Gerichte, Köln 2007. (zitiert: *Heckötter*, Bedeutung der EMRK für dt. Gerichte)

Heintschel von Heinegg, Wolff/Gries, Tobias: Der Einsatz der Deutschen Marine im Rahmen der Operation "Enduring Freedom", Archiv des Völkerrechts 2002, 145. (zitiert: *Heintschel von Heinegg/Gries*, AVR 2002, 145)

Heintzen, Markus: Auswärtige Beziehungen privater Verbände, Berlin 1988. (zitiert: *Heintzen*, Auswärtige Beziehungen privater Verbände)

Heinz, Wolfgang S.: Zu Auslandseinsätzen der Bundeswehr in der Terrorismusbekämpfung. Analysen und Empfehlungen aus der Sicht des internationalen Menschenrechtsschutzes, in: *Fleck, Dieter* (Hrsg.), Rechtsfragen der Terrorismusbekämpfung durch Streitkräfte, Baden-Baden 2004, S. 67. (zitiert: *Heinz*, Terrorismusbekämpfung durch die Bundeswehr, 67)

Helfer, Laurence R./Slaughter, Anne-Marie: Toward a Theory of Effective Supranational Adjudication, The Yale Law Journal, Vol. 170 (1997), 273. (zitiert: *Helfer/Slaughter*, 170 Yale L. J. 1997, 273)

Hobe, Stephan: Grundrechtsbindung der Streitkräfte im Ausland? – Zugleich Vorüberlegungen zu einem Streitkräfte-Entsendegesetz, in: *Breuer, Marten et al.* (Hrsg.), Der Staat im Recht. Festschrift für Eckart Klein zum 70. Geburtstag, Berlin 2013, S. 95. (zitiert: *Hobe*, FS Klein (2013), 95)

Hoffmann-Remy, Ulrich: Die Möglichkeiten der Grundrechtseinschränkung nach den Art. 8-11 Abs. 2 der Europäischen Menschenrechtskonvention. Dargestellt anhand von Beispielsfällen aus der Rechtsprechung der Konventionsorgane und nationaler Gerichte, Berlin 1976. (zitiert: *Hoffmann-Remy*, Grundrechtseinschränkungen EMRK)

Hofmann, Rainer: Zur Bedeutung von Art. 25 GG für die Praxis deutscher Behörden und Gerichte, in: *Fürst, Walther et al.* (Hrsg.), Festschrift für Wolfgang Zeidler, Bd. 2, Berlin 1987, S. 1885. (zitiert: *Hofmann*, FS Zeidler II (1987), 1885)

ders.: Grundrechte und grenzüberschreitende Sachverhalte, Heidelberg 1993. (zitiert: *Hofmann*, Grundrechte und grenzüberschreitende Sachverhalte)

Hömig, Dieter/Wolff, Heinrich Amadeus (Hrsg.): Grundgesetz für die Bundesrepublik Deutschland. Handkommentar, 12. Aufl., Baden-Baden 2018. (zitiert: Hömig/Wolff/*Bearbeiter*, GG, 12. Aufl. 2018)

Huber, Ernst Rudolf: Bedeutungswandel der Grundrechte, Archiv des öffentlichen Rechts 62 (1933), 1. (zitiert: *Huber*, AöR 62 (1933), 1)

ders. (Hrsg.): Dokumente zur deutschen Verfassungsgeschichte. Deutsche Verfassungsdokumente 1919-1933, Bd. 4, 3. Aufl., Stuttgart 1992. (zitiert: *Huber*, Deutsche Verfassungsdokumente 1919-1933)

Huber, Hans: Das Zusammentreffen der Europäischen Konvention zum Schutze der Menschenrechte und Grundfreiheiten mit den Grundrechten der Verfassung, in: *Conrad, Hermann et al.* (Hrsg.), Gedächtnisschrift Hans Peters, Heidelberg 1967, S. 375. (zitiert: *H. Huber*, GS Peters (1967), 375)

Hufen, Friedhelm: Entstehung und Entwicklung der Grundrechte, Neue Juristische Wochenschrift 1999, 1504. (zitiert: *Hufen*, NJW 1999, 1504)

ders./Ziegler, Andreas: Vor 60 Jahren: Der Beitrag der Koblenzer Rittersturzkonferenz zum Entstehen des Grundgesetzes, Zeitschrift für Landes- und Kommunalrecht 2009, 41. (zitiert: *Hufen/Ziegler*, LKRZ 2009, 41)

Huhn, Armin: Amtshaftung im bewaffneten Auslandseinsatz, Frankfurt am Main 2010. (zitiert: *Huhn*, Amtshaftung im Auslandseinsatz)

Isensee, Josef/Kirchhof, Paul (Hrsg.): Handbuch des Staatsrechts der Bundesrepublik Deutschland, Bd. 1, 3. Aufl., Heidelberg 2003. (zitiert: Isensee/Kirchhof/*Bearbeiter*, Hb. d. StaatsR I, 3. Aufl. 2003)

dies.: Handbuch des Staatsrechts der Bundesrepublik Deutschland, Bd. 11, 3. Aufl., Heidelberg 2013. (zitiert: Isensee/Kirchhof/*Bearbeiter*, Hb. d. StaatsR XI, 3. Aufl. 2013)

Jankowska-Gilberg, Magdalena: Extraterritorialität der Menschenrechte. Der Begriff der Jurisdiktion im Sinne von Art. 1 EMRK, Baden-Baden 2008. (zitiert: *Jankowska-Gilberg*, Extraterritorialität der Menschenrechte)

dies.: Das Al-Skeini-Urteil des Europäischen Gerichtshofs für Menschenrechte – eine Abkehr von Banković?, Archiv des Völkerrechts 2012, 61. (zitiert: *Jankowska-Gilberg*, AVR 2012, 61)

Jellinek, Georg: System der subjektiven öffentlichen Rechte, 2. Aufl., Tübingen 1905. (zitiert: *Jellinek*, Subjektive öffentliche Rechte)

Joseph, Sarah: Civil and Political Rights, in: *Baderin, Mashood A./Ssenyonjo, Manisuli* (Hrsg.), International Human Rights Law. Six Decades after the UDHR and Beyond, Farnham 2010, S. 89. (zitiert: *Joseph*, Civil and Political Rights, 89)

Kälin, Walter/Künzli, Jörg: Universeller Menschenrechtsschutz. Der Schutz des Individuums auf globaler und regionaler Ebene, 3. Aufl., Basel 2013. (zitiert: *Kälin/Künzli*, Universeller Menschenrechtsschutz)

Kange, Helle: Human Rights in the U.N. Declaration, Uppsala 1984. (zitiert: *Kange*, Human Rights in the UN Declaration)

Karpenstein, Ulrich/Mayer, Franz (Hrsg.): Konvention zum Schutz der Menschenrechte und Grundfreiheiten. Kommentar, 2. Aufl., München 2015. (zitiert: Karpenstein/Mayer/*Bearbeiter*, EMRK, 2. Aufl. 2015)

Kearney, Michael: Extraterritorial Jurisdiction of the European Convention on Human Rights, Trinity College Law Review, Vol. 5 (2002), 126. (zitiert: *Kearney*, 5 Trinity C. L. Rev. 2002, 126)

Keller, Helen/Kühne, Daniela: Zur Verfassungsgerichtsbarkeit des Europäischen Gerichtshofs für Menschenrechte, Zeitschrift für ausländisches öffentliches Recht und Völkerrecht 2016, 245. (zitiert: *Keller/Kühne*, ZaöRV 2016, 245)

Kelly, John: Die Europäische Menschenrechtskonvention und die Vertragsstaaten: Die internationale Kontrolle der Beschränkungen und Grenzen der Garantien, in: *Maier, Irene* (Hrsg.), Europäischer Menschenrechtsschutz. Schranken und Wirkungen, Heidelberg 1982, S. 177. (zitiert: *Kelly*, Kontrolle der EMRK-Beschränkungen, 177)

Kempen, Bernhard: Der Fall *Distomo*: griechische Reparationsforderungen gegen die Bundesrepublik Deutschland, in: *Cremer, Hans-Joachim et al.* (Hrsg.), Tradition und Weltoffenheit des Rechts. Festschrift für Helmut Steinberger, Berlin 2002, S. 179. (zitiert: *Kempen*, FS Steinberger (2002), 179)

Kimminich, Otto: Menschenrechtsschutz im geteilten Deutschland, in: *Achterberg, Norbert* (Hrsg.), Öffentliches Recht und Politik. Festschrift für Hans Ulrich Scupin zum 70. Geburtstag, Berlin 1973, S. 145. (zitiert: *Kimminich*, FS Scupin (1973), 145)

King, Hugh: The Extraterritorial Human Rights Obligations of States, Human Rights Law Review, Vol. 9 (2009), 521. (zitiert: *King*, 9 HRLR 2009, 521)

Klein, Eckart: Universeller Menschenrechtsschutz – Realität oder Utopie?, Europäische Grundrechte-Zeitschrift 1999, 109. (zitiert: *Klein*, EuGRZ 1999, 109)

ders.: Should the binding effect of the judgments of the European Court of Human Rights be extended?, in: *Mahoney, Paul et al.* (Hrsg.), Protection des droits de l'homme: la perspective européenne. Protecting Human Rights: The European Perspective. Studies in memory of Rolv Ryssdal, Köln 2000, S. 705. (zitiert: *Klein*, GS Ryssdal (2000), S. 705)

Klippel, Diethelm: Die Theorie der Freiheitsrechte am Ende des 18. Jahrhunderts in Deutschland, in: *Mohnhaupt, Heinz* (Hrsg.), Rechtsgeschichte in den beiden deutschen Staaten (1988-1990). Beispiele, Parallelen, Positionen, Frankfurt a.M. 1991, S. 348. (zitiert: *Klippel*, Theorie der Freiheitsrechte, S. 348)

Klocke, Daniel Matthias: Die dynamische Auslegung der EMRK im Lichte der Dokumente des Europarats, Zeitschrift Europarecht 2015, 148. (zitiert: *Klocke*, EuR 2015, 148)

Klug, Ulrich: Das Verhältnis zwischen der Europäischen Menschenrechts-Konvention und dem Grundgesetz, in: *Conrad, Hermann et al.* (Hrsg.), Gedächtnisschrift Hans Peters, Heidelberg 1967, S. 434. (zitiert: *Klug*, GS Peters (1967), 434)

Kokott, Juliane: Souveräne Gleichheit und Demokratie im Völkerrecht, Zeitschrift für ausländisches öffentliches Recht und Völkerrecht 2004, 517. (zitiert: *Kokott*, ZaöRV 2004, 517)

Krajewski, Markus: Selbstverteidigung gegen bewaffnete Angriffe nicht-staatlicher Organisationen – Der 11. September 2001 und seine Folgen, Archiv des Völkerrechts 2002, 183. (zitiert: *Krajewski*, AVR 2002, 183)

Kreß, Claus: Die Rettungsoperation der Bundeswehr in Albanien am 14. März 1997 aus völker- und verfassungsrechtlicher Sicht, Zeitschrift für ausländisches öffentliches Recht und Völkerrecht 1997, 329. (zitiert: *Kreß*, ZaöRV 1997, 329)

ders.: Die moderne Piraterie, das Strafrecht und die Menschenrechte. Gedanken aus Anlass der deutschen Mitwirkung an der Seeoperation ATLANTA, in: *Weingärtner, Dieter* (Hrsg.), Die Bundeswehr als Armee im Einsatz. Entwicklungen im nationalen und internationalen Recht, Baden-Baden 2010, S. 95. (zitiert: *Kreß*, Moderne Piraterie und Menschenrechte, 95)

Krieger, Heike: Die Verantwortlichkeit Deutschlands nach der EMRK für seine Streitkräfte im Auslandseinsatz, Zeitschrift für ausländisches öffentliches Recht und Völkerrecht 2002, 669. (zitiert: *Krieger*, ZaöRV 2002, 669)

dies.: Die gerichtliche Kontrolle von militärischen Operationen, in: *Fleck, Dieter* (Hrsg.), Rechtsfragen der Terrorismusbekämpfung durch Streitkräfte, Baden-Baden 2004, S. 223. (zitiert: *Krieger*, Gerichtliche Kontrolle, 223)

dies.: A Conflict of Norms: The Relationship Between Humanitarian Law and Humans Rights Law in the ICRC Customary Law Study, Journal of Conflict & Security Law, Vol. 11 No. 2 (2006), 265. (zitiert: *Krieger*, 11 JCSL 2006, 265)

dies.: A Credibility Gap: The Behrami and Saramati Decision of the European Court of Human Rights, Journal of International Peacekeeping, Vol. 13 (2009), 159. (zitiert: *Krieger*, 13 J. Int'l Peacekeep. 2009, 159)

dies.: Deutschland im asymmetrischen Konflikt. Grenzen der Anwendung militärischer Gewalt gegen Taliban-Kämpfer in Afghanistan, in: *Weingärtner, Dieter* (Hrsg.), Die Bundeswehr als Armee im Einsatz. Entwicklungen im nationalen und internationalen Recht, Baden-Baden 2010, S. 39. (zitiert: *Krieger*, Asymmetrischer Konflikt, 39)

dies.: Positive Verpflichtungen unter der EMRK: Unentbehrliches Element einer gemein-europäischen Grundrechtsdogmatik, leeres Versprechen oder Grenze der Justiziabilität?, Zeitschrift für ausländisches öffentliches Recht und Völkerrecht 2014, 187. (zitiert: *Krieger*, ZaöRV 2014, 187)

Kriele, Martin: Zur Geschichte der Grund- und Menschenrechte, in: *Achterberg, Norbert* (Hrsg.), Öffentliches Recht und Politik. Festschrift für Hans Ulrich Scupin zum 70. Geburtstag, Berlin 1973, S. 187. (zitiert: *Kriele*, FS Scupin (1973), 187)

Kröger, Klaus: Die Entstehung des Grundgesetzes, Neue Juristische Wochenschrift 1989, 1318. (zitiert: *Kröger*, NJW 1989, 1318)

ders.: Einführung in die Verfassungsgeschichte der Bundesrepublik Deutschland, München 1993. (zitiert: *Kröger*, Einführung deutsche Verfassungsgeschichte)

ders.: Grundrechtsentwicklung in Deutschland – von ihren Anfängen bis zur Gegenwart, Tübingen 1998. (zitiert: *Kröger*, Grundrechtsentwicklung in Deutschland)

Kunert, Franz-Josef: Das Grundgesetz im Parlamentarischen Rat, Juristische Schulung 1979, 322. (zitiert: *Kunert*, JuS 1979, 322)

Kunz, Josef L.: The Laws of War, American Journal of International Law, Vol. 50, No. 2 (1956), 313. (zitiert: *Kunz*, 50 AJIL 1956, 313)

Kutscha, Martin: Das Grundrecht auf Leben unter Gesetzesvorbehalt – ein verdrängtes Problem. In memoriam Hans Lisken, Neue Zeitschrift für Verwaltungsrecht 2004, 801. (zitiert: *Kutscha*, NVwZ 2004, 801)

Ladiges, Manuel: Festnahme und Strafverfolgung von Piraten – Anmerkung zu dem Urteil des VG Köln vom 11. November 2011 – 25 K 4280/09, Neue Zeitschrift für Wehrrecht 2012, 56. (zitiert: *Ladiges*, NZWehrr 2012, 56)

Laufs, Adolf: Die Frankfurter Nationalversammlung 1848/1849 – Das erste frei gewählte gesamtdeutsche Parlament und sein Werk, Juristische Schulung 1998, 385. (zitiert: *Laufs*, JuS 1998, 385)

Lauterpacht, Hersch: International Law and Human Rights, London 1950. (zitiert: *Lauterpacht*, Human Rights)

Lawson, Rick: Life After Bankovic: On the Extraterritorial Application of the European Convention on Human Rights, in: *Coomans, Fons/Kamminga, Menno T.* (Hrsg.), Extraterritorial Application of Human Rights Treaties, Antwerpen/Oxford 2004, S. 83. (zitiert: *Lawson*, Life After Bankovic, 83)

Lehnert, Matthias/Markard, Nora: Mittelmeerroulette – Das Hirsi-Urteil des EGMR und die europäische Grenzschutzpolitik auf See, Zeitschrift für Ausländerrecht und Ausländerpolitik 2012, 194. (zitiert: *Lehnert/Markard*, ZAR 2012, 194)

Letsas, George: The Truth in Autonomous Concepts: How to Interpret the ECHR, European Journal of International Law, Vol. 15 (2004), 279. (zitiert: *Letsas*, 15 EJIL 2004, 279) *von Lewinski, Kai*: Weimarer Reichsverfassung und Grundgesetz als Gesellen- und Meisterstück, Juristische Schulung 2009, 505. (zitiert: *von Lewinski*, JuS 2009, 505)

Lillich, Richard B.: The *Soering* Case, American Journal of International Law, Vol. 85 (1991), 128. (zitiert: *Lillich*, 85 AJIL 1991, 128)

ders.: The Growing Importance of Customary International Human Rights Law, Georgia Journal of International & Comparative Law, Vol. 25 (1995), 1. (zitiert: *Lillich*, 25 Ga. J. Int'l & Comp. L. 1 1995, 1)

Lohmann, Georg: Menschenrechte zwischen Verfassung und Völkerrecht, in: *Breuer, Marten et al.* (Hrsg.), Der Staat im Recht. Festschrift für Eckart Klein zum 70. Geburtstag, Berlin 2013, S. 1175. (zitiert: *Lohmann*, FS Klein (2013), 1175)

Lorenz, Dirk: Der territoriale Anwendungsbereich der Grund- und Menschenrechte. Zugleich ein Beitrag zum Individualschutz in bewaffneten Konflikten, Berlin 2005. (zitiert: *Lorenz*, Territorialer Anwendungsbereich)

Lubell, Noam: Human Rights Obligations in Military Occupation, International Review of the Red Cross, Vol. 94 (2012), 317. (zitiert: *Lubell*, 92 IRRC 2012, 317)

Lüder, Sascha Rolf: Die völkerrechtliche Verantwortlichkeit der Nordatlantikvertrags-Organisation bei der militärischen Absicherung der Friedensvereinbarung von Dayton, Neue Zeitschrift für Wehrrecht 2001, 107. (zitiert: *Lüder*, NZWehrr 2001, 107)

von Mangoldt, Hermann/Klein, Friedrich/Starck, Christian (Hrsg.): Grundgesetz. Kommentar, Bd. 2, Art. 20-82, 7. Aufl., München 2018. (zitiert: von Mangoldt/Klein/Starck/*Bearbeiter*, GG, 7. Aufl. 2018)

Matscher, Franz: Der Gesetzesbegriff der EMRK, in: *Adamovic, Ludwig K./ Kobzina, Alfred* (Hrsg.), Der Rechtsstaat in der Krise. Festschrift Edwin Loebenstein zum 80. Geburtstag, Wien 1991, S. 105. (zitiert: *Matscher*, FS Loebenstein (1991), 105)

Maunz, Theodor/Dürig, Günter (Begr.): Grundgesetz. Kommentar, 84. EL August 2018, München. (zitiert: Maunz/Dürig/*Bearbeiter*, GG, 84. EL 2018)

ders./Schmidt-Bleibtreu, Bruno/Klein, Franz/Bethge, Herbert (Hrsg.): Bundesverfassungsgerichtsgesetz. Kommentar, 54. EL Juni 2018, München. (zitiert: Maunz/Schmidt-Bleibtreu/Klein/Bethge/*Bearbeiter*, BVerfGG, 53. EL 2018)

Maurer, Hartmut: Entstehung und Grundlagen der Reichsverfassung von 1871, in: *Burmeister, Joachim* (Hrsg.), Verfassungsstaatlichkeit. Festschrift für Klaus Stern zum 65. Geburtstag, München 1997, S. 29. (zitiert: *Maurer*, FS Stern (1997), 29) *ders.*: Idee und Wirklichkeit der Grundrechte, Juristenzeitung 1999, 689. (zitiert: *Maurer*, JZ 1999, 689)

McCorquodale, Robert/Simons, Penelope: Responsibility Beyond Borders: State Responsibility for Extraterritorial Violations by Corporations of International Human Rights Law, The Modern Law Review, Vol. 70, No. 4 (2007), 598. (zitiert: *McCorquodale/Simons*, 70 MLR 2007, 598)

Meißner, Friedrich: Die Menschenrechtsbeschwerde vor den Vereinten Nationen, Baden-Baden 1976. (zitiert: *Meißner*, UN-Menschenrechtsbeschwerde)

Melish, Tara J.: Introductory Note to the Optional Protocol to the International Covenant on Economic, Social and Cultural Rights, International Legal Materials, Vol. 48 (2009), 256. (zitiert: *Melish*, 48 ILM 2009, 256)

Mellech, Kathrin: Die Rezeption der EMRK sowie der Urteile des EGMR in der französischen und deutschen Rechtsprechung, Tübingen 2012. (zitiert: *Mellech*, Rezeption der EMRK)

Merten, Detlef/Papier, Hans-Jürgen (Hrsg.): Handbuch der Grundrechte in Deutschland und Europa, Bd. 1, Heidelberg 2004. (zitiert: Merten/Papier/*Bearbeiter*, Hb. d. GR I, 2004)

Meyer-Ladewig, Jens/Nettesheim, Martin/von Raumer, Stefan (Hrsg.): Europäische Menschenrechtskonvention. Handkommentar, 4. Aufl., Baden-Baden 2017. (zitiert: Meyer-Ladewig u.a./*Bearbeiter*, EMRK, 4. Aufl. 2017)

Milanović, Marko: From Compromise to Principle: Clarifying the Concept of State Jurisdiction in Human Rights Treaties, Human Rights Law Review, Vol. 8 (2008), 411. (zitiert: *Milanović*, 8 HRLR 2008, 411)

ders./Papić, Tatjana: As Bad as It Gets: The European Court of Human Rights's *Behrami and Saramati* Decision and General International Law, International and Comparative Law Quarterly, Vol. 58 (2009), 267. (zitiert: *Milanović/Papić*, 58 Int'l & Comp. L. Q. 2009, 267)

Miller, Sarah: Revisiting Extraterritorial Jurisdiction: A Territorial Justification for Extraterritorial Jurisdiction under the European Convention, European Journal of International Law, Vol. 20, No. 4 (2009), 1223. (zitiert: *Miller*, 20 EJIL 2009, 1223)

Mommsen, Theodor: Die Grundrechte des deutschen Volkes mit Belehrungen und Erläuterungen, Neudruck der anonymen Erstausgabe 1849, Frankfurt am Main 1969. (zitiert: *Mommsen*, Grundrechte des deutschen Volkes)

Moravcsik, Andrew: The Origins of Human Rights Regimes: Democratic Delegation in Postwar Europe, International Organization, Vol. 54, No. 2 (2002), 217. (zitiert: *Moravcsik*, 54 Int'l Organization 2002, 217)

Mosler, Hermann: Das Völkerrecht in der Praxis der deutschen Gerichte. Vortrag gehalten vor der Juristischen Studiengesellschaft in Karlsruhe am 8. März

1957, Karlsruhe 1957. (zitiert: *Mosler*, Völkerrecht in der Praxis deutscher Gerichte)

Mowbray, Alastair: The development of *positive obligations* under the European Convention on Human Rights by the European Court of Human Rights, Oxford 2004. (zitiert: *Mowbray*, Positive Obligations)

ders.: The Creativity of the European Court of Human Rights, Human Rights Law Review, Vol. 5 (2005), 57. (zitiert: *Mowbray*, 5 Hum. R. L. Rev. 2005, 57)

ders.: The European Convention on Human Rights, in: *Baderin, Mashood A./ Ssenyonjo, Manisuli* (Hrsg.), International Human Rights Law. Six Decades after the UDHR and Beyond, Farnham 2010, S. 271. (zitiert: *Mowbray*, ECHR, 271)

Neubert, Carl-Wendelin: Der Einsatz tödlicher Waffengewalt durch die deutsche auswärtige Gewalt, Berlin 2016. (zitiert: *Neubert*, Einsatz tödlicher Waffengewalt)

Nolte, Georg: Kosovo und Konstitutionalisierung: Zur humanitären Intervention der NATO-Staaten, Zeitschrift für ausländisches öffentliches Recht und Völkerrecht 1999, 941. (zitiert: *Nolte*, ZaöRV 1999, 941)

Normand, Roger/Zaidi, Sarah: Human Rights at the UN. The Political History of Universal Justice, Bloomington 2008. (zitiert: *Normand/Zaidi*, Human Rights at the UN)

Nowak, Manfred: U.N. Covenant on Civil and Political Rights. CCPR Commentary, 2. Aufl., Kehl 2005. (zitiert: *Nowak*, ICCPR, 2. Aufl. 2005)

O'Boyle, Michael: The European Convention on Human Rights and Extraterritorial Jurisdiction: A Comment on ‚Life After Bankovic', in: *Coomans, Fons/ Kamminga, Menno T.* (Hrsg.), Extraterritorial Application of Human Rights Treaties, Antwerpen/Oxford 2004, S. 125. (zitiert: *O'Boyle*, Comment on Life After Bankovic, 125)

Oestreich, Gerhard: Die Idee der Menschenrechte in ihrer geschichtlichen Entwicklung, Berlin 1963. (zitiert: *Oestreich*, Idee der Menschenrechte)

ders.: Geschichte der Menschenrechte und Grundfreiheiten im Umriß, 2. Aufl., Berlin 1978. (zitiert: *Oestreich*, Geschichte der Grundfreiheiten)

Oeter, Stefan: Die Anwendung von militärischer Gewalt im Rahmen von Auslandseinsätzen der Bundeswehr außerhalb von bewaffneten Konflikten, in: *Weingärtner, Dieter* (Hrsg.), Die Bundeswehr als Armee im Einsatz. Entwicklungen im nationalen und internationalen Recht, Baden-Baden 2010, S. 61. (zitiert: *Oeter*, Anwendung militärischer Gewalt, 61)

Office of the United Nations High Commissioner for Human Rights (Hrsg.): Economic, Cultural and Social Rights. Handbook for National Human Rights

Institutions, New York/Genf 2005. (zitiert: *OHCHR*, UN Handbook for Human Rights)

Papp, Andreas: Extraterritoriale Schutzpflichten. Völkerrechtlicher Menschenrechtsschutz und die deutsche Außenwirtschaftsförderung, Berlin 2013. (zitiert: *Papp*, Extraterritoriale Schutzpflichten)

Pedersen, Susan: Back to the League of Nations, The American Historical Review, Vol. 112, No. 4 (2007), 1091. (zitiert: *Pedersen*, 112 AHR 2007, 1091)

Pejic, Jelena: The European Court of Human Rights' *Al-Jedda* judgment: the oversight of international humanitarian law, International Review of the Red Cross, Vol. 93 (2011), 837. (zitiert: *Pejic*, 93 IRRC 2011, 837)

Pianka, Verena: Konkurrenzen und Konflikte beim Rechtsschutz im europäischen Mehrebenensystem. Zum Verhältnis von Gerichtshof der Europäischen Union, Europäischem Gerichtshof für Menschenrechte und Bundesverfassungsgericht, Berlin 2016. (zitiert: *Pianka*, Konkurrenzen im europäischen Rechtsschutz)

Planitz, Hans: Zur Ideengeschichte der Grundrechte, in: *Nipperdey, Hans Carl* (Hrsg.), Die Grundrechte und Grundpflichten der Reichsverfassung, Band 3, Berlin 1930, S. 597. (zitiert: *Planitz*, Ideengeschichte der Grundrechte, S. 597)

Polakiewicz, Jörg: Die Verpflichtungen der Staaten aus den Urteilen des Europäischen Gerichtshofs für Menschenrechte, Heidelberg 1993. (zitiert: *Polakiewicz*, Staatenverpflichtungen aus EGMR-Urteilen)

ders./Jacob-Foltzer, Valérie: The European Human Rights Convention in Domestic Law: the Impact of Strasbourg Case-Law in States where Direct Effect is Given to the Convention, Human Rights Law Journal, Vol. 12 (1991), S. 65. (zitiert: *Polakiewicz/Jacob-Foltzer*, 12 HRLJ 1991, 65)

Raap, Christian: Staatshaftungsansprüche im Auslandseinsatz der Bundeswehr?, Neue Zeitschrift für Verwaltungsrecht 2013, 552. (zitiert: *Raap*, NVwZ 2013, 552)

ders.: Haftungsfragen im Auslandseinsatz deutscher Streitkräfte – Rechtsgrundlagen und Rechtspraxis, in: *Weingärtner, Dieter/Krieger, Heike* (Hrsg.), Streitkräfte und nicht-staatliche Akteure, Baden-Baden 2013, S. 137. (zitiert: *Raap*, Haftungsfragen im Auslandseinsatz, 137)

Rauschning, Dieter: Verfassungspflicht zur Befolgung völkerrechtlicher Verträge, in: *Breuer, Marten et al.* (Hrsg.), Der Staat im Recht. Festschrift für Eckart Klein zum 70. Geburtstag, Berlin 2013, S. 287. (zitiert: *Rauschning*, FS Klein (2013), 287)

Ress, Georg: Die Europäische Menschenrechtskonvention und die Vertragsstaaten: Die Wirkungen der Urteile des Europäischen Gerichtshofs für Menschenrechte im innerstaatlichen Recht und vor innerstaatlichen Gerichten, in: *Maier, Irene* (Hrsg.), Europäischer Menschenrechtsschutz. Schranken und Wirkungen, Heidelberg 1982, S. 227. (zitiert: *Ress*, Wirkungen EGMR-Urteile, 227)

ders.: Verfassungsrechtliche Auswirkungen der Fortentwicklung völkerrechtlicher Verträge. Überlegungen zum Verhältnis des Grundgesetzes zur Europäischen Wirtschaftsgemeinschaft und zur Europäischen Menschenrechtskonvention, in: *Fürst, Walther et al.* (Hrsg.), Festschrift für Wolfgang Zeidler, Bd. 2, Berlin 1987, S. 1775. (zitiert: *Ress*, FS Zeidler II (1987), 1775)

Riedel, Eibe: Universeller Menschenrechtsschutz – Vom Anspruch zur Durchsetzung, in: *Koenig, Christian/Lorz, Alexander* (Hrsg.), Die Universalität der Menschenrechte. Philosophische Grundlagen, Nationale Gewährleistungen, Internationale Garantien, Berlin 2003, S. 105. (zitiert: *Riedel*, Universeller Menschenrechtsschutz, 105)

Ross, James: Jurisdictional Aspects of International Human Rights and Humanitarian Law in the War on Terror, in: *Coomans, Fons/Kamminga, Menno T.* (Hrsg.), Extraterritorial Application of Human Rights Treaties, Antwerpen/Oxford 2004, S. 9. (zitiert: *Ross*, War on Terror, 9)

Rudolf, Walter: Völkerrecht und deutsches Recht, Tübingen 1967. (zitiert: *Rudolf*, Völkerrecht und dt. Recht)

Sachs, Michael: Zur Bedeutung der Menschenrechtsgarantien der EMRK für das deutsche (Verfassungs-)Recht, in: *Blankenagel, Alexander et al.* (Hrsg.), Verfassung im Diskurs der Welt. Liber Amicorum für Peter Häberle zum siebzigsten Geburtstag, Tübingen 2004, S. 321. (zitiert: *Sachs*, FS Klein (2013), S. 321)

Schabas, William A.: The European Convention on Human Rights. A Commentary, Oxford 2015. (zitiert: *Schabas*, ECHR)

Schäfer, Bernhard: Der Fall *Banković* oder Wie eine Lücke geschaffen wird, Menschenrechtsmagazin 2002, 149. (zitiert: *Schäfer*, MRM 2002, 149)

ders.: Zum Verhältnis Menschenrechte und humanitäres Völkerrecht. Zugleich ein Beitrag zur exterritorialen Geltung von Menschenrechtsverträgen, Potsdam 2006. (zitiert: *Schäfer*, Menschenrechte und humanitäres Völkerrecht)

Schaffarzik, Bert: Europäische Menschenrechte unter der Ägide des Bundesverfassungsgerichts, Die Öffentliche Verwaltung 2005, 860. (zitiert: *Schaffarzik*, DÖV 2005, 860)

Schaller, Werner: Das Verhältnis von EMRK und deutscher Rechtsordnung vor und nach dem Beitritt der EU zur EMRK, Zeitschrift Europarecht 2006, 656. (zitiert: *Schaller*, EuR 2006, 656)

Scheuner, Ulrich: Die neue Entwicklung des Rechtsstaats in Deutschland, in: *Listl, Joseph/Rüfner Wolfgang* (Hrsg.), Ulrich Scheuner. Staatstheorie und

Staatsrecht – Gesammelte Schriften, Berlin 1978, S. 185. (zitiert: *Scheuner*, Entwicklung des Rechtsstaats, S. 185)

ders.: Die institutionellen Garantien des Grundgesetzes, in: *Listl, Joseph/Rüfner Wolfgang* (Hrsg.), Ulrich Scheuner. Staatstheorie und Staatsrecht – Gesammelte Schriften, Berlin 1978, S. 665. (zitiert: *Scheuner*, Institutionelle Garantien des GG, S. 665)

ders.: Hegel und die deutsche Staatslehre des 19. und 20. Jahrhunderts, in: *Listl, Joseph/Rüfner Wolfgang* (Hrsg.), Ulrich Scheuner. Staatstheorie und Staatsrecht – Gesammelte Schriften, Berlin 1978, S. 81. (zitiert: *Scheuner*, Deutsche Staatslehre des 19. und 20. Jahrhunderts, S. 81)

ders.: Die rechtliche Tragweite der Grundrechte in der deutschen Verfassungsentwicklung des 19. Jahrhunderts, in: *Listl, Joseph/Rüfner Wolfgang* (Hrsg.), Ulrich Scheuner. Staatstheorie und Staatsrecht – Gesammelte Schriften, Berlin 1978, S. 633. (zitiert: *Scheuner*, Tragweite der Grundrechte, S. 633)

ders.: Verfassung, in: *Listl, Joseph/Rüfner Wolfgang* (Hrsg.), Ulrich Scheuner. Staatstheorie und Staatsrecht – Gesammelte Schriften, Berlin 1978, S. 171. (zitiert: *Scheuner*, Verfassung, S. 171)

ders.: Die Fortbildung der Grundrechte in internationalen Konventionen durch die Rechtsprechung. Zur Rechtsprechung des Europäischen Gerichtshofs für Menschenrechte, in: *von Münch, Ingo* (Hrsg.), Staatsrecht – Völkerrecht – Europarecht. Festschrift für Hans-Jürgen Schlochauer zum 75. Geburtstag am 28. März 1981, Berlin 1981, S. 899. (zitiert: *Scheuner*, FS Schlochhauer (1981), 899)

Schilling, Theodor: Der Schutz der Menschenrechte gegen Beschlüsse des Sicherheitsrats – Möglichkeiten und Grenzen, Zeitschrift für ausländisches öffentliches Recht und Völkerrecht 2004, 343. (zitiert: *Schilling*, ZaöRV 2004, 343)

Schmahl, Stefanie: Derogation von Menschenrechtsverpflichtungen in Notstandslagen, in: *Fleck, Dieter* (Hrsg.), Rechtsfragen der Terrorismusbekämpfung durch Streitkräfte, Baden-Baden 2004, S. 125. (zitiert: *Schmahl*, Derogation von Menschenrechtsverpflichtungen, 125)

dies.: Amtshaftung für Kriegsschäden, Zeitschrift für ausländisches öffentliches Recht und Völkerrecht 2006, 699. (zitiert: *Schmahl*, ZaöRV 2006, 699)

Schneider, Karsten: Die Mitwirkungsrechte des Bundestages bei Inlandsverwendungen der Streitkräfte. Der Parlamentsvorbehalt: Vorgaben *de constitutione lata* und Gestaltungsoptionen *de constitutione ferenda*, in: *Weingärtner, Dieter* (Hrsg.), Die Bundeswehr als Armee im Einsatz. Entwicklungen im nationalen und internationalen Recht, Baden-Baden 2010, S. 159. (zitiert: *Schneider*, Mitwirkungsrechte des Bundestages, 159)

Schneidereit, Nele: Angeborene Rechte – Bürgerrechte – soziale Rechte: Christian Wolffs Lehre von den iuara connata, Jahrbuch für Recht und Ethik 22 (2014) 159. (zitiert: *Schneidereit*, JRE 22 (2014), 159)

Schoch, Friedrich/Schneider, Jens-Peter/Bier, Wolfgang (Hrsg.): Verwaltungsgerichtsordnung. Kommentar, 34. EL Mai 2018, München. (zitiert: Schoch/Schneider/Bier/*Bearbeiter*, VwGO, 34. EL 2018)

Scholler, Heinrich: Die Grundrechtsdiskussion in der Paulskirche. Eine Dokumentation, 2. Aufl., Darmstadt 1982. (zitiert: *Scholler*, Grundrechtsdiskussion Paulskirche)

Schott, Alexander: Brauchen wir eine einfachgesetzliche Regelung für die Mandatserfüllung mit militärischen Mitteln in den Auslandseinsätzen der Bundeswehr?, in: *Weingärtner, Dieter* (Hrsg.), Die Bundeswehr als Armee im Einsatz. Entwicklungen im nationalen und internationalen Recht, Baden-Baden 2010, S. 79. (zitiert: *Schott*, Mandatserfüllung in Auslandseinsätzen, 79)

Schröder, Meinhard: Zur Wirkkraft der Grundrechte bei Sachverhalten mit grenzüberschreitenden Elementen, in: *von Münch, Ingo* (Hrsg.), Staatsrecht – Völkerrecht – Europarecht. Festschrift für Hans-Jürgen Schlochauer zum 75. Geburtstag am 28. März 1981, Berlin 1981, S. 137. (zitiert: *Schröder*, FS Schlochhauer (1981), 137)

Schüller, Andreas: Die Haftung des Staates im bewaffneten Konflikt, in: *Weingärtner, Dieter/Krieger, Heike* (Hrsg.), Streitkräfte und nicht-staatliche Akteure, Baden-Baden 2013, S. 149. (zitiert: *Schüller*, Haftung im bewaffneten Konflikt, 149)

Schumann, Ekkehard: Verfassungs- und Menschenrechtsbeschwerde gegen richterliche Entscheidungen, Berlin 1963. (zitiert: *Schumann*, Verfassungs- und Menschenrechtsbeschwerde)

Shaw, Malcolm N.: International Law, 8. Aufl., Cambridge 2017. (zitiert: *Shaw*, International Law, 8. Aufl. 2017)

Simma, Bruno: Fragen der zwischenstaatlichen Durchsetzung vertraglich vereinbarter Menschenrechte, in: *von Münch, Ingo* (Hrsg.), Staatsrecht – Völkerrecht – Europarecht. Festschrift für Hans-Jürgen Schlochauer zum 75. Geburtstag am 28. März 1981, Berlin 1981, S. 634. (zitiert: *Simma*, FS Schlochhauer (1981), 635)

Skogly, Sigrun I./Gibney, Mark: Transnational Human Rights Obligations, Human Rights Quarterly, Vol. 24 (2002), 781. (zitiert: *Skogly/Gibney*, 24 Hum. R. Q. 2002, 781)

Smith, Rhona K. M.: The United Nations Human Rights System, in: *Baderin, Mashood A./Ssenyonjo, Manisuli* (Hrsg.), International Human Rights Law. Six Decades after the UDHR and Beyond, Farnham 2010, S. 215. (zitiert: *Smith*, UN Human Rights System, 215)

Ssenyonjo, Manisuli: Economic, Social and Cultural Rights, in: *Baderin, Mashood A./Ssenyonjo, Manisuli* (Hrsg.), International Human Rights Law. Six Decades after the UDHR and Beyond, Farnham 2010, S. 49. (zitiert: *Ssenyonjo*, ESC-Rights, 49)

Stahl, Sandra: Schutzpflichten im Völkerrecht – Ansatz einer Dogmatik, Heidelberg 2012. (zitiert: *Stahl*, Schutzpflichten im Völkerrecht)

Starck, Christian: Entwicklung der Grundrechte in Deutschland, in: *Bieber, Roland et al.* (Hrsg.), Das Europa der zweiten Generation. Gedächtnisschrift für Christoph Sasse, Bd. 2, Kehl am Rhein 1981, S. 777. (zitiert: *Starck*, GS Sasse (1981), 777)

ders.: Die Grundrechte des Grundgesetzes. Zugleich ein Beitrag zu den Grenzen der Verfassungsauslegung, Juristische Schulung 1981, 237. (zitiert: *Starck*, JuS 1981, 237)

Stöcker, Hans A.: Wirkungen der Urteile des Europäischen Gerichtshofs für Menschenrechte in der Bundesrepublik, Neue Juristische Wochenschrift 1982, 1905. (zitiert: *Stöcker*, NJW 1982, 1905)

Stubenrauch, Jessica: Ein Menschenrecht auf Wasser, Zeitschrift für Umweltrecht 2010 521. (zitiert: *Stubenrauch*, ZUR 2010, 521)

Talmon, Stefan: Die Grenzen der Anwendung des Völkerrechts im deutschen Recht, Juristenzeitung 2013, 12. (zitiert: *Talmon*, JZ 2013, 12)

Tinkl, Cristina: Die Rechtsstellung des Einzelnen nach dem Rahmenbeschluss über den Europäischen Haftbefehl. Im Vergleich zu seiner Rechtsstellung im traditionellen Auslieferungsverfahren. Zugleich eine Untersuchung der Rechtsnatur des Rahmenbeschlusses, Frankfurt am Main 2008. (zitiert: *Tinkl*, Europäischer Haftbefehl und Auslieferung)

Tzevelekos, Vassilis P.: The Use of Article 31(3)(C) of the VCLT in the Case Law of the ECtHR: An Effective Anti-Fragmentation Tool or a Selective Loophole for the Reinforcement of Human Rights Teleology?, Michigan Journal of International Law, Vol. 31 (2010), 621. (zitiert: *Tzevelekos*, 31 Mich. J. Int'l. L. 2010, 621)

Uerpmann, Robert: Die Europäische Menschenrechtskonvention und die deutsche Rechtsprechung, Berlin 1993. (zitiert: *Uerpmann*, EMRK und deutsche Rechtsprechung)

Unkel, Wibke: Berücksichtigung der Europäischen Menschenrechtskonvention in der neueren Rechtsprechung der bundesdeutschen Verwaltungsgerichte. Eine Untersuchung am Beispiel des Urteils des Bundesverwaltungsgerichts vom 16.12.1999 – 4 CN 9.98 – zu Art. 6 Abs. 1 S. 1 EMRK und der verwaltungsgerichtlichen Rechtsprechung zu Art. 3 EMRK, Hamburg 2004. (zitiert: *Unkel*, Berücksichtigung der EMRK durch dt. Verwaltungsgerichte)

Vogel, Hans-Jochen: Das Vermächtnis der Paulskirche – Einige Bemerkungen zur Bedeutung der Frankfurter Reichsverfassung von 1849 für unsere Zeit, Neue Juristische Wochenschrift 1998, 1534. (zitiert: *Vogel*, NJW 1998, 1534)

Vogel, Klaus: Keine Bindung an völkervertragswidrige Gesetze im offenen Verfassungsstaat, in: *Blankenagel, Alexander et al.* (Hrsg.), Verfassung im Diskurs der Welt. Liber Amicorum für Peter Häberle zum siebzigsten Geburtstag, Tübingen 2004, S. 481. (zitiert: *K. Vogel*, FS Häberle (2004), S. 481)

Vondung, Julie: Die Architektur des europäischen Grundrechtsschutzes nach dem Beitritt der EU zur EMRK, Tübingen 2012. (zitiert: *Vondung*, Europäischer Grundrechtsschutz)

Vorländer, Hans: Identität des Grundgesetzes nach 30 Jahren?, Juristische Schulung 1979, 313. (zitiert: *Vorländer*, JuS 1979, 313)

Wagner, Heinz: Monismus und Dualismus: eine methodenkritische Betrachtung zum Theorienstreit, Archiv des öffentlichen Rechts 89 (1964), 212. (zitiert: *Wagner*, AöR 89 (1964), 212)

Wagner, Norbert B.: Zu Grenzen des Menschenrechtsschutzes bei Auslandsfriedenseinsätzen deutscher Streitkräfte, Neue Zeitschrift für Wehrrecht 2007, 1. (zitiert: *N. Wagner*, NZWehrr 2007, 1)

ders.: Das Spannungsverhältnis zwischen drittstaatsgerichteten menschenrechtlichen „Schutzpflichten" von Staaten, die an Friedenseinsätzen unter VN-Mandat teilnehmen, und dem Gebot der Nichteinmischung in die inneren Angelegenheiten von Aufnahmestaaten, in: *Weingärtner, Dieter* (Hrsg.), Streitkräfte und Menschenrechte, Baden-Baden 2008, S. 157. (zitiert: *N. Wagner*, Menschenrechtliche Schutzpflichten bei Friedenseinsätzen, 157)

Walter, Christian: Die Europäische Menschenrechtskonvention als Konstitutionalisierungsprozeß, Zeitschrift für ausländisches öffentliches Recht und Völkerrecht 1999, 961. (zitiert: *Walter*, ZaöRV 1999, 961)

ders.: Zwischen Selbstverteidigung und Völkerstrafrecht: Bausteine für ein internationales Recht der „präventiven Terrorismus-Bekämpfung", in: *Fleck, Dieter* (Hrsg.), Rechtsfragen der Terrorismusbekämpfung durch Streitkräfte, Baden-Baden 2004, S. 23. (zitiert: *Walter*, Präventive Terrorismus-Bekämpfung, 23)

ders.: Grundrechtliche und rechtsstaatliche Bindungen der Bundeswehr beim Einsatz im Ausland, in: *Breuer, Marten et al.* (Hrsg.), Der Staat im Recht. Festschrift für Eckart Klein zum 70. Geburtstag, Berlin 2013, S. 351. (zitiert: *Walter*, FS Klein (2013), 351)

Weil, Gordon L.: The European Convention on Human Rights. Background, Development and Prospects, Leiden 1963. (zitiert: *Weil*, ECHR)

Weingärtner, Dieter: Zur Geltung des Internationalen Paktes über bürgerliche und politische Rechte und der Grundrechte im Rahmen von Auslandseinsätzen der Bundeswehr, in: *Weingärtner, Dieter* (Hrsg.), Streitkräfte und Menschenrechte, Baden-Baden 2008, S. 83. (zitiert: *Weingärtner*, Geltung der ICCPR und der Grundrechte, 83)

Werner, Angela: Die Grundrechtsbindung der Bundeswehr bei Auslandseinsätzen, Frankfurt am Main 2006. (zitiert: *Werner*, Grundrechtsbindung der Bundeswehr)

Wiefelspütz, Dieter: Auslandseinsatz der Streitkräfte und Grundrechte, Neue Zeitschrift für Wehrrecht 2008, 89. (zitiert: *Wiefelspütz*, NZWehrr 2008, 89)

Wildhaber, Luzius: Precedent in the European Court of Human Rights, in: *Mahoney, Paul et al.* (Hrsg.), Protection des droits de l'homme: la perspective européenne. Protecting Human Rights: The European Perspective. Studies in memory of Rolv Ryssdal, Köln 2000, S. 1529. (zitiert: *Wildhaber*, GS Ryssdal (2000), S. 1529)

ders.: The European Convention on Human Rights and International Law, International & Comparative Law Quarterly, Vol. 56 (2007), 217. (zitiert: *Wildhaber*, 56 Int'l & Comp. L.Q. 2007, 217)

Würtenberger, Thomas: Ansätze und Zielsetzungen einer Verfassungsgeschichte des Grundgesetzes, in: *Burmeister, Joachim* (Hrsg.), Verfassungsstaatlichkeit. Festschrift für Klaus Stern zum 65. Geburtstag, München 1997, S. 127. (zitiert: *Würtenberger*, FS Stern (1997), 127)

Wyttenback, Judith/Hofer, Nicola: Die Bedeutung des Gesetzes für die Einschränkung und die Gewährleistung von EMRK-Garantien, Swiss Review of International and European Law, Vol. 27 Nr. 3 (2017), 333. (zitiert: *Wyttenback/Hofer*, 27 Swiss. Rev. Int'l & Eur. L. 2017, 333)

Yousif, Muna A.: Die extraterritoriale Geltung der Grundrechte bei der Ausübung deutscher Staatsgewalt im Ausland, Frankfurt am Main 2007. (zitiert: *Yousif*, Extraterritoriale Grundrechtsgeltung)

Zimmermann, Andreas: Grundrechtseingriffe durch deutsche Streitkräfte im Ausland und das Grundgesetz, Zeitschrift für Rechtspolitik 2012, 116. (zitiert: *Zimmermann*, ZRP 2012, 116)

Zyberi, Gentian: Human Rights in the International Court of Justice, in: *Baderin, Mashood A./Ssenyonjo, Manisuli* (Hrsg.), International Human Rights Law. Six Decades after the UDHR and Beyond, Farnham 2010, S. 289. (zitiert: *Zyberi*, Human Rights in the ICJ, 289)

Rechtsprechungsübersicht

Entscheidungen des EGMR

EGMR, Urt. v. 21.2.1975, 4451/70, Series A 18 = abrufbar unter: http://hudoc.echr.coe.int/eng?i=001-57496 (zuletzt abgerufen am 28.1.2019) – Golder/Vereinigtes Königreich.

EGMR, Urt. v. 8.6.1976, 5100/71 et al., Series A 22 – Engel u.a./Niederlande.

EGMR, Urt. v. 18.1.1978, 5310/71, Series A 25 = EuGRZ 1979, 149 – Irland/Vereinigtes Königreich.

EGMR, Urt. v. 25.4.1978, 5856/72, Series A 26 = EuGRZ 1979, 162 – Tyrer/Vereinigtes Königreich.

EGMR, Urt. v. 6.9.1978, 5029/71, Series A 28 = NJW 1979, 1755 – Klass u.a./Deutschland.

EGMR, Urt. v. 26.4.1979, 6538/74, Series A 30 – The Sunday Times/Vereinigtes Königreich.

EGMR, Urt. v. 13.6.1979, 6833/74, Series A 31 – Marckx/Belgien.

EGMR, Urt. v. 9.10.1979, 6289/73, Series A 32 – Airey/Irland.

EGMR, Urt. v. 25.3.1983, 5947/72 et al., Series A 61 = EuGRZ 1984, 147 – Silver u.a./Vereinigtes Königreich.

EGMR, Urt. v. 12.2.1985, 9024/80, Series A 89 – Colozza/Italien.

EGMR, Urt. v. 7.7.1989, 14038/88, Series A 161 = NJW 1990, 2183 – Soering/Vereinigtes Königreich.

EGMR, Urt. v. 23.10.1990, 12794/87, Series A 188 – Huber/Schweiz.

EGMR, Urt. v. 26.6.1992, 12747/87, Series A 240 – Drozd & Janousek/Frankreich & Spanien.

EGMR, Urt. v. 20.9.1993, 14647/89, Series A 261-C – Saidi/Frankreich.

EGMR, Urt. v. 23.3.1995, 15318/89, BeckRS 2013, 89662 = abrufbar unter: http://hudoc.echr.coe.int/eng?i=001-57920 (zuletzt abgerufen am 28.1.2019) – Loizidou/Türkei (preliminary objections).

EGMR, Urt. v. 25.6.1996, 19776/92, ECHR 1996-III, 846 – Amuur/Frankreich.

EGMR, Urt. v. 18.12.1996, 15318/89, ECHR 1996-VI, 2217 – Loizidou/Türkei (judgment merits).

EGMR, Urt. v. 19.2.1998, 14967/89 – Guerra u.a./Italien, abrufbar unter: http://hudoc.echr.coe.int/eng?i=001-58135 (zuletzt abgerufen am 28.1.2019).

EGMR, Urt. v. 18.2.1999, 24833/94, ECHR 1999-I, 251 – Matthews/Vereinigtes Königreich.

EGMR, Urt. v. 18.2.1999, 26083/94, ECHR 1999-I, 393 – Waite & Kennedy/Deutschland.

EGMR, Urt. v. 13.7.2000, 39221/98 & 41963/98, ECHR 2000-VIII, 471 – Scozzari & Giunta/Italien.

EGMR, Urt. v. 10.5.2001, 25781/94, ECHR 2001-IV, 1 – Zypern/Türkei.

EGMR, Urt. v. 21.11.2001, 35763/97, ECHR 2001-XI, 79 – Al-Adsani/Vereinigtes Königreich.

EGMR, Urt. v. 12.12.2001, 52207/99, ECHR 2001-XII, 333 – Bankovic u.a./Belgien u.a.

EGMR, Urt. v. 14.5.2002, 48205/99 – Gentilhomme u.a./Frankreich, abrufbar unter: http://hudoc.echr.coe.int/fre?i=001-65008 (zuletzt abgerufen am 28.1.2019).

EGMR, Urt. v. 28.5.2002, 46295/99, ECHR 2002-IV, 115 – Stafford/Vereinigtes Königreich.

EGMR, Urt. v. 11.7.2002, 28957/95, ECHR 2002-VI, 1 – Christine Goodwin/Vereinigtes Königreich.

EGMR, Urt. v. 12.12.2002, 59021/00, ECHR 2002-X, 415 – Kalogeropoulou u.a./Deutschland & Griechenland.

EGMR, Urt. v. 24.7.2003, 40016/98, ECHR 2003-IX, 199 – Karner/Österreich.

EGMR, Urt. v. 9.10.2003, 48321/99, ECHR 2003-X, 229 – Slivenko/Lettland.

EGMR, Urt. v. 26.2.2004, 74969/01 – Görgülü/Deutschland, abrufbar unter: http://hudoc.echr.coe.int/eng?i=001-61646 (zuletzt abgerufen am 28.1.2019).

EGMR, Urt. v. 8.7.2004, 48787/99, ECHR 2004-VII, 179 – Ilaşcu u.a./Moldawien & Russland.

EGMR, Urt. v. 16.11.2004, 31821/96 – Issa u.a./Türkei, abrufbar unter: http://hudoc.echr.coe.int/eng?i=001-67460 (zuletzt abgerufen am 28.1.2019).

EGMR, Urt. v. 24.2.2005, 57950/00 – Isayeva/Russland, abrufbar unter: http://hudoc.echr.coe.int/eng?i=001-68381 (zuletzt abgerufen am 28.1.2019).

EGMR, Urt. v. 12.5.2005, 46221/99, ECHR 2005-IV, 131 – Öcalan/Türkei.

EGMR, Urt. v. 30.5.2005, 45036/98, ECHR 2005-VI, 107 – Bosphorus Hava Yollari Turizm ve Ticaret Anonim Şirketi/Irland.

EGMR, Urt. v. 8.6.2006, 75529/01, ECHR 2006-VII, 227 – Sürmeli/Deutschland.

EGMR, Urt. v. 2.5.2007, 71412/01 & 78166/01, NVwZ 2008, 645 = abrufbar unter: http://hudoc.echr.coe.int/eng?i=001-80830 (zuletzt abgerufen am 28.1.2019) – Behrami & Saramati/Frankreich u.a.

EGMR, Urt. v. 28.6.2007, 60167/00 – Mansur Pad u.a./Türkei, abrufbar unter: http://hudoc.echr.coe.int/eng?i=001-81672 (zuletzt abgerufen am 28.1.2019).

EGMR, Urt. v. 12.2.2008, 21906/04, ECHR 2008-I, 223 – Kafkaris/Zypern.

EGMR, Urt. v. 12.11.2008. 34503/97, ECHR 2008-V, 395 – Demir & Baykara/Türkei.

EGMR, Urt. v. 3.12.2009, 22028/04 – Zaunegger/Deutschland, abrufbar unter: http://hudoc.echr.coe.int/eng?i=001-96020 (zuletzt abgerufen am 28.1.2019).

EGMR, Urt. v. 19.2.2009, 3455/05, ECHR 2009-II, 137 – A. u.a./Vereinigtes Königreich.

EGMR, Urt. v. 30.6.2009, 61498/08 – Al-Saadoon & Mufdhi/Vereinigtes Königreich (admissibility), abrufbar unter: http://hudoc.echr.coe.int/eng?i=001-93398 (zuletzt abgerufen am 28.1.2019).

EGMR, Urt. v. 17.12.2009, 19359/04, ECHR 2009-VI, 169 – M./Deutschland.

EGMR, Urt. v. 29.3.2010, 3394/03, ECHR 2010-III, 61 – Medvedyev u.a./Frankreich.

EGMR, Urt. v. 17.5.2010, 36376/04, ECHR 2010-IV, 35 – Kononov/Lettland.

EGMR, Urt. v. 7.7.2011, 27021/08, ECHR 2011-IV, 305 – Al-Jedda/Vereinigtes Königreich.

EGMR, Urt. v. 7.7.2011, 55721/07, ECHR 2011-IV, 99 – Al-Skeini u.a./Vereinigtes Königreich.

EGMR, Urt. v. 23.3.2012, 27765/09, ECHR 2012-II, 97 – Hirsi Jamaa u.a./Italien.

EGMR, Urt. v. 12.6.2012, 26005/08 & 26160/08 – Tatár & Fáber/Ungarn, abrufbar unter: http://hudoc.echr.coe.int/eng?i=001-111421 (zuletzt abgerufen am 28.1.2019).

EGMR, Urt. v. 26.6.2012, 9300/07 – Herrmann/Deutschland, abrufbar unter: http://hudoc.echr.coe.int/eng?i=001-111690 (zuletzt abgerufen am 28.1.2019).

EGMR, Urt. v. 12.11.2013, 23502/06, BeckRS 2014, 19031 = abrufbar unter: http://hudoc.echr.coe.int/eng?i=001-128036 (zuletzt abgerufen am 28.1.2019) – Benzer u.a./Türkei.

EGMR, Urt. v. 16.9.2014, 29750/09, ECHR 2014-VI, 1 – Hassan/Vereinigtes Königreich.

EGMR, Urt. v. 24.11.2014, 47708/08, ECHR 2014-VI, 229 – Jaloud/Niederlande.

EGMR, Urt. v. 16.6.2015, 13216/05, ECHR 2015-III, 135 – Chiragov u.a./Armenien.

EGMR, Urt. v. 23.2.2016, 11138/10 – Mozer/Moldawien & Russland, abrufbar unter: http://hudoc.echr.coe.int/eng?i=001-161055 (zuletzt abgerufen am 28.1.2019).

EGMR, 73776/14 – Ioppa u.a./Ukraine, abrufbar unter: http://hudoc.echr.coe.int/eng?i=001-165535 (zuletzt abgerufen am 28.1.2019).

EGMR, 4871/16 – Hanan/Deutschland, abrufbar unter: http://hudoc.echr.coe.int/eng?i=001-166884 (zuletzt abgerufen am 28.1.2019).

Entscheidungen deutscher Gerichte

BVerfG, Urt. v. 13.6.1952, 1 BvR 137/52, BVerfGE 1, 332 – Abwesenheitsverurteilung.

BVerfG, Urt. v. 23.10.1952, 1 BvB 1/51, BVerfGE 2, 1 – Parteienverbot.

BVerfG, Urt. v. 1.7.1953, 1 BvL 23/51, BVerfGE 2, 380 – Haftentschädigung.

BVerfG, Urt. v. 4.5.1955, 1 BvF 1/55, BVerfGE 4, 157 – Saarstatut.

BVerfG, Beschl. v. 21.3.1957, 1 BvR 65/54, BVerfGE 6, 290 – Washingtoner Abkommen.

BVerfG, Urt. v. 26.3.1957, 2 BvG 1/55, BVerfGE 6, 309 – Reichskonkordat.

BVerfG, Urt. v. 15.1.1958, 1 BvR 400/51, BVerfGE 7, 198 – Lüth-Entscheidung.

BVerfG, Beschl. v. 15.12.1965, 1 BvR 513/65, BVerfGE 19, 342 – Wencker-Entscheidung.

BVerfG, Beschl. v. 18.10.1967, 1 BvR 248/63, 216/67, BVerfGE 22, 293 – EWG-Verordnungen.

BVerfG, Beschl. v. 14.5.1968, 2 BvR 544/63, BVerfGE 23, 288 – Kriegsfolgelasten II.

BVerfG, Beschl. v. 26.5.1970, 1 BvR 83, 244, 345/69, BVerfGE 28, 243 – Dienstpflichtverweigerung.

BVerfG, Beschl. v. 4.5.1971, 1 BvR 636/68, BVerfGE 31, 58 – Spanier-Beschluss.

BVerfG, Beschl. v. 29.5.1974, BvL 52/71, BVerfGE 37, 271 – Solange I.

BVerfG, Urt. v. 16.10.1977, 1 BvQ 5/77, BVerfGE 46, 160 – Schleyer.

BVerfG, Beschl. v. 21.12.1977, 1 BvL 1/75, 1 BvR 147/75, BVerfGE 47, 46 – Sexualkundeunterricht.

BVerfG, Urt. v. 1.3.1979, 1 BvR 532, 533/77, 419/78, BvL 21/78, BVerfGE 50, 290 – Mitbestimmung.

BVerfG, Beschl. v. 23.6.1981, 2 BvR 1107, 1124/77, 195/79, BVerfGE 58, 1 – Eurocontrol I.

BVerfG, Beschl. v. 10.11.1981, 2 BvR 1058/79, BVerfGE 59, 63 – Eurocontrol II.

BVerfG, Beschl. v. 16.12.1983, 2 BvR 1160, 1565, 1714/83, BVerfGE 66, 39 – Atomare Aufrüstung.

BVerfG, Urt. v. 18.12.1984, 2 BvE 13/83, BVerfGE 68, 1 – Atomwaffenstationierung.

BVerfG, Beschl. v. 14.5.1985, 1 BvR 233, 341/81, BVerfGE 69, 315 – Brokdorf.

BVerfG, Beschl. v. 11.10.1985, 2 BvR 336/85, NJW 1986, 1425 – Pakelli.

BVerfG, Beschl. v. 22.10.1986, 2 BvR 197/83, BVerfGE 73, 339 – Solange II.

BVerfG, Beschl. v. 26.3.1987, 2 BvR 589/79, BVerfGE 74, 358 – Unschuldsvermutung.

BVerfG, Beschl. v. 31.3.1987, 2 BvM 2/86, BVerfGE 75, 1 – Auslieferung Türkei.

BVerfG, Beschl. v. 12.5.1987, 2 BvR 1226/83, 2 BvR 101/84, 2 BvR 313/84, BVerfGE 76, 1 – Familiennachzug.

BVerfG, Beschl. v. 3.6.1987, 1 BvR 313/85, BVerfGE 75, 369 – Strauß-Karikatur.

BVerfG, Beschl. v. 29.10.1987, 2 BvR 624, 1080, 2029/83, BVerfGE 77, 170 – Chemiewaffen.

BVerfG, Beschl. v. 9.3.1994, 2 BvL 43, 51, 63, 64, 70, 80/92, 2 BvR 2031/92, BVerfGE 90, 145 – Cannabis.

BVerfG, Urt. v. 12.7.1994, 2 BvE 3/92, 5/93, 7/93, 8/93, BVerfGE 90, 286 – Parlamentsbeteiligung NATO-Einsätze.

BVerfG, Urt. v. 10.1.1995, 1 BvF 1/90, 1 BvR 342, 348/90, BVerfGE 92, 26 – Zweitregister.

BVerfG, Urt. v. 24.1.1995, 1 BvL 18/93, 5, 6, 7/94, 1 BvR 403, 569/94, BVerfGE 92, 91 – Feuerwehrabgabe.

BVerfG, Beschl. v. 24.10.1996, 2 BvR 1851, 1853, 1875, 1852/94, BVerfGE 95, 96 – DDR-Mauerschützen.

BVerfG, Beschl. v. 10.6.1997, 2 BvR 1516/96, BVerfGE 96, 68 – DDR-Botschafter.

BVerfG, Urt. v. 14.7.1999, 1 BvR 2226/94, BVerfGE 100, 313 – Fernmeldeüberwachung durch BND.

BVerfG, Beschl. v. 24.10.2001, 1 BvR 1190/90, 2173/93, 433/96, BVerfGE 104, 92 – Sitzblockaden.

BVerfG, Urt. v. 22.11.2001, 2 BvE 6/99, BVerfGE 104, 151 – NATO-Strategiekonzept.

BVerfG, Beschl. v. 11.3.2003, 1 BvR 426/02, BVerfGE 107, 275 – Schockwerbung II.

BVerfG, Urt. v. 5.2.2004, 2 BvR 2029/01, BVerfGE 109, 133 – Sicherungsverwahrung.

BVerfG, Beschl. v. 8.4.2004, 2 BvR 253/04, juris – Auslieferung Weißrussland.

BVerfG, Beschl. v. 14.10.2004, 2 BvR 1481/04, BVerfGE 111, 307 – Görgülü.

BVerfG, Beschl. v. 26.10.2004, 2 BvR 955/00, 1038/01, BVerfGE 112, 1 – Bodenreform III.

BVerfG, Beschl. v. 6.7.2005, 2 BvR 2259/04, BVerfGE 113, 154 – Auslieferung USA.

BVerfG, Beschl. v. 15.2.2006, 2 BvR 1476/03, NJW 2006, 2542 – Distomo.

BVerfG, Beschl. v. 19.9.2006, 2 BvR 2115/01, 2 BvR 2132/01, 2 BvR 348/03, NJW 2007, 499 – Beachtung von Völkerrecht.

BVerfG, Urt. v. 3.7.2007, 2 BvE 2/07, BVerfGE 118, 244 – Afghanistan-Einsatz.

BVerfG, Beschl. v. 20.12.2007, 2 BvR 1996/07, juris – Auslieferung Russland.

BVerfG, Urt. v. 7.5.2008, 2 BvE 1/03, BVerfGE 121, 135 – AWACS-Aufklärungsflüge.

BVerfG, Beschl. v. 25.1.2011, 1 BvR 918/10, BVerfGE 128, 193 – Grenzen der Gesetzesauslegung.

BVerfG, Urt. v. 4.5.2011, 2 BvR 2365/09, 740/10, 2333/08, 1152/10, 571/10, BVerfGE 128, 326 – EGMR Sicherungsverwahrung.

BVerfG, Beschl. v. 19.7.2011, 1 BvR 1916/09, BVerfGE 129, 78 – Anwendungserweiterung.

BVerfG, Beschl. v. 13.8.2013, 2 BvR 2660/06 & 2 BvR 487/07, BeckRS 2013, 55213 – Varvarin.

BVerfG, Beschl. v. 19.5.2015, 2 BvR 987/11, NJW 2015, 3500 – Kunduz.

BVerfG, Beschl. v. 15.12.2015, 2 BvR 2735/14, BVerfGE 140, 317 – Schuldgrundsatz.

BVerfG, Beschl. v. 15.12.2015, 2 BvL 1/12, BVerfGE 141, 1 – Völkerrechtsdurchbrechung.

BVerfG, Beschl. v. 4.5.2018, 2 BvR 632/18, NVwZ 2018, 1390 – Auslieferung Tunesien.

BVerwG, Urt. v. 27. 10. 1970, VI C 8/69, BVerwGE 36, 179 – Subsidiarität der Feststellungsklage.

BVerwG, Urt. v. 24.5.2000, 9 C 34/99, BVerwGE 111, 223 = NVwZ 2000, 1302 – Abschiebungsverbot EMRK.

BVerwG, Urt. v. 12.7.2000, 7 C 3/00, BVerwGE 111, 306 = NVwZ 2000, 1411 – Rechtswegübergreifende Subsidiarität.

BGH, Beschl. v. 12.2.1964, IV AR (VZ) 39/63, BGHZ 41, 136 – Ehefähigkeitszeugnis.

BGH, Urt. v. 25.6.1969, I ZR 15/67, BGHZ 52, 216 – Champagner-Weizenbier III.

BGH, Urt. v. 26.6.2003, III ZR 245/98, BGHZ 155, 279 – Distomo.

BGH, Urt. v. 2.11.2006, III ZR 190/05, BGHZ 169, 348 – Varvarin.

BGH, Urt. v. 6.10.2016, III ZR 140/15, BGHZ 212, 173 – Kunduz.

OLG Düsseldorf, Beschl. v. 7.11.2014, III -3 Ausl 108/14, juris = BeckRS 2016, 03446 – Abschiebung Abwesenheitsverurteilung.

OLG Köln, Urt. v. 28.7.2005, 7 U 8/04, juris = NJW 2005, 2860 – Varvarin.

OLG Köln, Urt. v. 30.4.2015, 7 U 4/14, BeckRS 2015, 08151 – Kunduz.

OLG Köln, Beschl. v. 5.6.1975, 1 Ws 16/74, NJW 1975, 1615 – Dolmetscherkosten.

OLG Naumburg, Beschl. v. 30.6.2004, 14 WF 64/04, FamRZ 2004, 1510 – Görgülü.

OVG Münster, Urt. v. 18.9.2014, 4 A 2948/11, juris – Pirateriebekämpfung.

OVG Münster, Urt. v. 19.3.2019, 4 A 1361/15, juris – Ramstein.

OVG Münster, Urt. v. 19.3.2019, 4 A 1072/16, juris – Somalia.

LG Bonn, Urt. v. 10.12.2003, 1 O 361/02, juris = NJW 2004, 525 – Varvarin.

LG Bonn, Urt. v. 1.12.2013, 1 O 460/11, juris = JZ 2014, 411 – Kunduz.

VG Köln, Beschl. v. 7.5.1999, 19 L 1104/99, nicht veröffentlicht – Luftangriffe Belgrad.

VG Köln, Urt. v. 11.11.2011, 25 K 4280/09, juris = JZ 2012, 366 – Pirateriebekämpfung.

VG Köln, Urt. v. 9.2.2012, 26 K 5534/10, juris = BeckRS 2012, 47052 – Kunduz.

VG Köln, Urt. v. 27.5.2015, 3 K 5625/14, juris = BeckRS 2015, 46138 – Ramstein.

VG Köln, Urt. v. 27.4.2016, 4 K 5467/15, juris = BeckRS 2016, 45421 – Somalia.

Entscheidungen internationaler Gerichte

StIGH, Entsch. v. 7.9.1927, PCIJ Series A No. 10, 4 – The Case of the S.S. "Lotus" (Frankreich/Türkei).

PCA, Entsch. v. 16.4.1938, 3 RIAA, 1905 – Trail Smelter Case (USA/Kanada).

IGH, Entsch. v. 15.6.1954, ICJ Reports 1954, 19 – Case of the Monetary Gold Removed from Rome in 1943 (Italien/Frankreich u.a.).

IGH, Entsch. v. 5.2.1970, ICJ Reports 1970, 3 – Case concerning the Barcelona Traction, Light and Power Company, Limited (Belgien/Spanien).

IGH, Gutachten v. 21.6.1971, ICJ Reports 1971, 16 – Legal Consequences for States of the Continued Presence of South Africa in Namibia (South West Africa) notwithstanding Security Council Resolution 276 (Advisory Opinion).

IGH, Entsch. v. 24.5.1980, ICJ Reports 1980, 3 – United States Diplomatic and Consular Staff in Tehran (USA/Iran).

IGH, Entsch. v. 27.6.1986, ICJ Reports 1986, 14 – Military and Paramilitary Activities in and against Nicaragua (Nicaragua/USA).

IGH, Gutachten v. 8.7.1996, ICJ Reports 1996, 226 – Legality of the Threat or Use of Nuclear Weapons (Advisory Opinion).

IGH, Entsch. v. 2.6.1999, ICJ Reports 1999, 761 – Legality of Use of Force (Jugoslawien/Spanien).

IGH, Entsch. v. 2.6.1999, ICJ Reports 1999, 916 – Legality of Use of Force (Jugoslawien/USA).

IGH, Gutachten v. 9.7.2004, ICJ Reports 2004, 136 – Legal Consequences of the Construction of a Wall in the Occupied Palestinian Territory (Advisory Opinion).

IGH, Entsch. v. 19.12.2005, ICJ Reports 2005, 168 – Armed Activities on the Territory of the Congo (Kongo/Uganda).

IGH, Entsch. v. 13.7.2009, ICJ Reports 2009, 213 – Dispute regarding Navigational and Related Rights (Costa Rica/Nicaragua).

IGH, Entsch. v. 30.11.2010, ICJ Reports 2010, 639 – Ahmadou Sadio Diallo (Guinea/Kongo).

Dokumente und Entscheidungen der Europäischen Kommission für Menschenrechte sowie der UN-Menschenrechtsgremien

EKMR, Entsch. v. 28.5.1975, 6231/73 – Hess/Vereinigtes Königreich, abrufbar unter: http://hudoc.echr.coe.int/eng?i=001-70003 (zuletzt abgerufen am 28.1.2019).

EKMR, Entsch. v. 14.10.1992, 17392/90 – M./Dänemark, abrufbar unter: http://hudoc.echr.coe.int/eng?i=001-1390 (zuletzt abgerufen am 28.1.2019).

CCPR, Auffassung v. 29.7.1981, 52/1979, CCPR/C/13/D/52/1979 – Delia Saldias de Lopez/Uruguay.

CCPR, Auffassung v. 23.3.1982, 57/1979, CCPR/C/15/D/57/1979 – Sophie Vidal Martins/Uruguay.

CCPR, Auffassung v. 31.3.1983, 77/1980, CCPR/C/OP/2 at 102 (1990) – Samuel Lichtensztejn/ Uruguay.

CCPR, Auffassung v. 5.11.1993, 469/1991, CCPR/C/49/D/469/1991 (1994) – Charles Chitat Ng/Kanada.

CCPR, General Comment Nr. 26 v. 8.12.1997, General Comment on the issues relating to the continuity of obligations to the International Covenant on Civil and Political Rights, UN Doc. CCPR/C/21/Rev.1/Add.8/Rev.1.

CCPR, General Comment Nr. 31 v. 26.5.2004, The Nature of the General Legal Obligation Imposed on States Parties to the Covenant, UN Doc. CCPR/C/21/Rev.1/Add.13.

CESCR, General Comment Nr. 15 v. 20.1.2003, The right to water (arts. 11 and 12 of the International Covenant on Economic, Social and Cultural Rights), UN Doc. E/C.12/2002/11.